U0120853

王朝风云之

北宋王朝

BEISONG
WANGCHAO

李 楠 —— 编著

历史度尽劫波
文明生生不息

中国文史出版社

图书在版编目（ＣＩＰ）数据

北宋王朝 / 李楠编著 . -- 北京：中国文史出版社，
2021.1

（王朝风云；10）

ISBN 978-7-5205-2261-8

Ⅰ . ①北… Ⅱ . ①李… Ⅲ . ①中国历史—北宋—通俗
读物 Ⅳ . ① K244.09

中国版本图书馆 CIP 数据核字 (2020) 第 173840 号

责任编辑：詹红旗　　戴小璇

出版发行：中国文史出版社

社　　　址：北京市海淀区西八里庄 69 号院　　邮编：100142

电　　　话：010- 81136606　81136602　81136603(发行部)

传　　　真：010-81136655

印　　　装：廊坊市海涛印刷有限公司

经　　　销：全国新华书店

开　　　本：1/16

印　　　张：22

字　　　数：338 千字

版　　　次：2021 年 3 月北京第 1 版

印　　　次：2021 年 3 月第 1 次印刷

定　　　价：66.00 元

"凤凰台上凤凰游，凤去台空江自流。吴宫花草埋幽径，晋代衣冠成古丘。"李白一首《登金陵凤凰台》，可生动反映中国历代王朝的没落与沧桑。

中国是一个拥有5000年悠久历史的文明古国，王朝众多，更迭频繁。其间上演过无数令人感慨的悲喜剧，也创造了举世瞩目的中华文明。

这套《王朝风云》丛书，旨在全景展现中华民族从原始社会、奴隶社会到封建社会的历史跨越，以真实丰富的史料，鲜活生动的叙述，让一个个风格迥异的王朝如戏剧般轮番登场，上演从夏商周到晚清近代历史的荣光与波折。使读者从王朝演变的故事中深刻地体味历史的魅力，领悟中华文明博大精深的文化内涵。

丛书着重讲历史脉络，以历代政权更迭及政治、军事斗争为主，努力把中国历史中最精彩、最生动的内容奉献给广大读者。同时，为增强系统性，一定程度地反映历朝历代的掌故、习俗、科技、文化等内容。

《王朝风云》丛书共15部，此为第十部《北宋王朝》，主要讲的是自960年赵匡胤黄袍加身建立宋朝至1127年金军攻破开封，共168年间中国历史上发生的那些丰富多彩的故事。

北宋建立后，实际上五代就已经结束，但全国还有后蜀、北汉、南唐、吴越、南汉、荆南等几个割据政权还在苟延残喘，赵匡胤则马不停蹄，长年征战，统一了全国大部分地区，结束了五代十国的分裂割据局面。

但由于辽朝建国日久，兵强马壮，西夏、大理等国根基雄厚，宋朝也不得不承认它们独立的事实。然而由于北宋统治者吸取了唐中期以来藩镇割据的教训，采取集中中央权力的办法以加强专制统治，重文轻武，从而使得军队的战斗力大大下降。在与辽国、西夏的战争中败多胜少，只好以钱财换取和平，这不但无法改变最终灭亡的命运，反而增加了人民的负担，导致社会矛盾更加激化。

北宋王朝有稳定开明的政治。宣称"与士大夫共治天下"的赵匡胤"杯酒释兵权"，巧妙地分散了宰相和大臣的权力，使其前和其后各个王朝屡见不鲜的女祸、宦祸、外戚之祸、藩镇之祸、权臣篡逆之祸、流贼覆国之祸，在宋代基本杜绝。而后，又建立了完善的科举考试、官员铨选以及监察制度，成为中国封建社会政治体制最开明的时代。即使在皇权至上的封建社会，宋帝也承认天下"道理最大"，而并非口口声声"朕即国家"。

北宋的历史风云变幻，在严重的内忧外患中涌现出许多杰出的政治家，如范仲淹、王安石、寇准、包拯、宗泽等，他们为了挽救国家危亡，献计献策，做出了各种努力，表现了极大的爱国情怀。

宋朝有造极于时的经济。宋代的多种经济模式均在世界上开一代风气之先。特别是城市的发展，"屋宇雄壮""骇人闻见"；经济活动"每一交易，动辄千万"；瓦舍、勾栏，熙熙攘攘，娱乐、休闲通宵达旦，市民生活水平在当时世界首屈一指。

北宋也是我国文化发展的重要时期，"唐宋八大家"中有六位出自北宋，宋词表现出极高的文学造诣，与唐诗双峰耸峙，成为中华古典文明的一块瑰宝。

相信读过此书之后，你会对北宋的历史有更深入的了解，同时也会为古人创造的文明感到自豪。

了解历史，反思历史，是为了更好地借鉴历史、把握未来。

目录

第一编　皇朝演义

第二编　风云人物

第 二 章　宋代名臣

第三编 社会文化

第 四 章　思想文化

第 五 章　文学艺术

第编

皇朝演义

▶▶▶

　　北宋是赵匡胤于 960 年夺取五代后周政权后建立起来的封建王朝，都城为开封。北宋初期加强了中央集权，解决了藩镇割据问题。宋真宗、宋仁宗时期步入了盛世。1127 年，金军攻破开封，掳走宋徽宗和宋钦宗，北宋至此灭亡。历经 9 帝，共168 年。

　　北宋王朝有稳定开明的政治。宣称"与士大夫共治天下"的赵匡胤"杯酒释兵权"，巧妙地分散了宰相和大臣的权力，使其前和其后各个王朝屡见不鲜的女祸、宦祸、外戚之祸、藩镇之祸、权臣篡逆之祸、流贼覆国之祸，在北宋基本杜绝。而后，又建立了完善的科举考试、官员铨选以及监察制度，成为中国封建社会政治体制最开明的时代。

第一章 皇权更替

一、赵匡胤陈桥兵变，宋太祖文治盛世

宋太祖赵匡胤发动陈桥兵变，黄袍加身，代周称帝，建立宋朝，定都开封。在位期间，加强中央集权，提倡文人政治，开创了中国的文治盛世，是一位英明仁慈的皇帝，是推动历史发展的杰出人物。

1. 陈桥兵变

从五代十国的分裂割据转化为北宋的统一，这是历史发展的必然趋势。赵匡胤一生对历史的主要贡献，就是他的所作所为顺应了这个历史发展的总趋势。

赵匡胤(927—976年)，字元朗，小名香孩儿、九重。涿州(河北涿县)人，生于洛阳夹马营。他原是五代后周世宗柴荣手下的一名高级军事将领，得到后周世宗的信任，成为禁军的重要将领。后周世宗对部队的整顿和训练十分重视。禁军是后周政权的支柱，是一支很能打仗的劲旅。这支禁军由侍卫亲军司和殿前司分别率领。侍卫亲军司掌握的兵额较多，最高统帅是"侍卫亲军马步军都指挥使"；殿前司的兵员较少，但部队比较精壮，战斗力很强，胜过侍卫亲军司。殿前司的最高统帅是"殿前都点检"。赵匡胤就是后周殿前司的最高统帅，掌握了禁军的实权。

五代时期，分裂割据的政治局面加深了统治集团内部的矛盾。一些军事将领，利用手中控制的武力，从事权力斗争。五代十国各个朝代的兴亡，大多取决于禁军及其统帅的向背。那些掌握禁军实权的大小将领，为了自身的长远利益，往往勾结起来，拥戴自己的最高统帅夺取皇位。后周太祖

郭威的诨名是"郭雀儿"，邢州尧山（河北隆尧）人，本来是后汉的大将，先后做过节度使、枢密使。他在部将们的拥戴下，登上皇帝的宝座，建立后周政权。那些拥戴他做皇帝的人，都是禁军的将领，如侍卫亲军步军都指挥使王殷，以及一部分中级将领如郭崇、曹英等。960年发生的"陈桥兵变"，赵匡胤做了大宋皇帝，也是属于同样的性质。

显德六年（959年），后周世宗柴荣去世，由他的7岁幼子柴宗训继位，这就是后周恭帝。

一个7岁的小皇帝，在政治上没有威信，也没有能力完成柴荣生前发展生产、加强军事、统一全国的政治抱负，把国家安定下来。赵匡胤由于在军事上威望较高，他和他的一班亲信赵普、石守信等，利用这个时机，共同策划了以夺权为目的的"陈桥兵变"。

960年正月，从镇州（河北正定）和定州（今河北定县）传来急报说：北汉联合契丹南犯。后周的宰相范质和王溥等，立即主张派赵匡胤率领禁军予以抵抗。赵匡胤名正言顺，当即带领部队北上。当行抵汴京以北20里的陈桥驿时，赵匡胤的弟弟赵匡义、归德军掌书记赵普和军中一班将领，就扮演了一出"黄袍加身"的闹剧。军士们在深夜五鼓，一齐聚集在陈桥驿门，宣言要请殿前都点检赵匡胤为天子。到了天刚亮时，军士们拥到赵匡胤的寝所，由赵匡义入内传达军士们的请求。诸将露刀于庭，赵匡胤的爱将罗彦瓌叫嚷说："我辈无主，今日须得天子！"于是他们就把预先准备好的皇帝的黄袍，披在赵匡胤的身上，大家高呼万岁，并把赵匡胤扶上马，准备返回京城，登上皇位。

赵匡胤骑在马上对军士们说："你们能否听从我的命令？"

诸将都下马答道：

陈桥驿兵变遗址

"唯命！"

于是赵匡胤就下令："后周太后和主上（柴宗训），你们不能惊犯；后周大臣不得侵凌；朝廷府库和士庶之家，也不许侵掠。"诸将都表示遵命。赵匡胤当即回到了汴京，石守信、王审琦等将领在汴京城内暗作内应，轻而易举地夺取了皇权。因为赵匡胤当时兼宋州归德军节度使，于是就用"宋"为国号，改元"建隆"。习惯上称赵匡胤建立的宋朝为"北宋"，因为都城在开封。

赵匡胤通过"陈桥兵变"，用和平的手段，避免了一场流血的战斗，夺得了皇位，使北方正在好转的社会生产力没有遭到破坏。赵匡胤把后周恭帝降为郑王，对拥立有功的将帅，都一一加以奖赏和提拔，如石守信就做了侍卫马步军副都指挥使，顺利地解决了统治集团的内部矛盾。至于个别领兵在外的节度使如李筠、李重进（周太祖郭威的外甥）等人，不肯降服。结果，在赵匡胤强大兵力的冲击下顷刻瓦解，二李都在无可奈何的情况下以"自杀"而告终。

2. 杯酒释兵权

"陈桥兵变"的发生，一方面是因为赵匡胤在后周统率禁军期间，素得军心，得到军士们的拥护；另一方面，是由于赵匡胤手下的高级将领贪图富贵。他们沿袭五代以来将帅拥戴之风，以赵匡胤为自己的靠山。

宋太祖赵匡胤懂得将帅们的心理。他在即位的第二天，就晋升一批禁军的高级将领。除了为石守信加官晋爵以外，还以张令铎为马步军都虞候，张光翰为马军都指挥使，赵彦徽为步军都指挥使，高怀德为殿前都点检，王审琦为殿前都指挥使，皇弟赵匡义为殿前都虞候。这些人都是赵匡胤的亲信。石守信和王审琦还是赵匡胤"义社"十兄弟的成员。

除此之外，赵匡胤又采取了一系列有效措施。例如，他严肃军纪，严禁将士侵扰百姓。对后周太后及少帝十分优待，宰相范质以下文武百官，皆留用不疑，等等。迅速使自己的新政权稳定下来。

然而，仍有两个节度使不服，宋朝建立刚刚几个月，便先后起兵发难。宋太祖采用各个击破的策略，很快平定了两起叛乱。

这两起叛乱事件，给宋太祖敲起了警钟。他知道，那些握有兵权的人，只要有一点希望，便可能发兵闹事。他不禁回想起五代以来朝代更替的一幕幕情景。除了后梁是被长期与之对立的李克用、李存勖父子所率领的另一股军事力量推翻以外，其他各朝都是被内部的将领所篡夺的。尤其给他印象更深的，是他亲自参加了拥立后周太祖郭威的行动，他们扯了一面黄旗裹在郭威身上，郭威便成了天子，不到 10 年，他自己又被人拥立，黄袍一披，顿时掌握了天下。

一想起这些，宋太祖就不免心惊肉跳起来。他的头脑里，时刻思索着这样一些问题：怎样才能使那些将领忠于自己，而不至于背叛夺权？怎样才能使自己建立的政权不至于成为第六个短命王朝？

这些问题，搅得宋太祖心绪不宁、坐卧不安。一天，宋太祖把赵普招来，说道："今天找你来，是想同你商量一件事，为这事已经弄得我好多天食不下咽，睡觉都睡不安稳。"

赵普问道："皇上有什么事尽管说吧！"

宋太祖说："天下自唐末以来，短短的几十年里，帝王更替不迭，战火频仍，百姓遭殃，这是什么缘故呢？我想要熄灭天下战火使国家长治久安，需要做些什么呢？"

赵普回答说："以前的叛乱，是由于藩镇太重，君弱臣强，要想制止叛乱，就必须把兵权集中到朝廷，天下自然就太平无事了。"

话刚说完，宋太祖便连连称赞："说得好！说得好！"于是便着手解决底下将领兵权过大的问题。

建隆二年（961 年）三月，已经晋升为殿前都点检的慕容延钊与升任为侍卫马步军都指挥使的韩令坤，在平定二李叛乱之后，一直领大军驻扎在外，这时回京朝见宋太祖。宋太祖就以他自己曾任都点检一职为由，而取消了这个职务，改任慕容延钊为节度使，同时亦免

赵匡胤

去韩令坤的职务，让自己的亲信石守信来担任。

解除了这两人的禁军统帅之后，宋太祖的心情才稍微安定一些。但是他的一些亲信尤其是石守信、王审琦仍然手握重兵。但这些人是自己的好朋友，并且在拥戴自己登上皇帝宝座的过程中，功劳巨大。对于这些人，颇重情义的宋太祖就有些犹豫不决不忍下手了。

赵普为这件事多次劝过宋太祖，宋太祖总不肯答应。他总是说："这些人都是我的好友，他们绝对不会背叛我的！"

有一天，赵普见宋太祖迟迟不肯撤换石守信、王审琦等人，就再进一步劝说宋太祖。宋太祖说："你这是多虑了，这两个老朋友我还不清楚吗？"赵普说道："我不担心这两个人会叛变。但是依我看来，你的这两位老朋友没有统帅的才能，将士不怎么服从指挥，假使有那么一天，下面的人闹起来，把黄袍一披，只怕他们也身不由己啊！"

宋太祖恍然大悟，不觉吓出一身冷汗。呆了一会儿，才说："真亏得你提醒我！"

宋太祖这才下定决心。

一天夜晚，宋太祖摆开筵席，宴请手下的一批大将，他的亲信、把兄弟等有功之臣，如石守信、王审琦、高怀德、张令铎、赵彦徽等都一一来到。过去的老朋友，如今的皇上请喝酒，大家都显得很高兴，而且一个个都是高级将领，聚在一起，喜悦之情，无以言表。

三杯酒下肚，气氛更热烈了。只见宋太祖挥挥手，让在左右侍奉的太监全部退下。然后端起酒杯，满带感情地说："今天在座的都是我的好兄弟！以前像这样的聚会，我们是三天两头进行的，那时，大家都无拘无束，真是快活无比。如今，我做了皇帝。国家的事情实在太多，大家相聚的机会少了，显得都有些生疏了！今天各位一定要多喝几杯。"说着，将杯中酒一饮而尽。

那些大将见太祖动了情，也说出了自己的心里话。这个说："皇上，没关系。"那个说："我们与皇上在一起是喝得没以前多了。可我们自己还是常喝呢。"

宋太祖见大家都高兴起来，却叹了口气，像有满腹心事的样子，说："你们倒是痛快，我真有些羡慕你们。当皇帝的麻烦可就多了，还不如做个节度使自在呢！你们知道吗？做皇帝这一年多来，我可没睡过一个安稳觉呢！"

石守信等人感到迷惑不解，就问道："这是为什么？"

宋太祖接口说道："这还不是明摆着的，皇帝的位置只有一个，可谁不想夺呀，我能不担心吗？"

这句话一出来，大家才明白过来。石守信赶忙带头跪在地上，其他人也跟着跪了下去，说："皇上怎么说这种话，如今大局已定，谁还敢对皇上起异心？"

宋太祖摇了摇头，无可奈何似的说："我不是信不过你们。我是担心你们的部下将士中，有那些贪图富贵的，或许有一天把黄袍披在你们身上，你们也会身不由己啊！"

石守信等听了宋太祖这番话，一个个慌了手脚，感到大祸临头，流着泪说："我们真是愚蠢，从来没想到这一点；请皇上千万可怜我们，给我们指明一条生路吧！"

宋太祖这才把底兜了出来，他显得很平静、自然，带着开导的语气说："人生一世，就像阳光在门缝一闪一样，非常短暂。所以，那种贪图富贵的人，不过是想多积金钱，多享娱乐，使子孙也能坐享其成，不致贫穷困乏。我想，你们不如放下兵权，到地方上去做个闲官，多置办些良田美宅，给后代留下点永久的基业。自己也能快快活活安度晚年。我再与你们结为儿女亲家，彼此亲密无间，互不相疑，那不是很好吗？"

石守信等人见宋太祖把话已说到这种份儿上，已没有再回旋的余地，只好一齐答道："皇上真是为我们想得太周到了。"

酒宴一散，将领们一个个闷闷不乐地回了家。突然要离开朝廷，相处多年的好朋友就要各奔东西，他们还真有些舍不得呢！可他们已答应了宋太祖，是不容反悔的。

第二天一上朝，石守信等一批大将都向宋太祖请求辞职。宋太祖十分高兴，全部批准，立即收回了他们手中的兵权，安排他们到不同的地方去做节度使，只有石守信还在禁军挂个并无兵权的虚职。

在这之后，宋太祖还真与这些大将结了姻亲。他先把守寡的妹妹嫁给大将高怀德，后来又把两个女儿分别嫁给了石守信和王审琦的儿子，而宋

太祖的三弟赵光美，则娶了张令铎的女儿。

这就是历史上著名的"杯酒释兵权"。

宋太祖从那些大将手中收回了兵权之后，另选一些资历浅、威望不高、容易控制的人担任禁军将领，并且采取了一些措施，把兵权分散开来，使将领们互相牵制。

又过了一段时间，宋太祖感觉到藩镇上一些人的兵权太大，仍然对他们有所不安，于是他把这"杯酒释兵权"的戏又重演了一遍。

这样一来，宋太祖就完全掌握了兵权，消除了"黄袍加身"的隐患，"五代"那样短命的厄运北宋不会再重蹈覆辙了。

3. 统一之战

开宝二年（969年），宋太祖为了用文官代替武将任地方长官，解决藩镇难治的问题，干脆剥夺了一些节度使的职位，又一次拿出"杯酒释兵权"的办法。一次，王彦超等藩镇入朝，宋太祖又设酒宴招待。等到酒过三巡，宋太祖心平气和地对他们说："卿等都是国家宿旧，长久在藩镇，事务繁多，真不是朕所以优贤之意啊。"王彦超自知其中之意，就主动说："臣本无勋劳，久冒荣宠，今已衰朽，乞骸骨，归丘园，臣之愿也。"其他人不识相，不愿辞职。可是，宋太祖主意已定，岂能更改。第二天，就把他们的藩镇职权罢免了。自此以后，节度使之职已成虚衔，地方长官多为文臣担任，宋朝便消除了内乱的根源。

北宋创建之初，五代十国的分裂局面依然如故，在北宋的南边和西边，南唐、吴越、南汉、后蜀、南平等各霸一方，在北边，有契丹和北汉窥视中原。此外，还有不少地方割据势力拥兵自立。如何削平这些反对势力，成为宋太祖心头的一块症结。

最初，他打算先取北方。一天，他向谋士张永德询问攻打北方的方案。张永德说："北方兵虽少，但很强悍，加上他们与契丹关系密切，不可急取，只有慢慢地派间谍去做离间工作，使北汉得不到契丹的援助，而且也不能正常进行农业生产，待其困弊，方可以下手。"赵匡胤还不放心，在一个风雪交加的深夜，他又走访了赵普："吾睡不着，一榻之外，皆他人之家也，故来见卿。"一进门，宋太祖就大加叹息。

赵普分析了当时的局势，最后指出，先打太原，有害无利。"何不姑略以俟削平诸国，彼弹丸黑子之地，将何所逃？"看到两位谋士的思路如出一辙，宋太祖下定了决心，采取"先南后北"的方略，即先消灭西、南方各个割据势力，后消灭北汉，最后实现一统。

建隆三年（962年）九月，割据湖南的武平节度使周行逢病死，由其子周保权继位。当时驻扎衡阳的张文表起了取而代之之心，遂攻打潭州。周保权无力阻挡，只好向北宋请求援助。

这恰好给北宋出兵提供了借口，于是，北宋制定了以救援周保权、讨伐张文表为名，借道荆南，一举削平荆南和湖南两股地方势力的方案。次年，北宋依计出兵，仅用了3个多月的时间，荆南、湖南两个割据势力就被削平。

宋太祖

乾德二年（964年），后蜀派人与北汉勾结，企图夹击北宋，没想到信使却密将此信献给了宋太祖。这样，北宋西讨便师出有名。

在第二年正月，灭了后蜀。据统计，从出师到占领成都，仅用了65天的时间。

开宝三年（970年）十一月，宋太祖挥师进攻南汉。当时的南汉政治极其黑暗，人民生活水平低劣，北宋便以"救此一方民"的名义伐南汉。北宋军队势如破竹，很快，南汉被灭。此后，北宋使用离间计，使南唐主毒死了大将林仁肇。开宝八年（975年）十一月底，宋军攻进金陵，南唐主被迫投降，南唐灭。

开宝九年（976年）十月二十日，宋太祖突然在夜间去世，终年50岁。关于他的死传说甚多，有传被弟赵光义所杀，莫衷一是，竟成千古之谜。

宋太祖虽然没能看见国家统一的那天，但他制定的"先南后北"的战略方针以及在南方取得的巨大成功实为大宋一统天下奠定了坚实的基础。

赵匡胤一生最大的贡献和成就在于重新恢复了华夏地区的统一，结束了自唐末五代以来长达近70年的藩镇割据混战局面。饱经战火之苦的民

众终于有了一个和平安宁的生产生活环境，为社会的进步，经济的发展，文化的繁荣创造了良好的条件。

4. 宋太祖逸事

（1）誓碑遗训。

赵匡胤曾在石碑上（一说为铁块上）刻下留给子孙的遗言，宋朝历任皇帝即位时，都必须拜读这份遗训；不过，这份遗训至为机密，除了特定宫中人士之外，甚至连宰相都不知道。后来金朝灭北宋、占领皇宫时，才发现这份文件的存在。遗训记载的内容有下列三点：

第一，柴氏子孙有罪，不得加刑，纵犯谋逆，止于狱中赐尽，不得市曹刑戮，亦不得连坐支属。

第二，不得杀士大夫及上书言事人。

第三，子孙有渝此誓者，天必殛之。

宋朝的皇帝基本上都遵守了誓碑遗训，从柴家子孙与南宋共存亡，以及在新旧党争当中失势的官员并没有被杀，还可能会随着政局的演变由罢黜而回到中央这两点就可以证明。赵匡胤温厚的个性透过这个石碑遗训，表现在整个宋朝的政治上。

（2）改革官帽。

宋朝官帽有两根长翅，起源于赵匡胤在位时期。目的是为了防止官员交头接耳。

据传，赵匡胤一次上早朝，在听取某个大臣奏事时，发现两侧有不少官员窃窃私语，很不礼貌。赵匡胤心中恼火，但不露声色。退朝后，他传旨属官，在幞头纱帽的后面分别加上长翅。长翅用铁片、竹篾做骨架。一顶帽子两边的铁翅各穿出一尺多（此后越来越长）。这种帽子除了朝堂和官场正式活动时须戴上，一般场合并不

宋朝官服

戴。因为戴上它，在街上行走极不方便。官员只能面对面交谈，要并排坐着交谈，就有些困难。

自此以后，大臣上朝，也就很难排列在一起交头接耳，保证了朝堂的严肃性。

（3）宽厚待人。

赵匡胤器量宽宏，不以杀戮服人。有一次，他设宴招待群臣，其中有一个翰林学士王著，原先是后周世宗柴荣信任的臣子，由于喝醉了酒，思念故主，当众喧哗起来。群臣大惊，都为他捏一把汗。赵匡胤却毫不怪罪，命人将他扶出去休息。王著不肯出去，掩在屏风后面大声痛哭，好容易才被左右搀扶出去。第二天，有人上奏说王著当众大哭，思念柴荣，应当严惩。赵匡胤说："他喝醉了。世宗在时，我和他同朝为臣，熟悉他的脾气。他一个书生，哭哭故主，也不会出什么大问题，让他去吧。"

赵匡胤在陈桥兵变后回师进入开封皇宫时，见宫妃抱着一个婴儿，就问是谁的儿子。回答说是后周世宗柴荣的儿子。当时，大臣范质、赵普、潘美都在一旁，赵匡胤问他们怎么处理。赵普等回答说："应该除去，以免后患。"赵匡胤说："我接人之位，再要杀人之子，我不忍心。"就把这婴儿送给潘美抚养，以后也没再问起过此事，潘美也一直没有向赵匡胤提起这婴儿。这婴儿成人后，取名潘惟吉，官至刺史。

还有一次，赵匡胤乘驾出宫。经过大溪桥时，突然飞来一支冷箭，射中黄龙旗。禁卫军都大惊失色，赵匡胤却拍着胸膛说："谢谢他教我箭法。"不准禁卫去搜捕射箭者，以后果然也就没事了。

陈桥驿在陈桥和封丘（均在今河南省开封市东北处）之间。赵匡胤兵变时，陈桥守门官闭门防守，不放赵匡胤军通过。赵匡胤只得转道封丘，封丘守门官马上开门放行。赵匡胤即帝位后，反而晋升了陈桥守门官的官职，称赞他忠于职守，并斥责封丘守门官临危失职，将他斩首。

赵匡胤喜欢在后园弹鸟雀。一次，一个臣子声称有紧急国事求见，赵匡胤马上接见了他。赵匡胤一看奏章，不过是很平常的小事，甚为生气，责问他为什么要说谎。臣子回答说："臣以为再小的事也比弹鸟雀要紧。"赵匡胤怒用斧子柄击他的嘴，打落了他的两颗牙齿。臣子没有叫痛，只是慢慢俯下身，拾起牙齿置于怀中。赵匡胤怒问道："你拾起牙齿放好，

宋太祖

是想去告我？"臣子回答说："臣无权告陛下，自有史官会将今天的事记载下来。"赵匡胤一听，顿然气消，知道他是个忠臣，命令赐赏他，以示褒扬。

（4）喜爱读书。

赵匡胤虽是武将出身，却很喜爱读书，常常手不释卷。他跟从后周世宗柴荣平淮南时，有人向柴荣告密说，他用几辆车运载自己的私物，其中都是财宝。柴荣派人去检查；车中却只有几千卷书籍。柴荣问他："你是武将，要书有什么用？"赵匡胤回答说："我没有好的计谋贡献给陛下，只能多读些书以增加自己的见识。"

赵匡胤称帝后，也很尊重和重用读书人。有一次，他遇到一个疑难问题，问宰相赵普，赵普回答不出来。再问读书人，翰林学士陶谷、窦仪准确地回答出来，赵匡胤深有体会地说："宰相须用读书人！"对于读书不多的文臣武将，赵匡胤也总是鼓励他们要多读书，以弥补自己的不足，赵普正是在他的鼓励下才变得手不释卷的。赵匡胤用人不问资历。他一方面命令臣下要注意选拔有才能而缺少资历的人担当重任；另一方面，他自己也随时留心内外百官，见谁有什么长处和才能，他都暗暗地记在本子上。每当官位出缺，他就翻阅本子，选用适当的人去担任。这又使臣下都致力于提高自己。

（5）武学宗师。

太祖长拳应源于赵匡胤训练士卒的遗法真传，综合士卒在战场上真拼实杀的格斗经验编制成32势长拳。赵匡胤登基后成为一代帝王，昔日士卒尤觉此拳的珍贵，乃名之为"宋太祖32势长拳"。自古太祖长拳以实战性著称于世，少林寺也对太祖长拳另眼相看，公开承认太祖长拳为少林武功最大的别支，由此可见太祖长拳在中国武术中非凡的地位。中国流传至今的武术中，以太祖长拳命名的拳系流派，山东、河北沧州、河南嵩山、云南、福建、台湾，由北到南不在少数。就连《四川武术大全》中记载的赵门也是假托赵匡胤而得名，故称赵门。

赵匡胤对中国武术的另一大贡献就是以他首创并命名，伴随他打遍天下、开山立国的"太祖盘龙棍"。太祖盘龙棍亦称哨子棍，以其结构独特、简练实用难防、演练威猛霸气闻名。其练法至今仍然为各大门派密珍保留，鲜见真容。

二、烛影斧声登大位，毁誉参半宋太宗

宋太宗（939—997年），原名匡义，后改名为光义，继位后又改名炅。宋太祖之弟，宋朝第二代皇帝。

1. 烛影斧声

赵光义出生于开封府浚仪县崇德北坊护圣营官舍。起初，赵光义之母梦见神仙捧着太阳授予她，从而有娠怀孕，直到赵光义出生的当天夜晚，红光升腾似火，街巷充满异香。

赵光义从小聪颖而不群，与别的孩子游戏，都畏服于他。后周显德七年（960年），赵光义参加陈桥驿兵变，拥立其兄赵匡胤为帝。

赵匡胤即位之后，封赵光义为殿前都虞候，领睦州防御使，不久领泰宁军节度使。征讨李重进之后，赵光义被封为大内都部署，加同平章事、行开封府尹，再加兼中书令。进占太原之后，赵光义又被改封为东都留守，别赐门戟，封晋王，位列宰相之上。

开宝九年（976年）十月十九日夜，宋太祖命人召时任开封府尹的晋王赵光义入宫。赵光义入宫后，宋太祖屏退左右，与赵光义酌酒对饮，商议国家大事。室外的宫女和宦官在烛影摇曳中，远远地看到赵光义时而离席，摆手后退，似在躲避和谢绝什么，又见赵太祖手持玉斧戳地，"嚓嚓"斧声清

宋太祖兄终弟及

晰可闻。与此同时，这些宫女和宦官还听到赵太祖大声喊："好为之，好为之。"两人饮酒至深夜，赵光义便告辞出来，赵太祖解衣就寝。到了凌晨，赵太祖驾崩。二十一日，他的弟弟晋王赵光义继位，史称"宋太宗"，改年号为"太平兴国"。

2. 平灭北汉

宋太平兴国四年（979年），宋太宗赵光义率军攻灭北汉。

宋朝建立后，宋太祖赵匡胤为铲除割据政权，完成统一中国的大业，与其主要谋臣赵普，参考后周显德二年（955年）北部郎中王朴所献"平边策"，制定了"先南后北"的统一战争战略方针，准备首先吞并南方各割据政权，在取得南方雄厚的人力物力后，再集中力量对付北面的强敌辽国，消灭北汉。但北汉依仗辽国的支持，经常南下骚扰宋境，双方冲突始终未断。宋太祖虽然确定了先南后北的统一方针，但在平定南方各国的过程中，因北汉比较弱小，且处于战略要地河东，为阻遏其来袭，宋军常对北汉以攻为守，先后发动多次进攻，企图相机进取。早在宋乾德元年（963年）七月，赵匡胤在平定荆湖谋伐后蜀之际，就曾派安国节度使王全斌等进入北汉边地。北汉向辽乞援，欲予宋以反击。王全斌等则乘辽尚未发兵，夺占北汉乐平（今山西省昔阳县）并攻打辽（今山西左权区）、石（今山西离石县）二州。

次年正月，宋军又来进攻辽、石等州，辽州刺史杜延韬降宋，北汉再次向辽告急。辽帝耶律璟发骑兵六万驰援，将宋军击退。宋开宝元年（968年）平定后蜀之后，北汉国主刘钧刚死，人心未定，赵匡胤突然转兵大举进攻北汉。八月，宋太祖命昭义节度使李继勋，侍卫步军都指挥使党进、宣徽南院使曹彬、棣州防御使何继筠、怀州防御使康延昭、建武节度使赵赞等各率所部，分别自潞（今山西长治市）、晋（今山西临汾市）二州进攻太原。九月，北汉内部发生动乱，供奉官侯霸荣杀死北汉新主刘继恩，司空郭无为又杀死侯霸荣，迎立太原尹刘继元为国主。刘继元见宋军已入其境，急忙向辽请援，同时命侍卫都虞候刘继业、冯进珂等领兵扼守团柏谷（今山西祁县东南），以拒宋军。宋军迅速将该部北汉军击破，直逼太原城下。十月，宋太祖遣使至太原劝降，刘继元拒绝降宋。十一月，辽军兵马总管塔尔率大军救援北汉，逼近太原，李继勋等因久攻太原不下，辽军又至，遂引兵南归。北汉军乘机发动追击，进掠宋晋、绛（今山西绛县）两州。宋开宝二年（969年）二月，宋太祖命曹彬、党进各领兵先赴太原，自率大军继后，亲征北汉。北汉刘继业、冯进珂二将得知宋太祖已至潞州，并派李继勋率前军赶往团柏谷，自知寡不敌众，仓皇奔还太原。三月，宋太祖至太原，征发当地民工数万人，修筑长墙包围太原、并筑长堤，引汾水灌城，多方进攻，长达三个多月，无法破城，当时天气酷热，宋军很多人患

魏王赵廷美

上破腹病，听到辽军出兵救援北汉的消息，宋军仓皇退兵。辽与北汉联军追击宋军，宋军大败而逃，弃下大量军事物资，为北汉所得。宋开宝八年（975年）十月，南唐已平，宋太祖再兴北伐之师，并准备收复燕云。次年八月，派侍卫马军都指挥使党进、宣徽北院使潘美等分率五路军马云集太原城下，与北汉军和来援的辽军展开激战。不料，这时宋太祖赵匡胤死去，宋太宗赵光义继位，因国丧之故，遂于十二月召回北伐之师，至此，宋太祖遣军进攻北汉的战争，均因辽军援阻，未获成功。

宋在完成对南方的统一后，宋太宗赵光义继承宋太祖赵匡胤的未竟之志，决意继续攻北汉，鉴于以往进攻北汉均因辽军援救而失败的教训，宋太宗制定了肃清外围，先阻辽援，后取太原的方略。继而，加紧整训军队，命邻近北汉的晋、潞（今山西临汾、长治）、邢、镇、冀（今河北邢台、正定、冀州市）等州，修造兵器及攻城器具，转运粮草，积极做攻战准备。

太平兴国四年（979年）正月，宋太宗决定再次进军北汉，并采取攻城阻援的作战指导，其部署是：命宣徽南院使潘美为北路都招讨制置使，率崔彦进、李汉琼、曹翰、刘遇等军攻太原；命云州观察使郭进为太原北石岭关（今山西忻县南）都部署，阻击从北面增援的辽军；命田仁朗、刘

宋太宗

绪负责侦察太原城四面壕寨并检查攻城的各种器材；命孟玄喆为兵马都钤辖，驻泊镇州，阻击从东面增援的辽军；命河北转运使侯陟、陕西北路转运使雷德骧分掌太原东、西路转运事，并命行在转运使刘保勋兼任北面转运使；宋太宗赵光义亲率主力一部出镇州（今河北正定），牵制幽州的辽军大规模西援或南下。

太平兴国四年二月十五日，宋太宗率军由东京（今河南开封）出发，三月进至镇州，分兵攻盂县（今山西盂县东北）、沁州（今山西沁源）、汾州（今山西汾阳）、岚州（今山西岚县）等外围州县，以牵制这些地区北汉军对太原的增援。这时，郭进军已进至石岭关。北汉主刘继元闻宋大兵压境，急遣使赴辽求援。辽帝命南府宰相耶律沙为都统，冀王敌烈为监军，率兵援救北汉。三月十六日，耶律沙率军日夜兼程进至白马岭（今山西盂县东北），与郭进阻援部队相遇，两军隔大涧对峙。耶律沙打算等后续部队到齐后再战，敌烈等认为立即进攻有利，于是抢先渡涧进攻宋军。郭进军乘其半渡，突然出击，斩敌烈等五员大将，歼万余人，辽军余众仓皇逃走。北院大王耶律斜轸率军赶到，万箭齐发，宋军始退。北汉再次派人向辽求援，但使者被郭进军捉住，并在太原城下杀掉。北汉潜师出击，又被宋军击败，遂据城固守。

宋军打援获胜，乘势全线进攻，四月中旬，宋军攻下盂县、隆州、岚州等地区后，宋太宗率军至太原，以数十万大军，集兵围城。四月二十三日，巡城抚慰诸将，并致书招降北汉主刘继元，被拒。二十四日夜，宋太宗至城西督诸将攻城，未果。五月初一，又督诸将急攻城西南隅，陷其护围羊马城。北汉宣徽使范超出降。初三，宋太宗至城西北隅，北汉马步军都指挥使郭万超等先后出降。初四，宋太宗至城南，再次招降，同时挥军猛烈攻城。远在代州（今山西代县）的北汉驸马都尉贞俊向辽帝告急，耶律贤因辽军在白马岭新败，不能再发救兵。这时，宋太宗下令再次决汾水灌城，使太原城内一片汪洋。刘继元在外无援兵、内无斗志的情况下，于五月初六出城投降。宋太宗命刘保勋主持太原政务，封刘继元为右上将军、彭城郡公。同时考虑太原城坚难克，为根除割据之患，遂毁太原城。

至此，北宋统一战争以消灭北汉之战的最后胜利告终。

3. 巩固统治

赵光义即位后，继续进行统一事业，鼓励垦荒，发展农业生产，扩大科举取士规模，编纂大型类书，设考课院、审官院，加强对官员的考察与选拔，进一步限制节度使权力，力图改变武人当政的局面，确立文官政治。这些措施顺应了历史潮流，为宋朝的稳定做出了重要贡献。

宋太宗继位后，为了巩固帝位，任命其弟赵廷美任开封尹兼中书令，晋封齐王，任赵德昭为节度使和郡王，任赵德芳为节度使。将宋太祖和赵廷美之子女称为皇子皇女，并将宋太祖的三个女儿封为国公主。宋太祖的旧部薛居正、沈伦、卢多逊、曹彬和楚昭辅等人都加官晋爵，他们的儿孙也因此获得官位。而一些宋太祖在世时曾加以处罚或想要处罚的人，宋太宗都予以赦免。除此之外，宋太宗更注重培养和提拔自己的亲信。与此同时，宋太宗还有意结交不少文官武将，即便是宋太祖的旧部，诸如楚昭辅和卢多逊等掌握实权的朝中要员，宋太宗都着意加以结纳。此外，罢黜了一批元老宿将如赵普、向拱、高怀德、冯继业和张美等，将他们调到京师附近做官，便于控制。经过这些措施，宋太宗笼络了人心，巩固了政权。

宋太宗还扩大取士人数，他大大扩充科举取士名额，每科录取人数由宋太祖时的数十人猛增至数百人，甚至上千人。使得不少有才华之人都有机会入仕，让他们担任各种职务。

宋太宗

宋太宗在位期间，继续推行统一全国的政策，攻灭北汉后，又数次大举北攻辽国，试图收复燕云十六州，但因准备不周，均遭大败，并使与辽国的关系转为被动。他又继续加强中央集权，用文人执政，使儒学渐渐抬头。他注重农田水利，继续鼓励垦荒，使社会生产有所发展，社会秩序比较安定，但对百姓的盘剥颇重。晚年，他血腥镇压了四川地区的王小波、李顺起义。

宋太宗也很喜欢读书，并最爱读《太平御览》，常常从上午读到下午。他也重视文人，当时随南唐李煜、吴越钱俶等国君来汴京的臣子，在这些旧主亡故以后，因处境恶化而口出怨言。宋太宗知道了，并没有加罪于他们，反将他们全部录用，建造书馆，让他们编修《册府元龟》《文苑艺华》《太平广记》等文集，并给他们提供了很优厚的生活条件和良好的工作环境，使这些人心满意足，大都潜心撰书，直至老死。

4. 传位难题

赵光义的长子赵元佐自幼聪明机警，长得又像赵光义。赵元佐有武艺，善骑射，还曾经随赵光义出征太原、幽蓟，本是最合适的皇储。不料赵元佐却因叔父赵廷美冤死而发疯。

雍熙二年（985年）重阳节，赵光义召集几个儿子在宫苑中设宴饮酒作乐，因赵元佐病未痊愈，就没有派人请他。散宴后，陈王赵元佑去看望赵元佐。赵元佐得知设宴一事，怒气难平，一个劲喝酒。到了半夜，索性放了一把火焚烧宫院。一时间，殿阁亭台，烟雾滚滚，火光冲天。赵光义得知后，猜想可能是赵元佐所为，便命人查问，赵元佐予以承认。赵元佐被废为庶人。其后以次陈王赵元佑成为众意所属的皇储人选，而赵光义也有此意。

雍熙三年（986年）七月，赵元佑改名赵元僖，并封开封府尹兼侍中，成了准皇储。同年，雍熙北伐失利。赵普上《谏雍熙北伐》奏疏，得到赵光义嘉赏。后来，赵元僖也上疏论及伐辽之事，为赵光义采纳。

端拱元年（988年），赵普第三次为相，威权一时又振。竭力支持和拉拢赵普的陈王赵元僖也晋封许王，更加巩固了皇储地位。赵普罢相后，赵元僖又与另一位宰相吕蒙正关系密切。立储之事正在按部就班地进行。不想在淳化三年（992年）十一月，赵元僖早朝回府，觉得身体不适，不久便去世了。赵光义极为悲伤，罢朝五日，并写下《思亡子诗》。

赵元佐被废，赵元僖暴死，储位空缺，于是冯拯等人上疏请早立太子，赵光义便将冯拯等人贬到岭南。自此以后没有人敢议论继承问题。

后来，赵光义被箭伤所扰，自知将不久于人世。便就此私下询问寇准。在寇准的支持下，终于在至道元年（995年），赵光义三子寿王赵元侃被立为皇太

宋太宗

子，改名赵恒。赵光义册立太子，大赦天下，京师之人见到太子都欢呼，赵光义却闻而不悦。后在寇准的劝解下心情才好转。

太平兴国四年（979年），宋太宗在高梁河（今北京大兴东）被辽军战败，全军溃逃。辽兵紧追，御用器物和妃嫔都被夺去，他脱身逃走，大腿上中了两箭，此后箭伤每年都要复发。至道元年（995年）秋，赵匡义箭伤又复发。同年八月，立三子赵元侃为太子，命李沆、李至为太子宾客，负教育之责。至道三年（997年）三月癸巳日，宋太宗病死于汴京万寿殿西阶，享年59岁。群臣上尊谥曰神功圣德文武皇帝，庙号太宗。同年农历十月，葬在永熙陵。

三、一波三折即帝位，宋真宗粉饰太平

宋真宗赵恒（968—1022年），初名赵德昌，后改赵元休、赵元侃。宋朝第三位皇帝，宋太宗赵光义第三子，母亲为元德皇后李氏。

1. 咸平之治

赵恒幼时聪睿，与诸王嬉戏时喜欢摆阵并自称元帅。宋太祖赵匡胤非常疼爱他，曾抚摸着他的头问他："天子好做否？"答道："由天命耳。"

赵恒历封韩王、襄王和寿王，曾任开封府尹。至道元年（995年），被立为太子，改名赵恒。至道三年（997年），宋太宗病逝，30岁的赵恒继皇帝位，

是为宋真宗。

赵恒即位之初，采取了一系列获取民心的措施：任用李沆等人为宰相，勤于政事；罢黜奸臣李昌龄、王继恩、胡旦、潘阆等人；放归长期被幽闭于宫中的嫔御；诏令天下不准再献珍禽异兽及各种祥瑞等；减免五代十国以来的税赋，自己也能注意节俭，因此社会较为安定，给国家创造了一个相对长期和平发展的有利时机。

宋真宗继位后，为了方便询问各地政务，宋真宗还将全国分为京东路、京西路、河北路、河东路、陕西路、淮南路、江南路、荆湖南路、荆湖北路、两浙路、福建路、西川路、峡路、广南东路、广南西路，各路转运使轮流进京述职。

在朝中大臣的辅佐下，宋真宗减免租税、严格选拔官吏、肃清朝中奸党。在治国的过程中，宋真宗令人修纂《太宗实录》，并常常阅读《太祖实录》和《太宗实录》，向伯父和父亲学习治国经验。

当时，铁制工具制作进步，土地耕作面积增至 5.2 亿亩（宋太宗至道二年时，耕地有 3 亿多亩），又引入暹罗良种水稻，农作物产量倍增，纺织、染色、造纸、制瓷等手工业、商业蓬勃发展，贸易盛况空前，使北宋进入经济繁荣期，史称"咸平之治"。

2. 澶渊之盟

在处理政务上，宋真宗做得不错；但在处理军务上，宋真宗却没有多大能耐。宋真宗继位后，辽国仿佛摸到了宋朝的软肋，于是开始侵扰宋朝边境，而且规模越来越大。

景德元年（1004 年）九月，萧太后以大将萧挞凛、萧观音奴为先锋，率大军 20 万，倾全国兵力南征。辽军避重就轻，直抵黄河北岸的澶州（今河南濮阳）。澶州的对岸，就是北宋的都城——开封汴梁。战报传到宋廷，

宋真宗

朝野上下一片惊慌，宰相寇准建议宋真宗御驾亲征。

鉴于宋太宗高梁河惨败的教训，宋真宗一直有畏辽如虎的心理，听到寇准的话后立即要回内宫。翌日，朝中争执不下。不少大臣不但不主张宋真宗亲征，甚至还力劝宋真宗做迁都之议。参知政事王钦若是江南人，主张迁都金陵，知枢密院事陈尧叟是四川人，主张迁都成都。堂堂副宰相级别的中枢重臣竟公然主张不战而逃，宋人对辽国的畏惧程度可见一斑。寇准大怒，声色俱厉地要求将主张迁都的人斩首，逃跑派的气焰才一时被遏制。此时，寇准再一次提出要宋真宗领兵亲征："皇上亲征，人心振奋。文武大臣通力合作、同仇敌忾，辽军自可退去。若辽军来攻，我们可出奇计骚扰，打乱其进攻计划；也可以坚守不出，使辽军疲惫不堪，再乘机打击。若退至江南或是四川，则人心动摇，辽军乘势深入，大宋江山还能保得住吗？"寇准的意见得到了宰相毕士安、武将高琼等人的支持。宋真宗虽不情愿，但受形势所逼，遂同意亲征。宋真宗在寇准陪伴下出现在两军阵前，宋朝士兵高呼"万岁"，声传数十里。

萧太后见宋军斗志昂扬，再加上先锋官萧挞凛在察看地形时被宋军伏弩射死，感觉到此战不利，遂要与宋军议和。宋真宗本来就对亲征三心二意，终日提心吊胆，见萧太后同意议和，便急忙派曹利用前去磋商。萧太后见宋使前来，故意吊宋廷的胃口，提出要宋朝退出后周柴荣时收复的关南之地，曹利用当即回绝，并回去复命。这期间，宋、辽之间的摩擦不断，互有胜负。萧太后见天气逐渐转冷，担心旷日持久会生变异，于是开始了第二次谈判。宋真宗告诉曹利用只要不割地，就是多献100万金帛也无所谓。

宋辽经过谈判，终于达成协议——"澶渊之盟"。澶渊之盟规定：辽宋为兄弟之国，辽圣宗年幼，称宋真宗为兄，宋真宗尊萧太后为叔母；以白沟河为国界，此后凡有越界盗贼逃犯，彼此不得收匿；两朝沿边城池，一切如常，不得创筑城隍；宋每年向辽提供"助军旅之费"银10万两，绢20万匹；双方于边境设置榷场，进行互市贸易。

澶渊之盟后，宋、辽各自罢兵。从此，宋、辽双方进入了百余年相对稳定的和平时期。萧太后在第二年下令在双方边境开设榷场进行贸易，加强了两国的经济文化交流，对宋、辽双方社会经济的稳定发展和人民生活的改善乃至民族融合都有积极意义。

3. 东封西祀

随着战事的平息，宋真宗开始渐渐腐败，最突出的是听信奸臣之言，采用自欺欺人的方法来粉饰太平。

王钦若与寇准一向不和，见其因平息战乱有功受宠而心生恨意。景德三年（1006年）的一天，寇准在宋真宗会朝时先行告退。宋真宗目送寇准离开，王钦若乘机进言："陛下敬畏寇准，为其有功社稷邪？"宋真宗："然。"王钦若说："澶渊之役，陛下不以为耻，而谓准有社稷功，何也？"宋真宗愕然，王钦若解释道："城下之盟，《春秋》耻之。今以万乘之贵而为澶渊之举，是盟于城下也，何耻如之！"见宋真宗有不悦之色，王钦若继续说道："陛下闻博乎？博者输钱欲尽，乃罄所有出之，谓之孤注。陛下，寇准之孤注也，斯亦危矣！"此后，宋真宗渐渐疏远寇准，更加亲近王钦若。不久，寇准被罢为刑部尚书、知陕州，参知政事王旦被擢升为工部尚书、同平章事。

自从听了王钦若的那番话后，宋真宗常常怏怏不乐。一日，他问尚书左丞王钦若该如何为国雪耻。王钦若知道宋真宗没有心思举兵，于是故意说只要夺回燕云十六州就可以洗刷耻辱。宋真宗立即找借口："河朔生灵，始得休息，吾不忍复驱之死地，卿盍思其次？"王钦若遂建议宋真宗封禅，以此来镇服四海、夸示戎狄。然而，要想封禅，必须要等到天降祥瑞。王钦若知道宋真宗会考虑到这一点，于是建议采用人为的方式得到天瑞，说得宋真宗有些心动。

很快，宋真宗决定采用王钦若之意。不过，要想保证封禅的顺利进行，必须要征得宰相王旦的同意。为此，宋真宗召其入宫赴宴。宴毕，宋真宗赐给他一壶酒并说道："此酒极佳，归与妻孥共之。"王旦回到家中打开一看，发现酒壶中装满了珍珠。此后，王旦对封禅一事不再持有异议。

此后，宋真宗不断地耗费大量人力、物力和财力大行封禅之事。

赵恒在位时期，京师和地方上建成了一大批官办宫观，朝廷就任命了相应官员去负责管理。与此同时，赵恒又设立了一种与宫观相关的荣誉性的虚衔，可以多领一份俸禄而不必赴任视事，这种官往往以提举某某宫观命名。宫观官在赵恒以后成为官僚队伍中一个特殊系列，一方面说明了宋朝政府与道教的密切关系，另一方面也加剧了冗官和冗费的严重程度。

天书封祀对宋真宗一朝的政治和财政产生了重大影响。仅是东封泰山，就耗费 800 余万贯；西祀汾阴，耗资更增 20 万贯，这还不计亳州之行。营造玉清昭应宫缺少具体的支出记载，但仅雕 3 座塑像就用去金 1 万两、银 5000 两，则 2600 多座建筑的靡费可以想见。倘若将京城景灵宫、太极观和各地宫观都计算在内，其费用之大恐怕不是几千万贯所能打住的。赵恒在位前期，经过近 40 年的经济恢复，天下富庶、财政良好；由于装

宋真宗

神弄鬼的折腾，几乎把前代的积蓄挥霍殆尽，到其晚年"内之蓄藏，稍已空尽"。《宋史·真宗纪》评说天书封祀是"一国君臣如病狂"。明代李贽也说："堂堂君臣，为此魑魅魍魉之事，可笑，可叹！"

宋真宗沉浸在自己编织的太平梦中"只愿长睡不愿醒"，结果将战后本可以用来增强国力的大好时光白白浪费掉，为宋朝的繁荣富强增添了更多阻力。

大中祥符（1008—1016 年）年间以后，赵恒一再热衷"祥瑞"粉饰太平，对朝政兴革却无所用心，听任王钦若、丁谓等"五鬼"参与朝政。他晚年更是神魂颠倒，甚至满口胡话，进入了迷狂状态，朝政大事多由皇后刘氏决断。

天禧二年（1018 年）中秋节，赵恒下诏册立 9 岁的赵受益为皇太子，改名为赵祯（即宋仁宗）。

乾兴元年（1022 年）农历二月十九日（3 月 23 日），赵恒于东京延庆殿驾崩，享年 55 岁，在位共 25 年。群臣为其上谥号为文明章圣元孝皇帝，庙号真宗。十月十三日，葬于永定陵；二十三日，祔祭太庙。

赵恒在即位之初，广开言路，勤政治国，政治清明，经济日趋繁荣，史称"咸平之治"。但是与久经沙场的宋太祖、宋太宗不同，从小生活在深宫中的赵恒性格较为懦弱，缺乏开拓创新的决心和勇气，在他看来，坚

持宋太宗晚年推崇的黄老思想，继续守成的局面是最好的选择。

澶渊之盟签订后，赵恒在政治上没有什么作为，反而致力于封祀之事，粉饰太平，广建宫观，劳民伤财，使得宋王朝的"内忧外患"日趋严重。

四、千古仁君守成帝，庆历新政嘉祐功

宋仁宗赵祯（1010—1063年），初名受益。宋真宗赵恒第六子，母为李宸妃。宋朝第四位皇帝。在位42年，为宋朝在位时间最长的皇帝。

宋真宗30岁继皇帝位，多年来，东封西祀，屈己睦邻，期致天下太平。直到晚年，虽未达到天下大治，却还算政通民安。只是苍天不佑，他先后出生的5个儿子，相继夭折。他为此曾忧心如焚，寝食不安。宋真宗宠爱的后宫刘修仪，在皇后郭氏死后，恃宠专横，势动后宫。她觊觎皇后之位，倾身侍上，满心期望能为宋真宗生一儿子，心安理得地做皇后。怎奈秀而不实，诞育无期，便心生一计，选择了一直跟在自己身边的侍儿李氏，作为宋真宗的"司寝"御侍，让李氏替自己生儿固位。不久，李氏果生一子。宋真宗心花怒放，亲自为儿子取名赵受益。赵受益出生后，刘修仪即将他抱入自己宫中，作为己子，亲选乳母加以抚养。赵受益的生母李氏因刘修仪当时正为宋真宗宠爱，慑于刘氏的威势，也不敢多说什么。不久，刘修仪进位德妃，随即立为皇后。而李氏并没有因为宋真宗生了儿子而得显贵，直到大中祥符九年（1016年）赵受益7岁时，才被定为才人，晚年病重临死前，由刘皇后加恩，进位宸妃，死时年仅46岁。

大中祥符九年（1016年）三月，宋真宗命在皇城内元符观以南，专为赵受益建造了读书学习的学宫"资善堂"。赵受益开始接受正规而严格的儒学教育。天禧二年（1018年）二月，宋真宗又采纳宰辅向敏中、王钦若等人的建言，以升州（今南京市）为江宁府，设建康军，作为赵受益的封地。同时授赵受益为建康军节度使，加官太保，封升王。命直昭文馆张士逊、直史馆崔遵度为升王府咨议参军，直史馆晏殊为记室参军。八月十五日，宋真宗下诏，立升王赵受益为皇太子，赐名祯，增月俸为两千贯。同时任命了张士逊、崔遵度等东宫官吏。九月，又举行了隆重的皇太子册封礼，赵祯被正式确立为帝位继承人，这年他才9岁。

天禧四年（1020 年）六月，宋真宗病重，不能御殿视事。复任宰相寇准力请皇太子监国，以系人望。引起宋真宗的猜忌，罢寇准相，并欲罢黜皇太子赵祯。最后在宰相李迪的劝谏下，宋真宗始有所感悟，赵祯的皇太子地位才获保全。到这年冬天，宋真宗大概自知快不久于人世了，于是诏命赵祯监国，两府大臣就资善堂议政处事。不过赵祯当时年仅 11 岁，自然处理不了国家大事，宋真宗遂又召见宰臣，谕令皇后刘氏与太子同莅国政。形式上赵祯位居于外，实际上则由刘皇后居中决断，开了宋代太后垂帘听政的先例。

乾兴元年（1022 年）二月，宋真宗在延庆殿病逝，赵祯奉遗诏继皇帝位，年仅 13 岁。赵祯继位后，奉遗诏尊刘皇后为皇太后，杨淑妃为皇太妃，军国大事则与皇太后一起听奏处理，实际上，军政大权已完全掌握在刘太后手中。宰相丁谓等人对刘太后也极尽奉承之能事。第二年正月改元，丁谓为取悦刘太后，议改"天圣"，得刘太后赞同。丁谓既得刘太后欢心，在朝中也更飞扬跋扈。为了达到固位专权的目的，他进一步排斥异己，把先已被排挤出朝的前相寇准再贬为雷州（今广东湛江）司户参军，前相、知郓州李迪再谪为衡州（今湖南衡阳）团练副使，必欲置其死地，以防他们重被起用。知青州周起责、知杭州王随、知海州（今江苏连云港）王曙等地方官因激愤而直斥丁谓的专擅，也被视为"寇党"，先后被贬黜、流放到边远州郡。甚至连镇州都部署曹玮因被怀疑不听丁谓调遣，也被解除兵权，谪为容州（今广西容县）观察使。内侍雷允恭更与丁谓内外勾结，日益骄恣，无所惮惧。丁谓的所作所为很快激起朝野的愤慨，也引起了刘太后的不满。不久，王曾借雷允恭擅移宋真宗陵穴一事，奏明刘太后，说是丁谓与雷允恭相互勾结，包藏祸心，欲为不轨。刘太后听后大怒，杖杀雷允恭，贬丁谓河南府（今河南洛阳），又贬崖州（今海南崖县）。丁谓所亲信的参知政事任中正、刑部尚书林特等人，也先后被贬。王曾被擢与冯拯为相，权知开封府吕夷简、龙图阁直学士鲁宗道被擢为参知政事，任副相。赵祯也改为每逢三、五与刘太后一起御承明殿听政。刘太后虽然专权，但在宰相王曾等人的尽心匡助下，政局倒也安稳。

明道二年（1033 年）三月，刘太后病卒，赵祯结束了他的儿皇帝生活，独立主政。

赵祯性情宽厚，不事奢华，还能够约束自己，对下属宽厚以待，让百姓休养生息，因此受到后世的称赞。他知人善用，因而在位时期名臣辈出，国家安定太平，经济繁荣，科学技术和文化得到了很大的发展。赵祯在位期间，宋朝"四海雍熙、八荒平静，士农乐业、文武忠良"。史上有"庆历、嘉祐之治"之称，尤以"嘉祐之治"为多。

赵祯不安于守成的现状，针对庆历年间农民起义和兵变在各地相继爆发以及日益严重的土地兼并、"三冗"（冗官、冗兵、冗费）现象，也有志开展革新。他多次以"天下事责大臣"，意图有所作为。

庆历三年（1043年），赵祯授范仲淹为参知政事，又擢拔欧阳修、余靖、王素和蔡襄为谏官（俗称"四谏"），锐意进取。九月，在赵祯的责令下，范仲淹、富弼提出了"明黜陟、抑侥幸、精贡举、择官长、均公田、厚农桑、修武备、减徭役、覃恩信、重命令"的10项改革主张，欧阳修等人也纷纷上疏言事，赵祯大都予以采纳，并渐次颁布实施，颁发全国。史称"庆历新政"。

由于新政触犯了贵族官僚的利益，因而遭到他们的阻挠。庆历五年（1045年）初，范仲淹、韩琦、富弼、欧阳修等人相继被排斥出朝廷，各项改革也被废止，新政彻底失败。这次改革虽然失败，却为后来的王安石变法起到了投石问路的先导作用。

宋真宗

赵祯在位期间最主要的军事冲突在于西夏。夏景宗李元昊继位后，改变其父定难军节度使李德明（夏太宗）"依辽和宋"的国策，于宝元元年（1038年）称帝，国号夏，史称西夏。宋夏间维持30年的和平政局再次破裂。从康定元年（1040年）到庆历二年（1042年）的三年中，宋、夏在三川口（今陕西延安西北）、好水川（今宁夏隆德西北）及定川寨（今固原西北）展开三次大战，宋军皆先胜后败。

到定川之战，西夏分兵欲直捣关中的西夏军遭宋朝原州（今甘肃镇原）知州景泰的顽强阻击，全军覆灭，西夏攻占关中的战略目标就此破灭。西夏虽在宋夏战争中接连取得胜利，但自身亦伤亡近半，国力难支。在受到重大损失的情况下，宋、夏终于谋求妥协，于庆历四年（1044 年）十月订立和约：夏向宋称臣，宋每年赐西夏绢 13 万匹、银 5 万两、茶 2 万斤，并开放边境贸易。史称"庆历和议"。自此后，宋、夏关系趋于缓和，维持了近半个世纪的和平。

庆历元年（1041 年）十二月，乘宋、夏战事紧张之际，辽兴宗在以南院宣徽使萧惠为首的群臣支持下，决定以宋修边防与攻夏为借口，一面派耶律重元及萧惠聚兵南京，做出攻宋的态势；一面于次年（1042 年）初派萧特末（汉名萧英）、刘六符赴宋廷，索取被后周世宗攻占的关南 10 县。赵祯派富弼与辽国进行谈判，其言辞强硬，旁征博引，打破辽国索要后周时期柴荣夺取的三关之地的企图。同时，为避免两面作战，赵祯最终决定以每年增加岁币（银、绢各 10 万匹、两）为代价，维持澶渊之盟的和平协议，史称重熙增币。

庆历七年（1047 年）十一月二十八日，贝州（今河北清河）宣毅军发生了王则领导的起义。王则本是涿州（今河北涿州市）人，逃荒到了贝州，自卖给地主家放羊，后应募参军，隶宣毅军为小校。贝州一带历来有弥勒教秘密流行，民间盛传"释迦佛衰谢，弥勒佛当持世"。王则入教，利用弥勒佛的传说，宣传变革世道，组织起义。他离家来贝州时，他的母亲曾在其背刺有一个"福"字为记，众信徒便推他为教首，成为起义的领导人。王则以州吏张峦、卜吉为谋士，先后联络了德州、齐州等地的驻军和群众。起义发动以后，王则率领起义士兵打开兵库，夺得了武器，攻下监狱，释放囚犯，占领了贝州城。王则自称东平郡王，建国号安阳，改元得圣，以张峦为宰相，卜吉为枢密使。起义士兵和群众都在脸上刺上了"义军破赵得胜"的字样，表示他们推翻宋朝统治的决心。赵祯闻变以后，遂急令两府大臣选择将领，调集各道禁军兵马连夜赶赴贝州。诏河北各州县皆作守备，预防起义的扩大。又委派权知开封府明镐为河北体量安抚使，主持镇压起义。宋军在贝州城下遭到起义军的顽强抵抗，损兵折将。赵祯又派宦官携带敕榜招安义军，也为王则拒绝。庆历八年（1048 年）正月初，赵祯

命文彦博为河北宣抚使，明镐为副，抓紧攻打贝州城。文彦博采纳军校刘遵的建议，以大军急攻北城，乘义军不备，在南城墙下，挖凿地道，选精锐士卒潜入城内，打开了城门，宋大军纷涌入城。王则先用火牛冲击宋军，欲乘机突围，怎奈寡不敌众，突围中大部义军战死，王则、张峦、吉卜被俘，押解京城被杀，坚持了两个多月的起义失败。赵祯下令州郡大索"妖党"，被逮者不可胜数。

继贝州兵变之后，庆历八年（1048 年）闰正月十八日夜，又发生了宫廷卫士之变，更使赵祯惊心丧胆。这天夜里，赵祯正宿于曹皇后宫中。至半夜，崇政殿侍卫官颜秀、郭逵、王胜和孙利等人，趁夜深人静之时，杀死守宫的军校，夺得了兵器，越过延和殿，直奔赵祯的寝宫。颜秀等人的行动，惊动了守宫的一位宫女，宫女惊叫起来。颜秀一刀劈去，砍伤了宫女的胳膊。宫女凄惨的叫喊声，惊醒了赵祯。他惶恐不安，披衣下床，出门逃避，被曹皇后从后抱住。曹皇后插紧门闩，急呼宫人召侍兵入内，内侍宦官们也被紧急动员起来。颜秀见势，与郭逵等纵火而撤。逃遁中，被蜂拥而来的宫卫、宦官等围困。颜秀、郭逵等挥刀与之展开激烈的搏战，最后全部战死。惊恐之余，赵祯大兴狱事。皇城司和入内内侍省的官员人等，以失职罪多遭贬谪。后宫侍女和宦官中被怀疑与颜秀之变有联系的，也一一被处死。他仍不放心，每到夜晚就心悸的赵祯又命人把宫中临近屋檐的大树统统伐倒，重新缮治墙垣，整修门关。前宫后殿也令养起了狗。

皇祐四年（1052 年），依智高反宋，军队席卷广西、广东各地。赵祯任用狄青、余靖率兵南征。皇祐五年（1053 年），狄青夜袭昆仑关，于归仁铺之战大败依智高。依智高遁走，后不知去向。

政荒民敝，使赵祯已感困扰不堪，而更令他心焦的则是他的皇位继承人。从 15 岁，刘太后就为赵祯立皇后郭氏，又选美女充盈后宫，可是此后十几年中，无一嫔妃为他生出皇子。为此赵祯曾设赤帝像于宫中，日祈夜祷，以求皇嗣，直到景祐四年（1037 年），后宫俞美人始生子，却不育。宝元二年（1039 年），苗美人又为他生子，满朝喜悦，赵祯亲为儿子起名昕，封爵加官，不料赵昕只活了一年半便夭折。庆历元年（1041 年），朱才人再为赵祯生子，赐名曦，封鄂王，但是也不到 3 岁即夭亡。皇嗣成为当时朝廷内外最关注的大事之一，因而此后就发生了有人冒充皇子的事件。后冒充者虽然被处死，但更加重了宋仁宗的心事。

与此同时，朝臣百官中，请赵祯早立皇嗣的呼声也越来越高。皇祐末年，太常博士张述即先后七次上书，请早立继嗣。嘉祐初年，宰相文彦博、刘沆、富弼等人亦以此为劝，赵祯含糊答应，寻因其患病而中辍。待赵祯病情好转以后，翰林学士欧阳修又以立皇储为言，疏凡几上，皆留中不出。然而几年来群臣百官密请建储的奏疏接连不断地送进宫来，赵祯不能不慎重对待。

嘉祐七年（1062 年）八月，赵祯诏立濮王赵允让第十三子宗实为皇子，赐名曙。十二月，赵祯以皇子既立，困扰多年的又一心头之事总算放下，心情稍得宽慰。十二月二十三日，召辅臣近侍、台谏百官、皇子宗室等，游幸龙图阁、天章阁、宝文阁等，并即兴挥毫为书，分赐从臣。赵祯自幼习书，精通书学，凡宫殿门观，多飞白题榜。当朝大臣卒后碑额赐篆，即始于赵祯。二十七日，赵祯又再召群臣于天章阁，然后大宴群臣。转过年头，赵祯旧病复发。御医宋安道等人尽心诊治，终未见效，嘉祐八年（1063 年）三月二十九日晚，赵祯病患加剧，忽急起索药，并召皇后。等曹皇后等人赶到，赵祯已不能说话，仅用手指了指心窝。随之医官入宫，诊脉、投药、灼艾，已无济于事。至夜，赵祯崩于福宁殿，终年 54 岁。在位 42 年，为宋朝在位时间最长的皇帝。十月，葬永昭陵（在今河南巩义市境），谥号体天法道极功全德神文圣武睿哲明孝皇帝，庙号仁宗。

据《宋史》记载，赵祯驾崩的消息传出后，"京师（汴梁）罢市巷哭，数日不绝，虽乞丐与小儿，皆焚纸钱哭于大内之前"。

赵祯驾崩的消息传到洛阳时，市民们也自动停市哀

宋仁宗

悼，焚烧纸钱的烟雾飘满了洛阳城的上空，以致"天日无光"。他的死甚至影响到了偏远的山区，当时有一位官员前往四川出差，路经剑阁，看见山沟里的妇女们也头戴纸糊的孝帽哀悼皇帝的驾崩。

赵祯驾崩的讣告送到辽国后，"燕境之人无远近皆哭"，辽道宗耶律洪基也大吃一惊，冲上来抓住宋朝使者的手号啕痛哭，说："42 年不识兵革矣。"又说："我要给他建一个衣冠冢，寄托哀思。"此后，辽国历代皇帝"奉其御容如祖宗"。

赵祯在位期间，经济繁荣，科学技术和文化也得到了很大的发展。《宋史》赞曰：《传》曰：'为人君，止于仁。'帝诚无愧焉。"史家将其在位及亲政治理国家的时期概括为"仁宗盛治"。他善书法，尤擅飞白书。有《御制集》100 卷。《全宋诗》录有其诗。

"为人君，止于仁"，"仁"就是对赵祯的最高评价。作为一个性情文弱温厚的守成之君，赵祯能守祖宗法度，并知人善任，有解决社会旧弊之心，因而在其统治时期，名臣辈出，有太平治世之称。

五、曹太后撤帘还政，宋英宗内困外忧

宋英宗赵曙（1032—1067 年），原名赵宗实，乳名十三，字益之。宋太宗赵光义曾孙，商王赵元份之孙，濮王赵允让第十三子，宋仁宗赵祯养子。宋朝第五位皇帝。

赵曙幼年时被无子的宋仁宗接入皇宫抚养，赐名为赵宗实。担任左监门卫率府副率，后历任右羽林军大将军、宜州刺史、岳州团练使、秦州防御使。嘉祐七年（1062 年），被立为皇子，改名赵曙，封巨鹿郡公。嘉祐八年（1063 年），宋仁宗驾崩，赵曙继帝位。

四月初一，赵曙登基接受百官朝贺后，便要循行古制，治平三年，决定由韩琦摄政。诸大臣和曹皇后都认为，古今异宜，不应死守古制，极力反对。赵曙虽心中不乐，也只好作罢。群臣又表请赵曙御前殿听政，赵曙又执意不肯。四月初四傍晚，赵曙即因过度的紧张和心中的忧郁，遽得疾病。初则昏迷不醒，继则语言错乱，行动乖张。韩琦急召已谪降编管的御医宋安道等人，复入宫侍疾。第二天，又由韩琦力请，尊曹皇后为皇太后，权同处分军政大事。曹太后见赵曙病重不能决政，遂同意

暂权垂帘听政。

宋仁宗大敛之日，赵曙病情恶化，号呼狂走，不能成礼。幸有韩琦等人拥抱扶持，才草草毕礼。自此以后，赵曙久病不愈，便权居柔仪殿东阁西室，服药治病。曹太后独居内东门小殿，垂帘决政。曹太后出身贵勋之家，在朝廷中威望颇高。自听政以后，日阅内外臣僚奏章，能一一记其纲要。大臣奏事，多援经史故事以决断。有疑而未决者，则令诸臣复议再定。因此，尽管赵曙久病不朝，赖曹太后辅佐，中外安然。

但赵曙患病以后，喜怒不定，举措失常，对身边左右之人，稍不如意，则加斥责，甚至杖挞相加，人人自危。一些宦官不断向曹太后说赵曙的坏话，致使两宫嫌隙萌生，关系颇为紧张。宰相韩琦与参知政事欧阳修等面见曹太后，好言相劝，并以利害谏言，曹太后怨恨之意才稍解。治平元年（1064 年）五月，赵曙病体恢复，曹太后撤帘还政。为照顾曹太后的心情，仍下诏："今后皇太后的命令称圣旨"，出入仪卫按宋真宗刘皇后时的规格，曹太后所需物品，有司见太后的圣旨后，即时供应。曹太后所居的宫殿也命名为慈寿宫。

正当赵曙力谋宏图，致力于天下治平的时候，西夏却加紧了对宋朝的入侵，使赵曙不得不再谋国防，抵抗入侵。嘉祐八年（1063 年）宋仁宗死后，夏毅宗李谅祚遣使来宋吊慰，始改赵姓为李，显然是在对宋示威。赵曙回书诘责李谅祚，令守旧约。继之，李谅祚复派使臣吴宗入贺赵曙继位，在礼仪上，吴宗与宋方引伴使高宜发生争吵。赵曙再回书责李谅祚妄启事端。不料李谅祚却以此为借口，发兵 7 万，侵略泾原、秦凤两路诸州（今甘肃、宁夏、陕西交界地区），驱掳熟户，劫杀宋边寨弓箭手，掠去牲畜数以万计。面对西夏的入侵，赵曙先是仅遣使诘问，以后才采纳韩琦的建议，招募陕西之民为义勇军 15 万人，以为守边。又任命欧阳修举荐的前任环庆路将领高沔为河中府知府，担负御夏之责。司马光上书请朝廷深谋远虑，广采御敌之策，精选将领以御侵侮的建议也未被重视。此后西夏不断发动小规模入侵，西界边臣请求朝廷增兵，部署反击。赵曙则认为边兵已为数不少，仍不以边患为忧。

治平三年（1066 年）九月，夏再次发动对宋朝的大规模入侵。李谅祚亲自率大军东下，围攻大顺城（今甘肃华池东北），入侵柔远寨（今甘肃

华池），烧毁沿边村寨。赵曙闻报，急召两府大臣，询问退敌之策。宰相韩琦提出，停其"岁赐"，遣使责问。赵曙采纳了这一建议。李谅祚这时率军攻大顺城不下，身中流矢，恐久战损耗过大，又担心宋朝果真停止"岁赐"，自己得不偿失，于是在宋朝边地大肆掳掠，抢得大批粮食、牲畜而退。然后派人向赵曙上表说："受赐累朝，不敢渝盟"，此次兵争，不过是边吏擅启事端。赵曙也顺水推舟，回书谕令李谅祚"今后严戒边上酋长，各守封疆，不得点集人马，辄相侵犯"云云。赵曙软弱的对外政策，为他的子孙留下了更大的隐患。

外侮未除，内忧踵至。从宋仁宗朝以来，内外因循、惰职贪官习以为常，渐形成冗官局面。赵曙虽欲力革积弊，但没有采取切实可行的有力措施。相反，达官贵戚奏荐恩泽，日无所止，更出现一官之缺、三人竞逐的情形。加之抵御西夏，增置军额，岁费益多，宋仁宗以来的冗兵冗费局面不仅没有改观，反而日渐加重。特别是从治平初年，为修治黄河，所役河夫数众，耽误农时农种，已引起沿河诸路人民的强烈不满。又大兴土木，重修京城内宫殿阁门庑，建造皇子宫，规模侈大，务极壮丽，致使徭役频仍，搜刮愈重，人民嗟怨，变乱丛生。赵曙对当时皇亲国戚的奢侈糜烂也感气愤，曾欲惩治，但在贵族豪强势力的反对下，却毫无措置之举。

赵曙继位以后，韩琦等人曾提出尊礼赵曙的生身父母，只是因为赵曙生病、两宫不和，此事才被搁置不提。治平元年五月，赵曙病体恢复，韩琦重提旧事。治平二年（1065年）四月，赵曙即令礼官及诸大臣合议崇奉典礼以闻，由此引发了一场持续18个月的论战，这就是北宋史上的"濮议"事件。

治平三年（1066年），中书大臣共同议事于垂拱殿，当时韩琦正在家中祭祀，赵曙特意将其召来商议，当时即议定（赵曙生父）濮王称皇考，由

宋英宗

欧阳修亲笔写了两份诏书，交给了赵曙一份。到中午时分，曹太后派了一名宦官，将一份封好的文书送至中书省，韩琦、欧阳修等人打开文书，相视而笑。这份文书正是欧阳修起草的诏书，多了曹太后的签押。赵曙便立刻下诏停止讨论，同时又将宰相与执政们召来，商量如何平息百官的情绪，以稳定时局。赵曙最后同意了欧阳修等人的意见，将吕诲等三名御史贬出京师。在尊崇濮王的争论中，赵曙不惜牺牲台谏官，来保全韩琦、欧阳修等大臣，表现了赵曙对韩琦、欧阳修诸人的极大信任与重用。韩琦、欧阳修等人因此更感恩图报，尽职尽责，辅佐赵曙。

外困内忧，使赵曙不堪应付，治平三年（1066年）十一月初八，赵曙旧病复发，卧床不起，日渐沉重。同年十二月，在宰相韩琦的建议下，立长子赵顼为太子。

治平四年正月八日丁巳（1067年1月25日），赵曙因病驾崩于福宁殿，享年36岁。当年八月，葬于永厚陵（今河南巩义孝义堡），谥曰宪文肃武宣孝皇帝，庙号英宗。

六、摇摆两党推新政，攻夏雪耻反落败

宋神宗赵顼（1048—1085年），初名赵仲针，宋英宗赵曙长子，生母宣仁圣烈高皇后。北宋第六位皇帝。

宋英宗继位后，授予他安州观察使，封光国公。同年九月，加忠武军节度使、同中书门下平章事，封淮阳郡王，改名为赵顼。治平元年（1064年），进封颍王。治平四年（1067年），宋英宗病死，立为太子不久的赵顼仓促继位，时年20岁。

宋神宗继位之时，社会矛盾已经比较尖锐。宋英宗虽然也想振作兴革，但他做皇帝只有四年，还来不及实施其愿望就去世了。宋神宗继位，正风华少年，血气方刚，有一股锐意求治的胆略。他继位之初就下求言诏，广泛听取建议，决心干一番事业。他急于寻找一个有才识有气魄能够全力襄助他改革的大臣作为臂膀。在这种情况下，怀才多年的王安石就脱颖而出了。

王安石为地方官多年，亲眼看到当时社会问题的严重性。他到京城开封任三司度支判官的第二年春，给当时的皇帝宋仁宗写了洋洋万言的《上

仁宗皇帝言事书》。由于人微言轻，王安石的上书没有引起宋仁宗的重视，也没有被执政大臣所注意。不久，王安石被任命为知制诰，为皇帝起草诏命。由于地位日渐显要，他的改革主张逐步受到士大夫们的重视，在社会上也引起了较广泛的注意。宋英宗继位后，鉴于前朝诸多弊政，有意进行改革，但王安石却因母亲病故，回籍金陵守丧。

王安石素与韩绛、韩维及吕公著等人相友善。宋神宗未继位以前，常与侍臣议论天下大事，很赞赏王安石的《上仁宗皇帝言事书》。韩维是颍王府的记室，每有言谈议论受到宋神宗称赞时就说："这是我的朋友王安石的观点。"后来韩维任右庶子，又推荐王安石代其为官，宋神宗于是想见识王安石。宋神宗登基之初，就打算立即起用王安石。

王安石时任工部郎中、知制诰，丧期已满，诏令进京，但王安石称病不赴。宋神宗又颁诏任命王安石为江宁知府。王安石这次接到诏命，即日赴任。数月后，又召王安石入京，命为翰林学士，兼侍讲。

当时的王安石才高学富，久负天下盛名，不仅皇帝信任，一般士民也都对他寄予厚望，希望王安石出来执政以改变现状。在这种情况下，宋神宗于熙宁二年（1069年）初起用王安石为参知政事（即副相），并设置了"制置三司条例司"，作为变法的指导机构，让陈升之、王安石负责。王安石素与吕惠卿友善，便对宋神宗说："惠卿之贤，虽前世儒者也比不上他。学先王之道而能运用的，独有惠卿一人。"于是宋神宗命吕惠卿任条例司检详文字。事无大小，王安石必与吕惠卿共同谋划，凡有关建议的章奏，皆是吕惠卿执笔。当时人称王安石为孔子，吕惠卿为颜子。在宋神宗的亲自督促下，王安石提出并推行了一整套新法。这些新法主要分为"富国""强兵"和改革科举制度三个部分。

"富国"方面，采取了均输法、青苗法、农田水利法、免役法、方田均税法等几项措施。

宋仁宗时，军队总人数已超过100万，军费开支占政府赋税收入的百分之七十以上。如此庞大的军队，战斗力却不强。以往推行的"更戍法"，使将不知兵、兵不知将，军队缺乏训练，素质很差。为扭转这种局面，宋神宗和王安石制定了几种"强兵"方法，即将兵法、保甲法、保马法。

新的科举制度主张以经义取士，应试者不再考试诗赋、帖经、墨义之类，而以《诗》《书》《易》《周礼》《礼记》为本经，以《论语》《孟子》为兼经，企图改变那种"闭门学作诗赋，及其入官，世事皆所不习"的状况。同时，对太学进行了改革，实行"三舍法"。初入学的为外舍生，不限名额。以后经过考试升为内舍生，名额200人。内舍生经过考试升为上舍生，名额100人。上舍生中学习品行优异者可不经科举考试直接授以官职。

宋神宗

这次变法，史称"熙宁变法"。在变法的过程中，宋神宗以君权的力量，保证了一系列新法的推行。变法虽然在前一阶段取得胜利，但守旧势力的攻击并没有停止。于是，宋神宗开始左右摇摆，勉力维持新政。在内外交困的境况下，王安石已感到难以再继续执政，只得上章恳请辞职。熙宁七年（1074年）四月中旬，王安石罢相，出知江宁府。王安石临行前，向宋神宗推荐韩绛为相，吕惠卿为参知政事。宋神宗任用二人，新法仍继续推行。当时反对变法的人称韩绛为"传法沙门"，称吕惠卿是"护法善神"。但吕惠卿为迎合宋神宗的旨意，推行"以田募役"。这种方法王安石执政时就拒绝推行，后来又从江宁写信说明甚为不便，但吕惠卿置之不理。吕惠卿从私人权位出发，害怕王安石重回朝廷，一心想标新立异，不顾实际情况，强行给散青苗钱，"民不胜其困"。与以前相比，"天下之人，复思荆公（王安石）"。吕惠卿又不把韩绛放在眼里，于是韩绛也对吕惠卿不满，向宋神宗建议，恢复王安石的宰相职务。熙宁八年（1075年）二月间，宋神宗派使臣持诏书前往江宁府，召王安石回东京，王安石接到任命，立即赶回朝中，恢复了相位。王安石复相后仍想得到吕惠卿的协助，但吕惠卿这时追求的是权位，极力想取王安石而代之。宋神宗也看到吕惠卿的嫉妒之心，他从保护王安石的角度出发，把吕惠卿赶出朝廷。而这时的宋神宗也不像前几年那样对王安石言听计从，

有时甚至不重视他的意见。熙宁九年（1076年）春天，王安石因身体有病，屡次要求辞职。到六月间，王安石的儿子王雱年纪轻轻却病死，王安石悲痛欲绝，精神受到极大刺激，已无法集中精力过问政事。宋神宗只好让王安石辞去相位，出判江宁府。第二年王安石连江宁府的官衔也辞去了，此后直到元祐元年（1086年）去世，王安石再也没有回朝。

王安石虽然离开了朝廷，但宋神宗仍继续主持新法，不过作了一些改变。从王安石再次罢相直到宋神宗去世，整整十年间，新法由宋神宗一人力行。这一时期已从前期的理财为主转为主要是改革官制与强化军兵保甲，后人称为"宋神宗改制"。王安石在位时的新法以抑制兼并为中心，宋神宗的改制则着力于加强宋王朝的国家机器。他很想通过官制改革，达到富国强兵的目的，以改变长期形成的积贫积弱的政局。旧官制机构重叠，头绪纷繁，许多本属各级行政长官决断的事，经常要由皇帝亲自决策。这在北宋建国初期有利于加强中央集权。然而宋神宗想把主要精力放在已经开始实行的新法方面，而不想用大量时间去应付本属各级机构职权内的事，所以需要改变现行的官制。经过一系列的改革，这套官制更有利于君主专制的中央集权，其基本制度一直实行到宋朝末年未再进行大的变动。官制改革后，宋神宗继续推行新法，以增加政府的财政收入。宋神宗在推行新法的过程中，其富国强兵的总目的与王安石是一致的。但在抑制兼并这一点上，他没有王安石坚决，遇到强烈反对，往往中途动摇。宋神宗既想增加财政收入，又不愿损害上层既得利益者，结果负担只有转嫁到下层人民身上。财税收入的增加，终于扭转了英宗时入不敷出的局面。

宋神宗在位时亲自主持了两次大的军事行动，一是对交趾的反击战；一是对西夏的进攻。

交趾位于现今越南北方地区，从宋仁宗末年以来，不断向宋朝边境进行劫掠。熙宁九年（1076年）九月，交趾进攻宋广西路的古万寨（今广西扶绥）。十一月，出动6万军队（号称8万），分水、陆两路大举进攻宋广西路。水军渡过北部湾，攻占廉州、钦州。陆路直迫邕州，知州苏缄立即调集城里的地方部队共2800人，部署防守。交趾军所到之处，张贴榜文，说中国行青苗、助役之法，穷困生民，我出兵是为了拯救百姓。当时宋朝君臣极为愤慨，宰相王安石亲自起草《讨交趾榜》，并调兵前往桂州、潭州以策应。熙宁十年（1077年）二月，宋朝任命郭逵为安南道行营都总管、招讨使，率军到达广西前线。但当时邕州已被交趾军队攻占，知州苏缄自焚殉国，军民被杀害者达5万余人。当年夏天，宋军收复邕州、廉州。秋，收复全部失地。十二月，郭逵率宋军进入交趾境内。交趾屯聚重兵于决里隘进行阻击，派由大象组成的军队向宋军进攻。宋军以强弩射象，用刀砍象鼻，打败交趾军，攻占决里隘。交趾军又在夹口隘设伏兵，宋军绕过口隘，间道由兜顶岭向南进军，直抵富良江（今红河）北岸，距交趾首都交州（今越南河内）仅45千米，然而没有船只，无法渡江作战。宋军将精锐部队隐蔽起来，只留少数兵将挑战，引诱敌军出战。交趾以为宋军势孤力单，便以几万人马渡过富良江，摆开阵势。这时埋伏的宋军主力突然出击，交趾军大惊，纷纷逃跑，其指挥官洪真太子被宋军杀死，并活捉交趾大将阮合。宋军大获全胜，并缴获了许多船只，交趾王李乾德眼看宋军就要兵临城下，赶忙奉表乞降。从此，交趾再不敢侵扰宋境。

　　然而宋神宗对西夏的用兵，形势却大不相同。当时，由党项族建立的西夏已经发展为拥有强大武力的军事联合体，不断进犯宋朝西北部地区。神宗变法的目的之一就是要"强兵"，随着"将兵法""保甲法"的推行，宋朝军队作战能力有了一定提高，所以宋神宗开始考虑改变对西夏的政策。熙宁四年（1071年），任命王韶为洮河安抚司长官，开始经营河湟地区，准备对西夏的战争。第二年又以古渭寨为通远军，以王韶兼任知军事。不久，王韶领兵进击那里的吐蕃贵族军队，拓地500多千米，招抚人口30余万。宋朝在此地设熙河路，任命王韶为经略安抚使。熙宁六年（1073年），王韶率领宋军进军900千米，占领了宕、岷、叠、洮等州，招抚大小番族30余万帐。这是自北宋开国以来对辽、

宋神宗

夏战争中的空前大胜。

元丰四年（1081年），西夏皇室内乱，宋神宗以为有机可乘，遂出兵五路伐夏，深入夏，地各军因粮草不济，无功而返。元丰五年（1082年）又听徐禧之计，筑永乐城，西夏发30万大军围攻永乐城，城被攻陷，徐禧也阵亡。宋军此役共死亡将校200多人，损失士民及民夫20多万人。宋军两次战败，宋神宗希望攻夏雪耻、节省"岁赐"的计划彻底破产。西北前线的败报传到宋都朝廷，宋神宗悲痛难忍，竟临朝大哭。从此，宋神宗彻底丧失了先前的雄心，只好仍旧维持原来对西夏的和议，每年向西夏交纳财物。

元丰八年（1085年）三月，赵顼在福宁殿去世，享年38岁。庙号神宗，谥号为英文烈武圣孝皇帝，葬于永裕陵。太子赵煦嗣位，是为宋哲宗。

七、太后垂帘幼帝争，元祐更化"绍述"兴

宋哲宗赵煦（1077—1100年），原名赵佣，宋神宗赵顼第六子，母为钦成皇后朱氏。宋朝第七位皇帝。

赵煦出生后，由于他的五个哥哥出生不久就相继夭亡，大概是出于希望这第六子能够像平民孩子一样好养的缘故，赵顼亲自给他取名曰"佣"，同时授检校太尉、天平军节度使，封均国公。元丰五年（1082年）又迁开府仪同三司、彰武军节度使，进封延安郡王。赵佣没有辜负父亲的期望，不但健康地成长起来，而且天资颖悟，清俊好学。

元丰七年（1084年）冬天，赵顼生起病来，翌年正月过后，越发加重，后来连话都说不出来了。还在疾病初起之时，赵顼就有了立太子的打算，准备在来年春天，让赵佣出阁立为太子，并想延请司马光、吕公著来做他的师傅。眼看皇帝之病日趋恶化，立太子更是刻不容缓的头等大事了。元丰八年（1085年）三月，立赵佣为皇太子，改名煦。三月初五，赵顼在福宁殿中与世长辞。当天，赵煦就在丧父的悲痛中登上了皇帝的宝座，这时他才刚刚9岁。赵煦在位的头一个年号称作"元祐"，军国政事的一切最高决策权全掌握在了高太后手上。

高太后（1032—1093年），本名正仪，小字滔滔，祖籍亳州蒙城。她的曾祖是宋太宗赵光义时就以武功起家的高琼，她的母亲乃北宋开国元勋大将曹彬的孙女，而她的小姨就是宋仁宗的慈圣光献曹皇后。她和宋英宗皇帝从

小就青梅竹马，长育宫中，曹皇后待她就像自己的亲生女儿一样，后来由宋仁宗和曹皇后亲自主婚，嫁给了宋英宗。当时宫中谓曰"天子娶儿媳，皇后嫁闺女"，传为一时盛事。宋英宗继位后，她被策为皇后，宋英宗病死，她的儿子赵顼继位，她又成了太后。

这个习惯于在高贵的地位上养尊处优的老太太，对一切变法革新的事都觉得扎眼。当上太后之后，经常和她来往的除了那些内侍，就是那些在变法过程中受到抑制的皇亲国戚。赵顼任用王安石变法，皇亲贵族群起反对，

宋哲宗

高太后就成了他们的首领。位居太皇太后，一朝权在手，便立即起用了大批守旧派人物，对于反对变法最卖力的司马光、吕公著、文彦博等人更加重用。而对于变法派的重要分子和奉行新法的官员如吕惠卿、章惇、蔡确、吕嘉问等则坚决予以排挤和打击，对于赵顼在位时推行的一系列新法全盘否定，逐个废黜。一时间，朝野上下掀起了一阵清算新法之风，史称"元祐更化"。

司马光等人废新法打的旗号叫作"以母改子"，即由高太后来纠正赵顼的过失，一切大政方针都是高太后出面主张的。赵煦继位之初，虽然年龄幼小，然而9岁的孩子毕竟懂事了，他头脑里已很有了一些分辨是非的能力。

赵煦继位时，高太后一再表示她性本好静，垂帘听政是出于无奈，但她却丝毫不放松手中的权力。在高太后垂帘时期，军国大事都由她与几位大臣处理，年少的赵煦对朝政几乎没有发言权。大臣们也以为赵煦年幼，凡事都取决于高太后。朝堂上，赵煦的御座与高太后座位相对，大臣们向来是向太后奏事，背朝赵煦，也不转身向赵煦禀报。以致赵煦亲政后在谈

及垂帘时说，他只能看朝中官员的臀部和背部。到了赵煦17岁时，高太后本应该还政，但她却仍然积极地听政。而此时，众大臣依然有事先奏高太后，有宣谕必听高太后之言，也不劝高太后撤帘。高太后和大臣们的这种态度惹恼了赵煦，赵煦心中很是怨恨他们，这也是他亲政后大力贬斥元祐大臣的一个原因。

赵煦一朝，无论是元祐时期，还是赵煦亲政后，最活跃的似乎都是朝中的大臣们。由于变法与反变法矛盾的延续以及赵煦与高太后的冲突，使得当时支持变法的大臣（新党）与反对变法的大臣（旧党）都无可避免地卷入激烈的党争，成为其中的主角，也就上演了一幕幕令人叹息的悲剧。在高太后垂帘的8年中，旧党不仅控制了整个朝廷，对新党的打击和倾轧也始终如一，从未放松过。旧党刘挚、王岩叟、朱光庭等人甚至竭力搜寻新党章惇、蔡确的传闻逸事，任意加以穿凿附会，对其进行诋毁，其中最典型的便是车盖亭诗案。新党蔡确被贬出朝廷，并遭吴处厚报复而被贬到新州。

车盖亭诗案是北宋开国以来朋党之争中以文字打击政敌面最广、力度也最大的一起文字狱，旧党利用高太后对蔡确等人的不满，捕风捉影，对整个新党集团进行一次次斩草除根式的清算。在蔡确被贬新州时，旧党将司马光、范纯仁和韩维誉为"三贤"，而将蔡确、章惇和韩缜斥为"三奸"。他们将王安石和蔡确亲党名单张榜公布，以示警告，同时对元祐元年被司马光斥逐的新党人员章惇、韩缜、李清臣和张商英等人再加以重贬，又铲除在朝的新党，如李德刍、吴安诗和蒲宗孟等人，都被降官贬斥。司马光的同僚及追随者们在高太后的支持下，欲给新党以毁灭性的打击，来巩固自己的势力。

但是，随着高太后的衰老和赵煦的成长，不仅旧党成员，连高太后也感到山雨欲来、新党复起的政治气氛。元祐八年（1093年）八月，高太后垂危时，她告诫范纯仁和吕大防等人："老身殁后，必多有调戏官家者，宜勿听之，公等宜早求退，令官家别用一番人。"实际上是已经预感到赵煦准备起用一批新人，要他们提前准备，尽早退出朝廷，以保全身家性命。后来事实证明，赵煦亲政后，凡是高太后垂帘时弹劾新党和罢免新法的官员几乎无一人幸免于报复。

元祐八年（1093年）九月，62岁的高太后去世。十月，17岁的赵煦亲政，开始正式行使起他的皇权。他大力打击元祐大臣，追贬司马光，并贬谪苏轼、苏辙等旧党人于岭南（今广西、广东、海南一带），甚至在章惇等人挑拨下，直指高太后"老奸擅国"，欲追废其太后称号及待遇。但他接着重用革新派如章惇、曾布等，恢复王安石变法中的保甲法、免役法、青苗法等，减轻农民负担，使国势有所起色。

曾布

不久，赵煦改元祐九年为绍圣元年，正式打出了继承宋神宗事业的旗号，从此"绍述"之论大兴。十数日间，变法派分子接连回到了朝廷，章惇被任命为宰相，曾布、蔡卞等也分任要职。褒崇王安石、追复蔡确官职，恢复元丰新法，重修《神宗实录》等诏令相继颁行。元祐大臣无论活着的还是死去的，其官职都被剥夺或追夺干净，以文彦博为首的30余人被列为司马光的党羽贬罢出朝，吕大防、刘挚、刘安世等人被安置到了最荒僻的地区加以编管，范纯仁、苏轼、程颐等也受到严厉的责罚，高太后的亲信宦官梁惟简、张士良、陈衍等人也被编配到了远恶州军。胸中郁积了九年之久的怨气终于得以伸张，赵煦志得意满。其后多次出兵讨伐西夏，最终迫使西夏向宋朝乞和。

元符三年正月十二日（1100年2月23日），赵煦病逝于开封府，年仅24岁，在位15年。四月，谥号宪元显德钦文睿武齐圣昭孝皇帝，庙号哲宗。八月，葬于永泰陵。崇宁三年（1104年）七月，加谥为宪元继道世德扬功钦文睿武齐圣昭孝皇帝。政和三年（1113年），改谥宪元继道显德定功钦文睿武齐圣昭孝皇帝。

八、太平无事多欢乐，家山回首三千里

宋徽宗赵佶（1082—1135 年），号宣和主人，宋朝第八位皇帝，书画家。

赵佶自幼养尊处优，逐渐养成了轻佻浪荡的性格。据说在他降生之前，其父宋神宗曾到秘书省观看收藏的南唐后主李煜的画像，"见其人物俨雅，再三叹讶"，随后就生下了宋徽宗，"生时梦李主来谒，所以文采风流，过李主百倍"。这种李煜托生的传说固然不足为信，但在赵佶身上，的确有李煜的影子。宋徽宗自幼爱好笔墨、丹青、骑马、射箭、蹴鞠，对奇花异石、飞禽走兽有着浓厚的兴趣，尤其在书法绘画方面，更是表现出非凡的天赋。元丰八年（1085 年），宋哲宗即位后，赵佶被封为遂宁郡王。绍圣三年（1096 年），以平江、镇江军节度使的身份被进封为端王，开始出阁接受教育。绍圣五年（1098 年），加封为司空，改任为昭德、彰信军节度。

元符三年（1100 年）正月，年仅 24 岁的宋哲宗病死。因哲宗无嗣，向太后要立端王赵佶为帝，而宰相章惇则认为"端王轻佻，不可以君天下"。

宋徽宗

但是，向太后还是争取到了知枢密院事曾布、尚书左丞蔡卞及中书门下侍郎许将等人的支持。未满 19 岁的赵佶就这样在宋哲宗灵柩前继承了皇位。

宋徽宗继位之初，虽然与向太后共理国事，但他既无政治经验，也无治事能力，所有的事都是由向太后来处理。直到次年（1101 年）向太后去世，宋徽宗才真正开始行使皇权。在执政初期，徽宗也曾励精图治，试图改变北宋的内忧外患。摆在他面前的首先就是朝廷内的朋党之争（王安石变法后一直有新、旧两党的矛盾）。元符三年十一月，宋徽宗下令明年改元建中靖国，以示消释朋党之争。但两派终究水火不容。调和不成，他又转而依靠一派而企图彻底压

倒另一派。正是在这种情况下，建中靖国元年（1101年）十一月，徽宗下诏改明年为"崇宁"元年，表示他要全面恢复熙宁时期宋神宗推行的各项新政。

韩忠彦则在新政的干预下被罢相。而曾经被逐出朝的蔡京、蔡卞兄弟分别出任尚书右仆射兼中书侍郎和知枢密院事。宋徽宗与蔡氏兄弟狼狈为奸，滥施淫威，打着新法的旗号，胡作非为20多年，把北宋的政治搞得空前黑暗，社会经济也几近崩溃。蔡京虽然是以标榜新法入相的，但他

韩忠彦

的所作所为没有一件是符合"熙丰新法"精神的。新法在蔡京手中只是迫害异己的棍子，搜刮人民的借口。他为相20多年，党羽满朝，虽因灾异之象三次罢相，但时间都很短，谁也对他奈何不得。即使有人敢奏劾其罪，也难免遭到流放岭南的命运。从政和到宣和，宋徽宗曾七次登门访问蔡府，并将女儿嫁给蔡京之子。君臣共同危害社稷百姓，国怎能有不亡之理？

宋徽宗爱好书画，被贬的蔡京就是因为搜集了大量字画而受宋徽宗赏识，于是崇宁元年，蔡京代替了曾布为右相。此外，蔡京还怂恿宋徽宗制礼作乐，大兴土木，建明堂，修筑皇家园林等。其中修建的新延福宫是当时最著名的建筑，而且宋徽宗还下令收集各种珍奇之物加以装点。宋徽宗本就爱好奇花异石，继位后更是大肆搜集，凡谁家有了好东西，都要派人去查封，全部指定为御前之物，并令主人小心护视。如有损坏，就要被加上"大不恭"的罪名。待到发运这些珍奇之时，更要拆屋、毁墙以出。以致人们有了"宝贝"，都认为是不祥之物。

宋徽宗的人生哲学就是"太平无事多欢乐"，尽管宫中嫔妃不计其数，生有子女60多人，但仍微服私访，与汴京色艺双绝的名妓李师师打得火热。李师师长于歌唱，传说，宋徽宗去会李师师，恰好词人周邦彦来不及退出，

便隐匿在屋内。这样，宋徽宗与李师师调笑，周邦彦便作了首《少年游》。后来宋徽宗知道后，便以"周邦彦职事废弛"的罪名，将其逐出京城。

再好的东西习惯了也就没什么乐趣了，宋徽宗厌倦了这些后，又幻想得道成仙。小吏出身的王老志，因自称会道术，而被宋徽宗召入京，并将其安置在蔡京家中，封王老志为"洞微先生"。还有一人被宋徽宗封为"通妙先生"。这位"通妙先生"更是神通广大，由于皇帝对他恩宠有加，所以许多元老重臣、皇亲国戚有事都要经他打通关节。那道士比其他人高明的是，他居然说宋徽宗是上帝元子，为神霄帝君。于是宋徽宗和他的臣子们更是疯狂迷恋道教，甚至把自己也封为"教主道君皇帝"。这样的国君管理国家，真是百姓的灾难，因为只懂得挥霍，他们已经将历朝的积蓄耗费殆尽。于是他们又铸造当十丈钱，滥印交子。卖官售爵，巧取豪夺的手段更是花样翻新。哪里有不公，哪里就有反抗，宣和元年（1119年），北方爆发了宋江起义，宣和二年东南爆发了方腊起义。尽管宋江被招安，方腊被镇压，但北宋王朝的丧钟却已经在隐隐作响。

在北宋的河山日趋衰败的时候，女真人在东北地区悄然繁盛。当时，辽国也是危亡在即。在这种情况下，宋徽宗看不到日益临近的女真南下的危险，却不由得想起了他的列祖列宗几次尝试"复燕"（即攻取辽统治下的幽蓟地区，后来，宋曾在今北京市设燕山府）而没有机会的历史。"复燕"成功，既可摆脱北宋百余年国势不振的命运，还可以缓和北宋社会内部的矛盾。于是，他全然不顾与辽国的百年盟好，决意与新兴的金国结盟。

重和元年（1118年），宋、金相约夹攻辽国。自此，宋、金使节往来不断。对此，有识之士皆以为无异于玩火自焚。"臣恐唇亡齿寒，辽亡宋危。""宋辽讲和，已逾百年。近年，契丹遭女真侵逼，对宋更是恭顺有加。今舍恭顺之契丹，而远逾海外引强悍之女真以为邻域，臣恐亡国之祸未有宁息之期也。"但是，宋徽宗并没有听取这些意见，而是一意孤行。宣和二年（1120年），宋、金双方约定同时出兵攻辽，金取中京大定府，宋取燕京析津府（今北京市）。开战不久，北宋攻燕的两路大军即告失败。最后，燕京为金军攻取，并俘掠子女玉帛而去，而后把空城给了宋，换取"代税钱"百万缗。宋朝把这也算作完成了"复燕"大业。然而，正当以宋徽宗为首的北宋统治集团沉醉在"复燕告成"的梦境之中时，金朝的新皇帝太宗完颜吴乞买却正在准备南下。

宣和七年（1125年）冬十月，金国以两路大军攻宋。在叛贼郭药师的带领下，金军很快就打到了京师附近。宋徽宗吓得忙把皇位传给了儿子赵桓，但由于宋钦宗赵桓畏敌如虎，不思抵抗，而是以巨额金币换得金人退兵。靖康元年（1126年）二月，金军北返，主战派立即失势。四月，太上皇宋徽宗回到了汴京，正当北宋统治集团认为可以重新安享太平之时，金军于同年冬再度南下，攻占了汴京，徽、钦二帝当了女真人的俘虏。这就是岳飞《满江红》里所谓的"靖康耻"。

宋徽宗《听琴图》

靖康二年（1127年）四月初一，金人押解着徽、钦二帝及太妃、太子、宗戚共3000余人北去。同行的还有大量宋徽宗苦心搜集的古籍珍玩等。这时的徽、钦二帝完全失去了昔日的威严，他们头上的皇冠已经被一顶青毡帽取代了，自己骑在马背上，由金军监护着来到北国，素服拜见金太祖完颜阿骨打庙，然后又拜见金太宗完颜吴乞买。金太宗封太上皇宋徽宗为"完颜昏德公"，宋钦宗为"重昏侯"。把他们安置在韩州（辽宁昌图境内），给田15顷，令其耕种自给。后又被迁移到五国城（黑龙江依兰）。金天会十三年（宋绍兴五年，1135年）四月，宋徽宗终因不堪精神折磨而死于五国城，享年54岁。金熙宗将他葬于河南广宁（今河南洛阳附近）。南宋遥上尊谥圣文仁德显孝皇帝，庙号徽宗。直到8年后，金皇统二年（宋绍兴十二年，1142年）八月，宋金根据协议，将宋徽宗遗骸运回都城绍兴（今浙江省绍兴市），由宋高宗葬之于永佑陵。

九、临危受命难回天，命丧边陲北宋亡

宋钦宗赵桓（1100—1156年），宋徽宗赵佶长子，宋高宗赵构异母兄长，母显恭皇后王氏。宋朝第九位皇帝，也是北宋末代皇帝。

赵桓，原名赵亶，又名赵煊，生于元符三年（1100年），初封韩国公，次年六月晋爵京兆郡王，大观二年（1108年）晋爵定王。

政和五年（1115年），赵佶立赵桓为太子。赵桓为了保住这个地位，变得更加谨小慎微。为了表明自己的恭俭谦退，在拜谒太庙之时奏请不乘金辂，不用卤簿，只常服骑马以往，还请求官吏不要对他称臣。入主东宫之后，他又奏请减少东宫的诸司局务，节约廪食。为表示自己的好学精神，他请求每天除了问安寝食之外，不拘早晚只要稍有闲暇就请学官赴厅讲读。凡此种种，煞费苦心。尽管如此，赵桓的太子之位坐得还不十分稳当，时常有些明涛暗波在追逐冲击着他。

政和六年（1116年）六月，赵桓大婚，娶武康军节度使朱伯材之女为妃。次年十月，生子名湛，为嫡皇孙。赵佶大喜，蔡京奏除赵湛为检校少保、常德军节度使，封崇国公。

宣和七年（1125年），随着金兵的大举南侵，赵佶对赵桓的态度也变得亲热起来。十二月二十日，降御笔拜赵桓为开封牧。翌日，赵桓入朝问安时，赵佶又特意将只有皇帝才能佩戴的排方玉带赐给了他。但赵桓深知无力挽救时局，故抗命不从。次日，赵桓在经过又一次固辞不允之后，终于御垂拱殿接受了百官的朝贺，然后大赦天下当上了皇帝。就这样，北宋王朝开始了它的第九任皇帝的历史，也迈出了它走向灭亡的最后一步。

赵桓治理国事也像他幼时读书一样，算得上是个勤勉用功的皇帝。继位之后，他每天都临御便殿，廷见群臣，批阅四方奏报，和士民所上章疏，常常要忙到半夜还不休息，个人生活上也依然是俭约朴素，无所嗜好。但他最多是个中等才干的人，他柔弱寡谋，多疑多变，莫衷一是，缺乏主见。赵桓继位之后，便改年号靖康。这个新年号所寓的靖难安乱、天下太平的愿望，然而靖四方、康兆民的主旨据说是"和戎"，即与金人讲和，可见赵桓及其朝廷一开始是将讲和放在首位的。但议和并没坚持到底，不几天，赵桓又变成了主战，后来又从主战变成主和，有时在一天之内变几变，有时又在同一件事情上朝三暮四，变来变去，终于变出了一幕亡国的悲剧。

靖康元年（1126年）正月初二这天，赵桓还下诏令有司依宋真宗幸澶渊的故事预备亲征，命吴敏为亲征行营副使，兵部侍郎李纲、知开封府聂山为参谋官，在殿前司集结兵马。然而第二天，浚州（今河南滑县东北）失守、金兵渡河的消息传来之后，汴京城里一下子炸了窝。当天夜里，赵佶就出通津门逃往东南，一些王公大臣也纷纷收拾私财、携妻带子随之出逃。赵桓见自己被撇在危城之中，心里既气又怕，打算一走了之，却又怕像唐明皇一样神龙失势，大权被别人夺去，一时拿不定主意，急得像热锅上的蚂蚁一样，六神无主，坐卧不安。几经变化之后，初六，赵桓登上宣德门，宣谕六军，表示要固守到底，任命李纲为亲征行营使，全面负责守城事宜。将士皆感泣流涕，拜伏门下，山呼"万岁"。

宋钦宗

这时，黄河北岸的金兵已将近渡完，而京城的防御工作一切得从头做起。李纲在每一面城墙上部署守兵1.2万人，准备下石炮、弓弩、砖石、檑木、火油等防御器械，另外设立前、后、左、右中军4万人，前军居于东门外，守卫囤积40余万石粮食的延丰仓，后军守住樊家冈，其余三军留在城中策应四方。布置得刚刚有个头绪，敌人就兵临城下了。

初七，金兵开始攻城，西水门（宣泽门）最先告急，被宋军挫败。次日又转攻北封丘、酸枣诸门，李纲亲临指挥，将士无不奋勇作战，再次重创金兵，歼敌千人，粉碎了金人想一举攻下汴京的企图。金兵虽攻势凌厉，优势却在宋朝一方，金兵只有6万余人，数量远不及宋的守城兵，西北边防军和各地驻军也纷纷来援，金悬兵深入，又屯兵于坚城之下，实犯了兵家之大忌。在这种情况下，只要宋朝君臣勠力同心，同仇敌忾，是完全可以歼灭敌军的，然而，天不亡人人自亡，赵桓虽在几度摇摆于去留之后，被迫决定留守，内心里却依旧畏敌如虎。赵桓不相信宋朝人民会挫败金兵挽救危亡，他甚至害怕自己的内部会有人乘金人入寇而图谋不轨，他想不管采取什么手法只要把金人打发走，保住自己的皇位就算了事。因此，东京保卫战一开始，他就派出郑望之、高世则到

金营求和。金人提出割黄河为界，还要犒军金帛，另派一大臣前去议和。赵桓看看宰执大臣，没一个作声的，李纲挺身而出，要去谈判，赵桓不许，最后以枢密副使李棁奉使。原来他是怕李纲会在金人面前据理力争，妨碍他的议和活动。李纲退下后，赵桓就授权李棁可增加岁币三五万两，犒军金银三五百万两，另送金一万两及酒果等物以贿赂斡离不。哪知宋使到金营，斡离不以攻破都城相诳诈提出了更为苛刻的条件：给金军500万两金子，5000万两银子，牛马1万头，绸缎100万匹，尊称金帝为伯父，割太原、中山、河间三镇，派宰相、亲王到金营为人质，把金军送过黄河。最后宋朝只凑得定为金20万两，银400万两，康王赵构和少宰张邦昌也作为人质被送到了金营。

康王赵构出发之后，各地援军陆续到来，共有20多万人，而金军只有6万多人。李纲等指挥宋军同金军交战，互有胜负。金兵已经得到三镇和不少赔款，看到勤王的宋军陆续来到京城，只好在这年二月趁势退军，东京得以保全。

早在金兵南渡黄河时，太上皇赵佶就仓促出城逃避，先逃到亳州（今安徽亳州），再逃到镇江（在今江苏）。金军退走以后，赵桓派李纲去接赵佶回京。四月间，太上皇赵佶回到京师。

可是金军北退后不久，他罢免了李纲。同时，他迫于朝野内外的压力，也杀掉或贬黜了蔡京、童贯等六贼臣子。

金军虽然退出了京师，但并未停止攻宋战争。到了北宋靖康元年（1126年）八月，金太宗再次发动大军进攻宋朝。金军以宗翰为左副元帅，宗望为右副元帅，分东、西两路进兵中原。九月初，宗翰率领的金军攻破太原。金军左副元帅宗翰听到自己所害怕的李纲被罢免，便与右副元帅宗望商定合兵南下，在十月初攻下真定府（今河北正定）。不久，金军左副帅宗翰率领的西路金兵再次大举顺利南侵，直至开封。

十一月二十五日，金军先头部队到达开封外城。金国宗翰率领的西路与东路军合围开封，并于十一月攻占开封外城。宋钦宗赵桓派弟弟、康王赵构到金军统帅宗望处去谈判求和。闰十一月初，金军开始攻城。当时雨雪交加，形势危急。为了鼓舞士气，赵桓穿甲戴盔，亲自登城巡视，还把御膳房为皇上做的饭食赏给士卒们吃。赵桓又乘马踏着雨水、烂泥，到宣化门慰劳军队。可惜大势已去，这些做法也没起到多大作用。由于连着下雨飘雪，天气严寒，加上士兵伙食很不好，衣服单薄，两手冻僵，拿不住兵器，宋军军心涣散，3万禁卫军逃亡了一大半，赵桓束手无策。

而金军在攻下开封外城后，精明的宗翰和宗望并未急于立即攻下内城，只是占领外城四壁，不断进行佯攻恫吓，并假惺惺地宣布议和退兵。宋钦宗赵桓居然信以为真，急忙派宰相何㮚和齐王赵栩到金营求和。金营的宗翰、宗望对何㮚说："自古以来，有南就有北，两者不可缺。只要答应割地，就可以议和，不过必须请太上皇亲自前来商议。"何㮚以为自己议和有功，高高兴兴回去奏报宋钦宗赵桓。太上皇赵佶没有这分胆量，赵桓不得已，无奈痛哭一场，只好以太上皇受惊过度、痼疾缠身为由，由自己代为前往。

闰十一月三十日黎明，宋钦宗率大臣多人前往金营，这恰恰中了金人的圈套。宋钦宗到金营后，金军统帅却不与他相见，只是派人索要降表。宋钦宗不敢违背，慌忙令人写降表献上。呈上降表后，金人又提出要太上皇前来，宋钦宗苦苦恳求，金人方才不再坚持。接着，金人在斋宫里向北设香案，令宋朝君臣面北而拜，以尽臣礼，宣读降表。当时风雪交加，宋钦宗君臣受此凌辱，皆暗自垂泪。投降仪式进行完毕，金人心满意足，才放宋钦宗返回。

宋钦宗刚回朝廷，金人便遣使来索要金1000万锭（一锭50两），银2000万锭，帛1000万匹，赵桓就下令大搜金银；金人遣使索要骡马，赵桓赶紧凑得7000余匹派人送去；金人索要少女1500人，说要充后宫使唤，赵桓也只好照办，连自己的嫔妃也拿来充数，妃嫔民女不甘受辱，赴水投河而死者甚众；到河北、河东割地的使臣也派出了20多个。

尽管以赵桓为首的北宋政府如此丧心病狂地奉承金人，金人仍嫌所要金银数量不足而大不满意，

宋代哥窑代表作品青釉葵瓣口盘

声称要纵兵入城洗劫，要求赵桓再去金营议事，赵桓又吓出一身冷汗。但赵桓终究不敢违抗金人的命令，只好命孙傅辅助皇太子监国，自己硬着头皮再去青城。

赵桓刚到青城就被金人当人质扣住，促令城中官吏加紧搜刮金银，百官各分坊巷，互相监督，即使妇女的钗钏之物也在搜刮之列。市井寺观，妓院旅居，根刷殆遍，弄得汴京城里天翻地覆，民不聊生。

宋钦宗到达金营后，受到无比的冷遇，宗望、宗翰根本不与他见面，还把他安置到军营斋宫西厢房的三间小屋内。屋内陈设极其简陋，除桌椅外，只有可供睡觉的一个土炕，毛毡两席。屋外有金兵严密把守，黄昏时屋门也被金兵用铁链锁住，宋钦宗君臣完全失去了活动自由。囚禁中的宋钦宗度日如年，思归之情溢于言表。宋朝官员多次请求金人放回宋钦宗，金人却不予理睬。金人扣留宋钦宗后，声言金银布帛数一日不齐，便一日不放还宋钦宗。宋廷闻讯，加紧搜刮。开封府派官吏直接闯入居民家中搜括，横行无忌，如捕叛逆。百姓5家为保，互相监督，如有隐匿，即可告发。就连福田院的贫民、僧道、工技、娼优等各种人，也在搜刮之列。到正月下旬，开封府才搜集到金16万两、银200万两、衣缎100万匹，但距离金人索要的数目还相差甚远。宋朝官吏到金营交割金银时，金人傲慢无礼，百般羞辱。自宋钦宗赴金营后，风雪不止，汴京百姓无以为食，将城中树叶、猫犬吃尽后，就割饿殍为食，再加上疫病流行，饿死、病死者不计其数。境况之惨，非笔墨所能形容。

灭宋是金人的既定方针，所以尽管宋朝君臣对金人如此俯首帖耳，但金人还是决意废黜宋钦宗。靖康二年（1127年）二月初六，宋钦宗被废为庶人。初七，宋徽宗等人被迫前往金营。当金人逼迫徽、钦二帝脱去龙袍时，随行的李若水抱着宋钦宗，不让他脱去帝服，还骂不绝口地斥责金人为狗辈。金人恼羞成怒，用刀割裂他的咽喉，割断他的舌头，至死方才绝声，可歌可泣！北宋灭亡后，金人册封一向主和的张邦昌为帝，国号"大楚"，建立了傀儡政权。

四月初一，金兵在大肆掳掠之后开始撤退。斡离不押着赵佶、郑皇后及亲王、皇孙、驸马、公主、嫔妃等从滑州北去。粘罕押着赵桓、朱皇后、太子赵谌、宗室及何栗、孙傅、张叔夜等官员由郑州道北行。金兵退走时，带走了大量的金银财宝、仪仗法物、图书典籍、古董文物、百工技艺、娼优杂伎人等，北宋王朝"二百年府库蓄积"为之一空。

赵桓从离开青城起，就头戴毡笠，骑着马，后有监军随押，一副失魂落魄的样子。自郑州往北，每过一城他就掩面哭泣。南宋建炎二年（1128年）八月，赵桓、赵佶二帝抵达上京，金人命他们身穿孝服，拜祭金太祖完颜阿骨打庙，这被称为献俘仪，实际上是以此羞辱北宋君臣。然后，又逼着他们父子到乾

仁怀皇后朱琏

元殿拜见金太宗完颜晟。接着，金太宗封赵佶为昏德公，赵桓为昏德侯。赵桓后又被封为"重昏侯"，意思是他和被金人封为"昏德公"的父亲赵佶加在一块是一昏再昏。此外，韦贤妃以下300余人入洗衣院，赵桓的皇后朱氏不堪受辱，投水而死，男子则被编入兵籍。

不久，金人又将赵桓、赵佶二帝赶至荒凉偏僻的边陲小镇——五国城（今黑龙江依兰），他们从此就居住于此，直至去世。南宋绍兴二十六年（1156年）六月，57岁的宋钦宗去世。据《大宋宣和遗事》记载，宋钦宗赵桓的死因是：绍兴二十六年（1156年）六月，金海陵王完颜亮命宋钦宗出赛马球，赵桓身体孱弱，患有严重的风疾，又不善马术，很快从马上摔下，被乱马铁蹄践踏死。然而，宋钦宗赵桓死去的消息直到南宋绍兴三十一年（1161年）才传到南宋。得知宋钦宗赵桓死去的消息后，南宋高宗赵构表面上痛不欲生，内心却为无人威胁自己的皇位而暗自高兴。绍兴三十一年（1161年）七月，宋高宗赵构为赵桓上谥号"恭文顺德仁孝皇帝"，庙号钦宗。

第二章 后宫风云

一、卖艺孤女成贤后，临朝称制比吕武

刘娥（968—1033 年），章献明肃皇后，宋真宗赵恒皇后。宋朝第一个临朝称制的女主，常与汉之吕后、唐之武后并称，后世称其"有吕武之才，无吕武之恶"。

刘娥祖籍太原，祖父刘延庆在五代十国的后晋、后汉时任右骁卫大将军，父亲刘通是宋太祖时的虎捷都指挥使，领嘉州（今四川乐山）刺史，因此举家迁至成都华阳。

据传，当年刘通之妻庞氏做了一个奇怪的梦，梦见一轮明月入怀，不久便发现自己怀了身孕，遂生下次女刘娥。然而，女孩刚出生不久后，刘通便奉命出征，岂料就此一去不返，阵亡于前线。刘家家道中落，庞氏只得带着襁褓中的女婴寄居于娘家。

童年时期的刘娥在外祖父家过得并不好，虽然学会了读书识字却不曾享受过小姐的生活，倒是学会了一身谋生技艺，善说鼓儿词。庞家对这个寄居的外孙女儿的态度更是厌恶至极，刘娥刚刚长大，庞家便迫不及待地将年仅十三四岁的刘娥嫁给了一个名叫龚美的银匠。

龚美要外出谋生，就带着妻子刘娥离开了家乡四川，来到了京城开封。可是银匠在京城的生意并不是很好，走投无路之时，银匠就想把刘娥卖掉。时宋太宗第三子韩王赵恒（即日后的宋真宗，时名赵元休）的指挥使张耆将刘娥推荐给韩王，赵恒一见刘娥，就觉得她聪慧貌美，大为喜爱，欲娶之为姬侍。二人随即暗度陈仓，刘娥也在韩王府中住了下来。

刘娥天生丽质，聪明伶俐，与韩王赵恒年貌相当，颇得其欢心，二人更是形影不离。宋太宗知道此事后雷霆大怒，勒令赵恒把刘娥逐出韩王府。父命难违，但赵恒实在不舍，便悄悄把刘娥寄养在幕僚张耆的家中。张耆安排家人对刘娥悉心照顾，自己为了避嫌，每天睡在韩王府，以免招致不必要的祸端。

以后的日子里，赵恒的王爵一路升迁，所负担的职务也越来越繁冗，然而只要有机会，他就想方设法地要去张耆家里和刘娥相聚。这样的偷偷摸摸备受折磨的日子，赵恒和刘娥一共过了15年。

刘太后

宋太宗至道三年（997年），宋太宗驾崩，太子赵恒承继大统，即宋真宗。即位后，宋真宗将刘娥接入宫中，但后宫已经有了郭皇后和其他一众嫔妃，刘娥只被封为"美人"。当年，刘娥住在张耆家里时，为了排遣内心的孤寂，博览群书，研习书画棋乐，终显才华。走进皇宫的刘美人，已不再是当年那个平庸之辈了。

入宫后，刘娥不与宋真宗后宫的皇后和嫔妃们争宠。后宫嫔妃中，杨氏（即日后的杨淑妃）极为有宠，宋真宗出巡，杨氏亦不离左右，受宠之深，与刘娥几乎不相上下。对于宠妃杨氏，终刘娥一生，都与之情同姐妹，从无间隙，在后宫中共同进退。宋真宗景德元年（1004年），刘娥被封为四品美人。之后，刘娥又接连晋升为修仪、德妃。刘娥是个孤女，没有父母，也没有其他家人，刘娥遂认龚美为兄，龚美也自此改姓刘。

刘娥不仅温柔美丽，且生性机敏，通晓书史，对国家大事也颇具见识。宋真宗批阅文件，刘娥常陪伴其左右。凡有疑难，刘娥总能提供恰当的建议，深得宋真宗信任。宋真宗有意立刘娥为后，但迫于刘娥的出身，此事迟迟未提。

景德四年（1007年），郭皇后驾崩。宋真宗欲立刘娥为后，寇准、李迪、向敏中、王旦等重臣皆以"刘娥出身微贱，不可以为一国之母"为由，表示坚决反对。宋真宗左右为难之际，就找参知政事赵安仁商量。正因刘娥出身卑微，赵安仁也反对立她为后。宋真宗听了大为不悦，次日又找王钦若商量，并告知了他赵安仁的意见。王钦若对宋真宗言道："陛下不如问问赵安仁，如若不立刘妃为后，应该立何人为好？"过了几天，宋真宗问赵安仁，赵安仁谏言道："才人沈氏是前朝宰相沈义伦的后代，可为皇后。"宋真宗次日对王钦若说明了赵安仁的意见，王钦若说："我早料到他会这样说，赵安仁过去曾做过沈义伦的门客！"宋真宗觉得赵安仁徇私，就罢免了他的官职，下定决心立刘娥为后。但刘娥为人处事颇为谨慎，当宋真宗决定立她为皇后时，宰相王旦忽然请病假，刘娥担心王旦持反对意见，就劝说宋真宗推迟此事。后来王旦上疏表示同意立刘娥为后，立后之事才最终敲定。大中祥符五年（1012年）十二月二十四日，刘娥被册立为皇后。

刘皇后才略过人，精通书史，记忆力特强，朝中、宫中之事，一经她知道，即能详述始末，历久不忘。赵恒批阅奏章有时到深夜，刘氏则始终相陪，间或提些建议，也往往中肯，多被采纳，因而"宠幸专房"。

宋宋真宗天禧三年（1019年），太白昼现，经过占卜，得出结论："女主昌。"恰逢此时宋真宗皇帝多病，皇后刘娥渐渐把持了朝政，宋真宗心中不安，怕刘娥危及赵氏江山，遂向心腹周怀正透露了自己有让太子监国之意。宰相寇准得知这个情况，找机会进宫，与宋真宗密议"太子监国"之事。事情极为隐秘，包括皇后刘娥在内，都不让知晓。出宫后，寇准马上让杨亿连夜秘密起草"太子监国"的诏书。不料事情还是败露，摇摆不定的宋宋真宗以"不记与准初有成言"为由，把事情全部推给了宰相寇准。在刘娥、丁谓等人的压

杨亿

力下，寇准被罢相。丁谓则取代寇准，成为宰相。

寇准一党的周怀正是"太子监国"事件的主要参与者，见谋划失败，知道刘娥、丁谓掌控朝政后必然打击寇党成员，遂铤而走险，策划发动兵变。谁知周怀正的手下在兵变的前一晚向丁谓告密，丁谓深夜去见曹利用谋划应对，曹利用进宫，将此事密告皇后刘娥。第二天一早，周怀正及其党羽均被收捕，很快，周怀正被杀。之后，丁谓等又借"伪造天书"一案，进一步打击寇准和寇党势力。寇准在永兴军的心腹朱能，不愿坐以待毙，起兵反抗，不久兵败自杀。

刘娥矫诏，削寇准莱国公头衔，从知相州（河南安阳），再迁安州（湖北安陆），由安州再贬至道州（湖南道县），极短时间，寇准连遭三贬。对此，宋真宗并不知情，一日，问左右为何多日不见寇准，左右之人都不敢回答。

天禧四年（1020年）以后，赵恒久病不愈，大臣的奏章多由刘皇后审阅批答。刘娥由银匠之妻成为一国的皇后，绝非单单因为美貌。此时的刘娥已经40多岁，早已过了花样年华，吸引宋真宗的是她的智慧和能力。精明能干的刘娥把后宫事务处理得井井有条，同时在朝政方面能给宋真宗以帮助。宋真宗十分信任这个陪伴他多年的枕边人，甚至有一点依赖她。

当宋真宗的身体状况日趋恶化时，刘娥便顺理成章地帮丈夫处理朝廷日常政务，裁定军国大事。另外，刘娥的前夫刘美由于与刘娥的关系，升得很快，逐渐掌握了京城军权，成为刘娥最为得力的助手之一。宋真宗统治晚期，刘娥权力越来越大，成为实际上的统治者，其一举一动，对当时的政局，尤其是寇准、丁谓两派之间的斗争，产生了决定性的影响。

尽管宋真宗对刘娥宠爱有加，但刘娥却没有为宋真宗生下一儿半女。宋真宗曾看上了刘娥宫中的一个侍女李氏，此人为人庄重少言，后来成了宋真宗赵恒的司寝。大中祥符三年（1010年），李氏产下一子（也就是后来的宋仁宗赵祯）。当时刘娥还未被封后，年近四旬的刘娥认识到自己可能不会再有孩子了，便抱养了李氏的这个孩子，由她和另外一个嫔妃杨氏共同抚养，这也成了宫中无人敢言说的秘密。这个孩子对刘娥能册立为皇后，以及宋真宗死后顺利垂帘听政具有重要的意义。聪明的刘娥十分明白儿子对她的重要性，不管是出于真心，还是假意，刘皇后还真是充当了一个合格母亲的角色，细心地抚育赵祯，母子感情十分融洽。这位皇子从小就称刘娥为大娘娘，称

杨氏为小娘娘，小皇子一直认为刘皇后就是自己的亲生母亲。

关于赵祯的身世，有一种至今流传的说法，这就是"狸猫换太子"的故事。主人公的传奇经历几乎家喻户晓，妇孺皆知。清末小说《三侠五义》中称刘氏、李氏在真宗晚年同时怀孕，为了争当正宫娘娘，刘娥工于心计，将李氏所生之子换成了一只剥了皮的狸猫，污蔑李妃生下了妖孽。真宗大怒，遂将李妃打入冷宫，而立刘娥为后。后来，天怒人怨，刘妃所生之子夭折，而李妃所生男婴在经过波折后被立为太子，并登上皇位，这就是宋仁宗。在包拯的帮助下，宋仁宗得知真相，并与已经双目失明的李妃相认，而已升为皇太后的刘氏则畏罪自缢而死。当然，这个故事并不可信。

乾兴元年（1022年）二月，宋真宗病情恶化。弥留之际，最让他放心不下的就是年幼的太子。二十日，宋真宗死于延庆殿，享年55岁。太子赵祯即位，是为宋仁宗。按照宋真宗的遗诏，尊刘皇后为皇太后，在宋仁宗成年之前代其处理军国大事。每当朝会之时，宋仁宗坐左边，刘太后坐右边，军国重事由刘太后一手裁决，她处事明敏，号令严正，恩威兼施，又颇能自我约制，因此，在她"垂帘听政"的12年间，政事处理得井然有序。

宋真宗驾崩后，权臣丁谓意图架空刘娥，独揽朝政，刘娥亦察觉到丁谓的野心，二人矛盾逐渐激化。王曾见刘娥与丁谓已生间隙，遂趁机单独进谏刘娥，上陈丁谓窃弄权柄、包藏祸心，社稷将危。刘娥怒不可遏，决心除掉丁谓。

六月，刘娥在承明殿召见群臣，将宰相丁谓瞒上欺下、架空两宫，并与内廷宦官雷允恭勾结的证据公之于众。刘娥欲杀丁谓，在群臣劝阻下，最终将丁谓罢相，抄没家产，贬至崖州（今海南岛）。

此时，真宗陵寝竣工。刘太后召文武大臣至会庆殿，商议为赵恒准备的殉葬物品，对于赵恒所珍藏、供奉的大量"瑞物"和

宋代女子形象

"天书"应如何处置，刘太后采纳了宰相王曾的提议："前后下降的天书和全国贡献的瑞物，都是皇天上帝对先皇帝的特别的恩赐，此项光荣属于先皇帝，先皇帝已经上仙而去，天书、瑞物也应该与先皇帝同归皇堂奉安才是，万不可再留人间。"于是所有"天书""瑞物"都作为随葬物品埋入陵中，无一样留存。这一措置既消除了赵恒造成的朝廷上的迷信空气，又杜绝了修建神仙宫观、供奉"天书""瑞物"的大量无益花费。将"天书"作为随葬品一起埋入永定陵，总算终结了虚耗大宋国力 10 余年的"天书奇谈"，还了政治与社会环境一个清净。

刘娥治理国家号令严明，赏罚有度，虽然难免有些偏袒家人，但并不纵容他们插手朝政。在大是大非面前，她更尊重士大夫们的意见，王曾、张知白、吕夷简、鲁宗道都得到了她的重用，刘氏姻族也没有做出危害国家的祸事。

刘娥协助宋真宗理政多年，对朝臣结党吏治不靖深有感触，她知道自己年长皇帝年少，这样的状况是很容易被有所图谋的大臣钻空子的，于是她用了一个计策。宋真宗下葬之后，刘娥挑了一个合适的时机，做出非常恳切的模样对大臣们说道："如今国事变动，我和皇帝多亏诸公匡助，才能有今日，实在感激。诸位可以将亲眷的姓名都呈报给我，也好一律推恩录用，共沐皇恩。"大臣们听了都高兴不已，将自己能想到的亲戚名字都一个不漏地汇报了上去。诸公们这可算是睁着眼跳坑——刘太后将这些名字都记录下来，此后凡遇到有推荐官员的时候，她都拿去核对一下，只有榜上无名者才能得到升迁的机会。从而避免了朝臣编织权力网的可能。

刘娥临朝后，曹利用以勋旧功臣自居，权倾内外。刘娥也有些忌惮曹利用，上朝时称其"侍中"而不直呼其名，以示尊重。天圣七年（1029 年），有人状告曹利用侄儿、赵州兵马监押曹汭酒醉后穿黄衣，让人呼其万岁。刘娥欲借机治曹利用谋反大罪，亲自手书一语给宰相王曾，上写："曹利用与其侄儿谋反事，理分明也，须早杀却。若落他手，悔不及也。"尚书张士逊进言："这是曹汭一人所为，曹利用是重臣，应该不知。"刘娥大怒，将张士逊罢官，赶离京师。宰相王曾一向与曹利用不和，但面对谋反的大罪，亦不敢妄言。刘娥见群臣如此，遂对曹利用的发落稍加从轻。曹利用在贬途自尽身亡。

殿中丞方仲弓上书，请刘娥"行武后故事"；权知开封府，后入朝拜

相的程琳亦献上《武后临朝图》，均暗示刘娥称帝。刘娥询问朝臣看法，众臣皆不敢言，唯刚直的鲁宗道说：这样做，又将置当今皇帝于何处？刘娥最终还是将鼓动她称帝的奏章撕碎，掷于地上，表态说："我不做这种对不起大宋列祖列宗的事！"

明道二年（1033年）二月，虽遭大臣激烈反对，刘

宋代错金银牺尊

娥仍再次身着帝王龙袍，在宋朝太庙祭祀宋太祖等宋朝历代帝王。作为对群臣和士大夫的妥协，将帝王龙袍的十二章图案减去象征忠孝与洁净的宗彝、藻两章，同时，没有佩戴男性帝王的佩剑。

北宋名相富弼上疏宋仁宗，回顾这段往事时说道："当日章献明肃皇后（即刘娥）临朝，陛下（即宋仁宗）受制于人，皇权微弱。而章献明肃皇后最终没有像唐代武则天那样谋朝篡位，全赖忠臣的救护，使得章献明肃皇后不得不克制欲望。陛下可以保全皇位，实是这些忠臣之功。"

刘太后还听从丞相吕夷简的敦促，用厚礼殡葬宋仁宗赵祯的生母李宸妃，办了一件让刘氏后人得益的事情，也使得她死后仍然得到荣宠和尊重。李宸妃是一位令人同情的女性，宋真宗赵恒有六子，五子皆早殇，只剩下李氏所生这个宝贝儿子。赵祯的降生使得宋真宗中年得子，皇脉延续。自然喜出望外，对他疼爱有加。待到赵祯开蒙之际，宋真宗就细心为他挑选老师，关注他的学业，将他培养成自己的皇位的继承人。天禧二年中秋节，宋真宗正式册立9岁的赵祯为皇太子。

在封建礼俗中，母以子贵，李氏本该倍受荣宠，但因其出身卑微，根本不被大权在握又目无下尘的刘皇后放在眼中。刘皇后无子，李氏生下赵祯不久，刘皇后毫不客气地将赵祯抱去，据为己子，由杨妃恩养、抚育。面对如此打击，李氏不敢言语，只有暗中流泪，平时也不敢与帝后们同坐共语，只在妃妾宫女群中默默度日。宋真宗死后，赵祯继位，当时他只有13岁，虽

"听事资善堂"，但只是徒有其名，朝中大事，完全由垂帘听政的刘太后一手决定。李氏眼看着儿子登上皇帝宝座心中欢喜，但却不敢前去相认，以倾诉母子之情。周围的宫人和朝中的大臣，也都畏惧刘太后的权势，不敢言明此事。不久李氏由婉仪进位顺容（宫中妃嫔分十九级，婉仪为第十一级，顺容为第九级），级别虽然晋升了，可是却命她前去巩县，伺候永定陵。这无异是打入冷宫，终日守着寂寞的陵冢，身影与孤灯相伴，寂寞加上惆怅，孤苦和着凄凉，再加上终日思子的悲伤，生活已完全失去希望。明道元年（1032年），陵区的凄风苦雨，送走了她46个年头的短暂生命。直到此时，皇帝赵祯仍然不知刚刚死去的那个宫人，就是他的生身之母。

李氏在病危之时被晋封为宸妃，刘太后原本打算用一般宫人之礼埋葬李氏，丞相吕夷简则建议她用厚礼殡葬。刘太后十分生气地说："一个宫人死去，何必那么兴师动众？"吕夷简恳切回答道："老臣身为宰相，无论宫中、府中之事，我都尽心而为，为的是皇帝陛下和太后诸事万全。此事作何处置，还请太后三思才好啊。"刘太后听更生气了："你的话话中有话，你是不是想要离间我母子二人？"吕夷简忙跪下解释道："老臣不敢，只是请太后陛下能以刘氏一门为重，无论如何要厚葬李宸妃。"一句话提醒了聪明的刘太后，便传下旨意，用皇后礼仪，殡葬李氏于东京（今开封市）西北郊的洪福寺，所以，李妃丧事办得极其隆重。

直到刘太后病逝，这才有大臣向宋仁宗赵祯泄露了真相："刘太后不是陛下的生身之母，陛下的亲生母亲是李宸妃，她死得很悲惨。"赵祯听后放声大哭，这时又有人进言："李宸妃之死，不明不白，死因可疑。"于是赵祯亲临洪福寺开棺检看，见宸妃戴着凤冠，披着霞帔，穿着百子衣，完全是皇后的装束；在水银的养护下，尸体不腐，面色如生，这才释去了大家对刘太后的怀疑。赵祯感叹非常，又想及刘太后对自己抚养护持的恩德，就对跟随的大臣说："闲话和议论是不能相信的。"从此，对于刘太后的一家更加优礼相待。同时追封其母亲李宸妃为"章懿皇后"，并迁葬永定陵。

明道二年（1033年）三月，刘娥染病，下令大赦天下，将乾兴元年即刘娥临朝以来的贬死之人包括寇准、曹利用等刘娥的政敌们一律恢复旧有官职。特许丁谓可再次为官，将丁谓从贬黜的远地内迁。随后，刘娥崩逝。宋仁宗在皇仪殿召见群臣，哭道："太后临终前数度牵扯身上衣服，是何意？"

参知政事薛奎说："太后不愿先帝于地下见她身穿天子之服。"宋仁宗醒悟，下令给刘娥换上后服，然后入殓。十月，宋仁宗率群臣将刘娥下葬，陪葬宋真宗永定陵，谥号"章献明肃"皇后。

刘娥从卖艺的孤女，到开创大宋皇朝女主临朝先河的皇后，在中国历代后妃中，是一个极具传奇色彩的人物。同时，刘娥也是颇有作为的一代女主。她终结"天书"运动、结束党争、发行交子、兴修水利、创设谏院、兴办州学，为宋仁宗亲政后的"仁宗盛治"打下了坚实的基础。

刘娥擅权，至死不肯还政于宋仁宗，又时常着帝王服饰，宋廷重臣均忧虑其"行武后故事"，即效法唐代的武则天称帝。在群臣的阻力面前，刘娥压制欲望，最终并未走出这一步。故刘娥死后，包括宋仁宗、司马光、范仲淹等宋廷君臣对刘娥的评价还是相当正面的。

二、以势封后郭清悟，伤帝失位死后复

郭清悟（1012—1035 年），代北应州金城（今山西应县）人。其祖父为平卢节度使郭崇，郭崇的祖先世代为代北酋长。宋仁宗赵祯皇后。

郭清悟的父亲郭允恭，凭借父亲的官职获得官位，官至崇仪副使，天圣三年（1025 年）赠太傅安德军节度使，天圣六年（1028 年）加赠忠武军节度使兼侍中。母亲李氏，郭清悟是李氏所生，为次女。天圣二年（1024 年），已故骁骑卫上将军张美的曾孙女张氏与郭清悟一同进宫选秀，当时尚未亲政的宋仁宗看中了美丽的张氏，想立为皇后，但临朝主政的太后刘娥倾向于立郭清悟为后。十一月二十一日，郭清悟被立为皇后。

郭皇后仗着刘太后撑腰，性格妒忌，严密监视宋仁宗的行踪，使他不得亲近其他宫女妃嫔，宋仁宗心中十分愤怒，却不敢明言。

明道二年（1033 年）三月甲午太后刘娥驾崩，之后，宋仁宗也不再理会郭皇后，这使她寂寞难耐，醋意大发。

当时，在后宫之中，尚充仪、杨氏（杨德妃）长得貌美可人，深得宋仁宗欢心。郭皇后多次到尚氏、杨氏居处，对她们破口大骂。有一天，宋仁宗临幸尚氏，尚氏向宋仁宗诉说郭皇后的不是，恰逢郭皇后赶来，二人争执起来。郭皇后不胜愤怒，举手扇向尚氏，宋仁宗见状，急忙上前救尚氏。郭皇后收势不住，刚好打在宋仁宗的颈部，宋仁宗顿时龙颜大怒，要废郭皇后。

宰相吕夷简与郭皇后有隙，听说郭皇后误打宋仁宗之事，便让谏官范讽乘机进言："后立已有九年，尚无子，义当废。"吕夷简则在一旁随声附和。更有甚者，内侍副都知阎文应还劝宋仁宗示颈部被打手印让大臣观看。面对群臣的言论，宋仁宗反而拿不定主意，废皇后毕竟是一件大事情。右司谏范仲淹说："皇后不可废，宜早息此议，不可使之传于外也。"

吕夷简

过了一段时间，宋仁宗在吕夷简的游说之下，定下了废后决心。吕夷简为了达到废掉郭皇后的目的，竟然下令台谏部门不能接受谏官的奏疏。

明道二年（1033 年）十一月乙卯，宋仁宗颁下了诏书，说："皇后以无子愿入道观，特封其为净妃、玉京冲妙仙师，赐名清悟，别居长宁宫以养。"谏官孔道辅等进言："后无过，不可废。"结果孔道辅等人俱被黜责。

景祐元年（1034 年）八月，宋仁宗盛怒之下再次下诏，历数郭净妃、尚美人、杨美人的过错，逐郭净妃出居瑶华宫，尚美人出居洞真宫，杨美人别宅安置。

十月又赐郭净妃法号金庭教主、冲静元师。同时郭皇后的姻戚钱惟演也从平章事被贬为崇信军节度使出镇。

后来，宋仁宗颇为想念郭氏，遣使存问，并赐以乐府，郭氏和答之，辞甚怆惋。宋仁宗曾经密令召她回宫，郭氏曰："如果再次召见，必须由百官立班上册才行。"当时宋仁宗早已立曹氏为皇后，无法答应她的要求。

景祐二年（1035 年）十一月，郭后得了小病，宋仁宗派阎文应带御医前去诊治，初八（12 月 10 日）那天，郭皇后竟然暴死，年仅 24 岁。

景祐三年（1036 年）正月宋仁宗深悼郭氏，追复她为皇后，但停办赐谥号上封册及祔祭庙庭之礼。

三、已辅乾坤成化育，终符日月继光华

慈圣光献皇后曹氏（1016—1079年），真定府灵寿县（今河北省灵寿县）人。北宋宋仁宗赵祯的第二位皇后。出身于宋朝军功与外戚世家"真定曹氏"，宰相宋庠曾评价："今天下言诸侯王世家者，以曹为首。"

1. 母仪天下

曹皇后出身于宋朝高门大族"真定曹氏"家族，将门之女，先祖是晋朝冀州清河郡太守曹泓，其子孙后徙家于真定灵寿（西晋时称常山郡灵寿县，治今河北灵寿县），世居于此，唐末五代时开始发迹，至北宋时成为当时顶级的世家大族之一，与苏州范氏、真定韩氏（真定府灵寿县韩氏）、三槐王氏（大名府莘县王氏）等家族并称，名著于世，繁荣至南宋末年。

曹氏祖父为北宋名将曹彬，曹彬为北宋王朝的开国元勋，驰骋疆场数十年，出生入死作战不下数十次，先后参与平定后蜀、南唐、北汉等政权，为北宋王朝立下赫赫战功，官至枢密使、谥周武惠王。欧阳修曾说："曹武惠王，国朝名将，勋业之盛，无与为比。"宋真宗也说："国朝将相家能以声名自立，不坠门阀，唯（李昉）与曹彬家尔！"

明道二年（1033年），太后刘娥死后，宋仁宗的第一位皇后郭皇后被宋仁宗以无子为借口废掉，幽居长宁宫。18岁的曹氏奉诏入宫，被宋仁宗养母章惠杨太后看中，次年即景祐元年（1034年）九月立为皇后。

曹皇后熟读经史，善飞白书（书体之一），性情慈爱，节俭，处事谨慎又不失敢作敢为。但相貌并不特别出众，终身未生育子女，看重美貌的宋仁宗并不欣赏她的贤德，对她不宠爱。曹皇后却非常善于自处，张贵妃（死后谥温成皇后）盛宠，她亦不计较。她还重视稼穑，常常在宫苑内种植谷物，采桑养蚕。

曹皇后

2. 巾帼风度

庆历八年（1048年）正月，宋

仁宗准备在闰正月十五日晚再一次陈设彩灯过灯节，被曹皇后劝止。过了三天，几个卫士作乱，乘着夜间穿房越舍，直趋宋仁宗皇帝的寝室。曹皇后当时正在侍奉皇帝，听说变乱，马上起来。宋仁宗想出去看看情况，曹皇后关闭殿门，拦住皇帝，急忙呼唤都知王守忠，命令他带兵入宫平乱。乱兵在殿前杀伤宫中的嫔妃侍女，叫喊声响彻皇帝的住所。太监回报是奶妈打年纪小的宫女，曹皇后申叱道："乱兵就在附近杀人，你们还敢胡说！"她估计乱兵必定会放火，暗地派人带着水跟在他们后面，果然乱兵点火烧着帘幕，跟着的人随即用水将火泼灭。这一夜，凡是派出去的太监侍从，曹皇后都亲手剪掉他们的头发，对他们说："明天论功行赏，就以头发为证。"因此，人们都争先出力，乱兵很快被消灭了。

但宋仁宗却认为这场叛乱是曹皇后为了在自己面前显示能力、邀功而故意安排的，不仅不感激她，反而欲废掉她、改立宠妃张美人为皇后。大臣们极力劝说、反对，宋仁宗自己也拿不出证据证明曹皇后有罪，这才作罢。曹皇后保住了凤冠，但始终没有得到皇帝的感激，宋仁宗将功劳全裁到宠妃张美人身上，借机在当年十月将其晋封为贵妃（死后追封为温成皇后）。

曹皇后身边有个宫女与卫卒私通，事情泄露，曹皇后按制度判宫女死罪。宫女向宠姬张贵妃哀求免死，张贵妃向宋仁宗说情，宋仁宗答应赦免。曹皇后得知后，穿戴上正式的服饰觐见皇帝，请求依法处理有罪的宫女，并说："不这样，无法肃清掖庭的坏人。"宋仁宗让她坐下，曹皇后不坐，站着坚持自己的要求，直到最后宋仁宗下令按宫廷规矩把宫女杀掉。

3.谨慎宽容

张贵妃恃宠而骄，常有不遵守宫廷法度的行为，曹皇后并不计较，大臣们进谏，宋仁宗却一味地袒护，张贵妃也越来越骄横，成为朝廷上下名利之徒依附的对象。有一次，为显示威风，张贵妃竟想打着皇后的仪仗出游。宋仁宗让张贵妃自己去找皇后借。岂知曹皇后听完张贵妃说完来意后，对她这种明目张胆的无礼僭越行为，丝毫没有表示出不高兴，而是爽快地答应借给她。张贵妃大喜，回告宋仁宗。皇后宽容忍让的行为，让宋仁宗无错可挑，反觉得张贵妃过分了，对她稍稍约束了一下，说："国家的文物礼仪章法，上下是有秩序的，你用皇后的仪仗出游，朝廷会非议的。"张贵妃只好放弃。

靠着这种极力的谨慎和宽容，曹皇后保住了自己的皇后地位到最后，正位中宫达 28 年之久。

然而宋仁宗对曹皇后的态度依然不信任，嘉祐元年（1056 年）仁宗患了重病，神志不清，口中竟高呼"皇后与张茂则谋大逆"。张茂则是宫中的一名内侍，听到宋仁宗的话害怕得想上吊，被旁人救下，宰相文彦博劝说道："皇上有疾病说胡话罢了，你何必这样子呢？你如果死了，皇后该如何自处呢？"又命令其继续侍候宋仁宗。然而宋仁宗此举，导致曹皇后也不敢上前伺候。

4. 贤德昭彰

嘉祐七年（1062 年）八月，31 岁的赵宗实被立为皇太子，赐名曙。次年三月，宋仁宗驾崩，赵曙进宫即位，成为宋英宗，尊曹皇后为皇太后。

宋英宗在位四年就病逝了，宋神宗即位，尊曹太后为太皇太后。把太皇太后住的宫殿命名为庆寿宫。宋神宗对曹皇后很孝顺，所以一直做事哄祖母高兴。出去登山游玩，每每都走在前面，扶着祖母。

曹皇后是北宋乃至宋代难得能称上贤德的皇后，不是因为她活得长，而是她留下的事迹之多足以证明她是一位贤后。

除了在宋仁宗朝平乱的事迹，在宋英宗朝、宋神宗朝，曹皇后为帝王也做了很多。

某次，宋英宗生病了，请太后处置军国大事，曹皇后于是在东门小殿听政。

北宋吉州窑松下对弈梅花纹罐

大臣每天有所奏的未能处决的事，曹皇后就说：你们再商讨吧。不曾说过自己的意见。曹皇后熟读经史，多用它们来处决事情。朝廷内外每日奏报有几十份，都能一一记住纲要。

曹皇后不放纵外戚干政专权，检查制止曹氏家人和左右大臣、仆人的错误行为，一丝一毫也不通融，宫中省中一片肃然。

第二年夏天，宋英宗的病

快好了，曹皇后就下令撤帘归政，宋英宗拿着诏书久久不下达，直到秋天才开始执行。

曹皇后一直反对外家男子入宫拜谒。宋神宗朝，曹皇后年岁已高，她的弟弟曹佾也老了。宋神宗几次都对祖母说应该让曹佾入宫见见面，曹皇后还是不同意。某日，曹佾正侍奉皇帝，宋神宗再次向祖母请求，曹皇后才答应了。但是因为曹佾的堂弟曹偕也来了，曹皇后把殿门关上了，不同意见面。

起初，王安石当政的时候，变革了旧的典章制度，曹皇后在适当的机会对宋神宗皇帝说祖宗留下来的法律制度不应该轻易改动。熙宁年间祭祀太庙的前几天，宋神宗皇帝来曹皇后的住所。曹皇后说："以前我每当听说老百姓有什么苦处，一定要告诉仁宗皇帝，仁宗皇帝就推行减租政策，现在也还是应该这样。"宋神宗皇帝说："现在没有什么事。"曹皇后说："我听说老百姓对于青苗法、助役法叫苦不迭，这两种法令应当停止实行。王安石确实有才干学问，但怨恨他的人太多了，皇上要是爱惜他，想保全他，不如暂且放他到外省去。"宋神宗皇帝听了很吃惊，几乎已经准备停止施行这些法令，但还是被王安石操纵了，这件事无果而终。

宋神宗想出兵燕蓟，已经和大臣商定好了，于是到庆寿宫告诉祖母这件事。曹皇后问："储蓄赐予准备好了吗？铠仗士卒精锐吗？"宋神宗说："都已经办好了。"曹皇后说："此事事关重大，幸运、凶险、后悔、吝惜在一瞬之间，得到燕蓟不过是南面受到朝贺而已，万一不行，则是生灵涂炭。如是燕蓟能轻易取之，那么太祖、太宗早就收复了，哪里会等到今日。"宋神宗明白了，说："岂敢不遵从教诲。"

苏轼因为写诗犯了法，被关在御史台的监狱中，大家都以为他必死无疑。曹皇后听说此事，便对宋神宗皇帝说："我想起仁宗皇帝在殿试中取中苏轼兄弟时，高兴地说：'我为子孙们找到两位宰相。'现在听说苏轼因为作诗而被关进监狱，该不会是受了仇人的诬蔑吧？从诗句中搜寻过错，即使有错也是小错。我的病已经很重了，不能再因为冤枉好人、滥加罪名而伤害天地的中正和平之气。对苏轼一案，还要仔细审查才好。"宋神宗皇帝流下眼泪。苏轼因此而得以免罪。

元丰二年（1079 年）冬，曹皇后病逝，年 64 岁，与宋仁宗合葬永昭陵，谥号为"慈圣光献皇后"。

四、母仪天下高滔滔，女中尧舜开太平

高滔滔（1032—1093 年），亳州蒙城（今安徽省蒙城县）人。勋戚之后，宋仁宗皇后曹氏的外甥女，宋神宗的母亲。北宋英宗皇后，后史称宣仁圣烈皇后。

高滔滔的曾祖父是高琼，宋太宗时以武功起家，封忠武军节度使；祖父高继勋有功于王室，官至节度使；父亲高遵甫任北作坊使；母亲是北宋开国元勋大将曹彬的孙女，母亲的胞妹就是宋仁宗的慈圣光献曹皇后。高滔滔 3 岁时被曹皇后接进宫，带在自己身边。宋仁宗赵祯因没有儿子，也把 3 岁的侄子赵宗实（后改名赵曙，即宋英宗）养到宫里。高滔滔与赵宗实同岁，青梅竹马，嬉闹玩耍，形影不离，亲热得像同胞兄妹一样。宫中上下都习惯地将宗实称为官家儿，滔滔为皇后女，赵祯与曹后也非常喜欢这两个孩子。赵宗实和高氏在宫中生活了五六年后，各自回到了父母身边。庆历七年（1047 年）初，由赵祯、曹氏做主，高氏嫁到濮王府，封为京兆郡君，宫中称此事为"天子娶儿媳，皇后嫁闺女"，一时传为佳话。小两口儿情投意合，相敬如宾，感情比孩童时更加亲密。次年四月，他们的长

高滔滔

子出生，取名赵仲针，后改名赵顼。以后的十几年间，到赵曙登基时，高氏已有 4 个儿子（颖王赵顼，岐王赵颢，润王赵颜、嘉王赵頵）和 1 个女儿（后封寿康公主）。嘉祐八年（1063 年）四月初一，赵曙继皇帝位，是为宋英宗；二十五日，高氏正位中宫，成了皇后。

赵曙即位之初，由于生病便由曹太后来垂帘听政。一些宦官不断向曹太后说赵曙的坏话，致使两宫嫌隙萌生，关系颇为紧张。

为了调解两宫矛盾，韩琦和欧

阳修先对曹太后说："您侍候先帝仁宗这么多年，天下谁不知道您是一个又贤德、又宽厚、又仁慈、又通达的人，为什么现在会和儿子过不去呢？他是个病人，您不至于和他一般见识吧。难道您希望别人像议论天下其他继母那样去议论您吗？"他们又对赵曙说："自古以来，天下贤明的君主不计其数，人们为什么唯独称颂舜为大孝子？难道其他人都不孝顺？当然不是。父母慈爱而子女孝顺是很平常的事情。如果父母做得不好而子女依然孝敬有加，那才值得称道啊。过去太后是个什么样的人难道您还不清楚？您只管尽您做人子的孝心，相信太

高滔滔

后一定不会亏待了您。"在大家的劝解下，两宫之间的矛盾得以逐步缓和。治平元年（1064 年）五月，赵曙病体恢复，曹太后撤帘还政。

赵曙继续任用宋仁宗时的改革派重臣韩琦、欧阳修、富弼等人。鉴于宋仁宗以来的弊政，赵曙向执政宰辅们提出了裁救积弊的问题，征求大臣们的意见；还下诏将各品级官员的转迁年限加以延长，在一定程度上缓解了"冗官"现象给朝廷财政造成的压力。为广纳人才、为国选贤，赵曙命宰执大臣推荐才行之士以充馆职。治平四年正月初八（1067 年 1 月 25 日），赵曙因病驾崩于福宁殿，享年 36 岁。赵顼继皇帝位，是为宋神宗，尊高氏为皇太后。

高后自幼在宫中住过几年，做皇后和皇太后时又长期在宫中和曹皇后共同生活，各方面都深受曹皇后的影响。她事事效仿曹皇后，生活俭朴，约束本家，严守封建礼教的妇德，不干预朝政。在政治观点上，两人更是惊人的一致，而且高氏比曹皇后更为保守。

赵顼从即位开始，针对宋朝的社会弊端，尤其是冗兵、冗官、冗费带来的社会危机，起用王安石实行变法。曹太皇太后与高太后都不赞成神宗的变法活动，劝说过赵顼不要轻易变革祖宗法度。

元丰七年（1084 年）冬，赵顼生病，病情日见沉重，连话都说不清楚

了。还在初病之时，赵顼就有了立太子的打算，说准备在来年春天把长子延安郡王赵佣立为太子，并延请司马光、吕公著做赵佣的师傅。眼看赵顼的病情日趋恶化，立太子更是刻不容缓的头等大事了。皇太后高氏、皇后向氏、左相（首相）王珪等人都很赞成赵顼的想法，于是决定立赵佣为太子。三月初一，立赵佣为皇太子，改名煦。同时公布诏命：所有军国政事，由皇太后权同处理，直到皇帝康复为止。高太后还考虑得非常周到，她暗中对宦官梁惟简说："你去找人赶制一袭9岁小儿穿戴的黄袍，秘密带给我。"这是为神宗死后赵煦即位做好应急准备。

元丰八年（1085年）三月初五，赵顼在福宁殿去世。当天，刚满9岁的赵煦即位，是为宋哲宗，他穿的就是高氏为他秘密制作的那套黄袍。

年幼的赵煦当了皇帝，高氏以皇太后的身份垂帘听政，一场彻底清算新法的运动展开。

高太后没有与大臣商议，甚至宰相王珪也不知道，便下诏遣散修筑京城的民夫，裁减皇城司的察事兵卒，停止宫廷工技制造，废导洛司，驱逐尤无善行的宦官宋用臣等人，告诫中外官员不得苛暴聚敛，放宽民间保户马之规定。

元丰八年（1085年）五月初五，高太后在朝堂贴出诏令，让百官言朝政阙失。但是新党人物利用自己的权力在诏令中做了6条规定加以限制，朝中大臣仍是神宗任用的人，在朝廷的各要害部门掌权的也多是新党人物。高太后全面废除新法，把原先遭受排挤的旧党干将重新拉回到朝廷中来，增强自己一方的势力。在贴出求谏诏令的同时，派出驿车接司马光、吕公著、文彦博等元老旧臣回京。

司马光和吕公著来到汴京，分别被任命为门下侍郎和尚书左丞（都是副宰相）。司马光下车伊始，高太后就把五月初五求谏诏令拿给他看，授意他先从舆论上打开缺口。司马光心领神会，立即把矛头首先指向求谏诏令。他接连上了三道奏章要求修改，说诏中规定的6条限制，使得人们除非不言，一言必犯，必须去掉，新诏不但要贴于朝堂，还要颁诸天下。新的求谏诏令很快颁布，限制全部取消，反对派的言论立刻像火山喷发一样喷发出来。不出一个月，上书者就数以千计，其中光是所谓农民所上的奏疏就达150道之多。到十二月间，新法中的保甲法、方田均税法、市易法、

免役法、保马法相继被废。旧党中的
主要人物刘挚、范纯仁、王岩叟、李
常、孙觉、苏轼、苏辙等人陆续被召
回朝中委以要职。

当时变法派首领蔡确、章惇、韩
缜仍身居相位，要想进一步废除新法，
除了积聚、扩大自己的势力之外，必
须排挤打击变法派。高氏决定首先加
强旧党在御史台、谏院中的力量。

宋代的御史台、谏院，合称台谏，
具有纠察百官、肃正纲纪的职能，它

吕公著

控制言路，权势几与宰相抗衡，而且有"风闻奏事"的特权，即不一定需要
真凭实据，只要抓住道听途说的传闻，就可以用来弹劾大臣。这一职能无疑
大大强化了皇权，而使宰相的权力受到限制。

高太后在把王岩叟、刘挚、孙觉等人分别任命为监察御史、侍御史、
谏议大夫之后，又在元丰八年十月，不经过正规程序（谏官须由知制诰以
上官员荐举，然后由宰执大臣进奏）即直接下令任命唐淑向为左司谏，朱
光庭为右正言，苏辙为右司谏。一班旧党的干将接连被安插进台谏之后，
对变法派的参劾顿时掀起了更高的声浪。

赵顼死后，蔡确按惯例担任山陵使，主持丧葬事宜。当时规定在赵顼
灵柩起程的前5天夜里，宰执大臣必须入宿宫中守灵。但蔡确没有来，刘
挚就说他是"慢废典礼，有不恭之心"；又说蔡确担任山陵使回朝，就应
该引咎自劾，但他不顾廉耻，仍然赖着不退，以此为首共列有十大罪状。
朱光庭也揭发说：灵柩出发时，蔡确不跟在后面，却先骑马跑出去数十里
之远，"为臣不恭，莫大于此"。朱光庭进一步扩大攻击面说，蔡确、章惇、
韩缜是三奸，不恭、不忠、不耻。到元祐元年（1086年）二月，谏官们弹
劾蔡确，要求将他罢黜的奏章已上了几十道，言辞越来越激烈，罪名也越
加越多。蔡确终于坐不住了，开始上表辞职。但他仍不甘心就此下台，在
表章中罗列了一些自己当宰相以来的功劳。哪知这更惹起了谏官们的不满，
在所有的罪名用尽之后，他们竟将天旱也怪罪到蔡确头上，说是朝中有蔡

确这样的大奸小丑，所以天才大旱。曹氏将蔡确罢相，贬知陈州，后被迫害得病而死。司马光升为尚书左仆射兼门下侍郎（首相）。这时司马光早已因病休假在家，在接到当宰相的诏命之后，他的病却奇迹般地好了。高太后特别照顾他，免其入朝觐见，让他坐着轿子，三天一次到朝堂议事，他坚持说："不见君，不可以视事。"每天让儿子司马康扶着上朝论事。司马光当了宰相后，立即加快了废新法的步伐，同时也加紧了对新党的排挤。司马光连上两道奏章，要求废除免役法、恢复差役法，却没想到这两道奏章竟自相矛盾。知枢密院事的变法派首领章惇抓住司马光的漏洞，加以攻击。司马光恼羞成怒，与章惇把官司打到了高太后帘前，章惇自恃有理，对司马光冷热嘲讽，大加挖苦。原来对章惇就十分反感的高太后这下子火冒三丈，立即部署台谏上书讨伐章惇，结果章惇被贬至汝州（河南临汝）。一个月后，韩缜也被贬到颍昌府。到元祐三年（1088 年）底，新法已废黜净尽，新党分子基本上全部扫地出朝。有的被贬为地方官，有的被逐出朝廷，赶回老家闲住；有的被"编管"到偏远州县，失去迁居自由，但高太后仍不放松对他们的打击。一些旧党中的重要成员，只因替变法派说过好话，也被高氏赶出朝廷。

高太后为使变法派永无翻身之日，特授意梁焘开具了一份新党分子的黑名单，把安焘、邢恕等 47 人列为蔡确的亲党，将章惇、吕惠卿、沈括等 30 人列为王安石的亲党。高氏拿着这份名单对宰执大臣说："蔡确奸党仍有不少窃居朝官。"范纯仁进旨："朋党难辨，可别误伤好人。"高太后很不高兴，梁焘就借机弹劾范纯仁也是蔡确之党。高氏遂将范纯仁罢相，贬知颍昌府。"亲党"的黑名单在朝堂张贴出来，下令永不录用。

元祐二年（1087 年）八月，赵煦生了一场麻疹，好几天没有上朝，宰执大臣们连问都没问，高氏也照旧上殿视事。程颐看不下去，就站出来问宰相吕公著："皇上没上朝坐殿，什么原因你知道吗？"吕公著回答："不知道。"程颐说："二圣（即赵煦和高氏）临朝，皇上不坐殿，太皇太后就不应该自己坐在那里。而且皇上生病，宰相居然不知道，说得过去吗？"第二天吕公著等才去向赵煦问疾。程颐则因这番话得罪了高太后，不久就被罢官，贬回洛阳老家。一个月后，程颐门生贾易也被加上"诋事程颐。默受教戒，背公死党"的罪名，被贬出朝。一直到了元祐七年（1092 年），宰相又建议任命程颐担任馆职，高氏仍怀恨在心，不肯答应。

但客观地说，高氏无论是在做皇后、皇太后还是垂帘听政、独揽大权的时期，对待个人名利和高氏家族的地位待遇始终保持了谦虚的美德，并严守宫中的礼仪规矩。

高氏立为皇后之前，她的弟弟高士林已在宫中担任内殿崇班多年了。高士林做的虽是武官，但对儒学很是喜爱，广泛涉猎经史，能通大义，尤有巧智。赵曙登基后见他是个人才，又是内弟，多次想提拔他，高氏都主动阻拦。在她的阻拦下，直至治平三年（1066 年）高士林死后，赵曙才追赠他为德州刺史。

赵顼即位后，多次想为高家建造一处大的宅第，高太后不许，过了很久，才勉强同意赵顼把望春门外的一块空地赐给高家作宅基。按规定，太后家营造新居的所有花费，都可以从大农寺公款中支取，但高太后却坚持只使用自己平时节省下来的私房钱，自始至终没有动用过大农寺一文钱。

高太后的伯父高遵裕，自宋英宗时起一直在西北边疆与西夏作战，屡立战功，升任庆州知州。元丰四年（1081 年），宋神宗赵顼派宦官李宪为统帅向西夏发动了规模空前的五路大进攻，高遵裕率领一路攻打灵州。在即将夺取胜利的关键时刻，高遵裕怕战功被别人独得，命令停止进攻，延误了战机，使敌人有时间决开黄河堤，水淹宋军，造成全军溃败。他率领的 8.7 万人，只剩下 1.3 万人，其他各路被水淹后也损兵折将，狼狈撤回。高遵裕因此被贬为郢州团练副使。高太后垂帘听政后，蔡确讨好高氏，提议恢复高遵裕的官职，高太后板着面孔说："遵裕灵武之役，涂炭百万生灵，先帝半夜得到战报，焦虑得起床踱步，达旦不寐，精神受了很大刺激，终于病故，遵裕惹下如此大祸免于一死，就已是万幸了。先帝尸骨未寒，我岂敢顾私恩而违天下公议！"蔡确悚然而止。

高太后对高家的其他亲戚，包括自己的母亲，同样不肯顾私恩。有一年元宵节举行灯宴，按规定高太后的母亲曹氏可以入宫观览，但高氏说："夫人若登楼观灯，皇上必定对她加礼致敬，这样就会因我的缘故越犯典制，我于心不安。"只是命人给母亲送去几盏宫灯，请她在自己家里观赏，以后年年如此。高太后的侄子高公绘、高公纪做小官多年，按规定可以升为

观察使，高氏也极力阻拦。赵煦请求了几次，高太后只同意提升一级，以后在整个垂帘期间，再没升过。

高太后本人谦虚俭朴。有年殿试举人，依照章献明肃刘皇后天圣年间的做法，请赵煦和高太后一同御殿。高氏不同意，她认为殿度是国家录用人才的最高规格，被录取的人将是天子门生，这是皇帝的特权，任何人不得涉足。后来大臣又请求她在文德殿举行册封太皇太后的典礼，高太后也说："文德殿是天子的正堂，岂是女主应当临御的？我只在一偏殿就可以了。"文恩院每年进贡给皇帝御用的物品，无论大小，她始终不取一件。高氏对于宫中的宦官、宫女，控制得更是严格，不准他们干预政治。

但这一切并不表明皇帝与高太后之间没有矛盾。

赵煦即位时，高太后一再表示她性本好静，垂帘听政是出于无奈，但她却丝毫不放松手中的权力。在高太后垂帘时期，军国大事都由她与几位大臣处理，年少的赵煦对朝政几乎没有发言权。大臣们也以为赵煦年幼，凡事都取决于高太后。朝堂上，赵煦的御座与高太后座位相对，大臣们向来是向太后奏事，背朝赵煦，也不转身向赵煦禀报。以致赵煦亲政后在谈及垂帘时说，他只能看朝中官员的臀部和背部。

到了赵煦17岁时，高太后本应该还政，但她却仍然积极地听政。而此时，众大臣依然有事先奏太后，有宣谕必听太后之言，也不劝太后撤帘。高太后和大臣们的这种态度惹恼了赵煦，赵煦心中很是怨恨他们，这也是他亲政后大力贬斥元祐大臣的一个原因。

尽管高太后和大臣在垂帘时没有考虑赵煦的感受，但他们并不放松对赵煦的教育。高太后任吕公著、范纯仁、苏轼和范祖禹等人担任赵煦的侍读大臣，想通过教育使赵煦成为一个恪守祖宗法度、通晓经义的皇帝，尤其是让赵煦仰慕宋仁宗，而不是锐意进取的宋神宗，因为宋仁宗创下了为士大夫津津乐道的清平盛世。

此外，高太后在生活上对赵煦的管教也很严格。为避免赵煦耽于女色，高太后派了20个年长的宫嫔照顾他的起居，又常令赵煦晚上在自己榻前阁楼中就寝，相当于限制了他自由活动的空间。但元祐四年（1089年）十二月，民间却传出宫中寻找乳母之事。大臣刘安世得知后大惊，赵煦此时才13岁，后宫竟然寻找乳母，难道是皇帝沉溺声色？刘安世上奏章，告诫赵煦自重。

大臣范祖禹直接上书高太后，言辞极为激烈。高太后对外解释说，是宋神宗遗留下的几个小公主年幼，需要乳母照顾，但私下却将赵煦身边的宫女一一唤去审问。赵煦后来回忆说那些宫女们个个红肿着眼，脸色惨白，他心里很害怕，后来才知道是刘安世、范祖禹暗中告了状，而自己却浑然不知。高太后的这些做法虽然目的是为了照顾和保护赵煦，但却使得赵煦感到窒息，无形中增强了他的逆反心理。

更让赵煦难以接受的是，高太后对待其生母朱氏也过于严苛。朱氏出身寒微，幼时遭遇极坎坷，入宫后，初为宋神宗侍女，后来生了赵煦、蔡王赵似和徐国长公主，直到元丰七年（1084年）才被封为德妃。朱氏温柔恭顺，对高太后和宋神宗、向皇后一向都毕恭毕敬。

元丰八年（1085年），朱氏护送宋神宗灵柩前往永裕陵，知河南府韩绛亲自往永安迎接灵柩，拜迎走在后面的朱氏。高太后闻知后，大怒道："韩某（指韩绛）乃是先朝大臣，你怎能受他的大礼？"吓得朱氏淌泪谢罪。赵煦即位后，向皇后被尊为皇太后，朱氏却只被尊为太妃，没有受到应有的待遇。在如何对待朱氏问题上，朝中有人想降低皇帝生母的等级，以凸显垂帘的太皇太后；有人主张尊崇朱氏，以显示天子的孝道。但高太后想压制朱氏，直到元祐三年（1088年）秋，才允许朱氏的舆盖、仪卫、服冠可与皇后相同。赵煦亲政后，立即下令母亲的待遇完全与皇太后向氏相同。通过赵煦生母的待遇问题，可以看出其间复杂的政治斗争背景。

高太后和元祐大臣们所做的一切，对于赵煦来说，负面影响非常大。少年老成的赵煦面对不将自己放在眼中的高太后和元祐大臣，也会用他自己的方式表示反抗。每次大臣向赵煦和高太后奏报时，赵煦都沉默不语。有次高太后问赵煦为何不表达自己的看法，赵煦回道："娘

清代焦秉贞绘《女中尧舜》

娘已处分，还要我说什么？"弦外之音就是自己无非是一个摆设而已。赵煦常使用一个旧桌子，高太后令人换掉，但赵煦又派人搬了回来。高太后问为何，赵煦答："是父皇（宋神宗）用过的。"高太后心中大惊，知道他将来必会对自己的措施不满。大臣刘挚曾上疏，让高太后教导赵煦如何分辨君子和小人。高太后说："我常与孙儿说这些，但他并不以为然。"高太后由此愈加担心，当然更不敢放下权力。

随着高太后的衰老和赵煦的成长，不仅旧党成员，连高太后也感到山雨欲来、新党复起的政治气氛。元祐八年（1093年）八月，高太后垂危时，她告诫范纯仁和吕大防等人："老身殁后，必多有调戏官家者，宜勿听之，公等宜早求退，令官家别用一番人。"实际上是已经预感到赵煦准备起用一批新人，要他们提前准备，尽早退出朝廷，以保全身家性命。后来事实证明，赵煦亲政后，凡是高太后垂帘时弹劾新党和罢免新法的官员几乎无一人幸免于报复。

九月，高太后病逝。谥号宣仁圣烈，葬于永厚陵。高太后去世后，赵煦亲政，以"绍述"（继承）宋神宗成法为名，大力打击元祐大臣，追贬司马光，并贬谪苏轼、苏辙等旧党人于岭南（今广西、广东、海南一带），甚至在章惇等人挑拨下，直指高太后"老奸擅国"，欲追废其太后称号及待遇。但他接着重用革新派如章惇、曾布等，恢复王安石变法中的保甲法、免役法、青苗法等，减轻农民负担，使国势有所起色。次年改元"绍圣"，并停止与西夏谈判，多次出兵讨伐西夏，迫使西夏向宋朝乞和。

总之，高太后所执政的时期史称"元祐之治"，其间社会稳定太平，百姓生活富足。也正是因为这样，高太后获得"女中尧舜"的称号，《宋史》记载，高氏临政，"朝廷清明，结夏绥安，杜绝内降侥幸；文思院奉上之物，无问巨细，终身不取其一，人以为女中尧舜"。

五、贤淑福薄孟皇后，两度被废两垂帘

元祐皇后（1073—1131年），姓孟，故又常被称为元祐孟皇后，洺州（约在今中国河北省永年县）人，是宋哲宗的第一位皇后。她二度被废又二度复位，并二次于国势危急之下被迫垂帘听政，经历之离奇，实为罕见。

宋哲宗是宋朝的第七个皇帝，父亲宋神宗去世时，他才9岁，由祖母

高太后垂帘听政，从 9 岁到 17 岁，朝堂上意气风发的少年皇帝只是摆设。

宋朝的变法是一场大戏，其中牵涉到许多我们耳熟能详的名人，比如王安石、司马光、欧阳修、苏东坡等。高太后是坚决反对变法的保守派，她起用司马光等，恢复旧法，史称"元祐更化"。她也许知道，小皇帝已经积怨很久了，或许也想到了，宋哲宗在亲政后变本加厉的爆发，将保守党一律踩到脚底下。和保守党一起被贬的，还有他的孟皇后。

孟皇后是眉州防御使、马军都虞候、赠太尉孟元的孙女，16 岁的时候被宣仁高太皇太后和向太后看中。宣仁高太皇太后一句话，就决定了一个女人的下半辈子，孟氏就此入宫，嫁给宋哲宗，开启自己不平凡的一生。

元祐七年（1092 年），高太皇太后谕宰执："孟氏子能执妇礼，宜正位中宫。"遂将孟氏封后。孟氏端庄贤惠、聪明多才、礼仪周到，当年 20 岁的孟氏怎么也想不到，她隆重的婚礼只是让她踏进了一个影响到整个国家前途命运的巨大政治旋涡。

元祐八年（1093 年），高太后去世，赵煦开始亲政。宋哲宗幼年登基，常年受宣仁高太皇太后的压制，渐渐地耸着宋哲宗对高太皇太后起了反抗的心思。孟皇后是宣仁高太皇太后为宋哲宗选的皇后，宋哲宗对正主都极为厌恶，更别说像是被操控一样娶的皇后。所以孟氏嫁给宋哲宗之后，便受到了宋哲宗的冷漠对待，但碍于高太后，也不敢拿她怎么样。但高太皇太后一死，孟皇后的安稳日子也随之宣告结束。宋哲宗专宠起容貌俏丽的宫女刘清菁，逐步封其为婕好。刘婕好当然觊觎皇后的位置，不惜一切手段谋害孟皇后。绍圣三年（1096 年），孟氏所生之女福庆公主重病，药石罔效，孟氏之姐持道家治病符水入宫医治。由于符水之事向为宫中禁忌，孟氏大惊失色，命将符水藏之，等到宋

元祐皇后

哲宗到时，再一一说明原委，本来宋哲宗也认为是人之常情，并不怪罪。不料于公主病逝后，孟氏养母燕夫人等人为孟氏及公主祈福，此事正落人口实。得到宋哲宗专宠的刘婕好趁此机会，将前后两件事情联系起来在宋哲宗面前搬弄是非，说孟皇后这是在诅咒皇帝。宋哲宗听说后也开始怀疑起来，命梁从政、苏珪调查此案。在宰相章惇和刘婕好的授意下，他们逮捕了皇后左右侍女及宦官数十人，并将这些人刑求逼供，史载"搒掠备至，肢体毁折，至有断舌者"。太监、宫女们不愿诬蔑孟皇后，个个被打得体无完肤，割舌断肢者不在少数。最后，梁从政等人不得不伪造供词，才让宋哲宗相信孟皇后图谋不轨。其后位于是被废，将她安置在被废妃嫔出家所居的瑶华宫，号"华阳教主""玉清妙静仙师"，法名"冲真"。刘婕好如愿成为皇后。

元符三年（1100 年），孟氏的女道士生涯 4 年后，宋哲宗驾崩，宋徽宗即位，孟氏被召回宫中，恢复了她的位分。因为她封后是在元祐年间，便称其为"元祐皇后"。孟皇后之所以能恢复后位，是因为宋哲宗去世之后，旧党在向太后的支持下重新抬头，势力渐长，孟皇后这位昔日由高太皇太后和向太后共同看中的女人，自然便回到了宫中。不过可惜的是，这一次孟皇后只过了一年，便又被废除了后位。北宋建中靖国元年（1101 年），距离孟氏复位仅一年，因为向太后的病逝，宋徽宗重用新党蔡京等人，旧党被打压，一干旧党人氏都被贬谪，孟氏受到牵连，因此再次被废，又被发配到瑶华宫做女道士。孟氏重回瑶华宫，加赐"希微元通知和妙静仙师"之号，就这样过了 20 多年，一直到她 55 岁，这个世界才又想起她。宋钦宗靖康初年，孟氏先因瑶华宫失火，移居延宁宫，后延宁宫又失火，出宫居住相国寺前之私宅。所谓福祸相依，正是因为两次大火的祸，使孟氏移居宫外，这才让她逃过了后来二帝与六宫共同北迁的大祸。这一次，幽居岁月长夜漫漫。

靖康二年（1127 年）正月，金兵攻下了北宋首都，北宋亡。宋徽宗、宋钦宗及皇室成员尽被掳而北去，孟氏因不在皇室名册中，又因瑶华宫起火避居民居家中，免遭被俘北上的命运。

金军撤退后，开封城留下了张邦昌为首的傀儡政府。张邦昌自忖没有号召力，就招来孟氏撑腰，册其为"宋太后"。也许当初高太后的眼光没错，此时，孟太后不但没有对给她带来灾难的宋室反目相向，而是竭力寻找宋室遗孤，以期光复。当她知道宋徽宗第九子赵构因执勤在外而未被掳北上时，立即秘密去信劝说其称帝。

有了孟太后的诏书，21岁的赵构在南京应天府（今河南商丘）登基，是为南宋开国皇帝宋高宗。如此，宋室王朝得以延续。

南宋建炎二年（1128年）的冬天，孟太后的舟船在呼呼寒风中抵达杭州。仓促中，以凤凰山的旧州治（北宋杭州治所）为行宫，安顿下来。

战争还在继续，临安城里也不安分，苗傅、刘正彦发动"兵变"，拥立3岁的皇太子赵旉为帝，请孟太后垂帘听政。面对内外交困，孟太后沉着应对。她一面曲意抚慰叛军，答应让宋高宗退位；一面悄悄召见韩世忠的夫人梁红玉，密令她前往嘉兴去找韩将军火速勤王。不久，韩世忠、张浚等名将水陆并进，一举攻破临平防线，乘胜夺下武林门小堰坝（从此该地被叫作"德胜坝"）。叛乱平息，宋高宗一复位，孟太后立即撤帘归政，被尊为元祐太后。

这以后的几年里，南宋小朝廷被金兵追着打，孟太后一直在浙江江西一带流亡，也没过上多少安定日子。直到韩世忠的"黄天荡之役"后，局势改变，南宋政权逐渐稳定，宋高宗立即派人到赣州去接回孟太后。宋高宗对她十分孝敬，事无巨细都要亲自过问。无奈孟太后积劳成疾，常常头晕目眩，手脚发麻，病情越来越重。绍兴元年（1131年）孟氏去世，谥昭慈献烈皇后，葬会稽县上皇村。绍兴三年（1133年）改谥昭慈圣献皇后。

在攸关国家存亡之际，孟氏展现出了大无畏的勇气和大智谋，虽然仅仅只是一个力量微弱的小女子，但是她却凭借自己的身份和力量，延续了宋朝的历史。她这一生福祸相依，福即是祸，祸即是福。正应了宣仁高太皇太后那句："斯人贤淑，惜福薄耳！异日国有事变，必此人当之。"

六、入侍徽宗龙德宫，金邦回銮临安府

显仁皇后韦氏（1080—1159年），宋徽宗赵佶的妃嫔，宋高宗之母。

根据《宋史》记载，韦氏是开封人，早年即入宫为宋徽宗之侍御。但另有记载显示，她其实是会稽（今浙江绍兴）人，出身贫寒，在宋哲宗绍圣年间曾跟随姐姐在丹阳的致仕宰相苏颂家伺候，在侍寝时韦氏因为遗尿不已而被苏颂认为是大贵，将其送入京中，住在一个道观里。元符年间，宋哲宗挑选女子分赐诸王，韦氏经武官李从约的介绍，进入了端王赵佶（后

来的宋徽宗）府中。

不久后，宋哲宗病逝，端王继位，是为宋徽宗，韦氏成为宋徽宗宠妃郑氏（显肃皇后）之侍女。她与比她稍小的郑氏的另一侍女乔氏结为姊妹，相约其中一人富贵时，不能忘记对方。后来乔氏得到宠幸，封为贵妃，向宋徽宗推荐韦氏，韦氏因而受到临幸。崇宁五年（1106年），韦氏受封平昌郡君。大观元年（1107年）二月进才人，五月生皇子赵构，六月进为婕妤，大观二年又升为婉容。韦氏并不受宠，除了赵构以外别无生育。靖康元年（1126年）十一月，金人索取宋徽宗之子赴金为人质时，由于康王赵构自愿前往，宋徽宗才加封韦婉容为"龙德宫贤妃"。

不久，开封外城陷落，宋钦宗在金人的威胁下屈膝投降，包括韦氏在内的宋室成员几乎被一网打尽，沦为金人的俘虏。靖康二年（1127年）三月二十七日"宗室贵戚男丁二千二百余人，妇女三千四百余人"，"自青城国相寨起程，四月二十七日抵燕山，存妇女一千九百余人"。韦氏在途中曾托曹勋将其信物送至赵构那里，并祈祷赵构顺利登极。之后宋徽宗等被扣留在燕京，而韦氏及其儿媳邢秉懿等女眷先行北上，五月二十三日抵金朝御寨会宁府（今黑龙江阿城）。六月初七，韦氏被带到乾元殿，谒见金太宗，既而金太宗命令韦氏等18人入洗衣院。

建炎二年（1128年）八月，二帝（宋徽宗、宋钦宗）、二后（郑皇后、朱皇后）等其余宋室成员也被押到会宁府，韦、邢等嫔妃帝姬被迫"肉袒"，与帝、后一起参与献俘礼，其后被没为宫婢，与300女眷继续安排在洗衣院。绍兴五年（1135年）二月，韦氏出洗衣院，去五国城（今黑龙江依兰县）与宋徽宗团聚。两个月后，宋徽宗病死。

靖康之变时，赵构不在开封，

宋代吉州窑雕刻卷草花鸟纹梅瓶

故得免于被俘，并继承皇位，是为宋高宗。他即位后，遥尊韦氏为"宣和皇后"，并声称要迎回生母，以彰显孝心，并作为其对金屈膝的遮羞布。绍兴十一年（1141年），宋金达成绍兴和议，翌年，金朝同意遣返韦氏，以及丈夫宋徽宗、宋徽宗郑皇后、儿媳邢秉懿的梓宫。离别时，乔贵妃向韦氏敬酒说："姐姐此归，见儿郎，为皇太后矣，宜善自保重。妹妹永无归期，当死于此！"韦氏痛哭，乔贵妃亦哭。乔贵妃又说："姐姐到快活处，莫忘了此中不快活。"韦氏说："不敢忘今日。"乔贵妃方授杯，太后执杯一口喝干，大哭不止，在旁的宋室成员都不禁流下泪来。在金盖天大王完颜赛里等人的护送下，经过四个月的漫漫长途，韦氏于绍兴十二年（1142年）八月"回銮"临安府，入居慈宁宫，但并没有允诺接回好姐妹乔贵妃回国。韦氏在享受了18年尊荣富贵后，于绍兴二十九年（1159年）九月二十日驾崩，享年80岁。葬于永佑陵之西，谥号显仁皇后。

第三章 大事纪要

一、复燕云太宗失利，战西夏边和互市

1. 宋太宗收复战争的失利

太平兴国四年（979 年），宋太宗乘灭北汉之势，移师辽南京幽都府（今北京），企图一举收复为石敬瑭割让契丹的燕云地区。

宋军初战获胜，连下易（今河北易县）、涿（今河北涿县）等州，嗣即因辽军的苦守待援，不得不屯兵于坚城之下。宋太宗率军于高粱河（今北京西直门外）与辽援军展开激战。在耶律休哥、耶律斜轸等军夹击之下，宋军大败，宋太宗中箭，急乘驴车逃走，从此不再亲临战场。雍熙三年（986年），宋军再次发动了大规模的攻势战。东路主力由曹彬率领，自雄州（今河北雄县）北上，攻涿州；中路田重进军出飞狐（今河北涞源），攻蔚州（今河北蔚县）；西路军由潘美、杨业率领出雁门（今山西代县），攻山后诸州。宋方的战略意图是以东路军牵制住辽的主力，使西、中两路乘隙攻取山后诸州，然后三路大军合击幽都府。

宋西路军进展迅速，连下寰（今山西朔县东）、朔（今山西朔县）、应（今山西应县）、云（今山西大同）四州，中路军亦攻占了蔚州。东路宋军主力连续受耶律休哥军的阻击和骚扰，虽然攻占了涿州，而粮道被切断。在辽承天皇太后亲率援军和耶律休哥军攻击下，宋东路军于岐沟关（今河北涞水东）大败溃散，伤亡惨重。西、中两路军因此被迫撤军。西路军杨业由于得不到主帅潘美的支援，在陈家谷口（今山西宁武东北）战伤被俘，绝食三日而死。

宋太宗两次攻辽失败，便放弃收复燕云的打算，只在河北平原上疏浚、沟通沿边河道，使西起沉远泊（今河北保定北）、东达泥沽海口（今天津塘沽南）的屈曲 900 里之地，遍布塘泊，筑堤贮水，沉远泊以西则依靠种植榆柳林木，设置寨、铺，派兵戍守，以与辽朝相对峙。

2. 宋与西夏的和战

宋太宗时，占据夏州（今陕西横山西）一带的党项族首领李继迁受辽封号，称夏国王。淳化二年（991年）宋赐李继迁名赵保吉，授银州观察使。李继迁不

宋太宗母亲杜太后

受，攻扰宋沿边诸州，宋朝下令禁止夏州青白盐入境，断绝贸易。此举没有达到预期的目的，反而使沿边依靠贩卖青白盐为生的大批熟户，投奔李继迁。至道二年（996年）春，宋军护送大批粮草赴灵州（今宁夏灵武西南），在浦洛河为西夏伏兵袭击，粮草全被夺去。同年秋，李继迁领兵攻宋灵州。宋太宗派兵分五路去解灵州之围，宋军有的半路折回，有的遇敌不战，仅两路宋军进至乌、白池，与夏军大小战斗数十次，宋军始终不能取胜。关西民夫向灵州运粮，沿途饥渴困苦，遭受攻击，死 10 余万人。此后数年内，李继迁相继攻下灵州、西凉府（今甘肃武威）。

李继迁后来战死，子李德明继位。他为了专力攻取河西诸州，遂改变策略，与宋修好。景德三年（1006年），宋册封李德明为定难军节度使、西平王，每年"赐"银 1 万两、绢 1 万匹、钱 3 万贯、茶 2 万斤，并重开榷场，进行贸易。宋仁宗赵祯即位后，又在边界增设 3 处榷场。此外，民间贸易也相当频繁，出现了"商贩如织"的景况。

李德明死后，子李元昊继位，将都城兴州（今宁夏银川）升为兴庆府，宝元元年（1038年）称皇帝，国号大夏（西夏），改元天授礼法延祚。这时，

河西地区已全部为西夏所占有，经济、军事实力都已比较雄厚，乃撕毁勉强维持了30年的宋夏和约，开始攻宋。宋朝也终止按年"赐"物，禁止沿边居民与之互市。

康定元年（1040年）至庆历二年（1042年），西夏每年都对宋发动一两次大规模的进攻。宋朝在西边驻军三四十万，但诸将直接听命于朝廷，作战时互不联络，互不支援，难以合力攻敌。三川口（今陕西延安西北）之战、好水川（今宁夏隆德东）之战、定川寨（今宁夏固原西北）之战，宋军大将刘平、石元孙被俘，任福、葛怀敏等战死，损失惨重。官私屋舍被夏军焚毁，居民和牲畜屡遭屠掠。宋朝在屡败之后，虽也在重新部署兵力，表示要整军决战，实际上却希望能与西夏议和。西夏在与宋交战中虽多次获胜，但掳掠所获既抵偿不了战争中的耗费，也抵不上从前依照和约与通过榷场互市从北宋取得的物资。由于民间贸易中断，西夏人民生活所必需的茶、纺织品等都很缺乏，他们也都厌恶战争，希望恢复和平互市。加上辽朝不愿西夏过分强大，双方出现了嫌隙。衡量利弊，李元昊遂在庆历四年以如下条件与宋朝媾和：宋册封元昊为夏国主，夏对宋名义上称臣，宋每年"赐"夏绢13万匹、银5万两、茶2万斤，还按年在双方的节日赠西夏银2.2万两，绢、帛、衣着2.3万匹，茶1万斤。重开沿边榷场贸易，恢复民间商贩往来。

二、巧取豪夺激民变，农民起义浪潮兴

1. 川蜀农民起义

宋初，川峡地区保留较为落后的生产关系。土地集中尤其严重，豪强地主役使着几十、几百乃至几千家"旁户"，世代相承，视同奴隶。旁户除向豪户纳租外，还负担官府的赋税和夫役。宋朝消灭后蜀，除向蜀地人民征收两税等"常赋"外，还在成都设置博买务，征调各州农民织作一些精美的丝织品，禁止商人贩卖和农民出售，并"掊取"茶利，使川峡人民的生路几致断绝。到淳化四年（993年）二月，广大旁户在王小波领导下，在永康军青城县（今四川灌县南）发动了武装反抗斗争。

王小波宣告："吾疾贫富不均，今为汝均之！"立即获得川蜀人民广泛的响应。起义军攻占青城，转战邛州（今四川邛崃）、蜀州（今四川崇庆）

各县，进而攻打眉州彭山县。起义军把贪污害民的彭山县令齐元振处死，并把他搜括所得金帛散发给农民。起义队伍发展到一万多人。王小波在作战中牺牲，起义军推举李顺为领袖。李顺继续贯彻均贫富的主张，凡起义军所到之处，将"乡里富人大姓"家中的财物、粮食，除生活需用外，"一切调发"，分给贫苦农民。

淳化五年（994年）正月，起义军攻克成都府，李顺建国号"大蜀"，年号"应运"，占领了剑关以南、巫峡以西的广大地区。宋太宗极为震惊，立即派遣两路大

北宋武士砖

军，分别向剑门（今四川剑阁北）和峡路进军。李顺原想在宋大军入蜀前，先派兵占领剑门栈道，但未获成功。宋军占据栈道，得以长驱直入，李顺也在战斗中壮烈牺牲。起义军余部在张余、王鸬鹚等人领导下，在川南、川东一带坚持斗争，直到至道二年（996年）最后失败。起义失败后，宋朝取消了成都的博买务，川峡地区的封建生产关系得到了一些调整。

2.北宋中期的农民和士兵起义

宋真宗初年，益州（今四川成都）戍卒在王均领导下举行起义，占领益州，建立大蜀国。王均起义失败后数年，以陈进为首的宜州（今广西宜山）士兵发动起义，拥立卢成均为南平王，前后坚持斗争三四个月。

宋仁宗、宋英宗时，小规模的农民起义和士兵斗争在各地陆续爆发。其中声势较盛的有王伦领导的起义，张海、郭邈山等领导的起义，王则领导的起义。庆历三年（1043年）五月，京东路沂州（今山东临沂）"捉贼虎翼卒"100多人在王伦领导下起义，杀死巡检使朱进，起义士兵数量随时扩大，南下淮南路。宋廷极为震惊。七月，宋军围攻，起义军战败，王伦在采石矶被俘牺牲。同年，陕西大旱，商州（今陕西商县）农民1000

多人，在张海、郭邈山、党君子、李铁枪等人领导下起义，活跃于"京西十余郡，幅员数千里"，官员纷纷逃窜。驻守光化军（今湖北老河口市北）的宣毅卒 500 多人在邵兴率领下哗变，与起义军互相配合。邵兴进军至兴元府（今陕西汉中），大败宋军。宋朝以重兵残酷镇压起义军，年底，张海、邵兴等相继在作战中牺牲，起义失败。庆历七年十一月，河北路贝州（今河北清河境）宣毅军小校王则也发动兵变，并且利用弥勒教，与京东路德州（今山东陵县）、齐州（今山东济南）士兵和农民秘密联络。王则占领贝州后，建国号安阳，称东平郡王，改年号为德圣（一作得圣），设置官吏。宋朝调集数路兵力，并派遣参知政事文彦博主持镇压。经过 60 多天的苦战，起义被残酷地镇压下去。

广大农民和地主阶级及北宋统治集团的矛盾日益尖锐，农民、士兵的反抗斗争"一年多如一年，一火（伙）强如一火"。士兵斗争与农民起义互相结合，是这一时期阶级斗争的显著特点。

三、危机四伏求变革，改弦更张势必然

1. 庆历新政

宋朝阶级矛盾和民族矛盾日益严重，统治集团面临危机四伏的局面，士大夫们感到必须采取措施，摆脱困境。早在宋真宗初年，知扬州王禹偁建议对辽和夏州李继迁"谨边防，通盟好"；减少官、兵冗员，减轻税收；严格选举，使入官不滥；淘汰僧尼，减少耗费等。宝元二年（1039 年），同判礼院宋祁上疏，以为国用不足在于"三冗三费"。"三冗"是全国有定官而无限员，各级官员比前增加五倍；几十万厢军坐耗衣食；僧尼、道士人数日增而没有限额；"三费"是道场斋醮，百司供费无数；

壁画上的宋朝武士形象

京师多建寺观，多设徒卒，增添官府衣粮；大臣罢黜，仍带节度使衔，靡费公用钱。他主张裁减官兵，节省经费。所有这些足以说明，宋朝已经不能只率由旧章而无所作为地统治下去了。

庆历三年（1043 年），宋仁宗任用范仲淹为参知政事，富弼、韩琦为枢密副使，责成他们条列当世急务，以"兴致太平"。范仲淹、富弼在《答手诏条陈十事》奏中认为，当时中心问题是整顿吏治。他们提出内外官吏过于冗滥，其中老朽、病患、贪污、无能的人应一律裁汰，宋仁宗采纳了这些意见，连续颁布几道诏令，规定：

（1）改革文官三年一次循资升迁的磨勘法。注重以实际的功、善、才、行提拔官员，淘汰老病愚昧等不称职者和在任犯罪者。

（2）严格"恩荫"制。限制中、上级官员的任子特权，防止权贵子弟亲属垄断官位。

（3）改革贡举制。令州县立学，士子必须在学校学习一定时间方许应举。改变专以诗赋、墨义取士的旧制，着重策论和操行。

（4）慎选各地长官。由中书、枢密院慎选各路、各州的长官，由各路、各州长官慎选各县的长官，择其举主多者尽先差补。

（5）改进职田法。重新规定官员按等级给以一定数量的职田，以"责其廉节"，防止贪赃枉法。

（6）"减徭役"。将西京河南府（今河南洛阳东）的五县废为镇，又析王屋县（今河南济源西）并入河南府，以精简乡村役人。范仲淹、富弼还提出"厚农桑""修武备"等建议，则并未实施。

范仲淹的各项政策，在当年和次年上半年陆续颁行全国，号称庆历新政。由于这些法令侵犯了贵族、官僚的利益，在实施过程中，遭到他们强烈的反对。反对派诬范仲淹等人为朋党。庆历五年（1045 年）初，范仲淹、富弼、韩琦、欧阳修等人相继被罢官出朝，他们的新政只推行了一年零几个月，便宣告夭折。新政失败了，但社会矛盾并未缓和，财政危机更加严重。在这种情况下，士大夫要求改革的呼声日益高涨。

2. 嘉祐建言

嘉祐四年（1059 年），三司度支判官王安石向宋仁宗上《言事书》，要求培植人才，以便改革现行法度。他指出，国家财力困穷，风俗衰坏，在

苏辙

于没有合乎先王之政的法度。然要"改易更革天下之事，合于先王之意"，却又缺乏人才。人才成为当务之急。他主张从教、养、取、任四个方面"陶冶"人才，使"在位者得其才"，然后"稍视时势之可否，而因人情之患苦，变更天下之弊法，以趋先王之意"。他还指出，汉、唐、五代所以乱亡，晋武帝所以招致祸乱，皆源于人才不足。《言事书》还指出，当时财政的困窘，决非由于官员之冗滥和官员俸禄之过多，关键在于理财不得其道，不能因世之宜而变通；假若能理财得其道、通其变，即使增加官吏俸禄，也不会影响国家的经费。所以，他主张"因天下之力，以生天下之财，取天下之财，以供天下之费"。《言事书》受到了许多士大夫的赞扬，却未被宋仁宗采纳。

稍后，司马光、苏辙、苏轼等也多次上奏札，提出"斟酌事宜，损益变通"的主张。司马光的改革主张，主要为裁减禁军，精加选择；量才录用官员，使久其任；减损冗费，节省财用；善于理财，保养财源，使"农尽力"，"工尽巧"，"商贾流通"，皆能乐业安富，然后"上下交足"。他还指出："上下偷安，不为远谋，此最国家之大患也。"苏轼也提出了"课百官""安万民""厚货财""训军旅"等涉及政治、经济、军事各个方面的改革主张。在百姓穷困、官府仓库空虚、社会危机四伏的情况下，士大夫们"争言便宜，以变更旧制"。改弦更张，势所必然。

3. 王安石变法

治平四年（1067年）正月，宋神宗赵顼即位。宋神宗立志革新，熙宁元年（1068年）四月，召王安石入京，任翰林学士兼侍讲，次年二月升任参知政事。宋神宗一心依靠王安石来变法立制，富国强兵，改变积贫积弱的现状。当时，王安石已成为众望所归的人物，士大夫们大都以为只要王安石登台执政，"太平可立致，生民咸被其泽"。

王安石主张，为了改变国贫的局面，必须采取"民不加赋而国用饶"的理财方针。一方面"摧制兼并"，把大商人、官僚、地主的部分剥削收入收归朝廷；另一方面扶植"农民"（地主阶级中下层和自耕农），减轻差役，兴修农田水利，发展生产，预防农民起义的兴起。为此，王安石建立一个指导变法的新机构——制置三司条例司，条例司撤销后，由司农寺主持变法的大部分事务。吕惠卿、曾布等人参与草拟新法，此后陆续制定了均输、青苗、农田水利、募役、市易、免行、方田均税、将兵、保甲、保马等"新法"。各路设提举常平官，督促州县推行新法。这些新法按照内容和作用大致可以分为几个方面：

第一，供应国家需要和限制商人的政策，主要是均输法、市易法和免行法。

（1）均输法。

宋初以来，为了供应京城皇室、百官、军队的消费，在江南、两浙、荆湖、淮南等路设置发运使，负责督运各地"上供"物资。发运使只是照章办事，完全按照每年的定额，丰年不敢多运，凶年不能少运，经常支出大笔运费，运来一些过剩物品，只得在京城半价抛售。各司往往隐瞒财富，不肯如实申报朝廷，反而以支移、折变等名目加倍收税，朝廷调用物资时，又多不管产地和时令，一味强征。这些做法给富商大贾囤积居奇、控制市场提供了方便，百姓则被加重赋税负担，朝廷仍然财用窘急。

熙宁二年（1069年）七月，颁行淮、浙、江、湖六路均输法。以薛向为六路发

《册府元龟》书影

运使，设置官属，推行此法。朝廷从内藏库拨予钱500万贯，并拨予上供米300万石，以供周转的费用。发运使掌握六路的财赋情况，斟酌六路每年应该上供和京城每年所需物资的品种、数额以及库存情况，然后按照"徙贵就贱，用近易远"的原则，"从便变易蓄买"，贮存备用，借以节省价款和转运的劳费。王安石试图由朝廷"稍收轻重敛散之权"，调节供求关系，做到"国用可足，民财不匮"。均输法从增加宋朝"国用"出发，多少改变了旧制，增加了财政官员的权力，夺取了富商大贾的部分利益，同时也稍稍减轻了纳税户的许多额外负担。

（2）市易法。

熙宁五年（1072年）三月，颁行市易法。在此以前，同管勾秦凤路经略司机宜文字王韶曾在古渭城（后改名通远军，今甘肃陇西）设置市易司，借官钱为本，每年收商利约可一二十万贯。又有平民魏继宗上书建议在开封设置常平市易司，管理京师市场，物价贱则稍增价收购，贵则稍减价出售，以便由官府掌握"开阖敛散之权"，达到"商旅以通""国用以足"的目的。中书据此制定市易法，在开封设置市易务，以内藏库等钱187万贯作本，控制商业。市易务根据市场情况，决定价格，收购滞销货物，待至市场上需要时出售，商贩向市易务贷款，以产业作抵押，五人以上互保，出年息二分，半年出息一分。商贩向市易务成批地赊购货物，也出年息二分。后来陆续在杭州、成都、广州、扬州、润州（今江苏镇江）等几十个重要城市设立市易务，又将开封市易务升为都提举市易司，作为市易务的总机构。市易法在限制大商人垄断市场方面发挥了作用，也增加了朝廷的财政收入。

（3）免行法。

熙宁六年（1073年）七月，正式颁行免行法。开封各行商铺原来承担供应官府所需物品的任务，经常被迫用高价收购货物供官，所以"每纠一人入行，辄诉讼不已"。当年，肉行徐中正等首先提出向官府交纳"免行役钱"，"更不以肉供诸处"的要求。宋神宗命提举京市市务吕嘉问和开封府司录司共同调查各行利害，成立详定行户利害条贯所，制定条法。免行法规定，各行商铺依据盈利的多寡，每月向市易务交纳免行钱，不再轮流以实物或人力供应官府。此后，宫廷买卖物品，都通过杂卖场、杂买务，并设置市司负责估定物价。

第二，调整封建国家、地主和农民关系的政策以及发展农业生产的措施，有青苗法、募役法、方田均税法和农田水利法。

（1）青苗法。

熙宁二年（1069 年）九月，制置三司条例司颁布青苗法。宋仁宗时，陕西转运使李参在当地百姓缺少粮、钱时，让他们自己估计当年谷、麦产量，先向官府借钱，谷熟后还官，称"青苗钱"。几年后，军粮经常有余。王安石、吕惠卿等据此经验，制定青苗法。规定以各路常平、广惠仓所积存的 1500 万贯石以上的钱谷为本，其存粮遇粮价贵，即较市价降低出售，遇价贱，即较市价增贵收购，其所积现钱，依陕西青苗钱法，每年分两期，即在需要播种和夏、秋未熟的正月和五月，按自愿原则，由农民向政府借贷钱物，借贷者，每五户或十户结成一保，由第三等以上户充当"甲头"，客户贷款，须与主户合保。在河北路，贷款的限额是客户与第五等户每户 1 贯 500 文，第四等户 3 贯，第三等户 6 贯，第二等户 10 贯，第一等户 15 贯。本县如有剩余，允许第三等以上户借贷。如还有剩余，借贷给有物业抵当的坊郭户，贷款以适中的粮价折算，收成后，随夏、秋两税，加息 2/10 或 3/10 归还谷物或现钱。凡灾伤达 5 分以上的地区，允许延期归还。先分派提举官到河北、京东、淮南三路试行，俟其就绪，然后再在各路推行。

实行青苗法的目的，是要使农民在新陈不接之际，不至受"兼并之家"高利贷的盘剥，使农民能够"赴时趋事"。跟高利贷者的加倍利息相比，青苗法取息 2 分或 3 分，应该说是比较轻的。青苗法限制了高利贷者的活动，朝廷也从中获得大量利息。

（2）募役法。

熙宁四年（1071 年）正月，司农寺拟定的募役法（免役法）先在开封府界试行。同年十月，颁布全国实施。免役法规定，废除原来按户等轮流充当衙前等州、县官府差役的办法，改为由州、县官府出钱雇人应役。各州县预计每年雇役所需经费，由民户按户等高下分摊。上三等户分八等交纳役钱，随夏、秋两税交纳，称免役钱。原来不承担差役的官户、女户、僧道、未成丁户、坊郭户等，要按定额的半数交纳役钱，称助役钱。

州、县官府依当地吏役事务简繁，自定额数，供当地费用；定额之外另加2/10缴纳，称免役宽剩钱，由各地存留，以备灾荒年份，全部免征"役钱"时，即以此钱充用。募役法使原来轮流充役的农村居民回乡务农，原来享有免役特权的人户不得不交纳役钱，官府也因此增加了一宗收入。

（3）方田均税法。

熙宁五年（1072年）八月，司农寺制定《方田均税条约》和《式》颁行。官僚地主无止境地兼并土地，隐瞒田产和人口，乡村中、下户卖掉土地，却仍负担重税。田产不均、赋税不实，一直是严重问题。方田均税法分为方田和均税两部分，规定每年九月由县官丈量土地，以东南西北各千步为一"方"，计41顷66亩多。依据方、庄账籍，检验土地肥瘠，分为五等，规定税额。丈量后，到次年三月向民间公布，分发方账、庄账、甲帖和户帖四种土地账帖，作为"地符"。分家析产、典卖割移，都以现在丈量的田亩为准，由官府登记，发给契书。诡名挟佃者，都予合并改正。同时，各县以原有税数为定额，禁止使用合零就整等手段超溢此额。荒地归于耕佃之家，不必追查。瘠卤不毛之地，允许占有佃种。《条约》和《式》颁布后，派济州巨野县尉王曼为指教官，先在京东路实行，再在各路推广。到元丰八年（1085年），开封府界、京东、陕西、河北、河东五路，"已方而见于籍者"共248万余顷，约为全国纳税土地的半数以上，从而使赋税的负担与土地占有的实际情况相符合，官府的田赋收入也得到保证。

（4）农田水利法。

熙宁二年（1069年）十一月，制置三司条例司颁布《农田水利利害条约》。这是王安石主张"治水土"以发展农业，增加社会财富的重要措施。条约奖励各地开垦荒田，兴修水利，修筑堤防圩岸，由受益人户按户等高下出资兴修。如工程浩大，民力不足，

王安石

可依青苗法，由官府贷款，如官钱不足，州县官劝谕富室出钱，依例计息，由官府置簿催还。变法派广泛吸取发展生产的建议，社会地位低下的胥吏、商贩、农民、仆隶甚至罪废者，只要能讲求水利、有利农业，都可直接到东京献策。兴修水利有成绩，还要授官嘉奖。在王安石的倡导下，一时形成"四方争言农田水利"的热潮。这项新法推行 7 年后，据统计，全国共兴修水利工程 10713 处，水利田 36 万余顷，疏浚河汉、湖港之类不计其数。福建莆田木兰陂，在此期间最后建成，

"鄜延第四将带器械"铜牌

溉田 1 万多顷。扬州天长县（今属江苏）的 36 陂、宿州临涣县（今安徽宿县西）的横斜 3 沟，建成后也溉田 9000 顷。这时，北方在治理黄、漳等河的同时，还在几道河渠的沿岸淤灌成大批"淤田"，使贫瘠的土壤变成了良田。

第三，巩固封建统治秩序和整顿、加强军队的措施，有将兵法、保甲法、保马法以及建立军器监等。

（1）将兵法。

作为"强兵"的措施，王安石一方面精简军队，裁汰老弱，合并军营；另一方面实行将兵法。自熙宁七年（1074 年）始，在北方各路陆续分设 100 多将，每将置正将一人，挑选武艺较高、作战经验较多的武官充任，专掌训练。元丰四年（1081 年），又在东南的淮东、淮西、浙西、浙东等设 13 将。"将"成为军队编制的基本单位，正将以下设副将、部将、队将等。将兵法的实行，使兵知其将，将练其兵，提高了军队的战斗力。

（2）保甲法。

熙宁三年（1070 年），司农寺制定《畿县保甲条制》颁行。各地农村住户，不论主户或客户，每 10 家（后改为 5 家）组成一保，五保为一大保，十大保为一都保。凡家有两丁以上的，出一人为保丁。选取主户中"物力最高"和"有才干心力"者充任保长、大保长和都、副保正。农闲时集合保丁，进行军训；夜间轮差巡查，维持治安。保甲法随后推行到全国各路。保甲原属司农寺，熙宁八年改隶兵部。第二年，实行结队法对丁保进行军训，两大保编成 50 人一队。这年，各路"义勇、保甲民兵"达 718 万余人，其中保甲民兵 693 万余人。王安石组织保甲、训练保丁的目的有二：一是使各地壮丁接受军训，与正规军相参为用，军队的缺额不再填补，以节省国家的大量军费。年岁稍久，保甲民兵便可以代替大部分军队。二是建立严密的治安网，把各地人民按照保甲编制起来，以便稳定封建秩序。

（3）保马法。

保马法，又称保甲养马法。

宋神宗熙宁年间，规定河北、河东、陕西、京东、西五路及开封府界诸县保甲养马，户一匹，物力高而自愿者二匹，给以官马，或官给钱自买。养马户可减免部分赋税。三等以上户 10 户为一保，四等以下户 10 户为一社。保户马病死，由养马户单独赔偿；社户马病死，由养马户与其他九户共偿其半。

此外，王安石等变法派还改革了科举制、整顿了各级学校。王安石变法以"富国强兵"为目标。从新法实施，到守旧派废罢新法，前后将近 15 年时间。在此期间，每项新法在推行后，虽然都不免产生了或大或小的弊端，有的是因变法派自己改变了初衷，有的是因执行新法出现偏差，但基本上都部分地收到了预期的效果，使豪强兼并和高利贷者的活动受到了一些限制，使中、上级官员及皇室减少了一些特权，而乡村上户地主和下户自耕农则减轻了部分差役和赋税负担，封建国家也加强了对直接生产者的统治，增加了财政收入。当时朝廷内外的仓库所积存的钱粟"无不充衍"。

各项新法或多或少地触犯了中上级官员、皇室、豪强和高利贷者的利益，因此，在每一项新法实施的过程中，都无例外地遭到他们的阻挠和反对。他们在朝内外利用一切机会，制造事端，造作谣言，掀起阵阵波澜，使新法不得不在十分艰难的环境下推行。

新法以"富国强兵"为目标，在西北边防线上，对西夏展开了攻势。到熙宁六年（1073 年）为止，由王韶采用"招抚"和镇压的策略，占领了吐蕃部落居住的熙（今甘肃临洮）、河（今甘肃临夏东北）等州。王安石罢相后的元丰四年、五年，宋神宗又对西夏发动了两次进攻，第一次攻西夏西平府（今宁夏灵武西南）之战，宋军无功而返；第二次永乐城（今陕西米脂西北）之战，宋军大败，士兵、民夫损失 20 余万人。

四、内部矛盾白热化，新旧党争政局乱

1. 元祐更化

元丰八年（1085 年）三月，宋神宗赵顼死。9 岁的幼子宋哲宗赵煦继位，宋英宗的皇后高氏以太皇太后身份处理军国大事。因为新法侵犯了皇亲国戚的利益，高太后早就反对。她刚一执政，便首先起用在守旧派中享有声誉的司马光为宰相，由他主持废除新法。

司马光入朝前，已经上章请求急速罢去保甲、免役和将兵等法。入朝当政后，又上章攻击王安石"不达政体，专用私见，变乱旧章"，主张全部"更张"新法。有人以为按照古训"三年无改于父之道"，不宜骤改。司马光力争说："太皇太后以母改子，非子改父。"为推翻新法提供了理论依据。高太后、司马光等首先废罢保甲军训和保马，在一年多的时间里，新法大部被废罢。变法派被列为王安石等人的亲党，榜之朝堂，其主要成员蔡确、章惇、吕惠卿、曾布

元祐党籍碑

等先后被贬官。

司马光还主张把宋神宗时为了对付西夏而建立的熙河兰会路和在延州（今陕西延安）、庆州（今甘肃庆阳）外围建立的安疆、葭芦、浮图和米脂等堡寨，都送还西夏，他认为这样做既可免"激令愤怒"，还可以换取双方短期内相安无事。

在司马光废罢新法的过程中，守旧派中只有刘挚、王岩叟、刘安世等人完全赞成，而另外一些人则认为有些新法还可继续施行，如范纯仁不主张废除青苗法，苏轼、苏辙、范纯仁等人不主张废除免役法。元祐元年（1086年）九月，司马光死，新法已大都废罢，变法派也相继被排挤出朝，新法的存废已经不容再有争论。

2. 蜀、洛、朔党争

司马光死后，81岁的守旧派文彦博继任左相。守旧派牢固掌握朝政后，开始因人事的倾轧和政见、学术主张的分歧而分化为几个小集团。崇政殿说书程颐以师道自居，对宋哲宗正色训诫，又主张一切都用古礼。中书舍人苏轼认为他不近人情，每加讥讽。程颐、苏轼二人从此尖锐对立。程颐及其门人贾易、朱光庭等被称为"洛党"。苏轼、吕陶等被称为"蜀党"。刘挚、梁焘、王岩叟、刘安世等被称为"朔党"。三党展开了一场混战。

元祐四年（1089年），蔡确谪居安州（今湖北安陆），赋诗10章，被梁焘等守旧派指为"讥讪"高太后。高太后再贬蔡确新州（今广东新兴）安置。左相范纯仁建言"不可以语言文字之间暧昧不明之过，诛窜大臣"。蔡确贬后，梁焘、刘安世交章弹劾范纯仁党附蔡确，范纯仁罢相。元祐六年（1091年），左相吕大防和右相刘挚不合，御史台官员郑雍、杨畏依附吕大防，奏劾刘挚交结蔡确和章惇，梁焘、王岩叟虽上疏为刘挚辩护，刘挚却终于罢相。朱光庭为刘挚辩解，也罢给事中。守旧

文彦博

派内部交讧的结果，政局愈加混乱。

五、徽宗朝奸臣当道，君臣乱群魔乱舞

宋神宗去世之后，他的母亲高太后临朝执政，任用司马光做宰相，把新法全给废了。高太后当政八年便死了，宋哲宗开始亲政。宋哲宗对自己祖母的那一套做法很不以为然，执政之后又立即起用变法派。但是，重新上台的那些变法派，并没真心去搞改革，而是把精力放在对保守派的报复上，并且在变法派的内部也时常发生纷争。更有些投机分子借着变法的旗号大谋私利。整个朝廷陷入派系纷争和争权夺利之中。不久，宋哲宗得病死了。由于他没有儿子，皇位便传给了他的弟弟端王赵佶，就是宋徽宗。自此，朝政就更是腐败不堪了。

宋徽宗是历史上出名的风流天子和昏君。说他是风流天子，就是因为他在文学艺术方面有点才能，能写诗做文章，也能画画弄书法。

宋徽宗对玩乐有特别的嗜好。只要是好玩能乐的东西，他都兴趣

芙蓉锦鸡图

盎然。不论是谁，朝中大臣也好，宫廷宦官也罢，甚至市井流浪汉，只要能使他高兴，使他玩得快活，就能得到他的信任和重用。

有个叫高俅的人，原来不过是宋徽宗做皇帝之前府中的一个小听差，也就是跑跑腿，干干杂活。但是高俅有点小特长，就是能踢出一脚好球，宋徽宗一向对他十分赏识。做了皇帝之后，他便把这个能使他开心的高俅很快提拔起来做了官。没几年工夫，竟然当上了宫廷禁军的头领。

那些与高俅一起在端王府当差的人，看到高俅平步青云，一再升官，

太祖蹴鞠图

都对他投去羡慕的眼光，便向宋徽宗表示了也想得到提拔重用的要求。宋徽宗居然毫不掩饰地说："你们有高俅那样的好手脚吗？"那意思很清楚，谁要是也能像高俅那样善于踢球，便也能得到高官厚禄。

宋徽宗一门心思地追欢逐乐，贪玩成性，却对如何管理国家大事一窍不通。因此，在他当政的20年里，受到重用的都是些奸臣贼子，比较著名的有六个人，史称"北宋六贼"，分别是蔡京、童贯、王黼、梁师成、朱勔、李彦，基本都是宋徽宗时期重要的大臣。这六人朝庙之上结党营私、贪赃枉法、荒淫无度、排除异己，私下滥使职权以鱼肉百姓为乐，将民间弄得乌烟瘴气，满目涂炭，是导致当时江南方腊起义和金国入侵中原的罪魁祸首。他们千方百计地迎合宋徽宗的心思，满足宋徽宗的嗜好，而对老百姓却是百般勒索、敲诈，无恶不作。

蔡京是"六贼"之首，坏事干得最多。他在宋徽宗即位之前，就在朝廷里做官，是个投机分子，总在变法派和保守派之间变来变去，哪一派掌权得势，他就站在哪一派而反对另一派，弄得两派人都讨厌他。因此，他曾两度被挤、贬职出宫。但是他并不死心，一心等待和寻找东山再起的机会。

宋徽宗即位之后，有一次，宦官童贯专程到杭州去搜罗字画供宋徽宗赏玩。那时，蔡京被贬在杭州做官。蔡京知道童贯是宋徽宗宠信的人，就千方百计讨好他。童贯在杭州的那些日子，他极尽奉迎拍马的本事，白日黑夜地陪伴着童贯吃喝玩乐，还把自己的字画献给他。

童贯得了蔡京的好处，就在宋徽宗面前极力推荐蔡京，把蔡京说成是少有的人才。蔡京还拉拢了一些与他关系密切的人为他说话、活动。这些家伙也就替蔡京吹嘘，他们对宋徽宗说："如果皇上要继承神宗的遗志推行新法，就一定得重用蔡京。"

宋徽宗居然相信了，马上把蔡京召回京城，第二年就让他当了宰相。

蔡京一坐上宰相的宝座，他凶恶的嘴脸便立即显现。他要报复、打击那些曾经说他坏话、害他贬职出外的人。蔡京拿变法做棍子，把那些正直的官员，无论是保守的还是支持变法的，都看作是奸党而照打不误。蔡京撺掇宋徽宗在朝廷的端礼门前立了一块党人碑，把司马光、文彦博、苏轼、苏辙等120人都列为元祐（为宋哲宗前期的年号）奸党。对活着的一律降职流放，对已死的统统削去官衔。宫廷中正直的官员一一被排挤出朝，而蔡京的亲信、同伙却一个个受到重用，做了大官。

蔡京在排除异己、扩张自己势力的同时，便开始肆无忌惮地敛财，一方面是为了满足宋徽宗的奢侈生活，另一方面也是为了满足他们自己享乐挥霍的欲望。

例如盐，它是人们生活的必需品。过去，西北一带是官卖，即商人向地方政府交钱买盐钞（领盐的凭证），然后再凭盐钞买官盐。东南一带则由地方专卖。蔡京觉得这样做刮不到钱，就将卖盐的专利全部收归朝廷，由朝廷统一办理。也就是说，商人必须向朝廷交钱买盐钞再到地方上买盐。蔡京掌握了这个权力，便经常变换盐钞。旧钞还没用完，又开始发新钞。没用完的旧钞须再贴钱才能换上新钞，并且限期截止、作废。很多商人因为没钱贴换，只好眼睁睁地看着几十万旧钞变成废纸，根本无计可施。

蔡京用这个卑鄙的方法来坑害商人，轻轻松松地捞到了大笔的钱财。更出格的是，蔡京还用官位来赚钱。他把一些官职公开标价，只要出钱就能买到。"三千索，直秘阁；五百贯，擢通判。"当时流传的这首民间歌谣，就揭露了他们公开卖官的伎俩。

免役法本是王安石变法的一个重要内容，给广大人民带来了好处。保守派不顾大家的反对，硬是把它给废除了。司马光当权的时候，限令各地在五天之内废除免役法，恢复差役，别人都觉得时间太仓促，来不及办。蔡京那时是开封府知府，他却在五天里就办好了这件事，由此，司马光对他赞扬不已。现在蔡京自己当宰相，又打起了变法的旗号。他以恢复免役法为由，设立各种各样的名目，向老百姓成倍地增收雇役钱。有一个州，原来所收的雇役钱只有400贯（当时每1000文钱叫1贯），到他手里却收到3万贯，整整提高了75倍。如此变本加厉地剥削人民，可以看出蔡京这家伙是多么狠毒。

王黼（1079—1126 年），汴京（今河南开封）人，字将明，原名甫，赐改为黼。为人多智善佞，寡学术。崇宁进士。初因何执中推荐而任校书郎，迁左司谏。因助蔡京复相，骤升至御史中丞。历翰林学士、承旨。勾结宦官梁师成，以父事之。宣和元年（1119 年），拜特进、少宰，权倾一时。后代蔡京执政，伪顺民心，悉反蔡京所为，以沽名钓誉。利用权势广求子女玉帛，生活糜烂奢华。请置应泰局，苛取四方水陆珍异之物，据为己有。时朝廷欲联金攻辽，王黼竭力怂恿，不遗余力，且大肆搜括，计口出钱，得钱 6000 余万缗，买五六座空城伪称胜利，进封太傅、楚国公。宋钦宗即位，抄没其家，贬为崇信军节度副使，被开封尹聂山派人诛杀。

李彦（？—1126 年），北宋宦官，给事掖庭出身，后掌管后苑，宣和三年（1121 年）杨戬死，李彦继为大内总管，将杨戬之前收括的田地并入西城所，共得田 3.43 万余顷。"由是破产者比屋，有朝为豪姓而暮乞丐于市者"，先后杖死良民千余人，京东、河北人民群起反抗。太学生陈东说："今日之事，蔡京坏乱于前，梁师成阴谋于后，李彦结怨于西北，朱勔结怨于东南，王黼、童贯又结怨于辽、金，创开边衅。宜诛六贼，传首四方，以谢天下。"

宋徽宗利用蔡京搜刮来的钱财，整日沉迷在荒淫与享乐之中。他还觉得不过瘾，时常变着花样来寻乐。朱勔（1075—1126 年），苏州（今江苏苏州）人。因父亲朱冲谄事蔡京、童贯，父子均得官。朱勔看到蔡京、童贯受宠，有权有势，就想法巴结、讨好他们。

朱勔通过蔡京、童贯，也知道了宋徽宗的癖好和心思，就千方百计地逢迎宋徽宗。那时，宋徽宗对玩字画、摸古董有些腻了，象牙、牛角、金银、竹藤等雕刻或丝织品，他都不怎么感兴趣。朱勔就想："什么东西能提起皇帝老儿的精神呢？"

朱勔想到奇花异石。他先试着找了一些珍异花木和花石进献给宋徽宗。宋徽宗一见，果然眉开眼笑，龙心大悦。于是立即传下命令，在盛产奇花异石的江南名城苏州设立一个专门搜罗花石的机构——苏杭应奉局，由朱勔全权负责。

从此，朱勔便仗着皇帝的金字招牌，招罗了一批差官，专门为宋徽宗搜奇觅胜。他们为非作歹，为所欲为，到处搜刮，弄得东南一带的百姓民不聊生。只要听说哪个百姓家中有些精巧别致的石块或花木，他们就闯上门去，指手画脚地一吆喝，便贴上黄封条，算是进贡皇帝的东西了，并气势汹汹地下令道："这是皇上喜欢的东西，你们要精心保护，弄坏了就找你们算账！"不少人就因此被这帮家伙扣上个"大不敬"的罪名，受到盘剥敲诈，甚至会有牢狱之灾。一些人家竟被闹得倾家荡产，家破人亡。

搜刮来的花石，还要用船只运送到东京。船只不够，朱勔就把那些运粮的船只和商船

寿山艮岳

堵截下来，把船上的货物倒掉，强行要他们为皇上运送花石。运送花石的船队在江河里来往穿梭，民夫们为运送花石日夜奔忙。人们把这种运送的队伍叫作"花石纲"。一见到"花石纲"，百姓们都吓得赶快退避。因为说不定什么时候就把你也给拉去为皇帝卖命。

花石源源不断地送到都城，宋徽宗越来越高兴，朱勔的官也就越做越大。老百姓把朱勔的应奉局称作"东南小朝廷"。可以想象，朱勔权势有多么的大，他的坑民害人又是如何猖狂了。其他几个受宠的贼臣，也同样是罪恶多端。用不着多说。皇帝荒淫享乐，贼臣横行霸道，这样的朝政，只能是越来越黑暗，越来越腐败了。这样的朝政离灭亡也不远了。

正是在这种黑暗、腐败的统治下，相继爆发了方腊和宋江起义。起义沉重地打击了北宋王朝的统治，使这个腐朽的朝廷离灭亡越来越近了。

六、人不堪命皆为盗，遍地流民大起义

北宋王朝极其腐朽、黑暗的统治，使社会生产受到严重破坏。日益众多的农民破家荡产，"人不堪命，遂皆去而为盗"，已成为历史的必然。

1.方腊起义

宋徽宗、蔡京腐朽统治集团的黑暗统治，使得人民的反抗情绪越来越强烈。被压迫得活不下去的百姓，只有起身反抗，起义终于在东南地区爆发了。

东南地区是北宋王朝重点搜刮的地区。宋朝通过运河和汴河，每年要从东南地区漕运数百万石米粮到都城，供给官员和士兵使用。政和六年（1116年），东南地区发生大水灾，饿死的灾民到处都是，官府却还是照样强征米粮上供。童贯主持的苏杭造作局和朱勔主持的应奉局，从百姓手里强征原料，更给东南人民造成深重的灾难。朱勔主持的"花石纲"为害更大，不仅逐家挨户地搜取奇花异石，而且还要逼迫许多农民充当运石的劳役。

东南起义的首领名叫方腊，所以这次声势浩大的起义被称作方腊起义。

方腊（约1074—1121年），又名方十三、方世腊，睦州青溪县（今浙江淳安）人，官府的欺诈，让方腊忍无可忍，他同情广大农民遭受的苦难，对宋朝的黑暗统治十分愤慨，决心发动农民举行起义，推翻北宋的反动统治。

在当时的两浙地区，流传着一种"吃菜事魔"的秘密宗教。参加的群众不喝酒，不吃肉，对贫穷的人则尽力帮助，许多贫苦农民都踊跃参加这种秘密宗教。方腊就用这种宗教组织农民，准备起义的力量。

看到一切准备就绪，方腊就和教徒们约定起义日期，要求反抗的农民互相转告。在青溪县方腊生活的地区，流传着这样的民谣：

十千加一点，冬尽始称尊。

纵横过浙水，显迹在吴兴。

"十千"是"万"，"万"字加一点是"方"。"冬尽"便是"腊"，"称尊"就是称王，坐天下。还有的地方传说："粮食空场官府抢，石塔露水腊为王。"

方腊准备起义的消息被当地的一个土豪方庚知道了，便去官府告发，方腊就决定立即发动起义。

宣和二年（1120年）十月，方腊召集受苦的群众100多人，举行宣誓仪式，饮过几杯酒后，方腊悲愤地说："天下国家本同一理。我们穷苦百姓，终年劳苦，少有粟帛，地主老财、皇上官府把我们的财物全都拿去挥霍了。只要稍不如意，他们就会对我们鞭打虐杀，打死也不心软。大家说我们能甘心这样吗？"

"不甘心！"群众怒吼道。

方腊接着激动地说："如今的赋役繁重，官吏们横征暴敛。我们整年累死累活，却吃不饱、穿不暖。我们赖以活命的漆、楮、竹、木，又都让他们一次一次地搜刮去了。而那些王公大臣们却过着荒淫无度的生活，大兴土木，祭神祭祖，虽然养兵百万，却不能打仗，挥霍浪费了多少财物！每年还要向西夏和北辽贡奉上百万的银两织帛，这都是从我们身上挤出的血汗啊！大家说，这合乎天理吗？"

"不合理！"众人吼了起来。

方腊越讲越激动，接着又说："现在当权的都是些无能腐败的奸臣，只知道吃喝玩乐，营造豪华的宫殿楼阁，迎合皇帝老儿的骄奢淫逸。就说近些年的花石纲吧，强逼成千上万的黎民百姓为他寻找、搬运，不知死伤了多少无辜的人呢！"

受苦的群众听方腊说到伤心处，不由得流下辛酸的眼泪，有的人恨得咬牙切齿，有的人叹息说："这样下去，我们穷人还有什么活路？"

方腊看到群情激愤，便振臂一呼说："兄弟们，这活路还得我们自己去闯。诸位如果能够随我仗义而起，四方必然闻讯响应，管保不出个把月，就会有成千上万的人聚集而来。就让我们一不做，二不休，拼上性命反了吧！"

"反了吧！反了吧！"众人欢呼起来。接着大家又对方腊齐声说道："我们听你的吩咐！"起义就这样爆发了。

方腊把身边的千余群众组织起来，上山砍竹，做成竹刀竹枪，然后就在村前的一块平地上练习武艺，又命人在交通要道设了许多陷阱。

方腊探听到官兵前来镇压，便把1000多名起义军埋伏在箭门岭和锦沙村附近，等到官兵在此经过，方腊敲鼓为号。起义军立时从四面八方杀出。愤怒的起义军挥舞竹刀竹枪、木棍扁担，打得官兵人仰马翻，四散逃命。

500多名官兵不是掉进陷阱，就是被杀死，一个也没逃脱。

方腊乘胜前进，一举拿下新安江畔的万年镇，把地主恶霸的钱财分给贫苦农民。起义队伍迅速壮大，不久就达到10万人。

这年十一月初一，方腊正式建立政权，自号"圣公"，改元"永乐"，立儿子方亳（bó）为太子，方肥为丞相。从此，起义军以帮源为大本营，向四处发展。

方腊率起义军分路出击，在不到三个月的时间内，就攻占了睦（今浙江建德东）、歙（今安徽歙县）、杭（今浙江杭州）、婺（今浙江金华）、衢（今浙江衢县）、处（今浙江丽水）等6州52县。起义军所到之处，那些平时鱼肉百姓的土豪地主及官吏都纷纷逃窜，守城的官兵一听到"方腊来了"的喊声，就吓得狼狈逃跑。

宋徽宗急忙派童贯率军15万，奔往两浙进行镇压。童贯率军于宣和三年（1121年）正月开到东南地区后，一面宣布废罢造作局及停止"花石纲"，收买人心，一面对起义军进行残酷镇压。

方腊起义军与官军展开了英勇的斗争，双方对峙了一个月左右，不分胜负。北宋朝廷又继续增派禁兵，前去支援童贯，方腊起义军才被迫撤出杭州等已攻占的州郡，一步步后退到最初起义的青溪县帮源洞。

四月底，帮源洞被官军攻破，方腊被俘，许多起义军将士英勇牺牲。这一年八月，方腊被押解到开封后壮烈牺牲。方腊起义终于被淹没在血泊之中。

震撼东南的方腊起义虽然失败了，但它沉重打击了北宋王朝的黑暗统治。方腊的名字也将永远活在被压迫人民的心中。

2. 梁山好汉

在方腊起义的同时，京东城区的梁山泊也爆发了起义。

梁山位于郓州（今山东东平）寿张县以南35里。梁山之南周围数百里，有一水泊叫梁山泊。附近州县的人民，在这里捕鱼捞虾，经营蒲苇编织等副业。

宋徽宗时，朝廷在开封设置"西城括田所"，疯狂地掠夺民田。偌大个梁山泊，全被朝廷霸占了。谁要在水泊里打鱼采蒲苇，都要按船只大小，向朝廷交租，一个县除了正常的赋税要照交不误，往往还要增加租钱十几万贯，灾年也不能免。朝廷派往山东的转运使刘寄、王宓等人，更是横征暴敛，逼得梁山一带人民无法活命。

宣和初年，郓州的百姓实在忍无可忍，纷纷聚集到梁山，以宋江等36人为首领，点燃了起义烈火，攻城略地，劫富济贫，惩治贪官污吏，各州县为之大震。

宋江领导的起义军，虽然人数不多，但武艺高强，斗志坚决，常常打得官军狼狈逃窜，不敢和起义军作战，起义军的威名传遍天下，被称为梁山好汉。

沂州（今山东临沂）知州蒋园，为了防犯宋江的起义军入境，加紧修筑城防。有一天，宋江要领起义军通过沂州，蒋园先是放宋江的队伍通过，暗地里又安排伏兵，瞅空子把起义军打了个措手不及。

义军遭到伏击，受到不小的损失，宋江又领着队伍，北走龟、蒙山区，继续作战，义军得到恢复和发展。宋徽宗被方腊起义搞得焦头烂额，又看镇压不了宋江的队伍，于是，下了一个诏令："招抚山东盗宋江。"宋江没有理睬。

宣和二年（1120年）初，宋江的起义军由龟、蒙山区向青（今山东益都）、齐（今山东济南）、单（今山东单县）、濮（今山东濮县）一带转移，对京城开封造成威胁。宋徽宗闻讯后十分惊慌，赶紧将歙州太守曾孝蕴，调到青州当知州，严加防范。但曾孝蕴的部将以大雾有毒为借口，擅自把守兵从要道口移置山谷中。宋江探听明白，一举攻克青州城，威震山东。

宋徽宗急得坐卧不宁，茶不思、饭不想，亳州（今安徽亳县）知州侯蒙却上奏皇帝《陈制贼计》。奏折中说，宋江等在黄河以北和京东一带横行无阻，数万官兵都不敢碰他，那是因为宋江有非凡的才能，与其用武力镇压，倒不如赦他无罪，招降宋江，然后用宋江去打方腊。

宋徽宗看过侯蒙的奏折，夸他是个"忠臣"，立即命侯蒙任东平府（今山东东平）知府，执行招降的策略。可是侯蒙还未到任就病死了。

宋江知道，官军的力量远远大于起义军，光是碰硬必然吃亏。于是他采取避实就虚的战术，先率起义军进入淮南地区，攻打淮阳军（今江苏邳县东），又转战京东、江北，向楚州（今江苏淮安）、海州（今江苏新海连市）地区挺进。楚、海二州是宋朝储粮、运粮的要地。向楚、海进军就可以掐

断宋朝的"搬运粮道"。

但起义军进至沭阳时,遭到该县县尉王师心的抗击,伤亡很重。二月,宋徽宗命海州知州张叔夜,去招降宋江。

这天,张叔夜派出的兵卒,探知起义军正夺得10余只官家的大船,装满货物,停在海边,准备启航。张叔夜趁着天黑,自海州城至海岸十数里,布设伏兵。又出轻骑到海岸上。伏兵水中均备有火把,等到夜深,张叔夜立即命伏兵迂回到岸上,将火把点着,扔上船去,此时,刮着大风,火越烧越旺,船上的货物都被烧着,火光映红了整个江面。

宋江等好汉望见火光,知是敌人偷袭,立即吩咐大队人马,扑了上去。这一来,恰恰中计。

张叔夜一声令下,战鼓擂起,四下里埋伏的宋兵,与起义军在江边展开了激战。由于起义军在明处,宋军在暗处,所以当起义军向着火的大船奔去时,背后却遭到敌人的猛烈攻击,一时间,竟被打得七零八落,一名副将也被俘虏了。

此时,张叔夜大声喊道:"宋江等听着,你们背叛朝廷,打家劫舍,扰乱地方,实属罪大恶极。今日皇恩浩荡只要肯受招安,不但赦你等无罪,还保你等升官发财。如果执迷不悟,咎由自取,你们就没有一点后路了。"

宋江看看着火的大船,起义军所聚财物快要烧光了,更重要的,他们失去了船,也就插翅难飞了。于是,宋江只好厚着脸皮回答张叔夜:"臣宋江拜谢太守不杀之恩,愿受招安。"

宋江投降了,但守在梁山泊中的好汉,仍在斗争。宣和三年(1121年),主持"括公田"的大宦官杨戬

宋江

病死，另一个宦官李彦接替了他。李彦对梁山泊的蒲、鱼、荷、茨各行业，仍然榨取重税。过了几年，蔡居厚任郓州知州，又设计诱杀梁山好汉 500余人。但战斗仍在继续，渔民张荣又领导起义军，在梁山泊建立了一支拥有数百只船的水军，在芦苇荡中穿梭，神出鬼没地与官军斗争。

宋江降宋以后，由于受不了官军的压迫，再次举行起义，经过一个多月的战斗，起义最终被镇压，宋江也被杀害了。

宋江起义虽然失败了，但梁山好汉的侠肝义胆却仍在激励着后人，继续奋斗。明朝人施耐庵更是根据他们的事迹，编出《水浒传》，讲叙梁山好汉一百单八将的故事，流传至今。

七、李纲誓死保东京，陈东请愿勇上书

1. 东京保卫战

宣和七年（1125 年）十月，金太宗分兵两路，大举向宋朝进攻。东路由右副元帅斡离不率领，由平州攻燕山，西路由左副元帅粘罕率领，由云中出发进攻太原。两路计划在东京会合。

粘罕所率西路军在太原遭到宋朝军民的顽强抵抗，被牵制在太原城下。

斡离不所率东路军一开到燕京，宋朝守将郭药师，又像当年辽朝降宋一样，投降并充当向导，向黄河渡口逼近。

当金兵南侵的急报传到东京开封时，宋徽宗一伙还以为依靠郭药师守燕山可以安然无事，根本不做任何防御准备。直到金兵从河北长驱直入，宋徽宗才慌了手脚。在大臣的建议下，他下令罢除不得人心的"花石纲"和内外制造局，同时号召各地驻军"勤王"，支援京师。

金兵一天天逼近东京，宋徽宗实在是坐不住了，急忙下诏，把皇帝位禅让给太子赵桓，自己带着蔡攸、童贯等宠臣，逃出东京，跑到南方避难。赵桓便是宋钦宗，继位后第二年改年号为靖康。

宋徽宗退位逃跑以后，朝野的官民纷纷起来揭露蔡京、童贯等人的罪行。太学生陈东上书给新皇帝宋钦宗，要求处死蔡京、王黼、童贯、梁师成、李彦、朱勔这"六贼"，以平息民愤，争取民心。宋钦宗迫于形势，只得下令，"六贼"中除蔡京在流放途中病死外，其他五人都先后被处死。

李纲

宋钦宗在金兵压境、群情激愤的形势下即位，不得不在靖康元年（1126年）正月下诏亲征金兵，任命李纲为兵部侍郎、亲征行营使，吴敏知枢密院事、亲征行营副使，开封府尹聂昌为行军参谋官。

宋钦宗虽然在形势逼迫下，作了亲征的部署，但他并不想真正抗敌。在朝廷中，宰相白时中、李邦彦都是投降派，当金兵临近开封时，他们就劝宋钦宗弃城逃跑，这遭到李纲的坚决反对。

李纲，字伯纪，福建邵武人。政和二年（1112年）中进士，由于和朝中大臣们意见不一致，一再被贬官，这时刚被重新召来朝廷任太常少卿不久。他看到宋钦宗准备逃离京城，就站出来劝阻，并表示愿承担组织守卫开封的重任。

于是，宋钦宗就委托李纲为尚书右丞、东京留守，让他负责京城的守备事宜，并表示自己决心留在京城固守御敌。

但是，当天晚上，宋钦宗又变了卦，他找来心腹大臣和宰相，准备第二天清晨就走。

天色刚明，宋钦宗命人装好金银珠宝，带着禁卫军和随从，正准备出发，李纲闻讯赶来，大声喝问禁卫军："你们是愿保卫国家，还是愿跟着皇帝逃跑啊？"

"我们愿以死保卫国家！"禁卫军齐声回答。

李纲又跪在宋钦宗面前说："陛下已经答应留下，怎么又忽然要走呢？如今六军的亲属都在京城，将士们跟您走后，万一途中散了回来，谁来保护陛下？而且敌人骑兵已经很近，如果侦察到陛下乘车不远，驱马急追，陛下不是很危险吗？"

宋钦宗忙把李纲扶起，又感到为难起来。宰相白时中却抢上前来，气冲冲地对李纲说："现在金朝兵临城下，东京指日可破，皇上的安全你能保证吗？"

李纲挺起胸膛说道："目前城中精兵百万，人民百万，军民同心，谁说京城会失守？"

李纲又大声地问禁卫军："现在大敌当前，你们是愿意固守京城，还是不战而逃？"

众将士齐声回答："我们的父母妻儿都在京城，还能往哪里逃？我们愿意坚守东京，决不让金兵占领！"

宋钦宗感悟，打消了出逃的念头，同时罢免白时中，用李邦彦为太宰，张邦昌为少宰，又任命李纲为亲征行营使，让他全权指挥京城守卫，不必事事禀奏皇帝。

李纲领命后，急忙组织兵力，加强防守。

京城四壁，用百步兵法防备，每壁用正兵 1.2 万人，编马步军前后左右 4 万人，中军 8000 人，分置将官统领，派前军守护城外的粮仓，又装备各种守城的武器工具。

这时，斡离不率金兵到达东京城下。一支金兵乘着几十只小船，沿河而下，进攻宣泽门。

李纲派敢死队 2000 人，排列城下。用长钩搭住敌船，投石攻击。又在河中设置木桩，搬运山石，堵塞沙道，使敌人船只无法前进，宋兵趁机斩杀金兵 100 多人。到了夜间，李纲又命兵士悄悄地爬下城，杀入金营，斩杀了敌人头目 10 余人，兵士 100 余人。

东方泛白，金兵已多次败阵，但还是不甘心，斡离不又命金兵进攻北城的通天门和景阳门。

李纲立即率神弓手 1000 多人，抄近道赶去支援。到达通天门时，敌兵正用云梯爬城，李纲立即下令，让神弓手站在城头，一齐开弓。敌人一个个应声而倒，守城将士更加信心百倍，争着搬运砖石、圆木，向金兵砸过去，敌人被砸得死的死、伤的伤，纷纷坠下城去，其余的金兵也不敢再往上爬了。

金兵见此处不行，又转攻陈桥门、卫州门，李纲又率兵赶去，站立城头，击鼓指挥。李纲在城上观察敌军形势，看到离城不远的土坡上，有一堆东西用苇席遮盖，料定是云梯等攻城之物。他立即挑选数百名强壮的士

兵，趁敌人休息时，沿绳子抓下城去，携带火油等引火物，迅速将那苇席下的军用物资点着，顿时烈焰冲天，烧了个干净。

在李纲的率领下，东京的军民同心协力，奋勇抗敌，金兵始终也没有攻破城池。

2. 陈东上书

金兵统帅斡离不见东京城守备严密，一时难以攻下，就派出密使讲和，要宋朝以金 500 万两，银 5000 万两，牛马各万匹，绢彩各 100 万匹，割中山、河间、太原三镇给金朝，还要以宰相、亲王作人质，护送金军过河。表示只要这些条件得到满足，就可以从开封城下撤军。

宋钦宗只想着自己的安全，竟然不顾一切，全盘接受了斡离不的苛刻条件，并下令在东京开封全城刮借金银运送给金军。

李纲坚决反对同金军议和，宋钦宗、李邦彦就以宋兵一次夜间出击失利一事，追究李纲的责任，下令罢免李纲，废掉李纲主持的亲征御营司，以向金朝表示议和的决心。

李纲被罢免后，宋钦宗命蔡懋代替其职务。蔡懋一上任，就命令士兵们放下武器。那些在城外本来不敢乱出活动的金兵，又放出数百骑兵，逼近城墙，向城头守军射箭。守卫反击，反而受到蔡懋责打。全城军民听到这个消息，愤慨万分。

这天，宋钦宗派遣的求和特使宇文虚中刚出家门，就见宣德门外，军民汇集，喧声震天。原来，这是太学生陈东在带领军民，上书请愿。

请愿的队伍浩浩荡荡来到宣德门，陈东登上高台，激动地宣读请愿书："李纲奋勇不顾自身，是国家的栋梁。李邦彦、张邦昌等人只为自己打算，不顾国家，是国家的罪人。李邦彦等人唯恐怕李纲成功，千方百计进行破坏，一心想着割地求和，一点也不为国家、百姓着想。请求皇上罢免奸相李邦彦，再用李纲，把城外的军事交给种师道老将军，只有任用贤臣，才能确保国家的安危……"

陈东在高台上气宇轩昂地慷慨陈词，下边听的群众被他的爱国情绪所感染，为他大声喝彩，许多人都赞同地喊道：

"写得好！就该这样！"

"罢奸相，用贤臣！"

这位领头上书的陈东，字少阳，是镇江丹阳人，他性格耿直，不畏权贵，曾因指责蔡京为非作歹，被同学称作"狂生"。自从金兵南侵，他已经三次上书朝廷，要求坚决抗战，反对白时中、李邦彦卖国求和的主张。

这一回，陈东听说李纲、种师道被罢免，第四次写成奏章，他要据理力争，伸张正义，表达人民的心愿。陈东的很多同学都赞同他的意见，却又怕惹祸，劝他说："过去有李彪、陈朝老上书言事，遭到逮捕监禁；邓肃只因写了几句诗，就被押送回乡；李纲、张根、朱梦说等也都是因为上书言事被赶出了朝门。何况我们太学生人微言轻，还是少说为妙。"

太学的祭酒（负责太学生学习的职官），也来教训学生们，要求大家准备考试，要专心读书。

他为了防止学生出门闹事，竟然让仆人在太学的院门上加了锁，不准太学生外出。

陈东当然知道同学们所讲的都是事实，知道自己的言行冒着风险，但为了救国，他没有犹豫、退缩。到了晚上，他点起蜡烛，悄悄地将奏书写好，一大早翻墙出了太学。没想到，早有几个和他志同道合的同学，跑出来上书言事，他们不约而同地来到宣德门。

城里的军民，听说太学生上书，自动赶来声援，不一会儿，就聚集了几万人。人们围住皇宫，声称："不见李右丞、种宣抚重新起用，誓不罢休！"喊声震天动地。

宋钦宗在殿内听到外面人声鼎沸，不知发生了什么事，忙命内侍前去打探。内侍回来后报明情况，宋钦宗又命令他收取陈东等人的请愿书。宋钦宗将陈东等人的奏章看完，不由得紧皱眉头，心里又难办起来。

知枢密院事吴敏上前奏道："陛下，现有军民数万人，齐聚宣德门，请陛下仍用李纲，这是人心所向啊！"

宋钦宗还是拿不定主意，就又派内侍去找李邦彦来，商议对策。李邦彦接旨后急忙入朝，刚走到宣德门口，就被群众看见，大家围上去，当面责骂他：

"李邦彦，你身为宰相，胆小怕死，卖国求和，还有良心吗？"

"你平日作威作福，大敌当前，不是想着逃跑，就是想卖国投降，只知道干坏事！"

"打死这奸贼！"不知谁喊了一句，人们一拥而上，有的煽掉了他的宰相帽，有的抓住他的头发，一阵拳打脚踢，还有的人在地上随手捡到什么就往他身上砸去。李邦彦吓得面如土色，在侍卫的保护下，好不容易才逃出人群。等他见到宋钦宗，还吓得浑身发抖，说不出话来呢。

宣德门前群众痛打奸相的场面，鼓舞人心，就连开封府尹聂昌也骑马走来，抱拳向陈东等人表示敬意说："各位的爱国忠心，真是古今少有，实在令人佩服！"

这时，那个接受陈东上书的内侍，又跑出来传达圣旨："太学生上书，皇上已阅。大家的要求全是忠君爱国之意，朝廷准备即刻实行，请各军民人等，立即散去，静候圣旨。"

陈东大喊一声："不行！我们要亲眼见到李右丞、种宣抚复职！"

"对，请李右丞出来同我们讲话。"人们又大吼起来。

内侍见众怒难犯，赶紧回宫报告。李邦彦、李棁、蔡懋等人乘机攻击李纲、陈东是蛊惑群众的罪魁祸首。宋钦宗听了，觉得他们说得太离谱了，就问道："宣德门的军民有数万之多，李纲在一天之内，能串通那么多人吗？"

李棁虽然回答不了钦宗的问题，却仍然大叫道："陈东是个头，只要把他除了，民众才能平伏。"

宋钦宗点头，一面派人去监视陈东，一面派吴敏、耿南仲去安抚群众。

吴敏来到广场，对众人说："李纲用兵失职，皇帝才罢了他的官，等金兵稍退，再让他复职。请各位立即散去。"

"你说得不对！李右丞日夜为国家操劳、杀退金兵，才保住京师和百姓。李邦彦才是陷害忠良、坑害百姓、勾引金兵的奸贼。"

"抗敌加罪，卖国升官，你们这是

李纲

讲的什么道理？"

人们愤怒地喊着，拥着陈东来到东华门。吴敏和耿南仲见情形无法控制，多说反而会更加激起人们的愤怒，赶紧回宫里报告。

宋钦宗惊恐万分，只好派宦官朱拱之，去宣召李纲。京师的百姓平日里受尽了宦官的欺压，这时见朱拱之出来，一个个都恨得两眼冒火，有人喊了一声："宰了朱拱之这个大坏蛋！"

人们扑上去，也不管是头是脸，一阵猛打，顿时把他打死。同时被打死的还有跟随朱拱之一起出来的20多个宦官，大家终于出了胸中的一口恶气。

李纲接到让他官复原职的圣旨，来到东华门。沿途军民看到他出现，都大声欢呼起来：

"李右丞，金兵又在攻城了，你可要为我们百姓做主呀！"

李纲也十分激动，眼含热泪，向群众拱手说道："有我李纲在此，一定坚守城池，抵御金兵，你等百姓不用担心，快些回家吧！"

大家这才慢慢散去。

这样，太学生陈东通过上书请愿的爱国举动，迫使宋钦宗重新任命李纲为尚书右丞，让他主持京城四壁的防御。

李纲上任后，立即下令，能杀敌者重赏，军士们受到鼓舞，又接连打退敌人多次进攻。

八、勾招进奉主客司，使来远人通远物

五代十国后期，汉族统一已成为历史趋势，后周显德七年（960年）北汉与辽结盟进攻后周，后周大将赵匡胤率军御敌。后周军开至开封城东北的陈桥驿，赵匡胤部下以后周恭帝年少（7岁）不能行使皇权为由，而加黄袍（帝王装）于赵匡胤之身，推为皇帝。这次兵变，旨在解决帝位问题，反映军队强烈要求有一位坚强的政治家来结束分裂局面，实现汉族的统一。赵匡胤"陈桥驿黄袍加身"后，率军折回京城开封，京中石守信在宫中内应，后周恭帝让位。由于赵匡胤曾任宋州（今河南商丘）归德军节度使，而改国号为宋，定都汴京，史称"北宋"。

赵氏建宋后，第一步统一原后周政权的中原领地，巩固了新政权。宋

太祖立志统一中国，但在南进还是北进的问题上难以定夺。考虑到辽国的强大，宋朝决定"图南与其易"，先夺取南方，进兵两湖，而对北辽和西夏采取了防御的策略。为了不得罪辽国，宋把后汉政权（与辽有同盟关系）当作最后一个攻击目标。宋太祖从乾德元年（963年）到开宝四年（971年）共八年中，先后灭掉荆南、南平、后蜀、南汉，夺取川陕、两湖、两广之地。江南还存在一个南唐政权。南唐皇帝李煜是一个极好的"春花秋月"诗人，但政治上却十分无能。975年南唐后主遣使徐铉等第二次"奉表乞缓师"。表示事宋如事父。但宋太祖回答说："天下一家，卧榻之侧，岂容他人鼾睡！"开宝八年（975年），宋兵攻入金陵（今南京）。俘南唐后主，灭南唐。南唐灭后，邻近的吴越降宋。此时宋太祖已死，其弟赵匡义继位，称宋太宗。

宋太宗统一南方后，北方还剩下五代十国的割据政权之一——北汉，位于太原地区。北汉与辽国为盟。宋太宗亲自讨伐北汉，北汉请援于辽。辽宋第一次冲突开始。979年，宋军打败辽国援军，乘胜围攻太原，北汉亡。至此，宋朝经过两代人的努力，终于征服了中原和江南，基本上统一了汉族，但没有统一中国。辽族在中国北方统治的版图就面积来说比宋朝大一倍以上，而且西部的党项族正在兴起，中国境内再次形成三大力量中心。

宋朝统治者为了防止割据势力的再起，加强了中央集权。宋沿唐制，但权力更加集中，政府机构庞大冗杂。宋朝国力日渐虚弱，对外完全采取守势，甚至多次屈辱求和。在外事制度上，皇帝具有对外决策决定权，中书门下政事堂及枢密院"对掌大政"，参与对外政策的制定。《宋史·职官志》介绍了枢密院的职能："掌军机国务，兵防、边备、戎马之政令，出纳密令，以佐邦治。"宋朝外交，主要是对辽、夏两国和后来的南宋对金、元两国，海外邦交已无唐朝盛况。宋朝仍设礼部、光禄、鸿胪寺等涉外机构，但"官无定员，无专职"。如鸿胪寺下属外事部门有都亭西驿、礼宾院、怀远驿、同文馆、客省使、引进司、四方馆等。宋朝主要外事官是主客，主掌迎送宾客和官方"朝贡"贸易。

宋主客司主要负责外来客的接待、布礼和发送。对于宋朝来说，并不像今天这样划分中国内外，因而凡不属宋政权统治的政权，包括辽、金、

泉州港出土的宋代海船

蒙古，都是"外国"。宋人庞元英在《文昌杂录》中记载：主客司只负责东方、西方、南方外蕃事务，而北方的辽、金、蒙不在主客司所掌之列。可见宋国对辽、金、蒙的外交直接由朝廷办理。《文昌杂录》载："主客所掌诸蕃，东方有四：高丽、日本、渤海靺鞨、女真（建立金朝以前之女真族）。

西方有九：西夏国、董毡、于阗、回鹘、龟兹、天竺、瓜沙门、伊州、西州。

南方十有五：交趾、渤泥、拂菻、住辇、真腊、大食、占城、三佛齐、阇婆、丹流眉、陀罗离、大理、层檀、勿巡、俞卢和地。

由上可知，除与辽金有外交活动外，主客司在宋朝的外事中起重要作用。"朝廷所以待远人之礼甚厚，皆著例录，付之有司。而诸蕃入贡，亦无虚岁焉"（《文昌杂录》）。从这句话可知主客司保存"例录"，用现在话说就是管理外交档案。还可以看出主客司掌宋与外蕃"贡赐"，即外国赠送和宋朝回赠这样一种特殊的官方贸易。而对民间贸易，另设各港市舶司。

宋朝同辽、夏、金、元等中国境内北方先后出现的政权之间的外交，政治因素多于经济因素。宋朝软弱，军事上长期被动挨打，因而外交上只能求和忍让。然而宋朝在其300多年的历史中，与海外的交通并未因中原战事而中断。辽、夏、金及后来的蒙古先后堵住了宋朝从陆上到西域或到朝鲜的通道，因此宋朝的对外联系大都通过海路。宋朝发展海外关系的目的在于发展贸易，北宋开国时就有意继承汉唐以来与南海及西洋的贸易关系。雍熙四年（987年），宋太宗派遣宦官八人，分四路。每路"赍空名诏书（国书）三道，于所至之处赐之"。各路使臣"住南海诸蕃国，勾招进奉"。宋与海外的官方贸易，形式上还是以"朝贡"和"回

锡"为名。但宋朝不如唐朝强大，远方自然不会主动朝贡，宋朝只有主动到外拉生意，即"勾招进奉"。宋朝这种政策，用现代话说就是对外开放。宋对外开放期间，官方"贡赐"贸易额今天是无法统计的。宋人周去非《岭外代答》一书介绍南方海国名近30个，《诸蕃志》所载海国诸国及附国多达90个以上。至于民间贸易更是不可计数。与宋国有贸易关系的地区按今时地名划分就是：东亚（高丽、日本），东南亚（菲律宾、印尼群岛、马来半岛、中南半岛、缅甸），南亚（印度、孟加拉国、斯里兰卡），中亚细亚阿拉伯地区、东非、北非和欧洲地中海诸国。两宋时期对外贸易开放的港口就有广州、明州、宁波、杭州、泉州、密州、秀州、温州等。为了加强对外国官商（贡使）和民商进行管理，使国家安全不受威胁，宋先后在以上开放港口设置市舶司，既保证了外商利益和方便，又适当对中外民商征税以充国库。市舶司的职责是："掌蕃货海舶征榷贸易之事，使来远人，通远物。"市舶司包揽当今海关、边防检查站和远洋公司的职权。

宋朝重视与海外的贸易关系，对中外商人和上交税利多的市舶司官员都予以奖励，中外贸易十分兴隆，北宋通过一系列的商务管理，获取了巨额利润。仁宗皇祐年间，市舶收入达53万贯，宋英宗治平时增到63万贯。宋朝"荒外之功"，主要是讲实惠，宋代以前如汉、吴、隋、唐，多以"泱泱大国"自居，对外只讲"怀德"，不计"小利"。而宋朝虽然也自称"绥怀外夷"（语出《岭外代答》），但较多地讲求经济收益，而且效果显著。

第二编

风云人物

　　北宋时期有许多垂范千古的名臣：杨业、寇准、狄青、韩琦、范仲淹、欧阳修、司马光等，这些忠臣义士，求仁得仁，求义得义，不以成败利害动其心，不以生死贫富移其志，才节两全。他们或衔命出疆，或授职守土，或一心为国，或感激赴义，或慷慨就死，或临难不屈，或捐躯殉国，功虽有不成，名却彪炳千秋！

　　宋朝政治体制大体沿袭唐朝，采用分化事权方式，宰相职位由多人担任，还实行官衔与实际职务分离的官吏任用制度，这些对维护国家统一起到了重要的作用，但文人当政也造成了国家"积贫积弱"的局面。

第一章 北宋的著名将帅

一、厚重有谋王审琦，翊戴之勋入宋宫

王审琦（925—974 年），字仲宝。其祖先是辽西人，后迁居洛阳。五代至北宋初年大将。

王审琦的祖先是辽西人，后来迁家到洛阳（今河南洛阳）。后汉乾祐初年（948 年），隶属郭威（后周太祖）帐下，王审琦禀性纯谨，甚得郭威信任。跟从郭威平定李守贞，因功署任厅直左番副将。广顺年间（951—953 年），历任东西班行首、内殿直都知、铁骑指挥使，跟从后周世宗柴荣征伐北汉刘崇，拼力死战立下功劳，升任东西班都虞候，改任铁骑都虞候，又转任本军右第二军都校。柴荣召禁军诸校在苑中宴射，王审琦连连射中，后周世宗很欣赏他，大加赏赐。不久兼任勤州刺史。

后周世宗亲征淮南，舒州坚壁未曾攻下，诏令由郭令图兼任刺史，命王审琦及司超以精骑攻城，一晚上便攻下来，擒获舒州刺史，获得铠仗等军中装备数十万。郭令图入城后，王审琦等人就去救援黄州，

王审琦

几天后，郭令图被舒人赶走。王审琦选择轻骑连夜暗中出发，天明时到舒州城下，大败舒人，郭令图得以回到治所。后周世宗嘉奖他，授任为散员都指挥使。

王审琦又在紫金山大破南唐军，王审琦率先登城，身中流矢，转任控鹤右厢都校，兼任虔州团练使。后周世宗围攻濠州，王审琦率领敢死队数千人攻拔敌人的水营，夺取月城，濠城于是投降。

攻楚州时，任南面巡检，城池将被攻陷，王审琦料定淮人一定逃遁，设下埋伏等待敌人。不久，城中敌兵果然凿开城南门溃逃，斩敌数千人，俘获 5000 余人，献给皇帝行营，后周世宗赐给他玉带、名马、绵彩数百匹。淮南平定后，改任铁骑右厢都校。又跟从后周世宗平定瓦桥关，后周恭帝柴宗训即位后，升任殿前都虞候、兼任睦州防御使。

宋太祖赵匡胤成为皇帝之后，因有"翊戴之勋"，擢升为殿前都指挥使、兼任泰宁军节度使。跟从宋太祖征讨李筠，任御营前洞屋都部署，被飞石击伤，宋太祖亲自问伤。泽、潞平定后，改任武成军节度使。李重进叛乱，辅助石守信为前军部署讨伐他。

建隆二年（961 年），宋太祖"杯酒释兵权"，王审琦被迫交出兵权，出京任忠正军节度使。在地方做官八年，为政宽简。辖区内邑令因罪停任他的录事吏，幕僚认为邑令不先征求节度府意见，请求治他的罪。王审琦说："五代以来，诸侯强横，令宰不得专断县里政事。现在天下平定，我有幸忝任藩镇，而辖区内邑宰能斥去奸狡官吏，实在令人高兴，哪里需要治他的罪呢？"听者叹服。

王审琦为人厚重有谋略，尤其擅长骑射。镇守寿春时，每年收得的租税，量入为出，从未过分索求。一向不能饮酒，曾经陪侍皇帝用宴，宋太祖酒酣后仰天祝道："酒是天赐美禄；审琦是我的布衣之交。正要与我共享富贵，为什么让他不能饮酒呢？"祝毕，看着王审琦说："上天一定赐给你酒量，试着喝，不要怕。"王审琦受令，喝下 10 杯酒竟然没事。从此陪宴常常斟满，回到家里就不能喝了，如果勉强喝就会生病。

开宝二年（969 年），跟从宋太祖征讨太原，担任御营四面都巡检。开宝三年（970 年），改任忠武军节度使，赐给住宅，留居京师。宋太祖曾经召王审琦宴射于禁苑，连连中的，宋太祖赐给他御马、黄金鞍勒。

开宝六年（973年），与高怀德一同被加为同平章事。

开宝七年（974年），王审琦去世，终年50岁。当初，王审琦暴病，不能说话，宋太祖亲自探望，王审琦死后，又到他的宅第，痛哭哀悼他。赠赐中书令，追封为琅琊郡王，加倍赐钱办理丧事。下葬当日，又为他停朝致哀。后加封秦王，谥号"正懿"。

二、勇冠三军高怀德，开宋元勋谥武穆

高怀德（926—982年），字藏用。真定（今河北正定）常山人。五代末、北宋初著名将领。后唐中军都指挥使高思继之孙，后周天平节度使、齐王高行周之子，宋太祖赵匡胤的妹夫，北宋开国功臣。

高怀德出身将门，忠厚倜傥，有勇武之名。其父高行周后周时为天平节度使，封齐王。高怀德20岁前，在其父的军府中充当牙将。

高怀德是将门之后，熟悉军事，不喜欢读书，性情坦率豪放，不拘小节。他善于音律，能够自己作曲，曲韵十分精妙。爱好射猎，曾经三五天露宿野外，猎获数百只狐狸、野兔，有的时候对客人不打招呼就走，带领几十人马由旁门到郊外打猎去。

后晋开运初（944年），辽兵南下，晋帝以高行周任北面前军都部署。其时，高怀德刚满19岁，自愿随军北征。晋军兵至戚城遭遇大队辽军，包围了晋军前队，里外数重，而晋援兵迟迟不到，形势十分危险。高怀德弯弓搭箭，左右开弓，辽兵中箭者甚多。高怀德又纵横驰突，枪刺辽兵，辽兵多有畏惧，于是晋军突围而出。晋帝闻知其事，对高怀德十分宠爱，赐珍裘、宝带、名马，并以功领罗州刺史。在高行周转而镇守郓州的时候，高怀德改任信州刺史。后汉时，高行周移镇魏博、天平，朝廷以高怀德为忠州刺史。

后周时，后周太祖郭威征讨慕容彦超，会师路过汶上，赐给高行周财物甚厚，并赐给高怀德衣带、彩缯、鞍勒马。高行周死后，高怀德担任东西班都指挥使，兼任吉州刺史，后改任铁骑都指挥使。后周世宗柴荣继帝位后，高怀德随后周世宗南征北讨。先战太原刘崇于高平，继而又从征淮南。后周恭帝柴宗训继位后，升任高怀德为侍卫马军都指挥使，兼任任江宁军节度，后任北面行营马军都指挥使。

显德七年（960年），后周殿前都点检赵匡胤陈桥兵变时，高怀德为后周重要将领，领侍卫马军都指挥使和北面行营马军都指挥使。当时后周恭帝年方7岁，而赵匡胤才干出众，人心所归。陈桥兵变时，高怀德虽两代人受后周恩甚厚，仍毅然支持拥戴赵匡胤为帝。当时众军还在犹疑之时，高怀德首先倡议说："主上（后周恭帝）新立，况兼幼弱。我等身临大敌，虽出死力，何人知晓？不如应天顺人，先立点检（时赵匡胤为后周殿前都点检）为天子，然后北征。"众将方应声道："高公所言甚当！"赵匡胤登帝位后，拜高怀德为殿前副都点检，统率禁军。后娶宋太祖之妹燕国长公主为妻，加封驸马都尉。

不久，诏命与石守信征讨李筠。宋军先与李筠军战于长平，大败李筠军。继而又攻占了大会寨，军逼泽州（今山西晋城）。李筠军再败于泽州城下，李筠计穷，自焚而死。宋军此次出兵连战三捷，每战高怀德都身先士卒，挺枪杀敌。攻李筠大会山寨时，因几次进攻均被打退，高怀德气愤不已，意欲亲冒矢石，引兵攻寨，被慕容延钊劝住。泽州城下之战，高怀德迎战投依李筠的河阳节度使范守图，生擒范守图而归。李筠叛平，高怀德以功迁忠武军节度，检校太尉。后又随太祖平定扬州李重进之乱。

太祖建隆二年（961年），赵匡胤解诸将兵权，高怀德也在其内，授归德军（今河南商丘）节度。开宝六年（973年）秋，加同平章事；冬，长公主去世，去驸马都尉号。宋太宗继位，加兼侍中，检校太师。太平兴国三年（978年），高怀德患病，诏令太医王元佑与道士马志去其宅第治疗。太平兴国四年（979年），高怀德跟随宋太宗消灭北汉，移镇曹州，受封冀国公。太平兴国七年（982年），高怀德改任武胜军节度。七月，高怀德去世，终年57岁。朝廷追赠他为中书令，追封渤海郡王，谥号"武穆"。

三、义社兄弟石守信，自晦保身卫国公

石守信（928—984年），浚仪（今河南开封）人。北宋初期名将。

石守信在五代后汉时期，隶属于枢密使郭威帐下。后周太祖广顺年间（951—953年），为亲卫都虞候。

后周显德年间（954—960年），后周世宗下令亲征淮南。当时淮南为

李氏所据，国号南唐。后周世宗命石守信为先锋，后周兵先下六合（今江苏仪征西），复入涡口，再克扬州。石守信战功显赫，升嘉州防御使，并为铁骑、控鹤四厢都指挥使。其后又随后周世宗征关南等地，均有功，加殿前都虞候，转都指挥使等职。

后周显德六年（959年）三月，后周攻辽，石守信任陆路副都部署，成为后周的主要将领之一，以功迁殿前都虞候，转都指挥使、领洪州防御使。同年六月，赵匡胤接替张永德任殿前都点检时，石守信接替赵匡胤任殿前都指挥使。此时，后周世宗柴荣病逝，后周恭帝继位，主少国疑。时北有后汉、契丹辽，南有南唐、后蜀等国，国势严峻，导致"陈桥兵变"发生，赵匡胤黄袍加身，代周立宋。陈桥兵变中，石守信虽身为后周大将，掌握中央禁军，但他与赵匡胤曾结为义社兄弟，所以赵匡胤代周为帝时他积极拥护，在兵变中起了十分重要的作用。赵匡胤即帝位后，迁石守信为侍卫马步军副都指挥使，改领归德军节度使。

建隆元年（960年）四月，中书令李筠联合北汉主刘钧反宋。警报传至宋廷，宋太祖诏命石守信为统帅、高怀德为副帅，出师北讨。不久，又令慕容延钊、王全斌出兵东路，夹击李筠。宋军先后于长平（今山西长子南）、泽州（今晋城）南，击败李筠军。赵匡胤又亲往督战，攻下泽州，李筠自焚而死。至此，李筠反宋之事遂平。石守信因功加同平章事。

石守信

同年九月，淮南节度使、原后周侍卫马步军都指挥使李重进在扬州造反，赵匡胤又派石守信为扬州行营都部署、兼知扬州行府事，为南征军主帅，赵匡胤随后也亲征督战。十一月，石守信率军攻占扬州，李重进自焚死，淮南平定。

宋建隆二年（961年），石守信移镇郓州（今山东郓城），兼侍卫亲军马步军都指挥使，为宋初"三衙"中两衙的首脑人物，除管辖中央及全国的大部分禁军外，还管辖全国的大部分厢军。

宋太祖赵匡胤当年是以手握重兵而黄袍加身的，故对重臣手握兵权颇多疑虑，只因兵事方消，不好骤作安排。建隆二年（961年）闰三月间，太祖先撤去慕容延钊殿前都点检一职，调为山南东道节度使。七月，赵匡胤"杯酒释兵权"，解除宿将兵权，石守信改任天平军（今山东东平）节度使，保留侍卫马步军都指挥使军职。建隆三年（962年）九月，石守信深知赵匡胤的心意，自己上表请求解除兵权，被免去侍卫马步军都指挥使之职，专任天平军节度使，出镇郓州。临行，宋太祖召见了他，所给赏赐甚厚。开宝五年（972年），石守信之子石保吉娶太祖第二女延庆公主为妻。

宋太宗太平兴国二年（977年），拜石守信为中书令，行河南府（今河南洛阳东）尹，充西京留守。太平兴国四年（979年），随太宗北征辽朝，因督前军失律，责授崇信节度使，不久又晋封卫国公。太平兴国七年（982年），徙镇陈州（今河南淮阳）。太平兴国九年（984年）六月，石守信逝世，终年57岁。追封威武郡王，赐谥"武烈"。

四、身经百战郭守文，统一大业汗马功

郭守文（935—989年），字国华。并州太原（今山西太原）人。北宋初年名将。

郭守文的祖上在汉、魏、南北朝时期便是当地名门望族。其父郭晖，出身行伍。五代时，郭晖追随后汉高祖刘知远，北伐南征，为护圣军使。在与郭威征讨河中之役时战死沙场。当时，14岁的郭守文随父从军，郭威见郭晖战死、郭守文无人眷顾，遂收留其帐下，代为养育。

广顺元年（951年），郭威取代后汉，建立后周。逐渐长成的郭守文，效力于郭威麾下，为护卫军校，被任命为左雄殿直、东第二雄副都知。

建隆元年（960年）正月，后周朝廷殿前都检点赵匡胤发动陈桥兵变，夺取后周政权，建立北宋王朝，是为宋太祖。赵匡胤升郭守文为西头供奉官，服务于皇宫大内。

乾德二年（964年）冬，北宋拉开讨伐后蜀之战。郭守文在王全斌麾下，挺进西南，参加平蜀之役。一年之后后蜀灭亡，郭守文因军功擢升简州（今

宋执钺武士石刻

四川简阳）知州。新获之蜀地，在衔接之时，剑门内外流寇散匪颇多。郭守文剿抚并用，以抚为主，将大部流寇散匪之首抚降，归附宋朝，兵不血刃，安抚一方。

开宝三年（970年），郭守文随潘美征讨南汉，首战告捷，擒俘南汉皇帝刘鋹，潘美派郭守文乘驿车到朝廷告捷。郭守文为灭亡南汉，再立战功，朝廷于是升任他为翰林副使。

开宝七年（974年），郭守文再随大将曹彬征剿南唐，平定南唐之都金陵（今江苏南京）后，生俘南唐后主李煜。次年，赵匡胤下诏送李煜至汴京。曹彬因郭守文勤于战事、行事慎肃，命他押护李煜，归阙报捷。时李煜深悔自己贪文误国，不愿活着见宋太祖，欲寻短见。郭守文察知后，于是对李煜说："国家只求恢复疆土，天下太平，哪里还有后到而受责呢？" 李煜这才安心。回到汴梁后，赵匡胤嘉奖郭守文，改任他为西京作坊使，兼任翰林司事。

太平兴国元年（976年），宋太宗赵光义登基，郭守文奉诏随大将党进北伐北汉。在团柏谷（今山西祁县）一战，郭守文身先士卒，拼死向前，大获全胜，大败北汉军，再立军功。不久，秦州（今甘肃天水）降服朝廷，新归的秦州当地少数民族骚动不安，于是宋太宗命郭守文前往秦州抚谕。郭守文到职后，再施当年招抚简州众寇首之术，抚慰少数民族各部族酋长，晓之以情，动之以理，民遂归附，骚动平息，边境大安。

太平兴国三年（978年），升任西上阁门使。同年六月，汴河在宁陵决口，郭守文率宋州（今河南商丘）、亳州（今安徽亳县）丁壮4000余众，前去治塞汴水宁陵之患。同年冬，他又与阁门副使王侁、西八作副使石全振监督在滑州灵河县（今河南延津）堵塞黄河决堤之患。

太平兴国四年（979年），宋太宗倾国之力，讨伐北汉，志在一鼓荡平。当时郭守文与判四方馆事梁迥分别统率行营马步军。北汉皇帝刘继元投降后，其弟刘继文兵据代州（今山西代县），不听刘继元之命，投靠辽国，拒绝归宋。郭守文受命率兵出石岭关，挥戈北征，一战而大败刘继文，再战而兵克代州，雁门关之南尽归于宋。宋太宗见郭守文熟悉北土，善于野战，遂诏命其屯兵定州（今河北正定），戍守北陲。郭守文不辱军命，屯驻定州，与辽军激战于满城，大破辽军。郭守文以军功升任东上阁门使、兼任澶州刺史，旋即又升调京师，任内客省使。

太平兴国八年（983年）五月，滑州（今河南滑县）房村黄河决口，黄水泛滥，淹没澶、濮、曹、济四州民田，毁坏官厅、民舍无数。朝廷调发士卒堵塞，命令郭守文全权负责此项工程。郭守文奉命治洪，塞其决口，他率兵堵塞决口，挖掘河道，退却漫水，整治田渠，修筑衙舍，深受乡民拥戴、朝廷嘉赞。不久，辽国趁宋黄河决悬难之危，无暇顾及边事，遂南下兵困雄州（今河北雄县）。郭守文撤出河役，奉命率领数万禁军北上赴援。辽军闻讯，解围北撤，待郭守文兵至，辽军早已逃走。

雍熙二年（985年），诏令郭守文率兵屯守三交（今山西忻县西），不久加兼武州（今山西武寨）团练使。当时党项既不服辽国，又不服北宋，边警时起时息，西北边陲被扰不断。郭守文到任后，率兵讨伐入侵诸夏部族，先败夏州（今陕西横山）盐城镇岌罗腻等14个部族联兵，杀敌数千人，俘获上万人，俘获牲畜数以万计。又打败咩嵬族兵众，把他们全部杀死。各少数民族部落非常恐惧，相继来降。使银州（今陕西米脂）、夏州、麟州（今陕西神木）三州的125个部族、1.6万余户纷纷内附北宋。西北因此稍稍安定。

雍熙三年（986年）春，赵光义发动"雍熙北伐"。当时郭守文任幽州道行营前军水陆都监。激战中，郭守文策马前冲，被辽军流矢射中。为稳定军心，他不动声色，佯作无事，继续督战，军中将士都佩服他的胆量。此次伐辽之战，宋军先胜后败，损失惨重。郭守文亦因"违诏逗留退兵"之过，被降职为右屯卫大将军。

端拱元年（988年），郭守文官复原职。三个月后，升任宣徽北院使。又与田钦祚一同任北面排阵使，驻军镇州。又改任宣徽南院使、镇州路都

部署。又再次升任为北面行营都部署兼镇定、高阳关两路排阵使，一直充任国家北陲重要军职。同年冬，辽军乘秋膘马壮，易于北军作战之地利、天时，大举南侵。郭守文则防患未然，以静制动，以逸待劳，在唐河一带（今河北唐县、望都）重创辽军，使之战败北遁。

端拱二年（989年）十月，郭守文去世，终年55岁。宋太宗深为痛惜，追赠侍中，赐谥号为忠武，追封谯王，派中使（宦官）护送，归葬汴梁。

郭守文死后一个多月，中使从北方回朝，说道："郭守文去世时，军中军士们都痛哭流涕。"赵光义询问为何会这样，中使回答说："郭守文在职时把所得俸禄赏赐全部犒劳士卒，到他去世那天，家中没有余财。"赵光义叹息良久，赐郭守文家500万钱，并替第三子、襄王赵元侃（即宋真宗赵恒）娶郭守文之女为夫人，此女即后来的章穆皇后。

在北宋平灭后蜀、南汉、南唐、北汉，招抚吴越、北拒辽国的一系列统一战争中，郭守文从下级军官做起，身经百战，为北宋的统一大业立下汗马功劳。

五、良将第一独曹彬，清谦畏谨不负君

从古至今，人们都很崇拜那些足智多谋、英勇善战的军事家，对那些既智勇双全又正直清廉的将领更是推崇备至。宋朝名将曹彬就是这样一位将领。

曹彬（931—999年），字国华，真定灵寿（今属河北）人。他出生于五代末年的一个将门之家，后周太祖郭威的贵妃张氏是他的姨母。他曾先后在后汉、后周和宋初担任军事将领。

曹彬严于治军，尤重军纪，受宋太祖赵匡胤信任。曹彬参与的军事行动包括：

（1）灭南唐。开宝七年（974年），曹彬作为主帅，亲率水陆军10万南征。次年克金陵，灭南唐。

（2）攻后蜀。乾德二年（964年），宋军两路伐后蜀，曹彬与刘光义（即刘廷让）连克峡中郡县，以不滥杀著称。

（3）征北汉。建隆二年（961年），曹彬与王全斌、郭进等攻克北汉乐平县（今山西昔阳），降伏敌军3000余人，并击破北汉援军。乾德二年（964年），

北汉引辽军6万骑兵来进攻平晋军（即乐平县），曹彬与昭义节度使李继勋等率军6万迎战，大破汉辽联军。乾德六年（968年），曹彬以前军都监身份随李继勋等北征，于洞涡河败北汉军，斩首级2000余。次年，赵匡胤亲征北汉，曹彬率军先行，于团柏谷（今山西祁县东南）降伏北汉将领陈廷山。进而包围北汉都城太原。宋太宗赵光义即位后，曹彬又力赞北伐，于太平兴国三年（978年）随宋太宗亲征北汉，攻克太原。

曹彬

（4）伐辽国。雍熙三年（986年），宋太宗分兵三路攻辽，曹彬为东路军主将。他先在固安等地连破辽军，攻克涿州，但最终因为孤军冒进、兵疲粮乏撤军，于岐沟关之战大败，致使宋军全线溃退。

称良将者，重在称赞其优良品德；称勇将者，重在称赞其勇猛精神。二者可能同一，也可能不同一。集于一人有二者，一般也各有所侧重。曹彬虽说二者兼有，但相比之下，他那廉洁自律、仁以待人的优良品德更加受人称道。

曹彬为人仁敬和厚，在朝廷从未违旨，也从未谈别人的过失。讨伐后蜀、南唐，丝毫无所取。位兼将相，不以等第威势自异于人。在路上遇到士大夫，一定引车回避，不称呼手下官吏的名字，每次手下官吏谈政事，一定先整冠才接见。做官，俸禄分给宗族，没有余积。平定后蜀回朝后，宋太祖从容问及官吏的善恶，他回答说："军政之外，不是我应该闻见的。"再三问他，只推荐随军转运使沈伦廉洁端谨可用。任节度使知徐州时，有个属吏犯罪，已经结案，一年以后才杖打他，人们不知道为什么。曹彬道："我听说这个人刚娶媳妇，如果杖打他，他的父母必定认为是媳妇克夫，而朝夕鞭打辱骂她，使她不能活下去。所以我迟缓处罚，然而也没有枉法。"北征失律后，赵昌言上表请求对他执行军法。到赵昌言从延安回来时，被弹劾，不能入宫见宋太宗。曹彬在宰府，

替他向宋太宗请求，方允许赵昌言朝见。

据说他出使吴国时，留下一段为人称道的佳话。

后周显德五年（958年），后周世宗派曹彬出使吴国，曹彬完成使命后立即返回，对于主人私下赠送的礼物一概不受。吴越人又两次派轻舟追上曹彬，坚持要他接受这些表达敬意的礼品，曹彬第一次拒绝成功；第二次若再拒绝怕会引起对方猜疑，疑则容易生变，于是只好收下，但是立即让随从登记造册，回朝后如数上交。后周世宗见曹彬如此廉洁，很是感动，便将这些东西全部奖励给他，而曹彬丝毫未留，统统分给亲友和部下。

在作战时他也是如此。例如，宋初曹彬和诸将率军分路合击后蜀的作战中，每攻下一座城邑，其他将领都纵情饮酒作乐，收罗美女玉帛，并放任士卒烧杀抢掠。而曹彬则严于律己，行囊中只有书籍、衣服等随身用品，并严令部下，进城后不准抢掠，不准屠杀百姓。因此曹彬的部队所到之处都受到百姓的欢迎。另一主将所领之军却因士卒横行霸道而激起后蜀投降士卒的群起反抗，叛军多达10万，连续攻克17城，幸亏曹彬及时率军奋战，才挽救了危局。

廉洁往往是与仁爱联系在一起的。曹彬在清廉自律的同时，十分注意以仁厚待民。这在宋攻灭南唐之战中表现得相当突出。当时，曹彬身为宋军主帅，率主力10万、战船数千只，由荆南入长江东进，连克南唐沿江重镇，并跨江架浮桥，在我国军事历史上首次创造了架桥渡江的成功战例。第二年十月，宋军三面包围南唐都城江宁（今南京）。传说在即将攻城的前夕，曹彬忽然称病不起，不理军政事务，诸将都来问候。曹彬说："我的病并非药石可治，只需诸位保证决不滥杀无辜、抢掠民财，这病自然就会好了。"诸将为之感动，当场发誓决不侵

曹 彬

害百姓。这虽然可能是小说家所言，但从南唐后主李煜率文武百官投降的事实可知，曹彬的爱民政策是起了攻心作用的。

在封建时代，曹彬能够如此廉洁自律，仁以待下，是很不容易的，的确堪称"宋良将第一"。

六、勇猛强劲呼延赞，"赤心杀贼"纹满身

呼延赞（？—1000年），并州太原（今属山西）人，北宋著名将领。

呼延赞出生于将门之家，父亲呼延琮，后周时任淄州马步都指挥使。呼延赞少年时担任骁骑兵，宋太祖赵匡胤认为他有才且勇敢，补选他任东班头领，入宫领受皇帝圣旨，升任骁雄军使。

乾德二年（964年），呼延赞随王全斌讨伐后蜀，亲自担任前锋，身受数处创伤，以战功补选为副指挥使。

太平兴国（976—983年）初年，宋太宗赵光义亲自选拔军校，任命呼延赞为铁骑军指挥使。

太平兴国四年（979年），跟随宋太宗征讨北汉，最先登上城楼，战斗中从城上矮墙掉下四次，宋太宗当面赏赐金帛奖励他。

太平兴国七年（982年），跟随崔翰戍守定州，崔翰说他勇猛，提拔他为马军副都军头，不久升任内员寮直都虞候。

雍熙四年（987年），朝廷给他加职为马步军副都军头。他曾向上进献军队阵图、军事要领和军队驻营扎寨的策略，请求到边疆领兵任职，宋太宗召见他，命令表演武艺。呼延赞穿上战装，执鞭驱马，挥动铁鞭、枣木长矛，在廷中旋绕四圈多，他又带他的四个儿子呼延必兴、呼延必改、呼延必求、呼延必显加入，轮流舞剑挥旋长矛。宋太宗赏赐银子数百两，赏给他四个儿子衣服绸带。

端拱二年（989年），呼延赞兼任富州刺史。不久，他与辅超一同担任都军头。

淳化三年（992年），呼延赞出任保州刺史、冀州副都部署。呼延赞到达军队驻扎的地点，因为没有统领驾驭人的才能，改任辽州刺史。又因没有才能治理人民，再任职都军头，兼任扶州刺史，又增职任康州团练使。

咸平二年（999年），呼延赞随宋真宗赵恒巡幸大名。担任行宫内外都

巡检。宋真宗曾补选军校，人人都叙说自己的功劳，有的人甚至喧哗争执起来。唯独呼延赞上奏说："我每月的俸禄上百千，我所用的不到月俸的一半，皇上照顾我已经很多了。我自己想着没有什么报效国家，不敢再求升迁，且恐怕福太多而灾祸产生。"呼延赞再次拜谢宋真宗便退下，大家都称赞他知本分。

咸平三年（1000 年），宋真宗为其母元德皇太后李氏（元德皇后）建造墓地，任命呼延赞掌管护仪卫，回来后便去世了。

呼延赞有胆量勇气，勇猛强劲，随和率直，经常说愿意战死在敌军中。在自己身上到处纹"赤心杀贼"字，甚至于他的妻子、儿子、仆人都在身上纹了这几个字。他的几个儿子耳朵后面另外刺字曰："出门忘家为国，临阵忘死为主。"他创制兵器破阵刀、降魔杵，铁折上巾，两边有锋利的刀刃，兵器都重达十几斤，他头戴深红色的纺织品，骑着杂毛色的马，身上的穿戴奇异。他性格俗陋怪异，不近情理，隆冬时把水浇在幼孩身上，期望小孩长大后耐寒且强劲健壮。他的儿子曾经生病，他就割下自己大腿上的肉熬汤给儿子治病。呼延赞死后，朝廷提升其子呼延必显任军副都军头。

七、南征北战李继隆，双雄争锋抗辽军

李继隆（950—1005 年），字霸图。祖籍上党（今山西长治）。北宋初年将领、外戚，枢密副使李处耘长子、明德皇后长兄。

1. 将门少年

李继隆祖籍上党，他的祖父李肇仕于后唐，官至都壕寨使、检校司徒，在与契丹的战斗中战死。其父是北宋开国名将李处耘。李继隆的妹妹经赵匡胤（即宋太祖）撮合嫁与赵光义（即宋太宗）为妻，即后来的明德皇后。李继隆之弟李继和后来是镇守西北边防的名将。

李继隆幼年时在伯父李处畴家生活。成年后，李继隆因父亲的功劳被荫补为供奉官。到李处耘被贬为淄州（今山东淄博南）刺史时，李继隆也被除籍。适逢长春节（宋太祖生辰），李继隆与其母入贡，被官复原职。因李处耘和赵匡胤的结拜兄长慕容延钊不和，李继隆屡遭压制，少年时代的他只好每天游猎练武，等待机会。

2. 南征北战

开宝（968—976 年）初年，李继隆奉命监护戍卒到定州，受到定州节度使孟玄喆在射堂的宴请。在展示射箭技术时，李继隆箭无虚发、举止娴雅，深受孟玄喆赞赏。

北宋虽在乾德三年（965 年）攻灭后蜀，但蜀地在经历全师雄之乱后，仍然"寇盗犹梗"，年已弱冠的李继隆于是被任命为果州、阆州监军兼巡检。他的母亲吴氏见到爱子将要远征，不免非常担心，于是找来一些当年丈夫的老部下辅佐李继隆。没想到李继隆一口回绝道："此次出行，孩儿自有一番成就，怎么需要这些人，希望您不要担心这些。"吴氏欣慰之余，让李继隆出行。他就此踏上了漫长的征途。然而蜀道艰险，在任职期满归来的路上，李继隆连人带马掉入了山沟。幸运的是，他给一棵树挂住，人马无恙被救了上来。

随后，李继隆和 300 名雄武卒被派到邵州，去剿灭数千名当地的蛮族，武器只有刀和盾牌。但是年少气盛的李继隆冒着蛮族不断施放的毒箭身先士卒，以伤亡 1/3 的代价打败了敌军。战斗中，他的手臂被敌人的毒箭贯穿，危在旦夕，好在部下得到解药，才获救治。此战，李继隆以勇猛传遍了全军。宋太祖听闻后对其赞赏有加。他又与石曦率兵袭击袁州，攻破桃田砦，追击敌军 20 里，入潭富砦，焚毁砦内的云梯、冲车及粮草等。

在开宝七年（974 年）宋军攻南唐时，李继隆随李符督责荆湖漕运，负责补给南征诸部。南唐军全力攻击宋军的水运，但李继隆屡屡击败南唐水军，并且斩杀了敌军一位高级将领，有力地保障了宋军补给。在与南唐军的战斗中，流矢曾射中李继隆的额头，因为所戴的甲胄坚硬，才未受伤。

赵匡胤发现了李继隆的才能，又追念李处耘的功勋，想要加以提拔，于是对李继隆说："升州（指南唐都城江宁府）平定后，你要拿着捷报来，朕会厚赏你。"当时有十几名宦官随军出征，都在等候城陷献捷的机会，适逢有机务要入朝奏事，大家都不愿在这个关键时刻离开，只有李继隆请求出行。当时江宁尚未被攻克，赵光义见李继隆觐见，甚为讶异。李继隆认为江宁被攻克是旦夕之间的事，于是谎称在入朝途中遭遇狂风蔽日，是破城的征召。第二天，江宁城破的捷报传来，赵匡胤召李继隆说："正如你所预料的。"南唐宣州节度使卢绛坚持不降，赵匡胤命李继隆前

往招抚。

开宝九年（976年）二月，李继隆因平南唐之功，被任命为庄宅副使。后随赵匡胤驾临洛阳，被改授为御营前后巡检使。

太平兴国二年（977年），李继隆转任六宅使。

太平兴国四年（979年），宋太宗赵光义率军亲征北汉，李继隆担任四面提举都监，一如既往"奋以先登，勇常冠军"。李继隆在与猛将李汉琼攻打太原西城时，北汉军投石机投出的石头，正好落在他身边，一位随从亲兵当场被击中身亡，但李继隆仍然毫无惧色，继续在前线督战。

3. 两战幽州

北汉灭亡后，李继隆作为先锋参加了第一次幽州战役，与郭守文领先锋军击破辽军数千人。包围幽州时，又与郭守文担任先锋，败辽军于湖翟河南。此时，因宋太宗的失误，宋军在高梁河之战中受契丹名将耶律休哥的反击，遭遇惨败，宋军各路人马都慌忙败退，只有李继隆所属部队且战且退，安全撤离，耶律休哥看后也大吃一惊。

战后，李继隆因功被命为镇州都监。辽军随后转入反攻，辽国派出耶律休哥和大将韩匡嗣带领大军直抵满城。宋军按照太宗的部署分为八阵对峙，但有人提出八阵的部署力量过于分散，应该改为二阵，大将崔翰恐怕违反宋太宗的命令不好交代，犹豫不决。当时身为监军的李继隆当场表示"事有应变，安可预定，设获违诏之罪，请独当也"。有了李继隆拍胸脯，宋军于是大胆地做了违背太宗意图的正确变阵。一场大战过后。辽军惨败，被斩首万级、俘3万人，宋军杀敌约8万人。

太平兴国四年（979年），李继隆调任宫苑使，领妫州刺史，"护三交屯兵"。

太平兴国七年（982年），辽景宗亲率三路大军南下，李继隆跟随名将潘美迎战于雁门。潘美以曹光实为先锋，击溃了辽军。李继隆和潘美乘胜追击，攻破了辽军25寨，斩首3000余级，俘获万人，一直追击到辽国境内的灵丘才返回。同时，其他各路宋军也有捷报传来，崔延进破敌于唐兴斩首级数千，斩杀辽国太尉奚瓦里；府州折家军也取得了胜利，辽军损失惨重，入侵计划全面崩溃。战后，李继隆改任改定州驻泊都监。此后，他曾领兵出土镫寨，击破辽军，缴获牛羊及车帐颇多，受宋太宗褒奖。

雍熙二年（985年），党项首领李继迁诱杀曹光实，攻陷河西三寨、银州等地，进围抚宁。李继隆又赴西北讨伐党项，他与王诜等浊轮川一战杀敌5000人，李继迁狼狈逃走。收复银州后，宋军再破悉利族，斩3000余级，出开光谷西杏子坪降三族首领析八军等3000余众。岌伽罗腻14族不愿归顺，李继隆与尹宪发动攻击，俘斩7000余级。战后，李继隆以辉煌战功，被加封为环州团练使，并护高阳关屯兵。

宋代地宫镏金银香熏

雍熙三年（986年），宋太宗发动了第二次幽州战役。李继隆隶属曹彬一路，他作战勇猛，攻克固安、新城、涿州，俘获辽军将领一名，但因宋太宗与曹彬的错误，宋军遭到了惨败，各路人马伤亡惨重。但李继隆部"军成列，虏不敢击"，有秩序地撤到了宋境，驻于定州。当时有数万败兵溃散到定州，形势混乱，李继隆按照太宗指示，从容地安置败兵，受到宋太宗的表彰，被改授为侍卫马军都虞候、武州防御使。

同年冬，辽军反击全线展开，在河间的君子馆与宋军展开决战。大将刘廷让领兵数万迎战，时任沧州都部署的李继隆率1万精兵作为后援。由于天寒冰冻，宋军弓箭无法张开，刘廷让受到辽军重创，损失数万人。李继隆和沧州副都部署王杲领兵赴援途中遭到契丹军优势兵力袭击，二人虽顽强抵抗，杀获颇多，但终究寡不敌众。李继隆考虑到气候等形势对宋方极为不利，果断下令退保乐寿。战后，宋太宗震怒，下令召李继隆赴京，对其进行调查，但不久后便将他释放。一年后，李继隆加领本州观察使。

4. 双雄争锋

端拱元年（988年），李继隆获授侍卫马军都指挥使、领保顺节度使。九月，又被任命为定州都部署。

此时，李继隆面对的局面是颇为险恶的，宋军精锐几乎在之前的岐沟关和君子馆两战中丧失殆尽。据《续资治通鉴长编》记载:"缘边疮痍之卒,不满万计,皆无复斗志,河朔震恐。"

同年冬,辽军大将耶律休哥再次大举入侵,攻克涿州,陷长城口。李继隆领兵北上增援,不敌耶律休哥,宋军退保北平寨。耶律休哥领 8 万精骑继续南下,陷满城,南下祁州。李继隆再次赴战,路上遇敌激战之后,斩获不少,最后依据宋太宗指令,退保唐河,耶律休哥的精骑尾随而至。面对辽军的凌厉攻势,李继隆一面招来镇州都部署郭守文增援,一面在北岸设下 2000 名伏兵准备背后偷袭。耶律休哥很快发现了宋军伏兵,他首先对宋军伏兵实施攻击。李继隆见情况有变,立即下令勇将荆嗣出战救援。荆嗣杀入重围救出伏兵,迅速退到河边,把军队分为三阵,背水抵抗。耶律休哥亲率主力登上烽火台求战,然后全力冲击。荆嗣顽强抵抗,拉锯几个回合后,且战且退,撤到南岸,以便与李继隆主力会合。辽军见势,迅速杀过河桥。李继隆的部下袁继忠慷慨陈词,准备出战,但黄门林延寿等却拿出宋太宗不许出战的诏书。李继隆早已下定决心一战,当即喝斥林延寿道:"阃外之事,将帅得专焉。往年河间不即死者,固将有以报国家耳。"下令田敏带领数百名静塞骑兵(北宋的精锐骑兵部队)"摧锋先入",李继隆、荆嗣、郭守文等乘势掩杀,辽军大败,横尸遍野,宋军一直追击到满城,斩首级 1.5 万,获马万匹。战后,辽军南下的势头被初步遏制。

大将裴济本与李继隆不和,但此战中,二人摒弃前嫌,奋力拼杀,与敌军短兵相接,因而成为莫逆之交。

端拱二年(989 年),耶律休哥再率 3 万铁骑南侵,旨在切断威虏军的补给。宋朝内部展开了激烈的争论,有人建议放弃威虏军。李继隆表示反对,他召集镇、定、高阳关精锐万人,毅然出发运粮,归途中渡过徐河后,遭到耶律休哥追击。李继隆派麾下大将尹继伦偷偷进至辽军后背。到了凌晨,尹继伦乘耶律休哥不备,突然从背后袭击辽军,辽军正在用餐,不及防备,顿时陷入混乱。尹继伦杀入辽军大营,差点砍断了耶律休哥的手臂,使其狼狈逃窜。但辽军毕竟人多,很快组织反击,尹继伦渐渐支持不住,连连败退。此刻李继隆和大将王杲、范廷召领兵杀到增援。辽军的败状,据《宋史》记载:"杀其将皮室一人。皮室者,契丹相也……寇兵随之大溃,相蹂践死者无数。"宋军追击了数十里,而辽军在曹河又遭到宋军孔守正部的伏击,又死伤不少。徐河战后，宋辽战争的形势为之一变，此后 10 年，辽军不敢再次大举进攻。

5. 老骥伏枥

淳化五年（994 年），西北党项首领赵保忠（李继捧）与李继迁共谋反宋。李继隆再次出征，部下认为宋军兵少不如先在石堡城休整待情况而动，李继隆却说："径入夏州，出其不意，彼亦未能料我众寡。若先据石堡，众寡已露，岂复能进。"宋军迅速行动开赴夏州，赵保忠被擒拿。

至道二年（996 年），李继隆与范廷召、王超等奉命五路出师，再次征讨李继迁。虽然屡次获胜，但因部署欠周密加之粮食不足，最终无功而返。

至道三年（997 年），李继隆重建了镇戎军（治今宁夏固原）。这个西北要塞在以后的宋夏战争中发挥了极为重要的作用。

宋真宗即位后，改命李继隆领镇安军节度使、检校太傅。一个月后被召还，加同中书门下平章事，解去兵权，回到镇安军任职。

咸平二年（999 年），李继隆遭逢母亲去世，旋即起复任职。适逢秋潦大涨，冲毁蔡水堤岸，李继隆冒险督促将士补修，自辰时至午时，终于使水势稍稍减弱。

咸平四年（1001 年），被加授为检校太师。宋军在望都之战失利后，李继隆多次请求入朝面奏边事，趁机请求能为国效命。不久后，宋真宗召回李继隆，当面询访意见，李继隆认为辽国南侵是常事，应该委任将帅征讨，不需亲征。宋真宗对他加以为慰抚，改授山南东道节度使，出判许州。

景德元年（1004 年），李继隆的妹妹、明德太后李氏病重，宋真宗诏令他入朝探视。九月，又允许李继隆参与明德太后的葬礼。同年冬，辽军大举南下，澶渊之战爆发。宋真宗决定亲临澶渊，李继隆自请扈从，被任命为驾前东西排阵使，先行赶赴澶州，陈兵于澶渊北城之外。辽军数万骑兵急攻澶渊，李继隆与大将石保吉率军抵御，成功防御。待到宋真宗来临后，驾幸北门阅兵，召来李继隆等抚慰劳问，见他部下整肃，叹赏许久。次日，宋真宗又驾幸李继隆营中，召随从群臣宴饮。

景德二年（1005 年）春，李继隆随宋真宗还京，加开府仪同三司，增加食邑 1000 户（共计 1.04 万户）及实封食邑（共计 3500 户）。适逢李继隆病发，宋真宗亲往慰问。同年二月初五（3 月 17 日），李继隆逝世，享

年56岁。宋真宗亲自前往李继隆家中痛哭吊祭，身穿丧服发哀。为他辍朝五日，追赠中书令，谥号"忠武"。

皇祐三年（1051年），宋仁宗御赐李继隆神道碑的碑额为"显功"。

八、戎马一生大将才，晚年失足落骂名

潘美（925—991年），字仲询，大名人，北宋开国名将之一。

潘美年轻时风流倜傥，附属于府中典谒。曾经对家乡人王密说："汉代（后汉）将要结束了，奸臣恣肆行虐，天下有改朝换代的征兆。大丈夫不在这个时候建立功名，谋取富贵，碌碌无为与万物一并灭亡，直是羞耻啊。"

后汉乾祐三年（950年）冬，后汉枢密使郭威兵变。次年（951年）正月称帝建立后周，柴荣任开封府尹，任柴荣的侍从。广顺四年即显德元年（954年）正月，后周世宗柴荣即位，潘美补供奉官。是年三月，北汉与辽国联合攻打后周，后周世宗迎战于泽州，在高平大败北汉刘崇。从征高平，配潘美精卒数千扼江渚岭，虏果由其路来援，潘美坚壁不与战，虏遁去，以功迁西上阁门副使。不久，后出任陕州（今河南三门峡市）监军，改任引进使。当柴荣准备用兵于陇、蜀二地时，命潘美统率永兴的屯兵，管理西部战事。

潘美与赵匡胤早年一起在后周世宗柴荣手下统兵，与赵匡胤关系很近，个人感情也笃厚，成为后来拥立赵匡胤称帝的开国功勋。从宋军南下收复诸地的战争中看，潘美称得上是个能征善战的将才。

潘美的成功战例首推他率兵攻打南汉时火攻敌方的大象阵。然后在攻打吴与南唐时，比较充分地显示出了他杰出的军事才能。

当时，宋太祖赵匡胤派遣潘美与刘遇等率兵先赴江陵。任命

潘美

潘美为升州道行营督监，与曹彬一同前往，进驻秦淮。由于当时渡船还没有准备好，将士被堵在江边等候。潘美见机不可失，不等渡船造好，指挥大军徒步渡江，抓准时机大败吴军。后来，吴军缓过气，乘20余艘战舰擂鼓逆水而上，以求胜利。潘美指挥士兵奋勇进攻，夺取吴军的战舰，擒获敌方将领郑宾等7人，又攻破吴军的城南水寨，缴获战船多艘。随后潘美又率军靠近金陵，面对江南水陆10万大军布列城下，潘美率领士兵偷袭，大获成功。

但此人在攻打南汉时，火攻象阵，随后入马径寨杀战俘万余人，已显其残暴的一面。

潘美对宋王朝的首功就是帮助赵匡胤夺取王权。第二大功是说服后周群臣将领归顺宋朝。赵匡胤即位之后，后周世宗的将领文臣都拥护他称尊，潘美在其中是做了大量工作的。其时陕帅袁彦，重兵在握，十分凶悍，又宠信小人，要与赵匡胤分庭抗礼。潘美不顾个人安危，独骑去见袁彦，说服他入朝归顺，消除了宋太祖的心头之患。

潘美的第三功就是随宋太宗征伐太原。潘美在攻下并州后，接着奉命攻打范阳。宋军在高梁河战败后，撤回中原。为了安定河东，宋太宗命潘美留镇太原，兼任三交都部署，留下来驻守保卫北部边境。

三交西北方300里，有个地方叫固军，地势险阻，是北边的咽喉之地。潘美率兵秘密袭击，得胜后占了固军，囤积粮食驻扎兵马坚守此地。潘美后来巡视到代州，对驻军进行整顿，提高了将士的战斗力。不久，辽国1万多骑兵来侵犯，潘美统兵与辽作战，大破敌军。

到此为止，潘美可以说是百战胜将，骁勇多谋，南战北征，均有建树。如果他在此时告老还乡或者战死，那么他肯定是被后人传唱的著名战将，因为宋朝的战将本身就不多。

问题恰好就出在雍熙三年（986年）那场与杨业有关的陈家峪之战上。这可能是潘美与杨业在军事上唯一有牵连的战役。史书上没有潘美与杨业在太原围城战中交战的记载，如果有，能从中找到一些对潘美更为不利的东西。

一战误而功名枯，由百战胜将转而成为千古恶人。这不是百姓不知史实，也不是人们不辨忠奸，而的确是一种失误，不仅置杨业于死地，同时对于宋朝边疆的战略有极大的负面影响。

陈家峪之战是北宋为了收复燕云16州，于雍熙三年（986年）三月发起的一场战争，宋太宗趁辽"母寡子弱"、政权不稳之机，分三路北征。潘美与曹彬、崔彦进分率三路大军向北挺进。当潘美一路摧枯拉朽，连下寰、朔、云三州之际，遭遇了契丹重兵。由于指挥失当，加上护军王侁坚持错误的战术，致使杨业战死于陈家峪，宋军由此受挫，使宋太宗北伐的计划宣告失败。宋太宗对于此败十分恼怒，将潘美降官三级。潘美戎马一生，晚年因一失足而使北伐大业败于垂成，心中快快，一年多以后，病死于太原，终年67岁。

这里从几个方面分析一下潘美的不当处置，进而获得他背负恶名的不咎之理。

首先是潘美的指挥不当。潘美当时的任务就是护送四州百姓返回后方，在如何摆脱辽兵的追击上，可以有两种选择：一种是如杨业建议，抽调精兵在路上设伏，这种办法就叫阻击战，能打到什么程度就打到什么程度，最后战败，无话可责。另一种是找地方疏散隐匿起来，尽可能多地保持人马，估计当时的地形非常不利，潘美就根本没想这个法子。实际上潘美用的正是杨业的建议。而事后证明，潘美和王侁能够与四州百姓全身而退，说明当时的战场形势尚没有走到绝路。

潘美

从这点来说，潘美此时已自乱阵脚，这是用兵大忌，与其身经百战而不败的军事生涯十分不符。这就存在一些疑点：潘美此前的战功很可能掺了水分，有攫取他人功名的嫌疑。从后来他又推卸自身责任上看，潘美一生可能都是这样的人。

其次，王侁坚持错误的战术，放弃接应杨业打辽军的伏击战，错不在王侁，这是对战场形势的不同判断。错在潘美没有能力识别战斗形势，不能在很短的时间内判定出何种作战方式有利于己方，从而找出最有效的完成任务和保存实力的决策。

最后，战败后对朝廷的责任担负，再次证明潘美将部下推出去顶包的不良品质。这样的战将在顺利时能掩盖很多东西，但在紧要关头立刻就能现出原形。

实际上，后来民间关于这场战争的传说，没有过多涉及王侁，而是选择了对潘美进行恶意的攻击。一是由于王侁敢于表达自己真实的态度，二是潘美的历史记载很可能有不大真实之处。因为史书的撰写本身就是出于明确的政治服务，不实与杜撰的地方确实太多。

当然，民间的传说杨家贬潘美的做法有点过分了，这也只是与《宋史》相较而言。关于杨家将故事里的潘美形象，人们憎恶的正是其品性上的问题。

九、骁勇闻名杨无敌，威震契丹力战死

杨业（？—986年），字重贵，并州太原（今山西太原）人，北宋太宗时期的将领。其父杨信，原为北汉麟州刺史。

杨业从小爱好习武，善骑射、好狩猎，不仅有一身好武艺，而且在长期的战争实践中逐步掌握了用兵作战的指挥才能。刘崇在太原称帝建立北汉政权的时候，杨业曾做御前保卫指挥使，后为建雄军节度使，征战沙场，屡建战功，所向披靡，当时人称"杨无敌"。979年，宋太宗赵光义率四路宋军围攻太原。面对外无援兵、内多厌战的形势，杨业劝说当时的北汉皇帝刘继元献城投降，一同归顺了宋朝。赵光义久闻杨业盛名，任其为右领军卫大将军、郑州刺史，后又受领代州、三交一带边防总指挥。

杨业驻兵代州后，与士卒练习攻战，不辞劳苦。代州北部边关地处崇山，冬季天气寒冷，人们多穿皮衣毡衣，杨业却身着薄棉戎装，亲临教场，端坐督训。他不许在身旁设火炉取暖，侍卫他的人因露天久立，冻得几乎发僵，而杨业却全无寒意，将士见此，十分钦佩。杨业平素关心士卒疾苦，将士皆愿以死效命。代州的雁门关，是防御辽军自云州南下袭扰的战略前哨。辽军由于骑兵剽悍，屡次入犯，胜则劫掠，败则北逃，边将没有有效御敌之方，莫可奈何。杨业针对辽军飘忽无定的特点，亲率数千名骑兵，避开

辽军正面，采用出其不意的迂回战术，由雁门关西口出发，沿小路直趋雁门关北口，正好包抄到辽军背后，然后，挥兵向南夹击。辽军遭此突然打击，腹背受敌，进退不得，死伤惨重。从此，辽军每次来犯，只要远远望见杨业的军旗，就自行引退。边关日趋强固，人心安定下来了，杨业治边之功，得到了宋太宗的嘉许，但也引起了过去戍边诸将的忌恨，他们暗地上书，捏造过错，诽谤杨业。宋太宗却接报不问，反而将这些奏疏密封起来，暗地转给杨业。

雍熙三年（986 年），宋军兵分三路，企图收复燕云 16 州，对幽州实施分进合击。东路和中路分别由雄州、定州北进，西路以潘美为主将，杨业为副将，出雁门关攻云州、朔州、寰州、应州四州，然后东应二州辽军守将举城投降。四月初，杨业率军进占云州，直抵桑干河上游。不料，东、中两路宋军接连失利，预定三路会攻幽州的计划落空。不久，宋太宗令潘美、杨业二将率西路各军保护寰、朔、应、云四州之民内迁。这时，整个战局已发生了很大变化。辽国皇太后萧绰与大臣耶律汉宁在挫败宋军东、中两路的进攻后，率 10 余万大军向西路压来，并且已经重新攻陷了寰州。寰州，位于代、应、朔三州鼎立之中，正好卡住了代州宋军由雁门北进之路。于是，杨业劝潘美说："今辽兵来势正盛，不可硬战。"他主张避开正面寰州之敌，率队东向，由大石路直趋应州，抄敌之后，迫其回救。与此同时，派人密告云州、朔州守将，待大军离开代州后，即先后护民回撤，并于石碣谷口布下伏击阵，以 1000 名优秀射手，埋伏于山谷两侧，另以骑兵中路牵制敌人。这样，即使回救应州之敌再度回返，也必遭到伏兵阻击，三州之民可安全内迁。他非常诚恳地说："今朝廷只交给我们护民回迁的任务，这样实属万全之策。"可是，杨业的一片苦心却遭到了皇帝派来的监军王侁的反对，王侁指责杨业："数万精兵竟然畏惧到这种地步！我们只管从雁门北上，作疾速推进。"营中另一位监军刘文裕也赞成王侁的看法，主张直趋寰州迎敌。杨业表示"此计必败，万万不可"。王侁听罢，十分恼怒，他讥讽杨业："你平素号称无敌，今天遇到敌人却逗挠不战，莫非你还有其他意图嘛！"杨业莫可奈何，只好率军北出雁门。临行前，他洒泪对潘美说："此一去必定不利，我是太原降将，皇上不仅不杀我，反而赋以重任，授我兵权，我并非纵敌不击，任其来攻。今天我将立小小之功来报答国家的恩遇，既然诸位责备我怕死，我就先死于诸位了。"为了尽力挽救军队，他手指陈家谷口说："诸君于此处布置步兵和射手，分左右两翼，待我转战至此，就以步兵夹击营救，如不这样，我出师之军将全部葬送。"

潘美按杨业的意图，布阵于谷口，杨业方率队出战。战斗一进从早晨到中午，不见杨业回归。王侁派人登台望之，见无动静，以为辽军败走，想争其功，故擅离谷口，潘美制止不住，也回撤20里。后来闻杨业大败，潘美更掉头逃跑，

杨业

整个防线已无一兵防守。杨业率兵一直苦战到天黑，终于到达陈家谷口。他四处察看，见无一救兵，知道潘美、王侁早已逃却，捶胸顿足，十分悲痛。不得已，他只好率队再战。整整一天的鏖战，使杨业饥渴力竭。最后，他周身受伤10多处，手下士卒全部战死，被辽军所擒。杨业身困敌营，悲愤已极，对天叹息道："皇帝对我恩厚，本想讨贼捍边以报，今天反而被奸臣所迫，大军惨败，还有什么颜面求活呢！"于是，他绝食三日，死于敌营。

这一仗，本来有着许多转危为安、破敌取胜的条件，但终因诸帅败约，杨业的正确方略不得采纳，遭到惨败。从此，宋朝北部边防面临着更加危险的局势。

杨业英勇事迹被传为佳话，随即辽代就有人在密云古北口修建杨无敌庙，以祀奠杨业。在山西省代县城，有一座古老的钟鼓楼上悬挂着"威震三关""声闻四达"两块巨大的题匾。传说这是人们为纪念杨家将不朽功勋，流传至今的一处珍贵遗迹。

十、贤守新成盖代功，临危方始见英雄

曹玮（973—1030 年），字宝臣。真定灵寿（今属河北）人。北宋名将，枢密使曹彬第四子。

曹玮为将 40 年，未曾失利。他治军严整，史称其"平居甚闲暇，及师出，多奇计，出入神速不可测"。自三都谷之战后"威震四海"，唃厮啰每闻其名，即以手加额。

1. 少年老成威名起

曹彬任武宁军、天平军节度使时，曹玮都在军中任牙内都虞候。他沉勇有谋，喜读书，通晓《春秋三传》，尤精于《左氏春秋》。

宋太宗至道（995—997 年）年间，李继迁据河西银、夏等州，兼并诸部，当时李继隆、范廷召等诸将多次出兵都无功，朝廷又放弃重镇灵武，李继迁便频频扰边。宋太宗问曹彬："谁可以为将？"曹彬说："臣的少子曹玮可以任用。"宋太宗即召见曹玮，任曹玮为渭州知州，而且要授予他诸司使之职，曹彬代其推辞，宋太宗便命曹玮以本职（东头供奉官、阁门祗候）同知渭州，曹玮时年 19。

至道三年（997 年）三月，宋太宗驾崩，由太子赵恒继位，即宋真宗。宋真宗即位后，曹玮改任内殿崇班、渭州知州。他治军严明有部署，赏罚立决，对犯令的人从不宽贷。擅长派用间谍，遍知敌军的消息，布置举措如同老将。

咸平二年（999 年），曹彬病重，宋真宗亲自前往看望，并向他询问后事，曹彬回答说："臣无事可言。"在宋真宗追问下，才说："臣的两个儿子才能可用，臣如果要荐举亲故，他们都堪为将。"宋真宗问他们谁优谁劣，曹彬回答说："曹璨不如曹玮。"

曹彬去世后，曹玮请求为父服丧，宋真宗不允，改任他为阁门通事舍人，又调任西上阁门副使，转知镇戎军。

当时，李继迁虐用他的民众，曹玮知道他的下属多有怨言，就写信给这些部族，宣扬朝廷的恩信，来挑动诸羌。因此康奴等部族请求内附。李继迁攻打西蕃后返回，曹玮在石门川伏击，杀获甚众。

2. 积极筹边战三都

景德元年（1004年），李继迁死后，曹玮立即上奏朝廷，希望能乘此机会攻灭李氏，但其子李德明非常狡猾，假意卑躬屈膝讨好朝廷，而朝廷想以恩惠来招抚，丧失了大好机会，酿成日后的李元昊叛乱。当时河西大族延家、妙娥、熟鬼等不少当地部落都企图归顺北宋，但诸将十分犹豫，怕得罪李德明而不敢接纳。曹玮亲自率兵进入天都山，将延家、妙娥等接纳归降，削弱了李氏的力量，李德明也慑于曹玮威名不敢挑衅。

不久，曹玮又和另一位名将秦翰合作破章埋族于武延川，分兵灭拨臧于平凉，于是陇山诸族皆来献地。

大中祥符元年（1008年），曹玮被征召还朝，任西上阁门使、邠宁环庆路兵马都钤辖兼知邠州。同年，宋真宗东封泰山，曹玮因而调任东上阁门使。宋真宗因他熟知河北事物，便任命曹玮为高州刺史、真定府定州路都钤辖。

大中祥符三年（1010年）三月，调任泾原路都钤辖兼知渭州。曹玮曾绘制泾原、环庆两路的山川城郭、战守险要之处进献朝廷，宋真宗留一份在枢密院，把另一份交付这两路保存，让诸将出兵都按此图来商议。同年八月，调任泾原路钤辖。

大中祥符四年（1011年），宋真宗西祀汾阴，调曹玮为四方馆使。

大中祥符八年（1015年）七月，曹玮请求暂回京师看望母亲，宋真宗同意。九月，曹玮升任领英州团练使、知秦州兼缘边都巡检使及泾原、仪、渭州、镇戎军缘边安抚使，宋真宗命另铸安抚使之印赐给他。次年七月，曹玮丁母忧（遭逢母亲丧事），但守制尚未满期而应召任职。

当初，河湟地区吐蕃族部的首领李立遵和温逋奇，迎吐蕃赞普之后唃厮啰至廓州，以号召部众。不久，李立遵又将唃厮啰迁至宗哥，挟唃厮啰以号令附

曹玮

近各族部，自封为唃厮啰的"论逋"（丞相）。后来，李立遵不甘为相，要求朝廷立他为赞普。朝廷对此犹豫不决，曹玮上疏极力反对，认为李立遵野心勃勃，今天满足了他，明天还会有新的要求，一国不能有两个赞普。朝廷接受了曹玮的建议，拒绝了李立遵的无理要求。李立遵大怒，于大中祥符九年（1016 年）率马御山、兰州、龛谷、氈毛山、湝河、河州等军 3 万多人，准备侵宋。顿时边关谣言纷纷，形势吃紧，曹玮积极准备战事，上书朝廷要求增兵，但宋真宗反认为他害怕，准备派人替换他，后经宰相李迪劝谏，方才作罢。

九月，李立遵率部出发，宣称要在秦州城下与曹玮决战，扬言"某日下秦州会食"，但曹玮不为所动。当听到吐蕃已经越过了毕利城，曹玮随即率秦州驻泊钤辖高继忠、驻泊都监王怀信和精骑 6000 千渡过渭河迎战。

同月二十四日，宋军在伏羌寨三都谷摆下阵势，等待敌军的到来。很快探马传来消息敌军已经靠近，曹玮正在吃饭，闻报后继续悠闲地用餐。直到探马报告吐蕃人距离只有几里之遥时，曹玮才放下餐具，披上铠甲出城列队。

吐蕃人多势众，李立遵气势汹汹。但曹玮的宋军训练有素、装备精良，具有很强的战斗力。故此曹玮决定在气势上先要压倒对手，他看到敌军分为三队，一名蕃僧正在前方走来走去。曹玮断定是吐蕃的指挥官，问左右谁最善射，左右均答李超。李超随即策马来到曹玮面前，曹玮问："你需要带多少骑可以射杀那位蕃将？"李超观察了一下答道要 15 骑。曹玮马上令："给你 100 骑，务必射杀此将，否则提头来见！"李超慨然应道："凭借您太保的神威，只要 50 名骑兵护送我到敌人近前，一定可以得手。"

李超在 100 精骑的掩护下，接近敌阵，那 100 名骑兵突然向两侧分开，中间李超飞马而出，凭借高超的骑射本领，只一箭那蕃僧就应弦而倒，蕃军顿时大骇，乱了手脚。曹玮见状，身先士卒，率精骑从敌军侧后方猛攻，以两翼骑兵夹击吐蕃军军阵。在宋军精骑的攻击下，蕃军阵势大乱，不能抵抗宋军主阵的正面冲击，溃败而去。

三都谷之战，据《宋史》与《续资治通鉴长编》记载，宋军斩首千余级，擒 7 人。宋军追奔 20 里至沙洲而还，缴获马牛、杂畜、器仗 3.3 万头（件），官军将士有 160 人受伤，阵亡 67 人。真宗得到捷报后，非常高兴，赏赐曹玮金带、锦袍、器币。战后，曹玮因功升任客省使领、康州防御使。

此后曹玮选募神武军 200 人，在野吴谷大破马波叱腊，获生口、孳畜甚众。又在吹麻城打击了吐蕃部落唃厮啰私立文法活动。不久，河州、洮兰、安江、妙敦、邈川、党逋诸城皆纳质归顺，宋朝的西北局势终于再次稳定，秦州人都请求刻石纪功，宋真宗也下诏褒奖。

3. 出镇华州屡遭贬

天禧三年（1019 年），李德明率兵攻柔远寨，都巡检杨承吉战败，死伤甚多。宋真宗得知后，立即任命曹玮为华州观察使、鄜延路副都总管、环、庆、秦等州缘边巡检安抚使。委乞、骨咩、大门等族听说曹玮到任后，有1000 多落率众归附。同年七月，曹玮长兄曹璨在东京去世，曹玮闻讯后请求暂赴京师，宋真宗优诏不准。

天禧四年（1020 年）正月，曹玮受拜宣徽北院使、镇国军节度观察留后、签书枢密院事，开北宋签书并兼领藩镇之例。同年，宰相丁谓等人诬陷寇准而使其罢相，连遭贬谪。丁谓厌恶曹玮不依附自己，便诬陷他是寇准党羽。曹玮遂被改为宣徽南院使、环庆路都总管安抚使、兼管勾秦州兵马。当时边境都上言多言称唃厮啰又作文法，害怕其再为边患，只有曹玮上奏称其文法已散，没有什么好忧虑的。

天禧五年（1021 年）八月，曹玮徙任镇定都部署。

乾兴元年（1022 年）二月，曹玮再被降职为左卫大将军、容州观察使、莱州知州。丁谓怀疑曹玮不受命，便派不依附自己的侍御史韩亿迅速前往收其军，想借机中伤二人。但曹玮在得到诏书的同一天便前往赴职，路上只有老弱的兵卒 10 多人跟随，不带弓衣箭袋，丁谓最终无法加害曹玮。

天圣元年（1023 年），丁谓罢相，被贬为崖州司户参军。十二月，曹玮复职华州观察使、青州知州。

曹玮

天圣三年（1025年），除任彰化军节度观察留后，知天雄军。

天圣四年（1026年），知永兴军，负责边防，但因病未成行，又拜昭武军节度使、知天雄军。次年，因病守河阳军，数月后，任真定路马步军都部署、定州都总管。

天圣七年（1029年），又改任彰武军节度使。

天圣八年（1030年）正月甲戌（2月21日），曹玮逝世，享年58岁。宋仁宗闻讯后，为他辍朝二日，追赠侍中，谥号"武穆"。

十一、国之劳臣种世衡，抗击西夏出奇计

种世衡（985—1045年），字仲平，河南洛阳人，大儒种放之侄，北宋将领、种家军开山人，官至东染院使、环庆路兵马钤辖。

1. 崇尚气节遭流放

种世衡年少时崇尚气节，兄弟中有想分其资产者，他全数辞让给予，只取图书而已。最初因其叔父种放恩荫，补任将作监主簿，后多次升迁至太子中舍。

种世衡曾任泾阳知县，里胥（管理乡里事务的公差）王知谦以非法手段获取利益的事情败露，按照法令应判徒刑，王知谦逃走。等到郊赦（古代帝王举行祭祀大礼时赦宥罪犯）将至，王知谦便主动向官府自首，种世衡说："把王知谦送到州府必会得到赦免。"用杖击打王的脊背后向州府请罪，知府李谘上奏释免其罪。

后来，种世衡通判凤州。凤州将领王蒙正，是章献皇后刘氏的姻家，所作所为不守法纪。他曾向种世衡求取私利，种世衡没有听从，王蒙正非常生气，于是诱使王知谦诉冤而暗中帮助他，种世衡因此被流放窦州，后移居汝州。其弟种世材送上一官职来替兄赎罪，任命为孟州司马。过了很久，龙图阁直学士李纮为他辩护，宋绶、狄棐相继为他说话，种世衡被任命为卫尉寺丞，历任随州监酒、同州签书、郦州判官事。

2. "苦肉计"智取敌情

当时西部边地用兵，守备不足，种世衡建议，延州东北200里有故宽州，请求因其被废弃的城垒而兴建，用来抵挡西夏的锋锐，右可稳固延安的形势，左可致河东的粟米，向北可图取银、夏州的旧地。朝廷同意他的建议，

命他负责这项工程。西夏人多次出击争斗，种世衡一边战斗一边筑城。但地险没有泉水，众人认为不可防守。凿地 150 尺，才碰到石头，石工认为石头不可凿穿，种世衡下令一畚碎石付酬 100 钱，终于得到泉水。城筑成后，赐名青涧城。

在驻守青涧城的过程中，种世衡手下有一员蕃将，曾经犯了一个小过错，惹得种世衡暴怒，他一反平时爱兵如子的常态，拿出轻易不用的军杖，命令士卒对他施以杖刑，而且杖杖扑在脊背上，蕃将求饶不听，部下说情也不听，直到皮开肉绽，鬼哭狼嚎。种世衡的杖刑，彻底打掉蕃将的一片忠心，伤势还未痊愈，他便不辞而别，投奔到李元昊的帐下。李元昊见他伤痕累累，又对种世衡恨之入骨，便把他收为心腹，准许他自由出入于最高军事机关枢密院。一年过后，蕃将竟然回到青涧城，并给种世衡带回大量西夏的军事机密。事后人们才恍然大悟，原来种世衡暴打蕃将，是周瑜打黄盖，一个愿打，一个愿挨。种世衡小施"苦肉计"，换来知己知彼的战略先机。

3."美人计"义收羌酋

后升任内殿崇班、知青涧城事。开垦营田 2000 顷，招募商人，借贷给本钱，使流通货物赢得利益，青涧城于是富实。间或出行部族，慰劳酋长，或者解下所佩的带子送给他们。曾适逢与客人饮酒，有人得知敌情来报告，就把饮器送给他，由于这样所属羌人部族都乐于为其所用。后再升任洛苑副使、环州知州。

蕃部有牛家族叫奴讹的人，向来倔强，从没有出来拜见郡守，听说种世衡来到，急忙到郊外迎接。种世衡与奴讹约定，第二天当到其帐舍，前去慰劳部落。当晚下大雪，有三尺深。左右侍臣说："地势险恶不可前去。"种世衡说："我正要结信于诸羌，不可失约。"于是沿险而进。奴讹正睡在帐中，认为种世衡必定不能到达，种世衡一蹴而至，奴讹起而大惊说："在此以前从没有官员到我部落，您是不怀疑我们的！"于是率领他的部众四面围绕着下拜表示听命。

羌人酋长慕恩部落最为强大，种世衡曾在晚上与他饮酒，侍女出来劝酒。不久种世衡起身入内，偷偷在墙壁的空隙中窥视。慕恩私下与侍女调情，种世衡乘其不备突然出来，慕恩惭愧恐惧请罪。种世衡笑着说："你想要她吗？"马上把侍女赠送给他，由于这样得到慕恩的拼死效力。诸部有背叛的，使慕恩讨伐战无不胜。有兀二族，种世衡招之不来，就命令慕恩出兵诛杀兀二族。其后100多帐都自动归附，没有敢背叛的。因而令诸部族设置烽火，

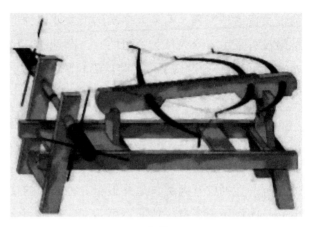

床弩

有紧急情况就举起告警的烽烟，披甲备马以待。

葛怀敏兵败时，种世衡率领羌兵几千人以援救泾原，没有敢落后。曾劝课官吏百姓射箭，如有过失，射中就释其罪；有人辞谢某事、请求某事，往往因射中否而作定夺。因此人人自励，都精于射箭，由是数年西夏不敢靠近环州境地。

后来，升任东染院使、环庆路兵马钤辖。范仲淹檄令他与蒋偕修筑细腰城，种世衡当时卧病在床，立即起来，率领所部甲士日夜兴筑，城修成功而去世。

4. "离间计"巧除敌将

起初，种世衡在青涧城，西夏皇帝李元昊没有臣服，其显贵野利刚浪棱、野利遇乞兄弟有才能谋略，都号称大王。李元昊以亲信用事当权，边臣打算用计谋离间他们。庆历二年（1042年），鄜延经略使庞籍两次给保安军太守刘拯写信，贿赂蕃部破丑以便把信送给野利兄弟，但泾原路王沿、葛怀敏也派人持书及金子财宝来赠给野利遇乞。恰逢野利刚浪棱命令浪埋、赏乞、媚娘三人拜见种世衡请求降服，种世衡知道这是欺骗，说："与其杀掉他们，不如因之作为离间。"留下他们使监商税，出入骑从很宠厚。

当时有个名叫王光信的和尚，骁勇善于骑马射箭，熟悉蕃部的山川道路。种世衡出兵，常常让他作为向导，多次荡平羌人族帐，上奏让他担任三班借职，改名王嵩。种世衡写信用蜡封好，派王嵩送给野利刚浪棱，说

浪埋等人已到，朝廷知道大王有向汉之心，任命他为夏州节度使，俸禄每月 1 万缗，皇帝赐给的旌旗节钺已到，催促他归附，用枣缀画成龟形，喻其早归之意。野利刚浪棱得信后大为恐惧，从自己的治所内擒住王嵩送给李元昊，李元昊怀疑野利刚浪棱背叛自己，不让他返回治所，而且把王嵩禁锢在井中。派大臣李文贵以野利刚浪棱旨意报种世衡，而且说明不明白所送书信的意思，如果答应通和，则希望赐给一言。种世衡把此事报告庞籍。当时朝廷已打算招附李元昊，庞籍把李文贵召来，谕示国家宽大开纳的意思，派使臣还报。李元昊得到报告，放出王嵩，厚礼相待，让他与李文贵一同回来。从此相继派使者请求降服，于是称臣如旧。

种世衡听说野利兄弟已被杀，写祭文越境祭吊。庞籍开列王嵩的劳绩，陈述李元昊未通和时，种世衡图划计策派王嵩冒着艰险离间李元昊君臣，于是形成猜贰，李元昊因此与中国通和，请求优先升王嵩的官。王嵩因此升任三班奉职。后来王嵩因召对自陈，再升任侍禁、阁门祗候。

5. 功高如此名不显

种世衡死后，庞籍担任枢密使。种世衡的儿子种古上书诉说父亲的功劳，被庞籍所压抑。种古再次上书，于是追赠种世衡为成州团练使，诏令吏部流内铨授任种古为大县簿尉，押还本籍。庞籍既已罢官，种古再度辩理，下请御史考实验定，以庞籍以前奏王嵩疏为定。诏以此事交付史官，听任种古就便近郡县做官。

种世衡在边地数年，积聚谷物流通货物，所到之处不烦县官增兵增粮。善于安抚士兵，有人生病就派一个儿子专门视其食饮汤剂，因此缘故得人拼死效力。等到他去世时，羌人酋长数日早晚来哀悼他，青涧城和环州人都画其像立祠祭祀。

范仲淹担任边帅的时候，手下曾有两员虎将：一个是狄青，另一个是种世衡。狄青因为后代小说、戏剧、评书的渲染，因此家喻户晓，声名远播。不过，在当年抗击西夏入侵的战争中，种世衡的名声和功绩却丝毫也不逊色于狄青，范仲淹评价他为"国之劳臣"，欧阳修说："兵兴以来，所得边将，惟狄青、种世衡二人"，均给予了极高的评价。让西夏闻风丧胆的"种家军"，就是种世衡和他的儿孙们一手创建的。他不但打仗勇猛，而且足智多谋，这些计谋被他广施于抗击西夏的战争中，尤其是"苦肉计""美人计""离

间计"三条计策的巧妙运用，成功打击西夏的嚣张气焰，打乱西夏的战略部署，实现他保家卫国的盖世功勋。

种世衡作为守边将领，以自己三条妙计，在抵抗西夏入侵中强大了自己，削弱了敌军，出奇制胜，屡建功勋。种世衡的经历告诉我们，宋朝并不是没有勇将，也不是没有帅才，反而是一个英雄辈出的时代。然而，种世衡功高如此，但在生前仅出任过环庆路兵马钤辖之类的小官，在许多人打抱不平的情况下，死后也不过赠予相当于从五品的成州团练使而已，可谓功高而命薄。之所以出现如此反差，是因为宋朝的皇帝们被五代时期的军阀割据吓怕了，担心武夫专政，大权旁落，一直采取扬文抑武的政策，不但文人治国，而且文人带兵，使那些真正有将帅之才的人埋没于草莽之间，牺牲于战场上而永远不被重任。这种政策在一定的时期有效抑制了大权旁落、武夫篡位的危险，使宋朝不至于重蹈五代兵变频仍的覆辙，但凡事有一利则有一弊，在外敌步步紧逼、国土不断丧失的情况下，不能与时俱进，仍然执行这种偏激的政策，这无异于倒行逆施，宋朝最后灭亡在外族的铁蹄和武力之下，是让人一点也不会觉得奇怪的事情。

十二、"面涅将军"狄汉臣，假痴不癫忧愤卒

狄青（1008—1057年），字汉臣。汾州西河（今山西临汾）人。北宋著名将领。

狄青出身寒微，但自幼喜爱习武，尤善骑射。因面有刺字，人称"面涅将军"。成年后，便到当时的京城开封，应募入伍，做了一名守卫宫廷的卫兵。由于他武艺出众，勤于职守，不久便担任了卫兵中散值这样的小军职。

宋仁宗宝元二年（1039年），党项族建立西夏政权，李元昊公开称帝，不再接受宋朝的册封，并不断派夏兵侵略宋朝的西北部边地。宋朝派军队前去迎战，但都吃了败仗而归。为增强宋军的战斗力，宋仁宗下诏令从守卫宫廷的卫士中选择勇猛之士，赴边御敌。结果狄青被选中，并任三班差使、殿侍和延州（今陕西延安）指挥使之官职，随宋军入陕开赴延州。

狄青每与夏兵交战，他总为先锋。每次临敌，他都披着头发，带着铜面具，率先冲入敌阵，左冲右杀，所向披靡。夏兵对他十分畏惧，称之为"天使"。在延州捍边御敌4年，狄青共参加过大小25战，率宋兵破西夏

的金汤城，攻略过西夏的宥州地境，又率兵烧毁夏兵各种积聚之物有数万之多，收夺夏兵的兵帐 2300 余座，获西夏的马羊等牲口 5700 余匹(只)。同时，为抵御夏兵的进犯，在边境要塞修筑了桥子谷城，还修筑了一些小城堡，如招安堡、丰林堡、新寨堡、大郎堡等。而他在这 4 年 25 战中，因冲锋陷阵在前，共中敌箭矢 8 次，可谓遍体鳞伤。狄青在边陲 10 余年，还发奋读书，坚持不懈，终于精通了秦、汉以来各代将帅的兵法，不仅使自己成为一位勇猛敢战的将领，而且成为精通兵法、善

狄青

于带兵打仗的帅才。因此因军功数次升职，由泾原路副都总管、经略招讨副使，又加捧日天武四厢都指挥使。

宋仁宗皇祐四年（1052 年），广源州（今广西与越南交界处）蛮人依智高出兵大举进攻宋朝南方的两广地区，宋廷军队被连连击败。

这时，狄青刚进京不久，任枢密副使之职。他得知岭南败事，便上表请缨南征。朝廷答应狄青的请求，调兵遣将，一任他安排，并封其为宣徽南院使、宣抚荆湖南北路。一切安排妥当，狄青遂披挂上马，率领宋军而行。

狄青率兵南征，不急于速至岭南，而是采取有驿必停、遇州便息的进军方法，使宋军始终保持充沛旺盛的精力。另外，狄青严明军纪，长途进军，不准军兵高声喧哗，骚扰百姓。所以万人的队伍，行军时几乎悄然无声。

广西钤辖陈曙对此不以为然，他想乘朝廷兵将未到，先抢夺头功，于是带 8000 人马与侬寇兵战，结果大败而归，殿直官袁用等也因兵败逃遁。狄青决斩陈曙等人，严肃了军纪军法，使宋军各路人马无人敢掉以轻心、私自为战，保证了宋军内部的统一和战斗力，为战胜敌人奠定了基础。

肃正军纪后，军队停止前进，休整 10 天。侦察的人回报，以为宋军

不会很快进击。但狄青第二天便集合军队人马，一昼夜就过了昆仑关，从归仁铺出来布阵。叛军失去了险要阵地后，都出来迎战。前锋孙节与叛贼在山下搏斗而死，叛军士气极高，孙沔等人吓得脸色都变了。狄青手举白旗指挥骑兵，从左右两翼冲出，出于叛军意料之外。大败叛军，追击了50里，斩了数千首级，侬智高同党黄师宓、侬建中、侬智中以及伪官僚吏属被杀死者有57人，生擒叛贼500多人，侬智高在夜间纵火烧城后逃走。黎明时，狄青严管着部队开进了邕州城，缴获金银玉帛数以万计，杂畜数千，又招集曾被叛军俘虏胁迫的老壮年人7200人，慰抚之后释放、遣散。将黄师宓等人的头挂在邕州城下示众，又敛集叛军尸体在城北角建筑京观。后侬智高逃往大理(今云南地区)，不久被当地人杀死。至此，岭南侬寇骚乱得以平息。狄青还军京师，宋仁宗嘉奖其功，拜枢密使，赐第宅于敦教坊。

据传狄青到广西征讨侬智高时，由于从前将领几次征讨失败，士气低落，如何振奋士气便成了个问题。狄青看到南方有崇拜鬼神的风俗，便心生一计：他率官兵刚出桂林之南，就拜神祈佑。只见他拿出100个制钱，口中念念有词："此次用兵胜负难以预料，若能制敌，请神灵使钱面全都朝上！"左右官员对此感到茫然，担心弄不好反会影响士气，都劝狄青不必这么做。而狄青却不加理睬，在全军众目睽睽之下，一挥手，100个制钱全撒到地面。大家凑近一看，100个钱面全部朝上。官兵见神灵保佑，雀跃欢呼，声震林野，士气大振。狄青当即命左右侍从，拿来100根铁钉，把制钱原地不动地钉在地上，盖上青布，还亲手把它封好，说："待胜利归来，再收回制钱。"于是率官兵南进，越过昆仑关，设计在归仁铺与侬智高决战。结果大败侬智高军，"追赶五十里，斩首数千级"，俘侬智高主将57人。侬智高遁往大理，后死在那里。狄青平定了邕州，带领胜利之师北还，如约到掷钱处取制钱。僚属们将钱起出一看，原来这100个制钱两面都是钱面，大家才恍然大悟，对狄青的"静不露机"更是佩服得五体投地。

狄青巧计激士的典故，后来被《三十六计》一书的作者收入卷中，作为第二十七计"假痴不癫"的注脚战例。

狄青除为人正派，品德高洁。狄青对下级军将或士兵，有功必赏，而且绝不贪功为己有。每次战役，总让参战的诸军将有功可得。这次消灭侬智高贼寇，若非狄青御兵，后果难料。孙沔本在狄青之前任安抚使，全权负责讨侬寇之事，但率兵出岭南，却师久无功。狄青师出岭南，谋划决断均为狄青一人，孙沔未予参与。但平贼后，邕州的清理及善后之事，狄青全都委派孙沔去做，自己却退至一边，好像一点也不关心这些事情一般。至报功时，狄青则将孙沔之功一一俱报，毫无漏者。孙沔起初只佩服他的英勇，后来又佩服他的为人。而且自认为不如狄青。

狄青

狄青在宋朝的西北边陲战斗多年，因功而至显官，但其脸上尚有初次投戎时被刻刺的字样。这本是宋朝防止逃兵的一种做法。他官职很高，而脸上刺字犹存，宋仁宗曾下敕书让狄青敷药除去脸上的刺字，但狄青不肯。他说："陛下因功劳而提拔臣下，不问出身门第，因此才有了我的今天，也才有了脸上的刺字。我愿意留着刺字，以此激励、鞭策将士，所以不敢奉诏除字。"

嘉祐元年（1056年），京师发大水，狄青避水将家搬到相国寺，竟在佛殿上居住，民情对此颇有疑惑议论，朝廷便免去狄青枢密使之职，加同中书门下平章事之衔，离京出判陈州（今河南淮阳）。他至陈州后，宰相文彦博还派人每月"抚问"两次，名为抚问，实为监视。嘉祐二年（1057年）二月，狄青，终因忧愤成疾，疽病突发而死。宋神宗继位后，考察评价近世将帅，认为狄青以行伍出身名震夷夏，深沉而有智略，十分感慨。为了追念他的功绩，下令将狄青的画像挂在禁中，并亲手御制祭文予以悼念，派使臣带猪羊祭品至狄青家中祭祀。

十三、熙河开边立奇功，"三奇副使"燕国公

王韶（1030—1081年），字子纯，号敷阳子，江州德安（今江西德安县）

人，北宋名将。累进观文殿学士、礼部侍郎等职，官至枢密副使，以"奇计、奇捷、奇赏"著称，戏称之"三奇副使"。

1. 平戎三策

王韶足智多谋，富于韬略，于嘉祐二年（1057年）登进士第。王韶及第后，相继担任新安主簿、建昌军司理参军等职。后因考取制科失败，转而游历陕西一带，采访西北边境的风土民情。

宋神宗熙宁元年（1068年），王韶向宋神宗献上《平戎策》三篇，详细陈述了攻取西夏的策略。其大意认为："要想攻取西夏，应当先收复河、湟二州之地，这样夏人就有腹背受敌之忧。夏人近年攻打青唐，未能攻下，万一攻打下来，它必定会挥兵南下，大肆掠夺秦、渭二州，牧马于兰、会之地，切断古渭交通，征服南山的落后的羌人，西面构筑武胜城，时常派兵骚扰洮、河，那么陇、蜀各郡就都会受到威胁，瞎征（唃厮啰政权首领之一）兄弟他们能自保吗？就目前情况来看，唃氏（指唃厮啰的后代）子孙中，只有董毡（唃厮啰政权第二代主）稍能自立，瞎征、欺巴温（唃厮啰政权首领之一）等人，他们的势力范围都不超过一二百里。如此弱小的势力，能与夏人抗衡吗？武威以南到洮、河、兰、鄯，都是过去汉代所辖的郡县，所谓湟中、浩亹、大小榆、枹罕等地，土地肥沃，很适合羌人各部生存。所幸的是现在各羌分裂，互不统属，正好将他们割裂开来，各个击破。一旦各部都臣服了，唃氏敢不归顺吗？唃氏归顺了，那么河西李氏就成为我掌中之物了。再说唃氏子孙中，瞎征的势力相对较大，受羌人各部畏惧。朝廷如果予以招抚，并让他驻扎在武胜或者渭源城，以纠合宗党，统治部族，习用汉人之法，到那时夏人虽然强大，而不为我统治的也不过只有延州李士彬、环州慕恩罢了。如此行事，则对大宋有肘腋之助，而又可以使夏人各部相互孤立，不能联结在一起，这应当算是上策了。"

由于《平戎策》既正确分析了熙河地区吐蕃势力的状况，更提出了解决北宋统治者最急迫的西夏问题的策略，其目的与宋神宗、王安石等变法派"改易更革"的政治主张相一致，因此得到北宋朝廷的高度重视和采纳，王韶被任命为秦凤路经略司机宜文字（相当于机要秘书）之职，主持开拓熙河之事务。从此以一文人出掌军事，担负起了收复河湟的任务。

2. 文人掌军

蕃部的俞龙珂在青唐地区势力最大，渭源的羌人与夏人他都想加以节制。各将帅议论先对俞龙珂进行讨伐。王韶因为纠察边境之事，带领数骑直到俞龙珂的帐中，给他分析其成败胜负，当晚又留宿在那里。第二天早晨，羌人、夏人都派遣他们的一些重要首领随王韶东去了。很久以后，俞龙珂率领其部属 12 万多人臣服朝廷，这就是所说的"包顺"。

王韶又说："渭源到秦州一带，良田弃置无人耕种的有上万顷。希望设置市易司，以求商贾之利，将经商所得拿来治理农田。"宋神宗采纳了他的意见，改任著作佐郎，仍命王韶提举。经略使李师中说："王韶这样做是想侵占边境的弓箭手的田地，他又打算将市易司移到古渭，我担心秦州的麻烦事只怕会越来越多了，会搞得得不偿失。"王安石支持王韶的

宋越窑茶叶末釉刻花鸡头倒流壶

意见，为此罢免了李师中，让窦舜卿接替他，并派李若愚对此事进行调查。李若愚到后，问王韶他所说的荒弃不耕的农田在哪里，王韶无言以对。舜卿仔细地检查，只发现了一顷田，这还是此地的主人被诉讼而没收的，后来又归还了。李若愚上奏宋神宗说王韶所谓的荒田是谎报的，为此王安石又罢免了窦舜卿而任命韩缜。韩缜于是附会王韶，说他奏报的是事实，李师中、窦舜卿都被贬谪，而王韶则升为太子中允、秘阁校理。后来，大将郭逵上奏说王韶暗中贷市易钱。王安石认为郭逵所言证据不足，故而将其调至泾原。

宋神宗志在收复河陇，于是修筑古渭城，组建通远军，以王韶知军事。

3. 熙河开边

熙宁四年（1071 年），吐蕃大将穆尔、结舒克巴等集结于抹邦山（今

临洮岚观坪），直逼狄道城。

熙宁五年（1072年）七月，王韶派兵至渭源堡和乞神平，击败蒙罗角、抹耳水巴等族。开始，羌人据守险要之地，一些将领打算将部队布置在空旷的平地，王韶说："敌人如果不离开险要之地，我们只有徒劳而归。现在既然已涉入险要之地，就应当占领它，使它为我所有。"于是带领部队直趋抹邦山，与羌军对垒，并下令说："谁要敢说退兵，就将他斩首。"敌军居高临下攻击，宋军稍受挫败。王韶这时亲自披挂上阵，指挥部队反攻，羌人大败，他们将营房帐篷焚烧后撤退了，洮西大为震动。这时瞎征带兵渡洮河来援救，被击散的敌军又集结起来。王韶戒令部下将领由竹牛岭路出动，虚张声势，以牵制敌人，而暗地里让部队攻打武胜，与瞎征一首领瞎药等部相遇，双方激战，宋军大败瞎药等部，遂进驻武胜，建为镇洮军。迁王韶为右正言、集贤殿修撰。接着又击走瞎征，降其部落2万人。更镇洮之名为熙州，划熙、河、洮、岷、通远为一路，王韶以龙图阁待制一职知熙州。

熙宁六年（1073年）三月，王韶攻取河州，被擢升为枢密直学士。此时，原已归降的羌人又发动叛乱，王韶回军攻打。瞎征让叛羌据守河州，王韶麾师攻下诃诺木藏城，穿越露骨山，向南进入洮州境内。洮州境内道路崎岖狭窄，部队只好弃马徒步而行。瞎征令其部下留守河州，而亲自带兵尾随官军，王韶奋力激战，打败了瞎征，收复河州。接着攻下宕、岷二州，叠、洮二州的羌人首领于是都开城投降。宋军转战54日，跋涉1800多里，共攻取5州，杀敌数千，缴获牛、羊、马数以万计。战后，王韶进升为左谏议大夫、端明殿学士。

在开拓熙河的过程中，王韶采取招抚、征讨、屯田、兴商、办学相结合的战略方针，取得了"凿空开边"的重大胜利。在此期间，他"用兵有机略"，"每战必捷"。熙河之役，拓边2000余里，收复熙、河、洮、岷、叠、宕六州，恢复了安史之乱前由中原王朝控制这一地区的局面。并生擒木征，送往京师。熙河之役的胜利，"是北宋王朝在结束了十国割据局面之后，80年来所取得的一次最大的军事胜利"。对于饱受外患的北宋是极大的鼓舞，使宋对西夏形成了包围之势，达到了使西夏"有腹背受敌之忧"的战略目标。

4. 解围河州

熙宁七年（1074 年），王韶入朝，被加授为资政殿学士。神宗在汴京的崇仁坊赐其一座宅邸。

王韶在回京途中抵达兴平时，听说景思立败于踏白城，羌军包围了河州，于是他又日夜兼程赶至熙州。熙州正加紧设防，王韶命令撤防。又从熙州挑选了 2 万兵力，以解河州之围。

王韶首先召集众将，讨论解围之策。众将都认为要直赴河州，王韶说："敌人之所以围城，是因为他们有外援。现在他们知道我们要去直接解救河州，一定会埋下伏兵等着我们。而且他们刚刚打了胜仗，士气高昂，因此不能直接与他们交锋，而应当出其不意，去攻打他们赖以依靠的外援，这就是所谓'避亢捣虚，形格势禁，则自为解'。"随后，王韶挥师直扑定羌城，攻破结河族，切断了西夏的交通。又进逼宁河，分兵几路进入南山。瞎征知道外援已绝，遂撤兵而去。

当初景思立兵败时，羌人之气焰又高涨起来，朝廷有的大臣议论要放弃熙河，宋神宗为之也寝食不安，多次诏令王韶须稳住，不要轻易出战。至此羌人大败，宋神宗欣喜万分。王韶返回熙州，指挥部队沿西山绕出踏白城后，焚烧羌人 8000 帐，瞎征投降，并被押送至汴京。宋神宗论功，拜王韶为观文殿学士、礼部侍郎，从而开非执政者被授予学士职之例。宋神宗又特授给王韶的兄弟及两个儿子官职，前后共赐给他 8000 匹绢。不久后，宋神宗再次召他入京，拜为枢密副使。

熙河路虽有建置，但其租赋收入稀少，供给全靠各道援助。转运判官马瑊找了一些官吏询问具体缘故，王韶多次颇为不满，想罢免马瑊，因王安石庇护马瑊，才未能如意。因为这次事件，王韶与王安石逐渐产生矛盾。他多次以母亲年迈为由，上书请求辞官回家，宋神宗让王安石极力挽留。

5. 宦海沉浮

熙宁八年（1075 年）至熙宁九年（1076 年），宋朝与越南李朝之间爆发了邕州之役。王韶针对此役，上奏说："决里、广源二州的建置，臣以为乃是贪图虚名而忘记了实际的损害，当朝执政还认为我在进行讥讽。当举事之初，臣据理力争，想节用民力、减省开支，但朝臣都不愿听，以至于

拿熙河之事来指责我。臣的本意是不想使朝廷受损而可以到伊吾卢甘，所以最初就不想将熙河作路，河、岷作州。现在臣与大家的意见不同，如果还不引退，一定不会为众人容纳。"王韶本是带兵驻边的武将，这时刚一跻身于政坛，就将屡用兵事、劳力费财的错误归于朝廷。宋神宗对此颇为不悦，故而将王韶贬知洪州。王韶因在谢恩表上颇多怨言，又被降职知鄂州。此后，王韶曾任册礼使，持节册命许国大长公主为韩国大长公主。

元丰二年（1079年），王韶被恢复职位，改任知洪州，累封至太原郡开国侯。王韶晚年言语失常，像得了癫狂病。生毒疮以后，毒疮溃烂，甚至可以看见五脏六腑。

元丰四年（1081年）六月二十四日，王韶逝世，享年52岁。朝廷追赠他为金紫光禄大夫，谥号"襄敏"。

绍圣三年（1096年），宋哲宗令熙河路立王韶庙。

崇宁三年（1104年）五月，宋徽宗因王韶有开拓西河之功，于是赐王韶庙的庙额为"忠烈"。

政和四年（1114年），宋徽宗加赠王韶为太尉、司空、燕国公。

十四、奋不顾身闻命行，大都乱世良将空

种师道（1051—1126年），字彝叔，原名建中，因为避讳宋徽宗建中靖国的年号，改名为师极，后被徽宗御赐名为师道。北宋末年名将。名将种世衡之孙。

1. 初入仕途

种师道幼年，拜思想家、哲学家张载为师。因为祖上功勋得以补三班奉职，经考试后改为文官，担任熙州推官、主管同谷县。有县吏打田产官司，历经两年而不决。种师道翻阅冗长的案卷，从早看到晚都没看完。种师道没有纠缠于这团理不清的乱麻，而是发现县吏告的只不过是母亲和哥哥，这在讲孝道的古代不能立案，县吏为了隐瞒这一点故意设置文字迷宫。于是种师道把那个小吏叫来，诘问道："你起讼你母亲和兄长，这没问题，但也不能长期骚扰乡里呀！"于是那小吏叩头服罪。

种师道升任原州通判、提举秦凤常平。他因为议论役法忤了蔡京旨意，改任庄宅使、知德顺军。随即蔡京一伙奸邪又诬告他"诋毁先烈"，将他罢官，

并且打倒在地再踏上一只脚，将他列入"党籍"。种师道被屏废10年后，才以武功大夫、忠州刺史、泾原都铃辖身份知怀德军。西夏要求划分边界，西夏使者焦彦坚一定要得到"故地"，种师道说："如果说故地，当以汉、唐为正，那贵国疆土更少了。"焦彦坚无言以对。

童贯掌握兵权后西征，一路作威作福，官员们见到他一齐跪拜，种师道作长揖而已。宋徽宗召种师道入京咨询边境情况，种师道说："先挑起战争不可胜，敌人来侵则针锋相对，妄动生事不是好主意。"童贯打算迁徙内地弓箭手充实边防，却说成是新边疆招募的。宋徽宗又咨询种师道，种师道说："臣恐怕弓箭手还没有边疆在立功，内地已经受到了骚扰。"宋徽宗赞许他的意见，赐给他袭衣、金带，任命他为提举秦凤弓箭手。当时五路都设置此官，宋徽宗说："你是我亲自提拔的。"童贯不悦。种师道因此不敢接受任命，经过请求得以提举崇福宫，很久以后改任西安知州。

2. 抗击西夏

夏人侵犯定边，筑佛口城，种师道率宋军前往夷平。宋军刚到时非常口渴，种师道指山的西麓说："这里应该有水。"命令工兵挖掘，果然泉水流溢满谷。

种师道屡次升迁至龙神卫四厢都指挥使、洺州防御使、渭州知州。当时他统率诸道宋军修筑席苇城，还没有竣工，敌人已经赶到，在葫芦河筑垒。种师道在河边布阵，似乎要和敌军决战，暗地里派偏将曲克径出横岭，扬言是援军赶来了。敌人正震惊注视，杨可世已经率军悄悄绕到敌人后方，姚平仲以精甲部队攻击，敌人大溃。宋军俘获骆驼、牛马数以万计，敌人酋长只身逃脱，宋军最终完成筑城任务。

朝廷又命令种师道统率陕西、河东7路兵攻打臧底城，规定10天必须攻克。宋军兵临城下后发现敌人守备非常坚固，几天后官兵开始倦怠。有个列校偷懒，自己坐在胡床上休息，种师道立即将其斩首于军门示众，下令说："今日不攻下此城，你们都和他一样！"众人震动，鼓噪登城，城防于是崩溃，宋军8天就攻下了臧底城。宋徽宗得到捷报后欣喜不已，升种师道为侍卫亲军马军副都指挥使、应道军承宣使。

3. 出征辽国

种师道又随从童贯担任都统制，被拜为保静军节度使。童贯联金伐辽，让种师道掩护诸将。种师道进谏说："今日之举，譬如强盗入邻家，我们不能救，反而又趁火打劫，与强盗分赃，怎么可以呢？"童贯不听。宋军抵达白沟后，辽人鼓噪向前，宋军多有伤亡，幸亏种师道先令每人持一巨棍自防，辽兵盔甲挡不住钝器打击，宋军才不至于大败。辽国使者前来恳求："女真背叛本朝的行为，南朝也非常憎恶（指西夏叛宋）。如今贵国为获一时之利，不惜弃百年之好，结豺狼之邻，酿他日之祸，这可谓明智吗？救灾恤邻，是古今通义，希望大国思量！"童贯无言以对。种师道又进谏说应该答应辽使退兵，童贯又不听，秘密弹劾种师道助贼。王黼愤怒，责令种师道以右卫将军身份致仕退休，而用刘延庆代替他。刘延庆在卢沟战败后，宋徽宗又想起种师道，起用他为宪州刺史、环州知州。他不久归任保静军节度使，又致仕退休。

4. 抗击金兵

金人南下，宋徽宗急忙召种师道进京，加封他检校少保、静难军节度使、京畿河北制置使，有权自行征兵征粮。种师道正隐居南山豹林谷，得到命令后立刻东行赶到姚平仲处，带上姚平仲的步骑7000人一齐北行。种师道抵达洛阳后，得知斡离不已经屯兵京城下，有人劝他不要去，说："贼势正锐，愿您驻军汜水稍微停留，以谋万全之策。"种师道说："我军兵少，如果迟疑不进，暴露实情，只不过自取其辱。如今我军大张旗鼓前进，金人怎能测我虚实？京城军民得知我军前来，士气自然振奋，还用怕金贼吗？"种师道在沿路遍贴告示，宣称种少保率领西兵百万前来。宋军进抵城西汴水南岸，直逼敌营。金人畏惧，拔营迁往稍北处，限制游骑活动，一心一意在牟驼冈增筑堡垒自卫。

当时种师道已经高寿，天下称之为"老种"。继位的宋钦宗听说种师道来了，非常欣喜，开安上门，

宋代钧窑窑变釉双耳瓶

命尚书右丞李纲迎接慰劳。种师道入见，宋钦宗问："今日之事，爱卿意下如何？"种师道回答说："女真不懂兵法，岂有孤军深入别人境内而能顺利撤退的道理？"宋钦宗说："已经讲和了。"种师道于是说："臣以军旅之事服务陛下，其他事不是臣敢明白的。"宋钦宗拜他为检校少傅、同知枢密院、京畿两河宣抚使，诸道兵马全部由他统率，以姚平仲为都统制。种师道当时患病，宋钦宗叫他不用朝拜，准他乘轿子入朝。金国使者王汭在宋廷非常强硬，见种师道来了，才拜跪稍稍合乎礼仪。宋钦宗笑着对种师道说："他因为你才这样。"

京城自从受围后，诸门尽闭，百姓无柴无菜可买，种师道请求开启西、南门，让百姓如同平常一样出入。有金兵擅过偏将马忠军，马忠将其六人斩首，金人前来投诉，种师道发给金人界旗，让金人仿照自制，从此金人画地为牢，无人敢越界。种师道又请求拖延交纳赔款，等金人懈怠思归时，扼阻金人归路，在黄河予以歼灭。宰相李邦彦主和，自然不同意，主战派从实际行动看是准备麻痹金人突然袭击，当时也不一定赞成。

种氏、姚氏都是山西大族，姚平仲父亲姚古这时率熙河兵入援，宋军实力增强。姚平仲担心功名都被种氏占去，就报告说将士们都摩拳擦掌，种师道却不准打仗。李纲于是命令城下兵马听姚平仲指挥，宋钦宗也不提讲和了，天天派使者催促种师道出战。种师道准备等弟弟种师中率军赶到，认为过了春分才能袭击金人。宋朝君臣约期举事，当时离春分只有8天。可当初等不及要和的宋钦宗又等不及要战，与姚平仲秘密决定半夜劫营，想生擒斡离不，抢回康王。半夜，太监紧急传旨李纲说："姚平仲已经举事，你马上去支援。"姚平仲劫营失利后一走了之，西兵溃散。史书未提李纲的夜间行动，只提李纲早晨率军出城击退金兵，不过金人和主和派认为李纲也应对劫营负责。

宋钦宗把责任推到李纲、姚平仲身上，李邦彦重新得势，又主张割地赔款，种师道力争无济于事。主和派罢免李纲讨好金人，太学生们与京城百姓数十万人担心主战派安危，到皇宫前请愿，请求见种师道、李纲一面。宋钦宗一方面将李纲复职，一方面诏书催促军队镇压。种师道乘车赶来，群众掀开车帘看见了，说："果然是我的种大人。"一齐致敬后散去。

金人见李纲复职，也不敢孤军持久深入，得到宋朝正式割地承诺并

得到肃王做人质后，退兵而去。种师道再申前议，劝宋钦宗乘金兵渡黄河时袭击，宋钦宗不从，种师道说："他日必为国患。"宋钦宗随即将种师道罢免为中太一宫使，可能是幽禁起来。然而士民对屈辱和约感到愤怒，李纲叫宋军以护送名义追击，大臣扣押前来索要金币的金国使者，甚至用蜡丸信联络辽国旧臣耶律余睹，要他叛金复辽。金兵于是围攻太原，宋钦宗见战事又起，也感到和约不可靠，于是又倾向主战。主战派御史中丞许翰拜见宋钦宗，认为不宜解除种师道兵权，宋钦宗说："种师道老了，难用，我让你见见他吧。"让许翰与种师道在殿门外相见。种师道沉默不语，许翰说："国家有急，皇上下诏允许我咨询您，您不要因为我是书生的缘故就不肯谈。"种师道才说："我众敌寡，只要分兵结营，控守要地，使敌粮道不通，坐以持久，敌人可破。"许翰感叹其言，上奏说种师道智虑未衰，尚可用。宋钦宗于是加封种师道检校少师，进封太尉，换节镇洮军，担任河北、河东宣抚使，屯兵滑州。其实宋钦宗并没给种师道一兵一卒。

5. 悲愤去世

种师道请求集中关、河兵力在沧州、卫州、孟州、滑州修筑防线，以防金兵再至。然而主战派先主张穷追东路撤退金兵，又主张反击西路围困太原的金兵，主和派更是不问军事，朝廷议论认为大敌刚退，不宜兴师动众修防御来示弱。朝廷听信假情报逼宋军速战，援救太原的种师中战死、姚古战败，朝廷震悚，召回种师道，派李纲前去。李纲声称不懂军事，请求退休不愿去，但宋钦宗一定要李纲去，否则就是抗命。李纲和士民都认为这是借刀杀人的手段，因为主和派极力推荐李纲去。

援救太原的宋军照样受朝廷遥控，屡屡失利后，宋钦宗换掉李纲，由种师道接任。种师道在河阳遇到金国使者王汭，察言观色判断金兵一定会大举南下，立即上疏请求皇帝临幸长安躲避敌锋。大臣认为这是怕，宋钦宗又召回种师道。因为战事屡败，宋钦宗又用起主和派。太原最终沦陷，两路金兵大举南下，宋钦宗决心议和，主和派命令地方宋军不许勤王，专心专意罢战讲和，李纲被贬出京城。种师道可能是悲愤交加，到京后已经病得无法入见，于十月份去世，终年76岁。宋钦宗亲临祭奠，为之恸哭，追赠开府仪同三司。

十一月金兵已经兵临城下。宋钦宗既用主和派意见派使者出城求和，又用主战派意见坚守京城不去，谁知两样都落空。京城失守，宋钦宗、宋徽宗被劫入金营，金兵以此为筹码逼两河军民开城投降、宋朝臣民贡献金银珍宝美女、并保障金兵退兵安全，因为金兵人数确实不多。宋钦宗捶胸大哭道："不用种师道言，以至于此！"

汴梁城破之后，金兵将领入城，很想拜见一下种师道，惜乎种师道已死，便找到种师道的侄子种洌，对种洌说："我们过去曾在阵前见过你伯父，真是一位好将军啊！如能采纳他的意见，宋朝不会败得这样惨。现在宋朝应该知道种将军是个忠义之人了吧。"宋朝的被俘官员听了，皆仰天长叹。

种师道死后，其侄子种洌护种师道的灵柩西归时，在路上碰到强盗，强盗听说是种师道的灵柩，都下拜致奠，并且反赠金钱以致意，其得人心如此。

在《宋史》中，种家军比杨家将的名气大，比杨家将的作用大，只不过杨家将走上了舞台，被渲染得出了彩，而种家军却走进了线装书，被文字湮没了。北宋统治的 168 年间，种家军英雄辈出：种世衡、种诂、种谔、种诊、种谊、种朴、种师道、种师中皆为将才。种家子弟五代从军，数十人战死沙场。

十五、壮志难酬"宗爷爷"，临终三呼"过河"亡

宗泽（1060—1128 年），字汝霖，婺州义乌（今浙江义乌）人。

父亲宗舜卿是个穷书生，家境很贫困。宗泽在元祐六年（1091 年）考中了进士，由于他在考试的时候，大胆正直地指出当时朝政的弊端和黑暗，遭到了主考官的厌恶，录取于末甲（第三等），委派做大名府馆陶（今河北馆陶）的县尉。以后，宗泽还做了衢州（今浙江衢县）龙游令、晋州（今山西晋城）赵城令、知莱州（今山东掖县）掖县，登州（今山东蓬莱）通判等地方长官，他把所管的地方都治理得很好，取消了一些额外的征敛，减轻了一些人民的负担。宋钦宗靖康元年（1126 年），金兵第一次围攻北宋首都汴京（开封，也称东京），宋徽宗传位给宋钦宗赵桓后，南逃到镇江。宗泽被保荐担任正少卿的官职，应召到汴京，当时已是 67 岁的高龄了。他见宋钦宗时，慷慨地谈论当时的形势，坚决主张抗金。随后，他怀着满腔的爱国热情，斗志昂扬地投入了汴京保卫战，英勇抗击金兵。

靖康元年（1126年）八月，宗泽被宋钦宗任命做和议使，出使到金营宗望（斡离不）议和。宗泽向宋钦宗说："我觉得用和议这个名字是不妥当的，敌人会以为我们非求和不可，不如改名计议使，表示我们并不是去求和的。"宋钦宗只好下令改和议使为计议使。宗泽在临出发前，向同僚们告别说："这次去出使，我不打算活着回来。"同僚们问他为什么，他说："我这次到金营去，决不会向他们屈服的。敌人如果愿意退兵就算，否则我一定拼死力争，就是牺牲了性命，也不能叫国家遭受耻辱！"一心一意向敌人妥协投降的宋钦宗，本来是派宗泽去金营求和的，听到宗泽有这种决心以后，就把他调出汴京，到磁州（今河北磁县）去做知州。

当时，太原已被金兵攻下，形势很紧张，朝廷派到两河去做官的人，都借故不去，但宗泽以国家民族利益为重，丝毫不计较个人的得失，毅然带着十几名士兵到磁州去赴任。磁州在金兵南侵时，已经遭受到严重的破坏，残破不堪，城里老百姓大多逃亡他乡，府库十分空虚，防务极其艰难。宗泽到磁州后（任河北义军都总管），马上修复被破坏的城墙，制造作战时用的武器，招募义勇当兵。不到一个月的时间，在军民的同心协力下，磁州的守卫工作就做好了。所以当金兵第二次南下，攻陷真定（今河北正定），派遣数千骑兵攻磁州时，宗泽披甲登城，指挥作战，命令部下用神臂弓射杀敌人，并开城门追击，斩杀敌人数百。金兵吃了大亏，只好退走，直向汴京逼近。

汴京不断接到金兵逼近的消息，钦宗被吓昏了，慌忙派自己的弟弟康王赵构和副使王云到宗望（斡离不）那里去求和。赵构到了宗泽镇守的磁州，被老百姓在路上拦住，劝他不要自投罗网，宗泽也竭力劝阻。人民又起来杀死奸细王云，赵构只好留在磁州。这时，相州（今河南安阳）的守臣汪伯彦邀请赵构，赵构便到了相州。不久，赵构奉宋钦宗命令做天下兵马大元帅，汪伯

宗泽

彦和宗泽为副元帅，要他们领兵去救援汴京。但随后宋钦宗又派人通知赵构说，议和正在进行，可望成功，叫他暂停进军。宗泽竭力提议把兵马向澶州（今河南濮阳附近）推进，次第进垒，以解京师之围。可是，汪伯彦却主张讲和，不愿进兵，还劝赵构要宗泽率兵先出发。宗泽只好单独率领2000名士兵出发，而赵构和汪伯彦却逃到东平（今山东东平）去了。

宗泽率兵出发到开德（今河南濮阳），连续打了13次胜仗。他写信劝赵构号召各路军队到汴京会合，赵构却置之不理。宗泽到了卫南（今河南滑东），却陷入了金军的包围圈。面对险恶的形势，宗泽慷慨激昂地对士兵们说："今天进也是死，退也是死，一定要从死里杀出一条生路出来！"士兵们听了，大受鼓舞，都拼命作战，人人以一当百，杀死了好几千敌人，金兵大败，后退了数十里。宗泽预料到敌人不甘心于失败，获胜后立即转移。金军连夜赶来反击，扑着一座空营，大感惊奇。在这一仗里，宗泽的勇敢果断充分地表现出来。

宋钦宗靖康二年（1127年），由于投降派的卖国政策，汴京陷落，二帝（宋徽宗、宋钦宗）被俘，宗泽主张出兵据金兵归路，迎还二帝。赵构为了得到帝位，却命令"移师近都，按甲观变"。

康王赵构（宋高宗）继帝位后，为当时形势和舆论所迫，不得不起用主张坚决抗战的李纲。李纲任宰相后，即推荐已经68岁的宗泽任开封尹兼东京留守。建炎元年（1127年）六月，宗泽到了开封。这时开封因遭受过金兵的蹂躏，破坏得不成样子，防御设备都已废弃，城内秩序也很乱，奸细乘机造谣作乱，弄得人心惶惶。宗泽到任后，一面巡视各处，出示安民，诛除地痞、恶棍，肃清敌人奸细；一面依靠人民的力量，招募义军守城；一面根据城外地形，立坚壁24所，沿着河岸筑起了连珠寨，以加强防御，把开封布置得像铜墙铁壁一样。宗泽还团结两河及陕西义军。义军首领王善、杨进等各自率领了几十万义军投到宗泽部下，愿意接受指挥和对金兵作战。这样，宗泽一时拥兵达百万以上。还经常进行操练，士气很高，粮草的积蓄也很充足，并在战斗中屡败敌军。开封经过他的整顿，又成为一个坚固的军事要塞。从此，这位德高望重的老将，更为广大人民所崇敬。敌人也都称呼他为"宗爷爷"，闻名而丧胆。

宗泽对于抗击金兵、恢复故土的事业抱有极大的忠诚和信心。宗泽曾经多次向宋高宗上奏章，陈说恢复大计的亟待进行，并劝他回开封主持抗金斗争。但是，昏庸已极的赵构始终不准宗泽出兵北伐，如果谁出兵北伐，即以"目无朝廷，违抗军令"论处。在李纲罢相后，黄潜善、汪伯彦掌握了大权，宗泽的处境就更加孤立了。

金统治者看到赵构准备南迁，无意北伐，在建炎元年十二月，即分三路进攻山东、河南和陕西。宗翰（粘罕）攻河南的中路军遭到宗泽的英勇反击，宗辅、宗弼（兀术）统率攻山东的东路军和索洛统率攻陕西的西路军，也都受到了山东和陕西广大义军的沉重打击。并且各地义军都自动归从宗泽，愿意听从他的号令。进攻的各路金兵遭受打击之后，纷纷撤退，匆匆结束了这次攻势。

金兵撤退的时候，宗泽认为这正是南宋乘势反攻、收复失地的好机会。宗泽召集手下的部将，要他们准备渡河。部将们都兴奋地说："我们愿意快些渡河，为国家效命。"宗泽还联合各地义军，准备利用夏天敌人马瘦的时候，进行全面的反攻。宗泽还上奏章给赵构，要他回到开封，召集全国力量打击敌人。还要赵构把他的奏章在朝廷里让大家评论，要是有一点不对，愿意接受国家严厉的处分。

但是，在扬州依旧过着荒淫无度生活的赵构，始终反对抗战，仇视人民，他把坚持抗战的宗泽当作有野心的人物，把宗泽所信任的义军看作盗贼。他不但不支持宗泽的抗金斗争，反而加以破坏，实质上起了出卖北方抗战的作用。

宗泽，这位69高龄的老将，眼看朝廷如此腐败，北伐的机会错过，满腔爱国热情得不到支持，觉得十分痛心。赵构还怕他联结义军威胁自己的统治，又派了一个叫郭仲荀的去做副留守，监视他的活动，宗泽格外气愤。这位力主抗战的老将眼看事与愿违，终

宗泽

于忧愤成疾，背上生了疽，竟于建炎二年（1128 年）七月初一逝世了。他病重的时候，部下的一些将领去问候他，宗泽还鼓励他们说："只要你们能歼灭敌人，我虽死无恨了。"将领们听了，都感动得纷纷落泪。将领退出后，宗泽只是念着唐朝爱国诗人杜甫的名句："出师未捷身先死，长使英雄泪满襟"，来表明自己未竟之志。这位可敬的老将临死前，对自己的家事一句不问，只是在连喊三声"过河"后悲愤而终！

南宋的爱国诗人陆游，针对南宋统治者这种排挤、残杀爱国志士的罪行，进行了鞭笞，他在诗中说道："公卿有党排宗泽，帷幄无人用岳飞。遗老不应知此恨，亦逢汉节解沾衣。"

宗泽死后，南宋朝廷派了一个"酷而无谋"的杜充去做东京留守。杜充到了开封，废除了宗泽的一切措施，义军首领们非常失望，都散去了。义军解体后，开封城再也不是南宋前线的一个坚固的堡垒了。不久，杜充也弃城南下，最后开封终为敌人所得。

抗金老将宗泽这种热爱祖国，以天下为己任，鞠躬尽瘁、死而后已的精神，是永远值得后人学习的。

第二章 / 宋代名臣

一、君臣相得三为相，半部论语治天下

赵普（922—992年），字则平，幽州
蓟县（今天津蓟县）人。五代至北宋初年
著名政治家，北宋开国功臣。

赵普生长在五代后期，这是朝政多变、
兵乱不断的年代。他虽然20岁就已成为
藩镇的幕僚，但直到后周世宗显德元年
（954年）才由宰相范质推荐，被任命为滁
州（今安徽滁县）军事判官，正式踏上仕途。
在滁州，他遇到了禁军将领赵匡胤。显德
三年（956年）赵匡胤升任节度使，把赵
普收入幕府之中，这时他已35岁。在赵
匡胤的幕府中，他逐渐显露了政治才能，
成为核心人物。显德六年（959年）后周
世宗病逝，年仅7岁的柴宗训即位。由于
五代时的皇帝都是武人出身，绝大多数是
由节度使篡权代位。因而每个有实力的节

宋太宗雪夜访赵普

度使都觊觎着皇帝的宝座，小皇帝自然不能服众，兵将个个人心浮动。身
为节度使、掌握着后周禁军的赵匡胤自然有了当皇帝的野心。小皇帝刚即
位，更是夺权的极好时机。赵普作为心腹谋臣，积极策划，紧密配合赵匡

胤发动陈桥兵变，夺取了后周政权。

赵普和其他谋士认为，在城里兵变夺权不易成功，后周军队经过后周世宗改革，有很强的战斗力。只有把军队拉出城外，里应外合，成功的把握更大。960年春节，后周军臣正庆贺佳节时，镇州（今河北正定）和定州（今河北定县）派使来报说，契丹和北汉联合南下侵犯后周。后周恭帝年仅七八岁，太后符氏也才进宫不久，没有主意，便与大臣商议，仓促之间来不及辨清真伪核实情况，宰相范质提议，派归德军节度使、殿前都点检（中央禁军统帅）赵匡胤率军北上抵御。赵匡胤率大军到达陈桥驿（今河南开封市东北陈桥镇）。赵普等谋士向士兵游说，说当今圣上只是小孩，我们在前方拼死打仗，他也未必能知道我们的功劳，不如先立殿前都点检为天子等等。禁军中的下级军官也多有拥立将帅的习惯，如果成功，则能得到相当多的好处。在赵普等人的煽动下，军官们胆壮气足，聚到赵普的帐内，请赵普做主，赵普讲了自己的打算，要求将士以迅雷不及掩耳之势完成夺权行动，造成事实，以免四方节度使反抗。赵普让将校回去鼓动士兵，另一方面派人连夜回京城，向石守信、王审琦等人通报情况。让他们做好接应的准备。正月初一早晨，天刚蒙蒙亮，禁军将士便大声欢呼着拥到赵匡胤的帐前，几个将官进入帐中，请都点检当皇帝，赵匡胤假意不允，将官便把赵普早已准备好的黄袍披在赵匡胤的身上，并倒身便拜。在将士们的要求下，大军返回京城，在城内的石守信按计划接应，平定了有限的反抗，逼迫小皇帝退了位。

在陈桥兵变中，赵普运筹帷幄，筹划周密，指挥得力，帮助赵匡胤登上了皇帝的宝座，成为开国元勋。初次显露了他出色的政治才能。赵普被提升为右谏议大夫，枢密直学士，进入权力的中心，辅佐太祖。乾德二年（964年）被宋太祖任命为宰相。

赵普在宋太祖时期任相10年，为北宋各项制度的建立做了开创性工作。赵普从来都把国家的法令和制度放在最高的地位上。赵普辅佐宋太祖加强法制建设，颁布一系列法令，建立了一整套行政管理制度，宋太祖受此影响很大，他也认为，惩罚和劝诫，是国家的基本制度，不能不遵守。法制建设，为宋代走向稳定创造了良好的社会环境。

法律是由人制定和掌握的。官员的好坏，与法制实施有着密切的关系。赵普在宋太祖时期执掌朝政14年，其中独自担任宰相10年，是宋太祖

赵普

得力的助手。在这期间，他的主要职责就是选拔人才，改革吏治。赵普提出到年龄的官吏应该退休，否则会影响其他有才能的人进升。具体规定，如京官的任期是 30 个月，朝廷的御史，大理寺、刑部的官员是任满 3 年便要换个职位，赵普曾上书宋太祖说：明君应驾驭百官，使他们各得其所，在合适的位置上发挥自己的才能。应该多起用年轻人，官员老了到了年龄应该退休，这样才是明君。

宋初，还很重视对官吏的考核，赵普一到宰相任上，就奏请宋太祖考核百官，他说，治国应该任用贤人。要知其是否为贤人，就要经过考核，否则，分不出贤与愚。考核可以从我开始。此举深得宋太祖赞赏。

奖惩分明是赵普为政的主要思想之一。五代时期，贪赃枉法现象严重，官吏贪如虎狼，弄得民不聊生。所以赵普辅佐宋太祖，注重法制，宋初对贪官惩罚严厉。建隆三年（962 年），乾德五年（967 年）、开宝三年（970 年）先后 3 次诏令各地官员：贪赃枉法要处以极刑。如梓州知州冯瓒等人因贿赂开封府尹的幕僚刘凶而下狱，宋太祖想放他，赵普说不可放，最后将冯瓒等人流放到海岛。刘踏被免官。在赵普执政期间，肃贪工作取得很大进展，据史籍记载，宋太祖在位 17 年，处死贪赃官员 26 人，其中赵普执政的时期，就处死 20 人。这些人中，既有文臣，也有武将，既有中央官吏，也有地方官吏，因此而被罢免的官吏就更多了。

经过整顿，宋初吏治较为廉明。

赵普为宋高官 32 年，其中辅佐宋太祖 14 年，这是他政治生涯中的黄金时期，也是他的政治才干得以充分发挥的时期，构成了他一生中最辉煌的历史。宋太宗时，又两度出任宰相，但被卷入权力之争的旋涡，加上年老体衰，业绩大不如昔，70 岁他光荣退休，不久病逝。死后家人打开赵普的书箱，内有《论语》20 篇。这说明赵普确实是以半部《论语》佐宋太祖定天下，又以半部《论语》辅佐赵匡胤治天下。后世"半部论语治天下"之说始于此。赵普为北宋的建立与稳定立下了汗马功劳，是历史上善断大事尽忠国家的著名贤相之一。

二、质厚宽简状元郎，正道自持有度量

吕蒙正（944—1011 年），字圣功，河南洛阳人，祖籍在今莱州市城港路街道军寨址村。北宋初年宰相。

1. 状元夺魁

太平兴国二年（977 年），吕蒙正被录取为进士第一名，任命为将作监丞、升州通判。向皇帝辞行时，皇帝命令，政事如果有不便处理的，允许骑驿马前来上告，赐给他钱 20 万。待调回到京师，遇上宋太宗亲征太原，召他到行宫晋见，任为著作郎、直史馆，加任左拾遗。

太平兴国五年（980 年），宋太宗亲自任命他为左补阙、知制诰。

当初，其父吕龟图内眷很多，与嫡妻刘氏不和，把刘氏及吕蒙正一并赶出，吕蒙正母子非常穷困窘迫，刘氏发誓不再嫁人。吕蒙正做官后，迎接父、母亲同住，父、母亲住在一个屋子里但不同房间，吕蒙正对他们侍奉得非常周到。吕龟图不久死去，朝廷诏令起复吕蒙正。不久，升为都官郎中，入朝任翰林学士，擢升为左谏议大夫、参知政事，赐给他丽景门的住宅一栋。

2. 几度拜相

李昉被罢免宰相后，吕蒙正被任命为中书侍郎兼户部尚书、同平章事、监修国史。吕蒙正为人厚道宽容，有很高名望，以坚守正道自律。遇事敢出来讲话，每次讨论时政，有不公允的，一定坚持反对意见，皇帝赞许他能无所隐瞒。赵普是开国元老，吕蒙正是后来提升的官员，历任各种官职 12 年，于是同任宰相，赵普很赞许他。不久，遭母丧，守丧未满三年，被重新起用。

先前，卢多逊任宰相时，他的儿子刚出仕就授官水部员外郎，后来就被当作常例。就此，吕蒙正上奏说："臣出身进士及第，出仕时只授为九品京官。况且天下有才能的人，终身隐居于山林，没有得到朝廷丝毫俸禄的人多得很。现在，臣儿子刚成年，获此宠任，恐怕遭到上天谴责，请求以

吕蒙正

臣刚出仕时的官职补任他。"从此宰相的儿子只授给九品京官，成为法定制度。

淳化年间，左正言宋沆上奏疏违逆皇上旨意，宋沆是吕蒙正妻子的族人，因此而罢免吕蒙正吏部尚书一职，又任用李昉为宰相。

淳化四年（993年），李昉被罢免宰相，吕蒙正又以本官任宰相。与宋太宗奏对时，谈到征伐之事，宋太宗说："朕近来的征讨，是为百姓剪除凶暴，如果好功黩武，那么天下百姓都灭尽了啊。"吕蒙正回答说："隋、唐数十年中，四次征讨辽碣，百姓疲乏不堪。隋炀帝全军覆没，唐太宗运去土木攻城，这样都最终没有成功，况且治理国家的重点，在于国内勤修政事，那么远方之人必来归服，自然会得到安宁。"宋太宗同意他的意见。

至道初年（995年），诏令吕蒙正以右仆射身份出任河南府通判兼西京留守。吕蒙正到洛阳后，常常招引亲戚故交欢宴，政事主张宽静，委任僚属，政事自己只总体裁决而已。

宋真宗即位，进封吕蒙正为左仆射。遇到朝廷营建奉熙陵，吕蒙正追忆感戴先朝所给予的优厚的恩遇，贡献家财300多万作为营建经费的补充。宋太宗下葬那天，吕蒙正伏地哭泣极尽悲哀，人们认为合大臣之礼。

咸平四年（1001年），朝廷诏令吕蒙正以本官同平章事、昭文馆大学士。本朝以来三次任为宰相的，只有赵普和吕蒙正两人。郊祀礼后，加封为司空兼门下侍郎。咸平六年（1003年），授给他太子太师一职，封为莱国公，改封徐国公，又封为许国公。

3. 量大敢言

吕蒙正为人宽厚正直，对上遇礼而敢言，对下宽容有雅度。

吕蒙正刚被任命为副宰相，第一天入朝走马上任，意气风发地迈着方步走在大殿上，突然听到有人说："这小子也当上了参知政事呀？"面对这盆当头冷水，吕蒙正装作没有听见，走了。但是，与吕蒙正要好的同事很不满，要追查此人是谁。吕蒙正急忙制止，不让追查。下朝以后，吕蒙正的有些同事仍然愤愤不平，后悔当时没有逮住那人。吕蒙正则说："如果知道他的姓名，就会终生不能忘记，不如不知道为好。"

有一年正月十五日，宋太宗大宴群臣。喝到高兴处，宋太宗开始自夸："五代的时候，生灵涂炭，周太祖从邺南归，官吏和百姓都遭到抢掠，下则有火灾，上则彗星出现，观者惊恐畏惧，当时认为天下再也没有太平日子了。朕亲自总揽政事，万事大致得到治理，每当想到上天的赏赐，导致这样繁荣昌盛，就知道国家的治理与混乱在乎人为。"在座的大臣纷纷鼓掌表示赞同之际，只见吕蒙正起身，离开座位走到宋太宗面前说："皇帝所在之处，百姓都到此聚集，所以繁盛至此。臣曾经看到城外不出数里之地，饥寒而死者很多很多，不是都像城里这个样子。希望陛下从近处看到远处，才是百姓的幸福啊。"宋太宗听了这话，大为扫兴。

4. 辞官归隐

景德二年（1005 年）春天，吕蒙正上表请求辞官回洛阳。到朝廷告辞那天，坐轿到东园门，命令他的儿子扶着他到宫殿，对宋真宗说："对远方的人要和平共处，停止战争节省财用，是古往今来的治国上策，希望陛下经常替百姓着想。"宋真宗赞许并采纳他的意见，于是升任他的儿子吕从简为太子洗马，吕知简为奉礼郎。吕蒙正在洛阳，有园亭花木，每天与亲戚朋友宴会，子孙环列，经常向他敬酒祝寿，怡然自得。大中祥符以后，宋真宗朝拜永熙陵，封禅泰山，祀祠后土，经过洛阳，两次到他家，赏赐给他很多财物。宋真宗对吕蒙正说："卿的几个儿子谁可以重用？"吕蒙正回答说："我的几个儿子都不足任用。臣有个侄儿叫吕夷简，现任颍州推官，具有宰相的才能。"吕夷简从此被宋真宗垂注。

许国公的封命刚下来，吕蒙正就逝世了，终年 68 岁。追赠中书令，赐谥号为文穆。

三、光明正大誉"圣相"，无为治国柱石臣

李沆（947—1004 年），字太初，洺州肥乡（河北邯郸）人。北宋时期名相、诗人。

李沆年轻时喜欢学习，气量很大，其父李炳曾对别人说："这个孩子他日一定会官至公辅。"太平兴国五年（980年），李沆中进士甲科，任将作监丞、潭州通判。因郊祀恩，升任太子右赞善大夫。在通判潭州时，转运使赵昌言"谓其有台辅之量，表闻于朝"。而当时长沙守何承矩也"厚待之，以为有公辅器"。

太平兴国八年（983年），回朝任著作郎。相府召他考试写约束边将的诏书，上奏给宋太宗，宋太宗看后很高兴，命他以原职在弘文馆当值，赐五品官服。

雍熙三年（986年），右拾遗王化基上书自荐，宋太宗对宰相说："李沆、宋湜，都是有才能的人，可以让他们一同考试。"第二天，一并获授右补阙、知制诰。李沆职位低于王化基与宋湜，太宗特别升其职于三人之首，赐给各人钱百万。又因李沆素来贫困，多欠别人的钱，另外赐钱30万给他偿债。

雍熙四年（987年），李沆与翰林学士宋白一起知贡举。由于宋白把关过严，致使大部分举子落榜，致使"谤议蜂起"。指责议论这事的人虽然很多，但都没有归咎于李沆。

端拱元年（988年），李沆升任职方员外郎，旋即任翰林学士。

淳化二年（991年），李沆任同判吏部流内铨，他在任上"澄汰流品，旌别淑慝，清通简要，时誉归之"。李沆的才华、风度为宋太宗所欣赏，

李沆

他曾侍奉宋太宗参与曲宴，宋太宗目送他说："李沆风度端庄稳正，确实是显贵的人。"同年九月，升任给事中、参知政事。

淳化四年（993年）十月，以本职罢参知政事，任奉朝请。不久后，李沆因母亲去世而离职，未等服丧期满就被起用，外任升州知州。尚未成行，又被改授知河南府，兼留守司事。

至道元年（995年）八月，寿王赵恒（宋真宗）被立为太子，李沆升任礼部侍郎，与李至同兼太子宾客，宋太宗诏赵

恒以师傅之礼对待李沆。

至道三年（997年）三月，宋真宗即位。四月，任命李沆为户部侍郎、参知政事。

咸平元年（998年）十月，李沆以本职与兵部尚书张齐贤同任平章事，李沆兼任监修国史，参与重修《太祖实录》。

咸平二年（999年）六月，李沆呈上重修《太祖实录》共50卷。当时参与编修之人都受到加官增封的奖赏，只有李沆恳切推辞，宋真宗允准。同年十一月，加职中书侍郎。适逢辽军侵犯边境，宋真宗亲自北征，命李沆任东京（开封）留守，坐镇后方。李沆任留守，不杀一人而京师肃然。

咸平三年（1000年）二月，李沆任元德皇后（宋真宗生母）园陵使。宋真宗回京后，李沆在城郊迎接，宋真宗命他坐下摆好酒，连加慰劳。

咸平四年（1001年）三月，李沆加职门下侍郎。

咸平五年（1002年）十一月，李沆加职尚书右仆射。十二月，与宰相吕蒙正共同兼任门下侍郎。

景德元年（1004年）七月初三，李沆在早朝至待漏舍时，因病回府。宋真宗命太医前往诊视，派去抚问的使者相望于道。次日，宋真宗亲自驾临探问，赐白金5000两。宋真宗回宫后，李沆即病逝，享年58岁。宋真宗闻讯后非常悲痛，再次前往拜灵痛哭，对左右说："李沆作为大臣，忠心善良纯正厚道，自始至终都一样，怎么会想到他不享有长寿！"说完又哭了起来。旋即下诏为他辍朝五日（李沆位居一品，按例本只辍朝两日），追赠太尉、中书令，谥号"文靖"。

为示恩宠，宋真宗又在别第为李沆举哀，并录用李沆的弟弟国子博士李贽任虞部员外郎，光禄寺丞李源任太子中舍、屯田员外郎，直集贤院李维任户部员外郎；李沆之子李宗简被录为大理评事；李沆的外甥苏昂、侄子朱涛获赐同进士出身。由昭宣使李神福奉诏监视丧事。

景德二年（1005年）五月，李沆归葬河南府洛阳县贤相乡积润里，葬于其父李炳的墓旁。

李沆作为北宋太宗、真宗两朝的名臣，有"圣相"之美誉。史赞其为相"光明正大"，李贽在《藏书》中将其列为"忠诚大臣"，王夫之称

其为"宋一代柱石之臣"。他以清静无为治国，注重吏事，尤为注意戒除人主骄奢之心，这对于稳定宋初的内政外交、抑制奢侈、安定民心都起到了积极的作用。

四、凌霄耸壑栋梁材，镇服天下太平宰相

王旦（957—1017年），字子明。大名府莘县（今属山东聊城市莘县）人。北宋初年名臣，兵部侍郎王祜之子。

1.初入仕途

王旦出生于后周世宗显德四年（957年），因其生于凌晨，故取名旦，字子明。王旦先天相貌较丑，脸、鼻皆扁，喉部有突起，曾有华山道人预言其有异于他人的面相，说："日后必大贵。"王旦小时候沉默寡言，却好学不倦，颇有文才。王旦的父亲王祜很器重他，说："这个孩子应当会官至公卿宰相。"

太平兴国五年（980年），王旦进士及第，担任大理评事，后出任平江（今属湖南）知县，平江县官舍旧传有怪物占据暴戾，居住无法安宁，王旦到任前夕，看守的官员听见群鬼啸呼说："宰相公到了，我们应该避开离去了。"怪物便从此绝迹。后就地改任将作监丞。当时，转运使赵昌言凭借威望按自己的意志行事，使得下属官吏退避害怕，但赵昌言进入王旦辖境，便称赞他的善政，看出他高远宏大的志向，把女儿嫁给他。

王旦

雍熙元年（984年），赵昌言受替回朝，命王旦监潭州（今湖南长沙）银场。何承矩典掌潭州，推荐王旦入朝担任著作佐郎，参与编修《文苑英华》《诗类》。升任殿中丞。

雍熙二年（985年），出任郑州通判，上表请求朝廷建立天下常平仓，以堵塞兼并的路径。

雍熙四年（987年），改任濠州（今安徽凤阳）通判。

淳化元年（990年），王禹偁推荐他的才能，任转运使。通过驿站被召到京城，王旦不喜欢吏员的职务，便进献文章召试，改在弘文馆当值。

淳化二年（991年），被授任右正言、知制诰。最初，王祐凭借重名长久主掌制书诏命，王旦不到十年继承他的职位，时论都称美此事。钱若水有识别各类人的能力，见到王旦说："这真是宰相之才。"他与王旦同事，每每说："王君凌霄耸壑，是栋梁之材，显贵不可限量，不是我所能赶得上的。"李沆以同举进士同学的身份，也推重王旦为远大之器。

淳化三年（992年），王旦与苏易简同知贡举，加官虞部员外郎、同判吏部流内铨、知考课院。当时其岳父赵昌言正任要职，王旦为避嫌，引用唐代独孤郁、权德舆原有的成例辞职。宋太宗称赞他识大体，改任他为礼部郎中、集贤殿修撰。

淳化四年（993年），赵昌言出任凤翔知府，宋太宗当天就任命王旦为知制诰，仍兼任修撰、判院事，宋太宗当面赐予金紫，挑选牯犀带以示对他的荣宠，又令王旦位居西阁第一。

至道元年（995年），王旦知理检院。次年，升任兵部郎中。

咸平二年（999年），宋真宗赵恒即位不久，即拜王旦为中书舍人，数月后，任翰林院学士兼知审官院、通进银台驳司。宋真宗素来认为王旦贤能，王旦曾奏事后退下，宋真宗目送他说："替朕招致太平的，必定是此人。"钱若水被免除枢密院职务，得以在苑中召对，宋真宗询问大臣中可以任用的人，钱若水说："王旦有德行威望，能够胜任大事。"宋真宗说："这本来是朕心里所属意的人。"

2. 拜相当国

咸平三年（1000年），主管贡举，被锁闭于科举试场内应试10天，授任给事中、同知枢密院事，实际上已位居宰辅，跻身于北宋统治核心。从这时起直至逝世，王旦作为真宗的辅佐大臣连任要职共18年。

咸平四年（1001年），任工部侍郎、参知政事（即副相）。

景德元年（1004年），契丹南侵，真宗听从寇准建议，御驾亲征澶州，王旦随行。而担任东京留守的雍王赵元份患重病，王旦受命秘密从军前回京接任留守之职。王旦临行前说："希望陛下宣召寇准，臣有所陈述。"寇准到后，王旦奏请说："10天之内没有捷报时，应该怎么办？"宋真宗沉默

了很久后说："立皇太子。"王旦既到达京城，径直进入禁中，下发命令很严格，命人不得传播消息。等到宋真宗返回后，王旦的子弟及家人都在郊外迎接，忽然听见后面有骑士的呵斥声，惊异之下一看，才发现是王旦。

景德二年（1005年），王旦任尚书左丞。景德三年（1006年），任工部尚书、同中书门下平章事，正式拜相。不久，又加拜集贤殿大学士、明德皇后园陵使。景德四年（1007年），任大行皇后园陵使，并奉命监修《两朝国史》。

3. 追悔天书

当时契丹已接受"澶渊之盟"，寇准把此事当作自己的功劳，脸上有得意的神色，宋真宗也自为得意。王钦若憎恨寇准，想要搞垮他，便从容不迫地说："这是《春秋》里的城下之盟，诸侯还以之为耻辱，而陛下认为是功劳，臣私下认为不可取。"宋真宗凄怆地说："有什么办法呢？"王钦若估计宋真宗已厌倦战争，便诡言道："陛下用军队攻取幽燕之地，才可洗去耻辱。"宋真宗说："河朔百姓才免于战争，朕怎么能这样做？可以想想第二个方案。"王钦若说："只有封禅泰山，可以镇服四海，夸耀显示外国。但自古封禅，应得到上天祥瑞希世绝伦的事情，然后才可以。"接着又说："上天祥瑞如何能够必定得到，前代大概有人力造成的，只要人主深信而尊崇，以明示天下，那么与上天祥瑞没有什么不同。"宋真宗思考了很久，才表示同意，但心里害怕王旦，说："王旦要是认为不行呢？"王钦若说："臣如果用陛下的圣意晓谕他，应该没有什么不行的。"便趁机会向王旦说了，王旦勉强同意。宋真宗还犹豫不决，没人与他筹划。恰逢宋真宗前往秘阁，突然问杜镐说："古代所谓河出图、洛出书，果真是什么事呢？"杜镐是老儒，不能推测宋真宗的意思，随意应付说："这是圣人以神道设教而已。"宋真宗由此心意断决，于是召王旦饮酒，非常高兴，把一樽酒赐给王旦，说："这酒极佳，您回去与妻子家人共同享用。"等回家后打开，都是珠宝。由于这样，之后凡是天书、封禅等事，王旦只能不再有异议。

大中祥符元年（1008年），真宗决心封禅泰山，假造祥符，诏令改元。封禅泰山已成定局，王旦阻止乏策，无奈顺水推舟，违心地率官吏百姓上书请求封禅。真宗拜王旦为天书仪仗使、封禅大礼使。王旦奉命撰写歌功颂德的《封祀坛颂》，其碑刻至今仍存于泰山岱庙中。

大中祥符三年（1010年），任兵部尚书，知枢密院，不久又被任命为中书侍郎兼刑部尚书。

大中祥符四年（1011年），任祀汾阴大礼使、右仆射、昭文馆大学士，撰《祀汾阴颂》。宋真宗欲再加官，王旦固辞乃免。又兼门下侍郎、玉清昭应宫使。

大中祥符五年（1012年），任玉清奉圣像大礼使、躬谢太庙大礼使。景灵宫建造，又任景灵宫朝修使。

大中祥符七年（1014年），朝廷雕刻天书，王旦兼刻玉使，宋真宗挑选御厩中的三匹马赐给他。玉清昭应宫建成，王旦为司空。京师举行宋真宗特许的大聚会，王旦悲伤忧虑没有赴会，宋真宗赐诗开导他的心意。王旦任天书使，每有大礼，他就奉天书以行事，常常悒悒不乐。

4. 应对有方

当时适逢契丹倡和，西夏与宋朝誓约驻守故地，两地边境的军队被解除不用，宋真宗以无事治理天下。王旦认为祖宗的法制都在，务必实行原有的成例，谨慎地有所改变。宋真宗更加信任他，言无不听，凡是大臣有所请求，必定说："王旦认为怎么样？"王旦与人交往很少言笑，终日默坐，等到奏议朝政，群臣意见不一，王旦缓缓地说一句话来决定。回到家里有时不脱下帽子腰带，进入静室独坐，家人没人敢见他。王旦的弟弟因而以此事问赵安仁，赵安仁说："刚刚议论国事，王公不打算实行而没有决定，这必定是忧虑朝廷了。"

契丹奏请每年另外给予钱币。王旦说："东去封禅的日子很近，陛下将要出行，契丹以此来探听朝廷的意思而已。"宋真宗说："应该怎样回答？"王旦说："只要用微小之物而轻视他。"于是用岁给契丹的30万物资内各借3万给契丹，并晓谕在第二年岁给额内扣除。契丹得到谕旨，大为惭愧。次年，又下令有关官员："契丹所借金币

王旦

六万，事属微末，现仍然依照常数给予他，后不为例。"当时，西夏李德明说百姓饥荒，求取粮食100万斛。大臣们都说："李德明刚刚缔结盟约而敢于违背，请用诏书责斥他。"宋真宗因而询问王旦，王旦请求敕令官吏备办粟米100万斛于京师，而令李德明来领取。李德明得到诏书，惭愧下又拜谢说："朝廷有人才。"

大中祥符九年（1016年），呈上两朝国史120卷，宋真宗加拜王旦为司徒、南郊恭谢大礼使。是年，王旦因多病请求辞职，宋真宗不允，特许其五日一上朝，遇大事可随时入朝参议。

王旦为相时，宾客满堂，没人敢因私请托。王旦考察可与言以及素来知名的人，几个月后，召来与他谈话，询问访求四方利弊，或者让他陈述其言进献。观察有才能者的长处，秘密登记他的名字，其人再来，不接见。每有差遣除授，首先秘密疏陈、三四人姓名以请求，所录用的人宋真宗用笔标记。同事不知道此事，争论有所任用，唯独王旦所用，奏入没有不行的。丁谓因此几次毁谤王旦，宋真宗更加厚爱他。已故参政李穆的儿子李行简，以将作监丞的身份在家居住，有德行，升太子中允。朝廷使者不知道他的住所，宋真宗命使者到中书省问王旦，人们才知道李行简是王旦所推荐的。凡是王旦所荐举的，都是人们从不知道的。王旦死后，史官修撰《真宗实录》，得到内廷出示的奏章，才知道朝廷士人多是王旦所推荐。

石普知许州时，违反法令，朝廷舆论打算就此弹劾。王旦说："石普是武人，不清楚典章法令，恐怕他依恃薄有微功，妄自惹起事端。必须从重执行，臣请召他回来设立狱案。"于是传送御史审查，一天而狱案备办。议论此事的人认为不屈国法而保全武臣，这是真正的国体。薛奎任江、淮发运使，向王旦辞别，王旦没有其他话，只是说："东南民力困乏了。"薛奎退而说："这真是宰相的言论。"张士逊任江西转运使，向王旦辞别求教，王旦说："朝廷专卖利益最大了。"张士逊轮流改任发运使这个职位，想到王旦的话，从没有求取利益，认识他的人说："这个转运使识大体。"张咏知成都，朝廷召他回来，以任中正代替他，谏官认为不妥。宋真宗为此询问王旦的意见，王旦回答说："非任中正不能守张咏的规制。其他人前往，妄有变更了。"李迪、贾边在当时享有声名，考进士，李迪以赋落韵，贾边以《当仁不让于师论》把"师"字理解为"众"字，与注疏不同，都落榜。

主考官奏请收试，王旦说："李迪虽然没有思考，但是出于粗心大意，他的过失可以忽略不计。贾边特地立异说，将会令年轻人务为穿凿附会，一开始不能助长。"考官于是录用李迪而贬退贾边。

5.屡请逊位

王旦为宋真宗信任而掌权共18年，为宰相12年。有人毁谤他，他往往反省自己不加争辩；至于他人有过失，即使是宋真宗盛怒，可以争辩的就争辩，必得而后已。王旦素来体弱多病，又担忧认为自己名望地位太高，从东鲁回复君命后，连年请求解除职务，宋真宗优诏褒奖，既而当面晓谕，委任他没有疑忌。

天禧元年（1017年）正月丙寅日，王旦任兖州太极观奉上宝册使，加太保。四月，王旦在到达兖州返回后，上奏请求减免遭受蝗旱的曹、济、徐、郓州、广济、淮阳军的夏税，宋真宗下诏同意。

同年五月庚子，王旦再次因病请求辞职。戊申日，加王旦为太尉兼侍中，五天一次前往起居院，到中书省，遇到军国大事，不限时前往参决。王旦更加害怕避开，上疏恳请辞谢，又委托向敏中等奏请报告。宋真宗才下诏停止增加他的封邑，其余对他的优礼同从前一样。七月甲寅日，王旦独自一人在滋福殿应对，宋真宗说："朕正要以大事委托您，但您的病这样严重。"因而命皇太子赵祯出来拜见，王旦惶恐逃避，皇太子随从他而跪拜。王旦说："太子盛德，一定能承担陛下的事业。"因而推荐可以有所作为的大臣10多人，他推荐的人中其后没有位至宰相的只有李及、凌策二人，但二人也成为名臣。王旦又请求辞去职位，宋真宗看到他年老体弱，便怜惜地答应了他的请求。同月丁巳日，命他以太尉的身份掌领玉清昭应宫使，给予宰相一半的俸禄。

开始，王旦以宰相的身份兼任使臣，等到罢相后，他还是掌领使臣职务，专门设立使臣这个规定从王旦开始。不久，宋真宗又命王旦乘轿入禁宫中，让他的儿子王雍与直省官吏扶持，在延和殿面见宋真宗。宋真宗说："您现在病很重，万一有个三长两短，让朕把天下事交付给谁呢？"王旦说："知臣莫若君，唯贤明的君主选择。"宋真宗再三询问，王旦都没有回答。当时张咏、马亮都为尚书，宋真宗一一向王旦询问这二人，王旦也不回答。宋真宗因而说："试用您的意思说说。"王旦勉强起身举着朝笏说："以臣的

愚见，不如用寇准。"宋真宗说："寇准性情刚直狭隘，您再思考下一个。"王旦说："其他人，是臣所不知道的。臣为疾病所困扰，不能侍奉陛下很久。"于是辞别退下。王旦去世后一年多，宋真宗终于任用寇准为相。

6.备极哀荣

王旦病重后，宋真宗派内侍探望一天有时达三四次，宋真宗亲手和药，并同山药粥赐给他。王旦自知时日无多，于是请好友杨亿撰写遗表。他其后说："辱为宰相辅臣，不能用将尽之言，替宗族亲戚求取官职；只叙述生平遭遇，希望每天亲自处理各种重要政务，进用贤士，稍减忧劳之心。"又告诫子弟："我家盛名清德，应致力于俭朴，保守门风，不许太奢侈，不要厚葬把黄金财宝放入棺柩中。"遗表呈上后，宋真宗为之感叹，便前往王旦的府第，赐银5000两。王旦上奏辞谢，稿子末尾自加四句说："更加害怕多藏财物，况且没有什么用处，现在想要散发施予，以平息罪责祸害。"马上让人抬他到宫内小门，宋真宗下诏不准。回到家门时，王旦已经逝世，享年61岁。天禧元年九月初十（1017年10月2日），王旦临终时对其子说："我一生别无过失，只有不劝谏天书一事，是我的过错无法赎回。我死后，可为我削发，披穿缁衣，依照僧道例殓葬即可。"宋真宗临丧哀恸，为其辍朝三日，诏令京城内10日不举乐。追赠王旦为太师、尚书令、魏国公，谥号文正。

五、出使辽国定渊盟，刚烈不屈自缢亡

曹利用（？—1029年），字用之，赵州宁晋（今河北宁晋）人，北宋大臣、将领。官至宰相，澶渊之盟签订时宋朝的代表。

1.出使辽国

曹利用的父亲曹谏，考取明经，官至右补阙，后因有军事方面的才能而改任崇仪使。曹利用少年时喜谈善辩，为人慷慨而有节操大志。父亲曹谏死后，他以荫补殿前承旨的官职，后改任右班殿直，又被选为鄜延路走马承受公事。

景德元年（1004年），辽国侵犯河北，宋真宗赵恒亲临澶州，射死辽国大将挞览。辽国要收兵退去，朝廷派王继忠主持议和，挑选可以出使辽国的人。曹利用当时正因汇报事情在朝廷，枢密院便推他为候选人。宋真宗说："这是重要大事，不能随便用人。"第二天，枢密使王继英又推荐曹

利用，宋真宗因此授任他为阁门祗候、崇仪副使，奉诏书前往辽国军中。宋真宗对曹利用说："辽人南下入侵，不是要夺取土地便是想求得财物。关南一地归属中国已久，不可许给辽国，汉代用玉帛赐给匈奴单于，有成例在先。"曹利用痛恨辽国，便愤愤不平地对宋真宗说："他们若妄图有所贪求，臣绝不敢活着回来。"宋真宗很欣赏他的豪言壮语。

曹利用飞驰到辽国军中，辽圣宗耶律隆绪的母亲萧太后在车上接见他。车辕上放置一块横板，板上摆放着餐具。请曹利用一同饮食，而随从官吏则分两排陪坐。吃完后，果然议论割关南地的事，曹利用拒绝了她。辽国派官员韩杞与曹利用同来宋廷报命，曹利用奉命再次出使辽国。萧太后说："后晋感激我，送给我关南一地，后又被后周夺取，今天应还给我。"曹利用说："后晋把地送给辽国，后周又把地夺回，对此我大宋朝不知道。像每年求取一些金银玉帛之类来补助军费，尚不知我们皇帝是否同意，至于割地的请求，我曹利用根本就不敢向皇上报告。"辽国政事舍人高正始竟冲上前来说："我们统兵南来，为的是收复故地。如只是取得些金银玉帛回去，那会愧对我国人民的。"曹利用说："你何不为辽国仔细想一想，假使辽国按你的话去做，恐怕要与中国结仇打仗，辽国人民得不到休养生息，对国家也没有利。"辽国估计不能使他屈服，便定结和议，曹利用带着和约归国。后提拔为东上阁门使、忠州刺史，并赏赐一套在京师的府第。辽国派遣使节来宋朝访问，便命曹利用慰劳接待。

2. 平定岭南

宜州知府刘永规用残酷手段驾驭部下，有个军校利用部众对刘永规的怨恨，就刺杀他发动叛乱，攻陷柳城县，包围象州，又分兵攻取广州，整个岭南地区骚动不安。宋真宗对辅佐大臣说："先前司天监占候，说应当用兵打仗，朕就担忧远方守将不行，会引起边远地区的灾祸，如今果然如此。曹利用这个人精晓策略，又办事尽心，可任命他做广南安抚使。"曹利用前往岭外，在武仙县遇上强盗。强盗手持锐利的标枪，护着彩色的盾牌，衣服盔甲坚实，锐箭也射不进。曹利用让士兵手持大斧长刀先将盾牌砍破，才将强盗斩首示众。岭南平定后，升任引进使。历任客省使、嘉州防御使，后出任鄜延路总管。大中祥符七年（1014年），任枢密副使，升宣徽北院使、同知院事，又进升为知院事，最后升任枢密使、同中书门下平章事。

181

3. 接连升官

曹利用执政时间长了，很有些仗恃自己的功劳而无所顾忌。天禧二年（1018年），辅佐大臣丁谓与李迪在宋真宗面前争论，李迪指责丁谓是奸臣，并说曹利用与丁谓是同党。曹利用说："以一纸文章受到君主的赏识，臣不如李迪；冒着生命危险进入凶险不测的敌军之中，则李迪不及臣。"李迪因此被罢免，而曹利用则以检校太师兼太子少保身份任会灵观使，并进职为尚书右仆射。

乾兴初年，升左仆射兼任侍中、武宁军节度使、景灵宫使。宋真宗又下诏依曹彬待遇每年赐给曹利用1万缗公使钱。辽国使者萧从顺桀骜不羁，借口有病留滞在驻宋国使馆中，时常发病。朝廷派去慰问的使者，多得相望于道。曹利用请求把这一切都取消，萧从顺便撤退回国去了。

曹利用后被加封司空之职。旧例枢密使虽是检校三司兼任侍中、尚书令，但地位仍在宰相之下。乾兴年间，王曾由副宰相做会灵观使，曹利用由枢密使兼领景灵宫使，当时宫使与观使重复，宋仁宗下诏确定曹利用的地位在王曾之上。舆论对此有非议。不久，王曾升任昭文馆大学士、玉清昭应宫使，将举行谢恩仪典时，曹利用仍想让自己排在王曾之上，阁门不敢裁决。宋仁宗与太后坐在承明殿久等，吩咐按爵位高低依次序进见，阁门惶恐不知所措，王曾大声看着阁门说："只需报告说宰臣王曾等告谢便可。"次序定下后，曹利用愤愤不平。宋仁宗让他们一同进见以宽慰曹利用，但仍然下诏规定宰臣、枢密使的职位高低依从前旧制所定。然而曹利用更加骄傲自大，职位还排在副宰相张知白之上。不久宋真宗从河阳召张旻来做枢密使，曹利用怀疑是朝廷派他来取代自己，因此开始后悔和害怕起来。

4. 结怨自杀

当初，章献皇太后控制朝政，宦官和外戚便有些飞扬跋扈，胡作非为，曹利用以功勋旧臣自居，对他们绝不留情。凡皇后给族人降恩，他总是坚持说不能给。周围很多人都心生怨恨，太后也很顾忌曹利用，称他"侍中"而不称名字。曹利用在帘前奏报事情时，有时用手指弹击垂帘的带子，左右的人将此情指给太后看，并说："曹利用在先帝的时候，怎敢如此？"太后点头表示已知道。曹利用想要抑制皇后给族人降恩施赏，但不能屡次抵制，也有不得已同意的。别人揣测知道了他的用意，有人骗太后说："多次蒙皇后恩赏他都不同意，今天曹利用的老婆私下答应了臣的请求，这次皇后的恩赏一定可以得到。"当天太后下诏降旨，而果然被他同意。太后便开始怀疑曹利用有私情，对他很愤恨。

内侍罗崇勋犯了罪，太后使曹利用召罗崇勋来警告谴责，曹利用取掉他的帽子，斥骂很久，罗崇勋怀恨他。恰巧曹利用的侄儿曹汭担任赵州兵马监押，而州民赵德崇上京状告曹汭的不法行为。奏折送上后，罗崇勋请求让他前去查处治罪，于是仔细到狱中调查罪情。曹汭所犯之罪是酒醉后穿黄衣，叫别人喊万岁，被依法杖打而死。当初，曹汭的事一发现，就免了曹利用的枢密使职务，而降为兼侍中通判邓州。到曹汭被诛杀后，他又被降为左千牛卫将军，任随州知府。后又因私自借贷景灵宫的钱，被贬为崇信军节度使，安置在房州，并命内侍杨怀敏护送；他的儿子们也各降两级，又被没收皇上赏赐的宅第，没收家产，还罢免了他的10多个亲属。宦官大多恨曹利用，当他来到襄阳驿站时，杨怀敏不肯再走，并用话威逼他，曹利用素来刚烈，于是上吊自杀，杨怀敏以他突然死亡上报。

后他的家人请求迁居到邓州，宋仁宗同情地答应了，并下令让他的儿子内殿崇班曹渊任邓州税监。明道二年（1033年），恢复曹利用节度兼侍中的荣誉，后又追赠他为太傅，并退还宅第给他的儿子们，赐谥号"襄悼"，又命学士赵概为他制作神道碑，宋仁宗亲自在碑额上篆书"旌功之碑"，下诏归还所有的旧有家产。

曹利用生性勇悍，但很少圆通，致力于裁制侥幸小人，但他的亲朋旧友中却有人因他的关系而当官升职。他因此遭受祸患。但他在朝廷中能尽忠职守，始终不屈服，无罪而死，天下人都说他冤枉。

六、辅翊之臣王佐才，一言能息百万兵

富弼（1004—1083年），字彦国。洛阳人。北宋名相、文学家。

富弼少年笃于学，提笔能文，胸有大度。富弼为政清廉，好善嫉恶，历仕真、仁、英、神宗四朝，官居宰相；又性情至孝，恭俭好修，与人言必尽敬，虽微官及布衣谒见，皆与之有礼。

宋仁宗在位时，宋、辽关系又趋紧张，辽国屯兵北境，要求遣使谈判，划地与辽。当时北宋朝臣上下因敌情叵测，无人敢担使者之任。面对主忧

臣辱，富弼挺身而出，两度出使辽国。在谈判中，他从各方面陈述了双方的利害关系，不卑不亢，仁而有威，致使辽兴宗自知理亏，遂息兵宁事。使南北之民数十年不见战事，天下称善。但他晚年力抵变法，又劝宋神宗"愿二十年口不言兵"，也被人认为是因循守旧、锐气尽丧的表现。

1. 步入仕途

宋真宗景德元年（1004年），富弼出生于西京洛阳。起初，他的母亲韩氏身怀有孕，梦见旌旗鹤大雁降落在庭院中，说是上天赦免，不久生下富弼。年轻时坚持学习，气量大度，范仲淹见到他后十分惊奇，说："帝王的辅佐之才。"将他所写的文章拿给王曾、晏殊看，晏殊将女儿嫁给他。

宋仁宗恢复制科，范仲淹对富弼说："你应当通过这种途径进入仕途。"推举茂才异等，授将作监丞、签书河阳判官。范仲淹由于争论废除皇后之事而遭贬，富弼上书说："这是一举而二失，即使不能恢复皇后之位，也应该将职位归还给范仲淹。"没被采纳。任绛州通判，升任直集贤院。

明道二年（1033年），西平王李元昊称帝，建立西夏政权。富弼上疏陈述八件事，请求斩杀李元昊派来的使者。后调任开封府推官、知谏院。

康定元年（1040年）正月初一，发生了日食，富弼请求撤销宴会和舞乐，在别馆中赐予西夏使者酒饭。宰臣认为不行，富弼说："万一契丹这样做，是朝廷的羞辱。"后来听说契丹撤除了宴会，宋仁宗深感后悔。这时禁止大臣超越职位上书言事，富弼因此议论日食，极力声明应付天象变化还不如使下情畅通，于是解除了禁令。

李元昊进犯鄜延路，攻占金明寨。钤辖卢守钺不救助，内侍黄德和带兵逃走，大将刘平战死，黄德和诬陷他向敌人投降。富弼请求巡按审理此案，黄德和被腰斩。

夏守赟任陕西都部署，又以入内都知王守忠为钤辖。富弼说："任

富弼

用夏守赟就已经被天下人讥笑，如今又对王守忠加以任用，这大概与唐朝监军没有什么差异。卢守勤、黄德和失败的事情，还能重复吗？"诏令罢免王守忠。他又请求让宰相兼领枢密院。这时西夏有二位首领前来归降，朝廷对他们只是补借奉职。富弼说应当给他们丰厚的赏赐以便规劝人前来降服。事情下到中书，宰相起初不知此事。富弼叹息说："这难道是一件小事吗？而宰相却不知道！"更加极力论说此事，这样就听从了富弼的建议。授职盐铁判官、史馆修撰，奉命出使辽国。

2. 两盟契丹

庆历二年（1042年），富弼出任知制诰，纠察在京师的刑事案件。官吏中有伪造僧侣名册，开封府不敢治罪。富弼告诉执政者，请求将官吏捉拿交付狱吏，宰相吕夷简对此颇感不悦。

正好辽国在边境驻扎军队，派大臣萧英、刘六符前来索要关南土地。朝廷选择聘答的人员，都认为辽国情形不能预测，不敢前行，吕夷简因此推荐富弼。欧阳修引用唐朝大臣颜真卿晓谕淮宁节度使李希烈出使之事（颜真卿被宰相卢杞排挤出使，为李希烈扣押，最终遇害），请将富弼留在京师，吕夷简没有将此奏上报宋仁宗。富弼入朝进对，叩头说："人主忧虑臣下耻辱，臣下不敢爱惜生命贪生怕死。"宋仁宗为此深受感动，先让富弼接伴辽使。

萧英等进入宋朝境内，朝廷中使迎接慰劳，萧英声称有病不答谢。富弼说："我从前出使北方，病卧在车中，听到命令就起来了。如今中使到而你不拜谢，什么原因呢？"萧英慌忙起来拜谢。富弼与萧英敞开胸怀尽情而谈，萧英十分感动高兴，也不再隐瞒实情，就将辽兴宗所要求的一切暗中告诉了富弼说："能顺从，就顺从他，不能顺从，就用一件事情来搪塞他就足够。"富弼将这些全部汇报给宋仁宗。宋仁宗只答应增加岁币，并将宗室女子嫁给辽国皇子。

在第一次与辽使商议后，宋仁宗任命富弼为枢密直学士，富弼辞谢说："国家有难，按理应不害怕烦劳，为什么反而用官爵来授人呢？"于是担任使者聘答。到契丹后，刘六符到别馆设宴。富弼见辽兴宗问好,辽兴宗说:"南朝违背盟约，堵塞雁门，增加塘水，修治城隍，让老百姓成为士兵，想要干什么？群臣请求兴兵南下，我对他们说不如派遣使者索要土地，索求而没有获得，兴兵也不为晚。"

富弼说："北朝忘记了章圣皇帝（宋真宗）的大恩大德吗？澶渊战役，章圣皇帝如果听从各位将领的建议，北朝军队将一个也不能脱逃。而且北朝与中原互通友好，这样作为人主独享其好处，但臣下一无所有。如果要发动战争，就会利益全部归于臣下，而人主就要承担祸患。因此奉劝发动战争的人都是替自己考虑罢了。"

辽兴宗惊讶说："这是什么意思？"富弼说："晋高祖欺骗上天背叛君主，末帝昏乱，土地疆域狭小，上下离心叛乱，因此契丹能保全军队而战胜他们，但壮士健马物资也失去一大半。如今中国疆域万里，精兵百万，法令严明，上下一心，北朝打算发动战争，能保住一定能获胜吗？即使获胜，损失的军队马匹，是群臣负责，还是人主负责？如果互通友好不断绝，岁币全部归人主，群臣又能享有什么利益呢？"

辽兴宗彻底觉悟，不断地点头加以肯定。富弼又说："堵塞雁门，是为了防备赵元昊。塘水开始于何承矩，这件事在互通友好之前就有了。城隍都是修理好的，让老百姓当士兵也是为了补充军队的缺额，并不是违背盟约。"辽兴宗说："没有你的话，我不知道其中的详情，但所要求的土地，是祖宗过去的地盘。"富弼说："晋以卢龙送给契丹，周世宗又攻取关南，都是不同时代的事情，如果各自索要土地，难道对北朝有利吗？"

从辽兴宗处出来后，刘六符说："我们的君主感到接受金帛是耻辱，坚决要求10县，怎么办？"富弼说："本朝皇帝说，朕替祖宗坚守国土，怎能随便将土地送给别人呢。北朝要求的，不过是租赋而已。朕不忍心多杀死两朝赤心之臣，因此委屈自己增加岁币来代替。如果一定要索取土地的话，这就是一定要破坏盟约，假借这点作为托词罢了。澶渊之盟，天地鬼神亲自看到了。如今北朝先发兵挑起事端，过错不在

富弼

我们。天地鬼神，难道能欺骗吗？"第二天，辽兴宗召富弼一同打猎，将富弼的马靠近自己，又说获得土地就可以长久欢乐友好。

富弼反复陈述不能这样，并且说："北朝既然以获得土地当作荣耀，南朝一定会以失去土地为耻辱。兄弟之国，又怎能一国荣耀一国耻辱呢？"打完猎后，刘六符说："我们君主听到您所说的荣辱的话，意向十分感动觉悟。如今只有结成婚姻才能够商议了。"

富弼说："婚姻容易产生埋怨隔阂。本朝长公主出嫁，所送聘礼不超过十万缗，哪里有像岁币那样无穷的利益呢？"辽兴宗告诉富弼让他回去，说："等你再来时，应当选择一项能接受的条件，你就将盟誓书约带来。"

富弼回朝传达辽兴宗的要求，又从朝廷得到两条盟约及口传之词前往辽国。在乐寿驻扎，对副使张茂实说："我作为使者而不看国书，假如国书言词与口传之词不同，我的事情就失败了。"打开国书看果然与口传之词不同，立即骑马回到京师，在晚上请求觐见，改换国书才前行。等到达时，辽国不再商议结婚之事，一心要增加岁币，辽兴宗说："南朝将东西给我们时言辞应当说'献'，否则就说'纳'。"富弼为此据理力争，辽兴宗说："南朝既然害怕我们，对这两个字又有什么关系呢？如果我们率领军队南下，不后悔吗？"

富弼说："本朝兼爱南北，因此惮烦于更改和约，又怎能叫作害怕呢？即使不得已要动用武力，那么应当以理由充足和无理来作为胜负，这不是出使的臣下所能知道的。"辽兴宗说："你不要固执，古代也有过这种事情。"富弼说："自古以来只有唐高祖向突厥借用军队，当时赠送东西，或许称作献纳。后来颉利被太宗捉拿，难道还有这样的礼节吗？"

富弼脸色言辞都十分严肃，辽兴宗知道不能改变其想法，就说："我自会派遣人商议此事。"又派刘六符前来。富弼回来上奏说："臣下用死来拒绝他们，他们的气焰已受到遏制，可以不允许。"朝廷竟然将"纳"字赠予辽国。

富弼刚开始接受朝命，听说一女死亡；再受朝命，听说生下一个儿子，都不顾。又授职枢密直学士，迁为翰林学士，都诚恳地辞谢，说："增加岁币不是臣下本来的愿望，只是因为正在讨伐李元昊，没有时间与契丹较量，因此不敢以死争执，怎敢接受呢！"

3. 位列宰辅

庆历三年（1043 年），富弼升任枢密副使，他更加坚辞，被改授为资政殿学士兼侍读学士。七月，又授职枢密副使。富弼言："契丹已与中原互通友好，议者就说平安无事了，万一契丹破坏盟约，臣下即使死了都还有罪。希望陛下考虑契丹轻视侮辱我们的耻辱，卧薪尝胆，不忘修治朝政。"将制诰交纳宋仁宗，被罢职。一个月后，又重申以前的任命，让宰相告诉他说："这是朝廷特地任用，不是由于出使辽国的缘故。"富弼才接受任命。

宋仁宗急切地用天下太平来督责宰相辅臣们，多次下诏督责富弼与范仲淹等，又打开天章阁，给予笔和纸，让他们写下要办的事情；并且任命范仲淹主管西部边境之事，富弼主管北部边境之事。富弼上奏当世的事务十余条和安定边防的策略 13 条，大致内容是进纳贤才斥退无能、阻止侥幸之徒、革除过去的弊端为根本，打算逐步更换监司中没有才能的人，让监司裁减所属各部的官吏。自此"小人始不悦矣"。

李元昊派遣使者带来书信，称男不称臣。富弼说："李元昊臣服契丹，而不向我们称臣，这样契丹就是天下无敌了，不能允许。"于是斥退其使者，西夏终于向宋朝称臣。

庆历四年（1044 年），辽国在云中受礼，而且出动军队与西夏一起讨伐呆儿族，这里离河东很近，宋仁宗怀疑两边共同谋划。富弼说："没有理由出兵，契丹是不会干的。李元昊本来与契丹相约互为左右，如今契丹单独享有大量的岁币，李元昊有怨言，因此在威塞筑城加以防备。呆儿族多次进犯威塞，契丹怀疑是李元昊指使的，因此造成了这场战争，怎会联合起来进犯我们呢？"有人请求调动军队加以

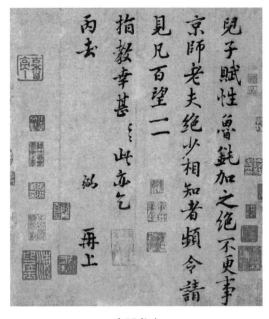

富弼书法

防备，富弼说："这样正好中了他的计，臣下请求任其如此。"宋仁宗于是停止发兵，辽国终于没有进犯宋朝。夏竦不得志，用流言蜚语来中伤富弼。富弼害怕，请求宣抚河北，回到京师后，以资政殿学士出知郓州。一年多后，谗言没有得到效果，加给事中，移青州，兼任京东路安抚使。

4.救济灾民

河朔发生大水，老百姓到处流浪讨饭。富弼规劝所部属的老百姓拿出粮食，加以政府的粮食，获得公私庐舍10余万栋，将流民各地安排，以供给柴水。官吏中前资、待缺、寄居的都给予俸禄，让他们在老百姓聚集的地方，对老病衰弱者给予粮食，记载这些官吏的功劳，约定到时候替他们上奏请求赏赐。一般5天，就派人拿着酒肉饭菜进行慰问，出于最大的诚心，人人都尽力而为。山泽森林池塘之出产有利于老百姓生活的，都听任流民自行获取，死了的人用大坑合葬，将它叫作"丛冢"。第二年，麦子成熟，老百姓依路的远近接受粮食回家，共救活50余万人，招募流民为兵达万人。

宋仁宗听说后，派遣使者嘉奖慰问，授礼部侍郎。富弼说："这是守臣的职责。"辞谢不予接受。在此之前，救灾的都将老百姓聚集在城中，给流民煮粥吃，结果导致疾病，以及互相践踏，有的等待救济数天都不能吃到粥而饿倒，名义是救济灾民，实际上是杀死灾民。自从富弼立法简便周到详尽，天下相传来作为样板。

富弼在青州，曾训练马步军九指挥，加强军队战斗力。到滕元发知青州后，秉承其强军的方略。后来各路兵马在历次征战中损失众多，唯有"青州兵至今为盛"。

5.再度拜相

王则叛乱，齐州禁兵打算响应，有人到富弼处进行禀告。齐州禁兵不归富弼统领，担心事情泄露发生变乱，刚好宦官张从训受命来到青州，富弼考虑他可以任用，暗中将此事交付给他，让他骑马到齐州，发动士卒攻取齐州，结果兵败，没有一人得以逃脱。富弼立即自己弹劾所犯专擅的过失，宋仁宗更加奖赏他，又让他任礼部侍郎，他辞谢不接受。后升为大学士，调任知郑州、蔡州、河阳，加观文殿学士，改宣徽南院使、判并州。

至和二年（1055年），诏令授职同中书门下平章事、集贤殿大学士，

与文彦博同时被任命。宣制那天，士大夫在朝廷互相庆贺。仁宗暗中观察知道此事，对欧阳修说："古人看命观相，有的从梦中和占卜中得知，难道像如今人情这样吗？"欧阳修叩头致贺。宋仁宗身体不适，大臣不能得见，中外忧虑害怕。富弼、文彦博入朝询问病情，于是假祭祀之事住宿到晚上，每件事都禀报后才做，宫内严肃整齐。

嘉祐三年（1058年），进富弼礼部尚书、昭文馆大学士、监修国史。富弼为相，遵守礼仪，按过去的办法处理问题，顺从公议，没有任何偏心。史称其时"百官任职，天下无事"。

嘉祐六年（1061年）三月，富弼由于母亲去世而离职服丧，诏令为此免除春宴。按过去惯例，宰相遇到丧事都起任官复原位。宋仁宗空着职位五次起用他，富弼说这是金革变礼，在太平之世不能施行，终于不听从任命。

嘉祐八年（1063年），宋英宗赵曙即位，召富弼为枢密使、同中书门下平章事，再加户部尚书。

治平二年（1065年），富弼因足疾请求解职，宋英宗极力挽留，但富弼接连上陈20余道请辞奏疏。七月，宋英宗授他为镇海军节度使、同中书门下平章事、判河阳军（《宋史》作判扬州），封祁国公。

6. 劝谏宋神宗

治平四年（1067年），宋神宗赵顼即位，富弼改任武宁军节度使，进封郑国公。富弼又请求罢去自己节度使的职位，宋神宗于是改授他为尚书左仆射、观文殿大学士、集禧观使，并召其入朝。富弼再次以足疾为由推辞，第二次出判河阳军。

熙宁元年（1068年），调判汝州。诏令入朝觐见，允许患病的富弼坐轿到殿门。神宗前往内东门的小殿，让富弼的儿子富绍隆从宫门进入，而且命他们不要跪拜，坐下谈话。宋神宗从容地向富弼询问治国之道，富弼知道宋神宗果敢有所作为，上对说："人主的喜好和厌恶，不能让人窥测到；能窥测，那样奸人就会逢迎。应当像天监视人一样，善恶都自取，然后进行惩罚奖赏，这样功劳和罪恶都各得其实情。"又询问边疆之事，富弼说："陛下即位不久，应当广布恩德施行恩惠，希望20年不提用兵之事。"宋神宗沉默不语。到日影西移才告退。宋神宗打算让富弼以集禧观使之衔留在京师，但他极力推辞，仍回到汝州。

熙宁二年（1069 年）二月，富弼被升授为司空兼侍中，并获赐甲第（上等府第），富弼尽皆全部辞谢，改拜左仆射、门下侍郎、同平章事。

这时有人向宋神宗说灾异都是天数，不是人事得失所导致的。富弼听后叹息说："人君害怕的只有天，如果不畏惧苍天，又有什么事不能干呢？这一定是奸人想进邪说，来动摇皇帝的意志，让辅佐谏争的大臣，没有地方施展他们的才能。这是治乱的关键，不能不尽快救治。"就上书数千言，极力论说此事。又说："君子小人的进退，关系到皇帝治道的消退与增长，希望仔细辨察，不要以相同为喜相异为怒、以喜怒决定任用取舍。陛下喜欢派人侦察外边的事情，因此奸邪险恶之人

富弼墓志盖

得志。又发布很多亲自写的批文，如果每件事都正确，这也不是做君主的办法；假如十分之七八正确，积日累月，过失也就多了。如今朝廷内外的事务逐步有所变化，大抵是小人喜欢制造事端，希望陛下仔细观察，不要有后悔的地方。"

这时发生干旱很长时间了，群臣请求奉尊号和使用祭乐，宋神宗不允许，而以同天节辽国使者应当给皇帝做寿，因此没有拒绝他的请求。富弼说这是扩大德行的，正应当用这个来在天下显示，乞求一并罢免上寿。宋神宗听从了富弼的建议，当天就下雨。富弼又上疏，希望更加畏惧上天的警戒，疏远奸邪佞恶，亲近忠良。宋神宗亲自书写诏书进行褒奖答谢。

7. 力反变法

熙宁二年（1069 年），王安石出任参知政事（副相）。王安石向来与富弼不和，富弼考虑不能和他争执，多次声称有病告退，数十次上章。神宗将允许他告退，问他说："你告退，谁能够代替你？"富弼推荐文彦博，神宗沉默不语，很久了才说："王安石怎么样？"富弼也沉默不语。八月，出授武宁军节度使、同中书门下平章事、判河南府。经富弼请求，改判亳州。

青苗法颁布后，富弼认为这样就会财利聚集于朝廷，而人心分散，坚持不执行。提举官赵济弹劾富弼不执行圣旨，侍御史邓绾又乞求将其交付有司处置，于是以左仆射之职改判汝州。王安石说："富弼虽受责罚，还不失于富贵。从前鲧由于违命被诛杀，共工由于貌似恭敬而内心傲狠被流放，富弼同时犯有这两条罪行，只夺去使相之位，又怎能阻止奸邪呢？"宋神宗不回答。富弼说："新法，臣下不知晓，不能用来在我的郡县实行，愿回洛阳养病。"宋神宗同意。不久后，富弼上疏请求告老回乡，宋神宗恢复其武宁军节度使及同平章事之职，命其以司空、韩国公之衔致仕。

富弼虽然居住在家，朝廷有大事，他都知无不言。郭逵征讨安南，他乞求诏令郭逵选择有利地位以便进退，来保全军队；契丹争执河东地边界，富弼认为朝廷不能答应给地；星象发生变化，请求广开言路；又请求尽快更改新法，来解除百姓倒悬之急。宋神宗虽然没有全部采用，但眷念礼待没有减少，曾经因为王安石要推行某种新措施，宋神宗推辞说："富弼亲手书写上疏称'老臣无所告诉，只望着屋顶私下叹息'的那种情形，很快就会出现了。"宋神宗对他如此敬重。

8. 临终犹谏

元丰三年（1080年），"元丰改制"施行，富弼被任命为开府仪同三司。同年，前宰相王尧臣之子王同老上书朝廷说："先父（王尧臣）任参知政事时，正当仁宗服药，曾经与富弼和文彦博商议立皇储之事，正巧第二天仁宗病愈，此事就作罢。"宋神宗向文彦博确认后方得知实情。宋神宗嘉奖富弼不自夸功劳，授他为司徒，并升其子富绍京为阁门祗候。

元丰六年闰六月二十二日（1083年8月8日），富弼在洛阳的家中去世，终年80岁。亲手封存遗奏，让他的儿子富绍庭献给朝廷，大致内容是说："陛下即位的时候，正是邪臣采纳进言任命官员的时候，听受不适宜，致使陛下失聪误明，逐渐养成祸患。如今上自辅臣，下到士人，都害怕祸乱图谋利益，长久以来成了一种败坏的风气，忠诚正直之言，不能再让陛下听到。臣下年老害病将要死了，还有什么要求呢？只是不忍心陛下辜负圣明，于是倾尽肝胆，希望陛下哀惜怜悯愚臣，对愚臣之议加以采纳。去年永乐之役（指1082年的宋夏永乐城之战），兵民死亡数十万人。如今久成（意指长年征战）不止，难道能讳言过失，由于失败感到耻辱而不考虑挽救当时的祸患吗？天地是最仁慈的，难道会和羌夷较量曲直胜负吗？希望归还侵占的土地，停止战争让老百姓得到休息，让关、陕之间，慢慢地产生生机。加上陕西又设置保甲，修葺教场，州县都实行，势头犹如星星之火形成燎原之势，人人都惶恐害怕，很难再任用，还不如罢免停止来怀柔安抚。臣下所陈述的事情，都是对于国事的济助立竿见影的。至于最重要的道理，则在于圣人的遗教，以及所用的是君子、小人的辨别。陛下审查观看天下形势，难道认为不值得担忧吗？"

宋神宗览奏后，感到震惊痛悼，为他辍朝三日，亲撰祭文祭奠，追赠太尉，谥号"文忠"。同年十一月，富弼葬于河南府河南县金谷乡的南张里。

七、历相三朝功在国，谋议全补天下事

韩琦（1008—1075 年），字稚圭，自号赣叟，相州安阳（今河南安阳）人。北宋政治家、词人。

1. 崭露头角

韩琦为其父韩国华知泉州府时与婢女连理所生。3 岁时父母去世，由诸兄扶养成人。史称其"既长，能自立，有大志气。端重寡言，不好嬉弄。性纯一，无邪曲，学问过人"。

天圣五年（1027 年），韩琦在弱冠之年考中进士，名列第二，授将作监丞、通判淄州（今属山东）。入直集贤院、监左藏库。

景祐元年（1034 年）九月，迁开封府推官。次年十二月，迁度支判官，授太常博士。景祐三年（1036 年）八月，拜右司谏。

韩琦在担任谏官的三年时间内，敢于犯颜直谏，净言谠议，"凡事有不便，未尝不言，每以明得失、正纪纲、亲忠直、远邪佞为急，前后七十余疏"，尤其以宝元元年（1038 年）所上《丞弼之任未得其人奏》最为知名。当时灾异频繁发生，流民大批出现，而当朝宰相王随、陈尧佐及参知政事韩亿、石中立却束手无策，"罕所建明"。韩琦连疏四人庸碌无能，痛陈宋朝 80 年太平基业，绝不能"坐付庸臣恣其毁坏"，结果四人同日罢职，即所谓"片纸落去四宰执"，韩琦一时名闻京师。

他还严厉抨击当时"货赂公行""因缘请托"的社会风气和"侥幸日滋，赏罚倒置，法律不能惩有罪，爵禄无以劝立功"的官场腐败作风，建议宋

仁宗先从朝廷内部"减省浮费""无名者一切罢之"。名相王曾称赞他说:"今言者不激,则多畏顾,何补上德? 如君言,可谓切而不迁矣。"

宝元二年(1039年),四川旱灾严重,饥民大增,韩琦被任命为益、利两路体量安抚使。他到四川后,首先减免赋税,"逐贪残不职吏,汰冗役数百",然后将当地官府常平仓中的粮食全部发放给贫困百姓,又在各地添设稠粥,史称其"活饥民百九十万"人。蜀民无不感激地说:"使者之来,更生我也。"

2. 出兵西夏

自从原来臣服宋朝的西平王李元昊称帝建立西夏、公开与宋朝对抗以来,与夏邻界的陕西形势就非常吃紧。韩琦从四川刚回到京城,就向朝廷详细剖析了陕西边备形势,随即被任命为陕西安抚使。到了陕西,他看到苛捐杂税很重,百姓非常穷苦,便一律予以免除。

康定元年(1040年)正月,李元昊大举围攻延州(今陕西延安),守将刘平、石元孙在三川口(今陕西安塞东)兵败被俘,镇守延州的范雍降职他调,韩琦大胆推荐被诬为"荐引朋党"而被贬越州(今浙江绍兴)的范仲淹。他在上宋仁宗的奏章中说:"若涉朋比,误国家事,当族。"五月,

韩琦

韩琦与范仲淹一同被任命为陕西经略安抚副使,充当安抚使夏竦的副手。韩琦主持泾原路,范仲淹主持鄜延路。

在对西夏用兵的策略上,三人意见分歧。韩琦持强硬立场,力主攻策,与夏军决战,认为拖延时日,财政日绌,难以支撑,况且"李元昊虽倾国入寇,众不过四五万人,吾逐路重兵自为守,势分力弱,遇敌辄不支。若并出一道,鼓行而前,乘贼骄惰,破之必矣"。范仲淹则力主守议,反对贸然进攻,主张持久防御,

在加强军备的前提下，乘便击讨，不赞成深入敌境的进攻战。

夏竦难以定夺，即派韩琦、尹洙到汴京以攻、守二策进呈朝廷，请宋仁宗自己决定。宋仁宗幻想一举解决问题，于是决定采用韩琦攻策，并下诏鄜延、泾原两路会师，定期于庆历元年（1041年）正月进攻，后从范仲淹请求改为春暖出师。

3. 兵败遭贬

庆历元年（1041年）春，李元昊在伺机攻宋前，向宋军诈和，被韩琦识破。他对部下说："无约而请和者，谋也。"命令诸将严加防守。

二月，李元昊率10万大军进攻渭州（今甘肃平凉），直逼怀远城（今宁夏固原西）。韩琦闻讯，急派大将任福领兵1.8万人，以桑怿为先锋，前往抵御，进行阻击。行前，韩琦向任福面授机宜，命令他们绕到夏军背后，可战则战，不可战则据险设伏，截其归路，并再三叮嘱："苟违节度，虽有功，亦斩。"

任福在张家堡南打了个小胜仗，于是贪功轻进。夏军佯败退走，沿途遗弃不少物资，宋军不知是计，轻装猛追至渭州北边之好水川（今宁夏隆德西）。当时，夏军在好水川里边放了几个木盒子，宋军只听盒子里有鸟叫声，不敢轻动。任福到时，命令打开，只见一百多只鸽子飞跃而出，盘旋在宋军上空。这正是西夏军队发出的合击信号。宋军正在惊疑之时，夏军已从四面合围。宋军虽英勇战斗，怎奈人马三日乏食，疲惫不堪，宋军大败，6000余人阵亡，任福等将校军官数百人亦死于难。

韩琦闻讯后，立即下令退军，在半路中，阵亡将士的父兄妻子数千人，号泣于马首前，持旧衣、纸钱招魂而哭道："汝昔从招讨出征，今招讨归而汝死矣，汝之魂识亦能从招讨以归乎？"当时哀恸之声震天地，韩琦掩泣驻马，不能行进。

好水川之战，乃是李元昊用陕西落第举子张元之计。大败韩琦后，张元乃作诗一首投掷宋境，讽刺道："夏竦何曾耸？韩琦未足奇。满川龙虎辈，犹自说兵机。"宋军兵败好水川，虽不是韩琦亲自指挥，但贸然出兵，用人不当，也难辞其咎。

战后宋廷追究败军之责，撤去了夏竦的职务，韩琦、范仲淹也被调职他用。韩琦降为右司谏、知秦州，范仲淹降为户部员外郎、知耀州（今陕

西耀县）。十月，宋廷分陕西为秦凤、泾原、环庆、鄜延四路，韩琦知秦州，王沿知渭州，范仲淹知庆州，庞籍知延州，都各自兼任本路的马步军都部署、经略安抚缘边招讨使。

庆历二年（1042年）四月，韩琦受任秦州观察使。闰九月，宋军又大败于定川寨（今宁夏固原西北），大将葛怀敏战死，主持泾原路军务的王沿被降职他调。十一月，朝廷采纳了范仲淹的建议，韩琦、范仲淹二人屯驻泾州（今甘肃泾川），共守西陲。

自好水川败后，韩琦始信服范仲淹守议，两人同心协力，互相声援。由于两人守边疆时间最长，又名重一时，人心归服，朝廷倚为长城，故天下人称为"韩、范"。边塞上传诵这样的歌谣："军中有一韩，西夏闻之心骨寒。军中有一范，西夏闻之惊破胆。"

4.庆历新政

西夏在战争中虽多次获胜，但损失也很大，人心厌战，民怨沸腾，于是宋夏开始转入旷日持久的"庆历议和"。在边界形势稍趋缓和的情况下，庆历三年（1043年）四月，韩琦、范仲淹奉调回京，同任枢密副使。

宋夏转入和议后，韩琦、范仲淹等入朝为执政大臣。一时名士云集，士大夫交口称誉。当时国子监直讲石介听说韩琦、范仲淹二人来朝中供职，特意写了一首《庆历圣德诗》来称赞韩琦等人。宋仁宗也想励精图治，有所作为，因而特别礼遇韩琦、范仲淹、富弼等人，并催促他们尽快拿出救世方案。当时李元昊以契丹为后援，在宋夏和议中态度强硬，向宋朝要挟"岁赐、割地、不称臣、弛盐禁、至京市易、自立年号、更兀卒为吾祖，巨细凡十一事"。

宰相晏殊及两府大臣大多厌战，"将一切从之"，韩琦坚决反对。此年七月，他上《论备御七事奏》，认为当务之急为："一曰清政本，二曰念边计，三曰擢才贤，四曰备河北，五曰固河东，六曰收民心，七曰营洛邑。"接着又陈述救弊八事，即选将帅、明按察、丰财利、遏侥幸、进能吏、退不才、谨入官、去冗食。面对北宋中期积贫积弱的国势，韩琦提出以整顿吏治，选拔人才为主要内容的改革措施，与是年九月范仲淹在《答手诏条陈十事》中所列出的十项改革方案基本一致，切中时弊。这次由范仲淹主持，韩琦、富弼等人积极参与的政治改革，就是历史上有名的"庆历新政"。

八月，范仲淹任参知政事，富弼为枢密副使，积极推行各项新政措施。

是年，陕南大旱，饥民纷纷加入张海、郭邈山等领导的农民起义队伍。宋仁宗命韩琦宣抚陕西。韩琦调集西北善于山地作战的官军，迅速镇压了起义，同时鉴于灾情严重，还采取了一些果断措施：选派官吏分赴各州县，发放官粮赈济饥民；蠲免各种苛杂的赋役；考察官吏，贤能的提升，庸陋的罢免；将军队中老弱不堪征战者淘汰一万余人，以减少用度。

庆历四年（1044年）春，韩琦宣抚陕西回到汴京。五月，上陈西北边防攻守四策，以为"今当以和好为权宜，战守为实务。请缮甲厉兵，营修都城，密定讨伐大计"。

庆历新政的实施，遭到了一些守旧派官僚的激烈反对。他们诬告新政官僚结成朋党，欺罔专权。尤其是夏竦施展诡计，陷害富弼。范仲淹不自安，遂于同年六月以"防秋"为名，宣抚陕西、河东。八月，富弼宣抚河北。

庆历五年（1045年）正月，执行新政的杜衍、范仲淹、富弼全都被贬职出朝。韩琦为人爽直，对于军政大事，向来是"必尽言"，他虽为枢密副使，主管军事，但事关中书的事，他也要"指陈其实"，有的同僚不高兴，宋仁宗却了解他，说"韩琦性直"。对于范仲淹、富弼的贬谪，韩琦挺身而出，据理辨析，但没有结果。三月，韩琦也因陈述13条理由，支持尹洙反对修建水洛城（今甘肃庄浪）而被贬出朝，罢枢密副使，以资政殿学士出知扬州。至此，主持庆历新政的主要人物全被逐出朝廷，短暂的"新政"以失败告终。

5. 抚治北疆

韩琦在地方官任上，治军有方，理民得法，"所至设条教，葺帑廪，治武库，劝农兴学，人人乐其恺悌"。庆历七年（1047年）五月，韩琦为京西路安抚使，自资政殿学士、知扬州徙知郓州（今山东东平）。十二月，韩琦徙知成德军（今河北正定）。

庆历八年（1048年）四月，又移知定州（今河北定州），并兼安抚使，相继进位资政殿大学士、观文殿学士。定州久为武将镇守，士兵骄横，军纪松弛，韩琦到任后首先大力整顿军队，采取恩威并行办法，对那些品行恶劣的士兵毫不留情地诛杀，而对以死攻战的则予以重赏，后来他又研究唐朝名将李靖兵法，仿作方圆锐三阵法，命令将士日月操练，结果定州军"精劲冠河朔"。

韩琦

皇祐五年（1053年）正月，韩琦以武康军节度使徙知并州（今山西太原）。

当时在河东路担任走马承受的宦官廖浩然，为人贪恣，仗势不法。韩琦上奏，请朝廷将其召回，如不调走，必依法严惩。宋仁宗只好令廖浩然回京，并行之以鞭刑。

并州所辖地区与契丹接壤，邻边的天池庙（今山西宁武西南）、阳武寨（今山西原平西北阳武村）等地，被契丹冒占，韩琦派人与契丹头领据理交涉，收回了这些地方，并立石为界。

宋初大将潘美镇守河东时，为了防止契丹南下劫掠，命令沿边百姓迁徙内地，致使边塞大片耕地荒废不耕。庆历四年（1044年）欧阳修奉使河东时，就曾建议解除代州（今山西代县）、宁化军（今山西宁武西南宁化堡）、岢岚军（今山西岢岚）、火山军（今山西河曲南）沿边之地禁耕令，以增产粮食，供应边防军需，却为军帅明镐所阻。至和二年（1055年）春，韩琦再次建议，才得以实行，开垦田地9600顷。

至和二年（1055年）二月，韩琦以疾自请改知相州（今河南安阳市）。在家乡，他建造昼锦堂于州署后园。嘉祐元年（1056年）七月，被召还为三司使。八月，拜枢密使。

6. 三朝贤相

嘉祐三年（1058年）六月，韩琦拜同中书门下平章事、集贤殿大学士，成为宰相。嘉祐六年（1061年）闰八月，以原职进拜刑部尚书、昭文馆大学士、监修国史，封仪国公。

韩琦就职朝廷枢要位置，首先遇到的一大难题就是宋仁宗的建嗣问题。宋仁宗三个儿子早亡，皇嗣迟迟未定，而从至和三年（1056年）开始，宋仁宗就时常犯病，一时人心恐慌，议论纷纷。大臣们接连上疏，极力劝说宋仁宗早立皇嗣以固根本，但宋仁宗并不放在心上。韩琦拜相后，再提建储之事，认为"皇嗣者，天下安危之所系。自昔祸乱之起，皆由策不早定"，并与参知政事欧阳修等人再三苦劝，宋仁宗终于同意立堂兄濮安懿王赵允让之子赵宗实（赐名赵曙）为皇太子。

嘉祐八年（1063 年）三月，宋仁宗病逝。赵曙即帝位，是为宋英宗。韩琦出任宋仁宗山陵使，并加门下侍郎兼兵部尚书、平章事，进封卫国公。

宋英宗即位之初，突患暴病，由慈圣太后曹氏垂帘听政。一些宦官不断向曹太后说宋英宗坏话，致使两宫嫌隙萌生，关系颇为紧张。为了调解两宫矛盾，韩琦和欧阳修费了不少精力。韩琦、欧阳修进见曹太后时，曹太后呜咽流泪，诉说自己的委屈，并说："老身殆无所容，须相公做主！"韩琦说："此病故耳，病已，必不然。子疾，母可不容之乎？"欧阳修也一道委婉劝说。见到宋英宗，宋英宗又对韩琦说："太后待我无恩。"韩琦劝慰道："自古圣帝明王，不为少矣。然独称舜为大孝，岂其余尽不孝耶？父母慈爱而子孝，此常事不足道；唯父母不慈，而子不失孝，乃为可称。但恐陛下事之未至尔，父母岂有不慈者哉。"从此以后，两宫关系渐渐缓和。

治平元年（1064 年）五月，宋英宗病愈，在韩琦的劝说催促下，曹太后撤帘，降手书还政。闰五月，韩琦进官右仆射，封魏国公。

韩琦身为宰相，却始终以边事为念，他曾多次就边防问题向宋英宗陈说方略，建议在河北、河东、陕西等路"籍民为兵"，以为"义勇"，三丁选一，于手背刺字，农闲练兵，战时防御，既可增强军事力量，也能减少冗兵军费。

治平三年（1066 年）冬，宋英宗病重，再度建嗣问题表面化。韩琦进言说："陛下久不视朝，愿早建储，以安社稷。"宋英宗点头同意，于是确立颍王赵顼为皇太子。治平四年（1067 年）正月，宋英宗病死，赵顼即位，是为宋神宗。韩琦拜司空兼侍中。

宋神宗即位不久，御史中丞王陶弹劾韩琦，说他自嘉祐以来，专执国柄，君弱臣强，且"不赴文德殿押班"，专权跋扈。宋神宗知道王陶实为诬告，将其罢职，但韩琦仍坚决辞职。宋神宗挽留不住，任命他为镇安、武胜军节度使及司徒兼侍中、判相州。韩琦辞退所授两镇，后改授为淮南节度使。

正在这时，守边大将种谔擅自对西夏发起突袭，一举攻占绥州（今陕

西绥德），边界气氛骤然紧张，朝廷忧虑。韩琦在尚未赴任的情况下，又奉旨改判永兴军（今西安）兼陕西四路经略使。朝中一些大臣认为绥州孤绝难守，主张放弃。韩琦最初同意放弃，但在陕西宣抚使郭逵的劝说下，反对焚弃绥州。一个月后，西夏国主李谅诈去世，战事暂告平息。

熙宁元年（1068年）七月，韩琦复判相州。在相州任上还未满三个月，河北地震，黄河决口，大批灾民流离失所。宋神宗赐手诏给韩琦，让他迁判重灾区的大名府（今河北大名），并被准许便宜从事。大名之任长达五年。

熙宁二年（1069年）二月，王安石为参知政事，开始进行变法。九月，颁行"青苗法"。次年二月，韩琦上疏反对青苗法，认为青苗法不论贫富，一律按户等配借青苗钱，上三等户及坊郭大户本是兼并之家，也可贷给青苗钱，这种做法根本不能"抑兼并、济困乏"。宋神宗看了韩琦的奏疏，一度动摇了变法决心。他对执政大臣说："琦真忠臣！虽在外，不忘王室。朕始谓可以利民，今乃害民如此！且坊郭安得青苗，而亦强与之乎？"王安石将韩琦的奏疏拿到"制置三司条例司"，逐条批驳，公布于天下。后来韩琦又上疏，申辩愈切。此后，韩琦还对"免役法""市易法"等提出了反对意见。

针对辽朝利用宋朝与西夏战争和国内危机时要求割让领土，韩琦也表示应该拒绝辽朝的无理要求，献策加强防范，增强对辽朝的军事准备，用武力抗击侵略，洗雪旧耻。"臣今为陛下计，宜遣报使，且言：'向来兴作，乃修备之常，岂有他意。疆土素定，悉如旧境，不可持此造端，以堕累世之好。'可疑之形，如将官之类，因而罢去。益养民爱力，选贤任能，疏远奸谀，进用忠鲠，使天下悦服，边备日充。若其果自败盟，则可一振威武，恢复故疆，撼累朝之宿愤矣。"

熙宁六年（1073年）二月，韩琦还判相州。他第三次为官家乡，终于实现了"仕宦至将相，富贵归故乡"的愿望。

7. 病逝相州

熙宁八年（1075年），韩琦再判永兴军，尚未就职，便于六月二十四日（8月8日）在相州溘然长逝，享年68岁。宋神宗在禁苑为他恸哭举哀，又辍朝三日，赐其家银3000两、绢3000匹，发兵为其筑墓。还御撰墓碑："两朝顾命定策元勋。"追赠尚书令，谥号"忠献"，配享宋英宗庙庭。

宋徽宗时，"追论琦定策勋"，加赠韩琦为魏郡王。

韩琦一生，历经北宋仁宗、英宗和神宗三朝，亲身经历如抵御西夏、庆历新政等重要事件。他曾为相十载、辅佐三朝，也有被贬在外前后长达十几年的地方任职生涯。在朝中，他运筹帷幄，使"朝迁清明，天下乐业"；在地方，他忠于职守，勤政爱民，是封建社会的官僚楷模。正如他本人所说："人臣尽力事君，死生以之，至于成败，天也，岂可豫忧其不济，遂轰不为哉！"他不仅在北宋，而且在辽和西夏都有很高声望。"韩魏公元勋旧德，夷夏具瞻"，以至于"熙宁中留守北都，辽使每过境，必先戒其下曰'韩丞相在此，无得过有呼索'，辽使与京尹书，故事，纸尾止押字，是时悉书名，其为辽人尊畏如此，每使至于国，必问侍中安否"。

在韩琦为相的十年中，既没有其前庆历新政那样急风暴雨的改新，又没有其后王安石变法那样轰轰烈烈的变革。在宋英宗想有所振作改新的氛围下，韩琦的思想显得有些保守，未实行大的改革举措，也未能彻底扭转北宋的境况。

但稳定政局是韩琦面临的主要问题。在韩琦的主持下，北宋社会稳定，经济发展，这为后来王安石变法创造了良好的社会基础。所以，当时就有人说："公自为相，即与当时诸公同力一德，谋议制作全补天下事。"也正如《韩魏公集》序言中所说："公历事三朝，辅策二朝，功存社稷，天下后世，儿童走卒，感慕其名。"这是后人对他的评价，也是对韩琦本人的真实写照。

八、四朝二府七节钺，出将入相五十年

文彦博（1006—1097 年），字宽夫，号伊叟。汾州介休（今山西介休市）人。北宋时期著名政治家、书法家。

文彦博历仕仁、英、神、哲四朝，荐跻二府，七换节钺，出将入相 50 年，被世人称为贤相。

1. 早年经历

文彦博祖先本姓敬，因避晋高祖石敬瑭和宋翼祖赵敬的名讳而改姓文。

文彦博少年时和张昪、高若讷跟随颍昌人史炤学习经术，史炤的母亲觉得文彦博不同寻常，对人说："是贵人啊。"十分厚待他。

天圣五年（1027 年），文彦博考中进士后，历任翼城县知县、通判绛州、监察御史等职，又升任殿中侍御史。

当时，宋夏战争兴起。军中如果有副将临阵先退、望敌不进的，按照常规，大将应向朝廷请示后才作处理。文彦博说："这种办法在平居无事之时还可行。但现在连年作战，将领带兵数十万，如果没有权力自主处置这些事情，将权不集中，军法不严峻，怎么能成功呢？"宋仁宗赵祯认为他说得很有道理，吸取他的意见。

当时，鄜延路驻泊都监黄德和与鄜延路副总管刘平有矛盾。三川口之战后，刘平及鄜延副都部署石元孙兵败被俘。而临阵脱逃的黄德和趁机诬告刘平投降西夏，并用金带贿赂刘平的奴仆，使他附和己说证实刘平投敌。刘平一家200多人因此而被捆绑入狱。宋仁宗命文彦博在河中府设法庭进行审理。通过仔细审查，文彦博了解了事情的真相。但黄德和的同党很多，图谋推翻文彦博的审理结论，以至于动员朝廷另派御史来河中办案。文彦博拒不接纳，说："朝廷忧虑此案办不成功，所以才派你来。现在案情已审出结果，你应该马上回朝廷。倘使此案现有反复，我文彦博宁愿承担责任。"黄德和及刘平的奴仆最后因此而被正法。

不久，文彦博以直史馆的身份任河东转运副使。麟州（今陕西省神木县北）运粮饷的路曲折遥远，而银城河外有唐朝时运粮的旧道，被废弃没有疏理。文彦博的父亲文洎在任转运使时，曾考虑修复这条旧道，但没来得及动工就去世了。文彦博继承他父亲的志愿，修复了旧道，并由此而储备了大量粮饷。西夏李元昊入侵时，围困麟州10日，知道城中做了准备，便撤围而退。

之后，文彦博改任天章阁待制、都转运使，接连升任龙图阁、枢密直学士、秦州知州。不久，又改任益州知州。曾在铃辖官舍踢球，听到门外喧嚣，一打听，才知道是卒长鞭打一兵士，兵士不认罪。文彦博让他们进来，询问了事情原委，命人把兵士拉出去接受鞭打，但这个兵士还是不认罪，文彦博叫人把他斩了，踢完球后才回家。

庆历七年（1047年），宋仁宗召文彦博入朝，任命他为枢密副使、参知政事。同年十一月，贝州王则起义，明镐对王则进行讨伐，很久也攻不下来。文彦博请求去贝州讨伐，于次年正月被朝廷任命为宣抚使，前往平息王则起义。文彦博至贝州城下，一方面让官军猛攻北城，另一方面在南城挖地道，直通城里。闰正月，官军攻入城中，王则被捕，起义平息。文彦博以功升同中书门下平章事、集贤院大学士。

文彦博

文彦博为相后，向朝廷推荐张瑰、韩维、王安石，说他们恬淡名利，有道德、讲原则，请求对他们进行褒奖以激励风俗。并同枢密使庞籍商议裁省兵员，总计裁撤为民以及支付原俸禄一半的士兵和将佐共 8 万人，对这件事，当时议论纷纷，有人认为这些人一定会聚为盗贼，宋仁宗对此也感到疑虑。文彦博说："现在公私困竭，就是因为兵员过多。假使这些裁撤的兵士要作乱，臣死也要把这事平定下去。"他的谋划终于执行，而裁撤的兵士也没有闹事。

皇祐元年（1049 年）八月，文彦博任昭文馆大学士。

皇祐三年（1051 年），御史唐介称文彦博曾送蜀锦给张贵妃，所以才有被任命为昭文馆大学士的机会。唐介被罢职，而文彦博也被降职，为观文殿大学士、许州知州，改为忠武军节度使，主管永兴军。

2. 安定危局

至和二年（1055 年）六月，文彦博再次担任吏部尚书、同中书门下平章事、昭文馆大学士，与富弼同一天被任命，士大夫都以朝廷得人为庆幸。

至和三年（1056 年）正月，宋仁宗在临朝受文武百官参拜时，突然发病，被扶入宫内。文彦博叫来内侍史志聪了解情况。史志聪说："宫里的事我不能向外泄露。"文彦博叱喝他说："你们在宫廷里来来往往，却不让宰相知道天子的身体状况，目的何在？自今天开始，如果陛下病情加剧，一定要告诉我，否则，以军法从事。"他还与同僚刘沆、富弼计谋开启大庆殿，设醮祈祷，并留宿大庆殿外的小屋。史志聪说："从来就没有这样的先例。"文彦博说："这个时候，还能考虑有先例没先例吗？"开封府知府王素半夜扣打宫门，宣称要报告谋反的事情，文彦博不让他进来；第二天早上，王素说有京师禁卫告诉他都虞候要作乱。刘沆主张逮捕都虞候，加以审理。文彦博把都指挥使许怀德叫来，问都虞候到底是什么样的人。许怀德说他

可担保都虞候不会谋反，文彦博说："那么这事是禁卫有怨仇，诬告都虞候而已，应该立即把这禁卫杀了以安定众心。"于是请刘沆把案情做个结论，把禁卫在军门前斩了。

在这之前，富弼采纳官员李仲昌的计策，从澶州商胡河贯穿六漯渠，使之流入横垅旧道。北京留守贾昌朝一向讨厌富弼，暗中勾结内侍武继隆，指使司天官二人等执政大臣在一起讨论朝廷大事时，于殿廷宣扬国家不应该在北方开河渠，开河渠（损害地脉）导致宋仁宗身体欠安。文彦博明白了他们用意所在，但没有采取办法加以制止。过了几天，这两个司天官又上书，请宋仁宗皇后一同处理政事，这也是武继隆所指使的。史志聪把司天官的上书拿给执政大臣看。文彦博看了以后，把它藏起来，不给其他同僚看，而表现出很高兴的样子，不慌不忙地把两位司天官叫来盘问，说："你们今天有些话要讲吧？"二位司天官回答："是的。"文彦博说："天文变异，你们的职责就是要如实反映。但怎么随便参与国家大事？你们的罪行应该株连一族。"二位司天官害怕，面色都变了。文彦博说："我看你们不过是狂狷愚蠢罢了，不忍心治你们的罪行，但以后不能再这样了。"两位司天官退出去后，文彦博才把司天官的上书给同列看。众人都非常气愤，说："这些家伙竟敢如此僭越而上书，你怎么不把他们给斩了？"文彦博说："把他们斩了，事情也弄大了，恐怕引起皇后不安。"众人都说："想得周到。"不久朝廷议定派遣司天官核实六漯渠的方位，并派二人前往。武继隆代表他们请求留下，文彦博说："他们本来不敢乱说，有人指使他们这样干罢了。"武继隆沉默不敢回答。二位司天官到了六漯渠，害怕究治前面所犯罪行，改而说六漯的方位在东北，不是在京师正北面。

宋仁宗病愈，文彦博等人才从大庆殿回家。在宋仁宗生病的这些日子里，京师吏民担心害怕，靠文彦博、富弼老成持重，众人的心情才得安宁。刘沆在宋仁宗病愈后偷偷告诉宋仁宗说："陛下身体不好时，文彦博曾擅自诛斩报告谋反的人。"文彦博听到了后，把刘沆的判词呈给宋仁宗，宋仁宗的疑虑才消除了。御史吴中复请求把唐介召回朝廷。文彦博因而认为，唐介过去做御史，弹劾臣的事大都针对臣的毛病，其中有些是道听途说，难免不实，但当时臣也过分责备了他，请陛下按吴中复的奏折办理。时人都认为文彦博品德高尚。

3. 历职内外

很久后，文彦博被任命为河阳三城节度使同平章事、判河南府，被封为潞国公，改镇保平，判大名府。不久改镇成德，升任尚书左仆射、判太原府。不久，再镇保平，判河南府。因母亲去世而辞官守丧。

嘉祐八年（1063年），宋仁宗驾崩，宋英宗赵曙即位，任命文彦博为成德军节度使，文彦博多次上表，请求能够让自己守完丧，朝廷允许。

当初，宋仁宗身体不好，文彦博与富弼等人请求立太子。宋仁宗答应了，但后宫又有怀孕的，这件事拖了下来。不久，文彦博离职，后来，富弼亦因守丧离职。文彦博守丧完毕后，官复原职，判河南府，宋英宗下诏命他到朝廷拜见。宋英宗对他说："朕被立为太子，是你的功劳。"文彦博严肃地回答："陛下被立为太子，承继帝统，是仁宗皇帝的意愿，也是皇太后（曹皇后）襄赞之功，臣没有什么功劳。而且陛下被立为太子以及继统之时，臣不在朝廷，都是韩琦等人根据先帝意愿而受命行事，臣没有参与。"宋英宗说："让先帝有所裁择，以及开始创议，你都对朕有恩。"文彦博谦逊地回避，不敢认为有功于宋英宗。宋英宗说："你暂且西去任职，不久就会把你召回朝廷。"不久，即升文彦博为侍中，改镇淮南府，判永兴军，入朝任为枢密使、剑南西川节度使。

熙宁二年（1069年），宋英宗任命陈升之为宰相。下诏说："文彦博是世人所敬仰的名臣，令陈升之官位在文彦博之下，以符合朕的礼贤之意。"文彦博说："大宋的枢密使职，没有在宰相上面的。只有曹利用曾经在王曾、张知白上。臣下对礼仪难说全懂，但不敢仿效曹利用所为，以紊乱朝廷礼法。"他坚决推辞才没有使自己位在陈升之之上。

西夏进犯大顺时，将帅李复圭把阵图和方略授给钤辖李信等人，命他们出战。等到失败后，他却诬奏李信有罪。文彦博把其中的是非暴露出来，而宰相王安石

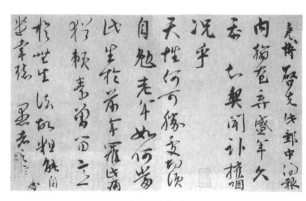

文彦博书法

曲意诛杀李信等，秦地人认为他们都冤枉。庆州兵乱，文彦博对宋神宗说："朝廷施政，务必符合人心。应该兼采各种意见，以静重为第一要务。陛下励精图治，而人心不安，恐怕是法令改变太大的缘故。祖宗之法未必都不能实行，不过是有偏而不全的弊端而已。"王安石知道这些话是针对他来说的，起来反驳道："谋求为百姓除害，怎么做都行。若万事都拖拖沓沓，那是西晋亡国之风，对国家的治理有什么好处？"御史张商英欲依附王安石，指使枢密院以其他事动摇文彦博，张商英由于事实不真而被贬斥。

文彦博在枢密府任职九年，终因激烈地争论说市易司监卖果实，有伤国体，并引起百姓怨恨，引起王安石的嫉恨，最后请求辞职。宋神宗任命他为司空、河东节度使、判河阳，移判大名府。文彦博尽管不在朝廷，但宋神宗对他的关注却有增无减。

当时监司有许多新提拔的少年，转运判官汪辅之就奏告文彦博不办事，宋神宗批示了这个奏折，并把它交给文彦博，说："因为您的旧恩德，所以请您守护京师北门，细小的事情不必劳心。汪辅之官小位卑，竟敢如此无礼，将会另加处置。"没过多久，就罢掉了汪辅之的官。当初，有个叫李公义的选人，请求以铁龙爪治黄河，宦官黄怀信承袭铁龙爪的做法，制作浚川耙，天下都笑着谈论浚川耙，认为拿它治理黄河等于儿戏，而只有王安石相信它。派遣都水丞范子渊实行此法。范子渊奏称田浚川耙的功用，可以让河水都回原道。退出被淹没的民田有数万顷。宋神宗诏命大名府核实，文彦博说："黄河不是浚川耙就可疏通的，即使愚蠢至极的人，都知道没有效果，臣不敢跟着别人胡说以欺骗陛下。"文彦博的奏疏呈上，宋神宗看完不高兴。另派知制诰熊本等人去考察，考察的结果就像文彦博所说。范子渊于是请求拜见皇上，说熊本等人看到王安石被罢相，臆测文彦博将为宰相，故意附会文彦博的说法，御史蔡确也弹劾熊本等人受命考察时不守法纪。熊本等都得到处罚，唯独不涉及文彦博。不久加官司徒。

4.深得宠荣

元丰三年（1080年），文彦博被拜为太尉，再次出判河南。当时王尧臣之子王同老说起宋仁宗至和年间议论立皇太子的事，文彦博恰好入朝。宋神宗为此询问他，文彦博还是以从前对宋英宗说的话对宋神宗说："英宗皇帝天命所在，国家政权有归宿。这实在是仁宗皇帝了解儿子的贤明，慈圣太皇太后拥佑之力，臣下有什么功劳可言？"宋神宗说："虽然是天命，但也靠人谋，您品性深厚，不宣扬自己的善德，阴德如丙吉，真是定策的大臣，是国家的依靠。"文彦博说："像周勃、霍光等，才可算是定策的臣子。自至和年间以来，朝廷内外建议立皇太子的人很多，臣虽然也有建议，但并没有立即实行。后来，韩琦等终于把大事办成，主要是韩琦的功绩。"神宗说："开端更难，当时仁宗高皇帝的意向已定。嘉祐年末，只不过是把以前的诏命再复述一遍而已。正好像丙吉、霍光，不致相互掩盖功劳。"于是加文彦博两镇节度使，文彦博推辞不受。将到河南府任职，宋神宗在琼林苑赐宴，并两次派宦官送给文彦博他写的诗。时任都认为此事十分荣耀。

王中正经管边事时，但凡所到之处都宣称受密旨招募禁兵，而把他们向西边带去。文彦博以没有看到诏令为由他拒绝在河南府招募，王中正也不敢招募而离开。过了很长一段时间后，文彦博请求辞职回家，以太师职位致仕，住在洛阳，洛阳人邵雍以及程颢兄弟都以儒家道统自重，对待文彦博如布衣之交。

宋神宗曾想把洛水通过汴京，但主管者却堵绝洛水，不让洛水入洛阳，洛阳城里的人都为此事烦忧。文彦博趁宦官刘惟简到洛阳的机会，把其中的情况反映了。刘惟简将此事告诉宋神宗，宋神宗特诏洛水如以前照样通行，于是洛阳城得到了无穷的便利。

元祐元年（1086年）四月，司马光推荐文彦博，说他是宿德元老，应该重新起用，来辅佐朝廷。宣仁太后将任命文彦博为三省长官，而议论政事的人认为不行，于是任命他为平章军国重事，六天朝觐一次，一月两次到皇宫讲经，宋哲宗对他恩礼有加。但文彦博每年都要求告退，元祐五年（1090年），文彦博以太师充护国军、山南西道节度等职再次致仕。

绍圣四年（1097年），章惇执政，言官议论文彦博与司马光是朋党，反对王安石变法，诋毁宋神宗，于是将他由太师降职为太子少保。同年五月初四（6月16日），文彦博逝世，享年90岁。

宋徽宗崇宁年间（1102—1106年），蔡京任右相时，将文彦博、吕公著、司马光等人称为"元祐党人"，刻元祐党人碑，禁止元祐学术。后来宋徽宗特别命令将文彦博从党籍中除名，追复他太师之职，谥号忠烈。

文彦博历仕宋仁宗、宋英宗、宋神宗、宋哲宗四朝，任将相五十年，声名闻于四夷。文彦博虽然官居高位，也很富裕，但他平常接待人谦逊下士，尊德乐善，生怕做得不好。他执政于承平之时，史称："至和以来，共定大计，功成退居，朝野倚重。"文彦博于辅助朝政，平雪冤狱，处处为百姓着想，多所建树，在北宋中期社会的稳定与发展中，起到了一定的积极作用。

苏轼赞曰：其综理庶务，虽精练少年有不如；其贯穿古今，虽专门名家有不逮。

苏辙赞曰：惟判府司徒侍中，辅相三世，始终一心。器业崇深，不言而四方自服；道德高妙，无为而庶务以成。

九、先天下之忧而忧，后天下之乐而乐

范仲淹（989—1052 年），字希文，江苏徐州人，北宋杰出的思想家、政治家、文学家，忧国忧民的一代名臣。

1. 范仲淹戍边和西夏

宋真宗死后，他的儿了赵祯继位，这就是宋仁宗。因为他继位时年龄还很小，所以由刘太后垂帘听政，独掌大权。11 年后，宋仁宗才亲理朝政。他跟他的父亲宋真宗一样，对外敌比较软弱，只想守住祖宗的基业。

早在宋太宗当政的时候，占据夏州（今陕甘一带）的党项族首领李继迁，受辽朝封号，称大夏王。1002—1004 年，李继迁攻下灵州（今宁夏灵武西南）与西凉府（今甘肃武威）。后来，李继迁在战场上中箭，不久就死了。他的儿子李德明继位，与宋朝和好。1038 年，德明的儿子李元昊建都兴州，自己称帝，国号大夏，历史上称作西夏。李元昊称帝后，野心很大，想吞并北宋，就开始发兵入侵。

边关告急的文书传来，满朝文武大臣都惊慌失措，急得像热锅上的蚂蚁，聚集一起，乱得不成样子。可就是想不出办法。宋朝这两代皇帝，平时不注重军队的建设，兵力也很分散，守边的宋兵，分别驻扎在 24 个州，互相之间也不联系，战争一打起来，也就不能彼此照应，所以李元昊大军一进攻，宋兵抵挡不住，接连败退。

宝元三年（1040 年）初，李元昊再次率西夏兵侵犯延州（今陕西延安市），宋军又被打得大败，震惊了朝廷。宋仁宗正愁没有办法，恰巧知

制诰韩琦从四川回来，向皇帝奏明了西夏的形势，宋仁宗听后便派夏竦为陕西都部署兼经略安抚使，派韩琦和范仲淹作陕西经略安抚副使，共同掌管军事。

范仲淹2岁时父亲死了，他的母亲改嫁一个姓朱的，范仲淹便也跟着改姓了朱。他从小很有志气，长大懂事后，知道了自己的身世，便哭着告别了母亲，来到应天府，跟着当时著名的文人戚同文学习。范仲淹学习很刻苦，常常不分白天黑夜，拿起书本就不放下。冬天里

范仲淹

容易发困，他就用冷水洗脸，让自己保持清醒。他的生活也很清苦，常常午饭不够吃，却只能喝稀粥。就是这样，经过长期的刻苦学习，范仲淹终于考中了进士，当了广德军的司理参军，孝顺的仲淹把母亲接来奉养。后来他又被改任集庆军节度推度，这时他恢复了原来的姓氏。

这次范仲淹领命防守边疆，去抵抗李元昊的进攻。李元昊不久攻破了延州，宋朝边境危急。范仲淹看到这样形势，就不顾危险递上表请求皇帝，让自己去驻守延州。宋仁宗同意了他的请求，任命他为户部郎中兼延州知州。他日夜兼程赶到延州，发现原来的规定很不合理，打仗的时候，总是由小官先领兵迎战，士兵很少，指挥也不利，范仲淹气愤地说："这样出去打仗，没有精兵良将，怎么能不败呢？"

于是，他检阅军队，亲自挑选组织了一支1.8万人的队伍，分成6部，每部3000人，分别训练。等到敌人侵犯，便根据敌人多少，派队伍轮换出战，保证士兵的体力，这样战斗力就大大提高了。同时，他还注意加强地方建设，在城下组织军队开荒种地，让人民自由贸易，解决物资供应问题。

第二年正月，宋仁宗决定征讨西夏。范仲淹听说后，急忙上报道："正月塞外非常寒冷，对我军出征很不利，不如等到春天，敌人马瘦人饥，可以打他个防不胜防。况且到那时，我们的边防已经稳固，部队也训练有素了，敌人士气一定低落。"

他又建议宋仁宗，在绥（今陕西绥德）、宥（今陕西靖边西北）等要害地方，驻扎军队，种植农田，这样开拓边疆，抵御敌人，才是上策。

宋仁宗完全接纳了他的建议。范仲淹又请求修建承平、永平的堡垒，把逃亡的百姓再召集回来，组织生产。于是，这里的羌、汉等族人民相继归来，安居乐业。

李元昊听说范仲淹守卫边防很厉害，很不服气，又多次派兵进攻，但被范仲淹打败。

范仲淹在将领军队期间，号令清楚，关心士兵，招抚百姓，很受大家的爱戴。这样既有人民的支援，军队又能奋勇杀敌，所以西夏兵不敢轻易地侵犯边境。李元昊在较量了几次后，也只好派人讲和。

2. 忧国忧民陈十事

在多年内忧外患的困扰下，宋仁宗深深感到，宋朝的贫困软弱一天天严重。

庆历三年（1043年），宋仁宗询问范仲淹该如何治理国家，范仲淹对国家的这些问题，早已考虑了很久，他便向皇帝提出了改革弊政、奖励生产、富国强兵的10条建议。这10条建议是：

（1）"明黜陟"：改变以前文官三年一升迁的办法，只提拔重用有所作为、立过功的官员。

（2）"抑侥幸"：改变贵族子弟承受"恩荫"做官的旧传统，减少多余的官员。

（3）"精贡举"：科举考试着重考查经学，不在诗词歌赋方面。

（4）"择官长"：严格选择提拔各级官员。

（5）"均公田"：各级官员要按等级分给"职田"，防止贪污。

（6）"厚农桑"：每到秋天，各地要开渠修理，保障农业生产。

（7）"修武备"：招募卫兵5万，保卫朝廷。

（8）"减徭役"：减轻对人民服劳役的要求，保证人民安居乐业。

（9）"覃恩信"：朝廷有政令，各地必须严格执行。

（10）"重命令"：一切行动都要听从命令，保证统一。

宋仁宗看了他上书的建议，十分满意。除了个别的条文因为有人反对未采纳外，其余的全用诏书颁布天下。这次改革，历史上称作"庆历新政"。

这次新政，因为触及到一些大臣的利益，遭到他们的坚决反对，最终归于失败。

前些年，范仲淹因为顶撞了宰相吕夷简，被放逐了。在士大夫中支持吕夷简和范仲淹的人，分为两派，互相指责对方是"朋党"，也就是说勾结在一起谋私利。后来，范仲淹驻守陕西，练兵抗敌，取得很好的业绩，因而受到皇帝的提拔。吕夷简被罢相后，宋仁宗就正式任命他做了宰相，管理内外事务。范仲淹力行改革考核官吏，每天都为天下太平操心忙碌。由于他执法严厉，处罚一些官吏得罪了不少人。

在范仲淹提出改革的 10 项措施后，枢密使富弼也向仁宗上书，提出治理国家的 10 多条意见。

他的建议与范仲淹条陈 10 事，同时颁布天下。谏官欧阳修也支持他们的主张。

他们的改革主张遭到章得象等大臣的反对，好多人都说他们的坏话。那个戍边无能的夏竦，借机指责范仲淹、富弼与欧阳修等人是"朋党"，让宋仁宗产生了疑心，改任范仲淹为河东陕西安抚使。庆历五年（1045 年）十一月，范仲淹辞去了安抚使的职务。这时，他已经 57 岁，由于操劳过度，患了头晕目眩的病。他回到内地，在邓州做了知州。

第二年九月，邓州有位新科状元贾黯回乡探亲，慕名来拜访范仲淹。贾黯以学生自居，施礼请教说："范大人是当朝的名臣贤相，智勇双全，晚生十分敬佩，今日前来，还请您多指教。"

范仲淹见这个年轻人谦虚有礼，便推心置腹地对他说："我当了数十年的官，忧国忧民，虽然受过不少挫折，但我从不灰心。如今朝中还有人指责我，那也是难免的，我不会在乎的。"贾黯深感佩服，又问道："大人，学生刚刚上任，应该怎么做才好呢？"

"当官就要忧国忧民，不然就不是个好官。官职不在大小，关键要做到上不欺君，下不压民，为官清正，廉洁奉公。你是一个有志气的人，我愿意把'不欺'两个字，送给你作座右铭。"

"学生一定牢记大人教诲，一生都要做到'不欺'。"

正这时，岳州（今湖南岳阳）知州滕子京，派人送来一封书信。这滕

子京是范仲淹的老朋友，二人同年科举做官，又一同到边防御敌。庆历二年（1042 年），他在边防任泾州（今甘肃经川北）知州，率少数兵力抵抗李元昊入侵。他买了一些老百姓的牛羊犒劳士兵，使军心大振。

但御史中丞王拱宸、梁坚等人却告他滥用公款，把他先后贬到凤翔府和虢州（今河南灵宝东）。王拱宸后来再次告他，把他贬到如今的岳州。

贾黯见范仲淹有信件到，不便打扰，起身告辞。送走贾黯，仲淹打开信件一看，原来里面装着重建岳阳楼的设计图纸，滕子京在信中告诉范仲淹，庆历五年（1045 年）开始重建的岳阳楼，现在已经建成，请他写一篇重修岳阳楼的论文。

岳阳楼位于岳州西门之上，它与武昌的黄鹤楼、南昌的滕王阁，被誉为楚地三大名楼。三国时东吴大将鲁肃，曾经在这建过阅兵楼。唐玄宗时的中书令张说又在这旧址上建成岳阳楼，只是年久失修，到了北宋，已破烂得不成样子了。

范仲淹看了滕子京主持重修的岳阳楼，其结构的雄伟超过了前人，不禁赞叹不绝。九月十四日夜晚，范仲淹点起蜡烛，借着月色，写成了那篇流传千古的《岳阳楼记》。

在这篇文章里，他不仅记叙了重修岳阳楼的经过，描绘了巴陵、洞庭湖的秀丽景色，而且还借景抒情，写道："予尝求古仁人之心，或异二者之为，何哉？不以物喜，不以己悲；居庙堂之高则忧其民，处江湖之远则忧其君。是进亦忧，退亦忧。然则何时而乐耶？其必曰：先天下之忧而忧，后天下之乐而乐乎。噫！微斯人，吾谁与归？"

这一段的意思是说：我曾经想求索古时品德高尚的人，思想为什么不会随环境的变化而变化，不计个人得失。在朝廷做官就一心为民，退隐江湖，也要为国家担忧。不论何时，都在忧国忧民。那么在什么时候才能快乐呢？他们一定会说，忧在天下人之先，乐在天下人之后！唉，没有这样的人，我还能和谁一起走呢？范仲淹就是这样一个忧国忧民的人。

3. 了不起的文学家

范仲淹不仅是一位政治家，而且还是一位文学家。他的散文、诗词写得都很优美。

"先天下之忧而忧，后天下之乐而乐"是范仲淹留给后人的千古名句，也是他一生的真实写照。他始终以天下事为己任，为国家的安定富强做着不懈的努力。

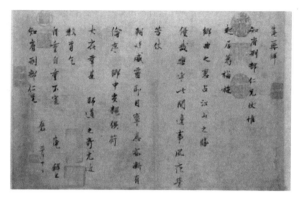

范仲淹书法

康定元年（1040 年），西夏李元昊称帝后举兵进攻延州，宋王朝与西夏开始交兵。这年七月，范仲淹和韩琦同时被任命为陕西经略安抚使兼知延州，来到西北前线，后又以各种身份，与韩琦分管陕甘军政大事。作为一名大将，范仲淹与西夏寸土必争，人们说："小范老子胸中有数万甲兵"，西夏也因他不敢轻易进犯。

可是，远离家园的滋味毕竟是难受的，无论是兵士和将领都不免有些思念家乡。尤其时值塞外九月时，秋风乍起了，那塞外特有的边声——秋风呼啸，驼马长嘶，草木繁响，就会使人越发感到凄凉。兵士们吟唱着一支悠长的曲子，仰望雁儿南归，心中的愁情越发难以言诉。远处群山层叠，似笼罩着茫茫烟雾，当太阳西沉时，这里仿佛只剩下一座孤城。在这紧闭的城门里，一杯浊酒如何挡得住寒冷孤寂？悠悠羌管，皑皑白霜，谁能安然入梦？可是战争的烽火时时燃烧，若不完成抗敌大功，家园不会安宁，将士们谁又忍心回去呢？

所有能够做的，也不过是将军梳理一下头发，战士拭拭思乡泪罢了……

作为一名主帅，他深深体验到了边防生活的艰苦和战士们矛盾复杂的情绪，他为此感动着，终于，他挥笔写下了《渔家傲》词：

> 塞下秋来风景异，衡阳雁去无留意。
>
> 四面边声连角起。千嶂里，长烟落日孤城闭。
>
> 浊酒一杯家万里，燕然未勒归无计。
>
> 羌管悠悠霜满地。人不寐，将军白发征夫泪。

这是一幅十分沉郁而苍凉的图景，在边声号角、长烟落日的壮阔雄伟的背景下，戍边战士立功报国的壮志和离家后难以名状的忧思，如同洪水击石

一样冲击着人们的心灵，让人在感知那一份无尽苍凉的同时也肃然起敬。

范仲淹不仅仅是一位面目严峻、神态凛然的带兵将帅，他有着一颗豪情万丈、正气凌云的心；他还是一位文人，很多时候，他也有文人的多情善愁的一面。例如在《苏幕遮·怀旧》里，他柔肠婉转，缠绵悱恻地写道：

碧云天，黄叶地，秋色连波，波上寒烟翠。山映斜阳天接水，芳草无情，更在斜阳外。

黯乡魂，追旅思，夜夜除非，好梦留人睡。明月楼高休独倚，酒入愁肠，化作相思泪。

这也是向人们展示一幅动人的秋景，但这秋景，不是在塞外，而是在一个秋色连波的美丽的地方，同样也有乡思，却少了一分豪情，多了一腔柔情似水、绵绵不绝的深情。

范仲淹文学素养很高，留下了众多脍炙人口的词作，如《渔家傲》《苏幕遮》，苍凉豪放、感情强烈，为历代传诵。欧阳修曾称《渔家傲》为"穷塞主词"。著作为《范文正公集》。范纯仁是他的次子，父子都当过宰相。

景祐三年（1036年），因范仲淹多次因谏被贬谪，梅尧臣作文《灵乌赋》力劝范仲淹要少说话，少管闲事，自己逍遥就行。范仲淹所作的同名答文中写道："彼希声之凤凰，亦见讥于楚狂；彼不世之麒麟，亦见伤于鲁人。凤岂以讥而不灵，麟岂以伤而不仁？故割而可卷，孰为神兵；焚而可变，孰为英琼。宁鸣而死，不默而生。"其中强调的"宁鸣而死，不默而生"，更是彰显了古代士大夫为民请命的凛然大节。

范仲淹一生作词很少，但就凭他这两首风格迥异、却同样感人的词，奠定了他在词坛上的一席地位。怪不得人们称赞他的词"字字珠玉、掷地有声"呢。

十、才本王佐为帝师，一德醇儒百年节

司马光（1019—1086年），字君实，号迂叟，陕州夏县（今山西夏县）涑水乡人。北宋政治家、史学家、文学家。

少年司马光一直都跟随在父亲司马池的身边。司马光是贵胄的后裔。他的远祖西晋皇族安平献王司马孚，原籍河内（治所今河南沁阳）。传至北魏的征东大将军司马阳，死后葬于陕州夏县（今属山西）涑水乡高堠里，这里便成为司马光的祖籍。王朝更替，家道中落，司马光的四世祖、曾祖、

伯祖等都以布衣终身。到了宋初，他的祖父司马炫考中进士，才又重入仕途。司马光自幼就是在一个书香世家的熏陶下，在父母言传身教的直接影响下，不断地修身成长，即所谓"养其习于童蒙"。

宋仁宗宝元元年（1038年），年仅20岁的司马光考中了进士，和他同年的有200人，其中第一名的范镇以及庞之道、郎景微、石扬休等人，都是他亲密的好友。

司马光

进士及第后，司马光被朝廷任命为奉礼郎、华州（今陕西华县）判官。此时司马池任同州（今陕西大荔）知州。华、同二州相距不远，司马光经常到同州探望父母。恰巧同年的石扬休也在同州任推官，故而两人有机会经常来往。

司马光在华州任职不到一年，父亲司马池又调任杭州。为了侍奉父母方便，他请朝廷调他去苏州，允准后，他任苏州判官。

年轻的司马光不仅对父母尽孝，而且时刻不忘报效国家。他睡在家中书房时，常常会突然起身，穿上官服，手执笏板，端坐凝思。开始家里人都感到奇怪，久之则习以为常了。若干年之后，他的助手范祖禹曾问起他这件事，他说："吾时忽念天下事，夫人以天下安危为念，岂可不敬耶！"（朱熹：《三朝名臣言行录》卷七）原来他以天下事为己任，将国事时时放在心上，所以有此举动。

司马光到苏州的当年，母亲聂氏病逝了。为了守丧，他辞去官职住到杭州。

父亲司马池为人诚挚坦率，"生平奉上官不回曲，于朋友尽规劝"；秉公办事，"政无私谒"（《解州夏县志》卷十二）。因为不会应酬奉迎，不免为人所忌。他在杭州任职不到一年，便被转运使江钧所弹劾，而降调到虢州（治所今河南灵宝东），不久又调到灵州（治所今山西临汾），于宋仁宗庆历元年（1041年）病逝于此。随父亲右迁的司马光及哥哥司

马旦，把父亲的灵柩送回故乡，于第二年的八月将父亲与母亲合葬于涑水南原祖茔。请庞籍为父亲写了墓志铭。

父母双亡，使司马光十分悲伤。他以不能报答父母的养育之恩为念，他写道："命奇不得报劬劳，平生念此心先乱。"（《传家集·和钱学士公辅呈邵兴宗》）

居丧期间是司马光在家乡住得最长的一段时间。他的家宅在县西，环境很宁静。他用这段时间读了不少的书，写了许多的文章，阐发了不少议论，谈了自己的看法。他的思想更加成熟了，政治原则也明确和具体了。他写过一篇《十哲论》，反对将孔子的弟子颜渊等 10 人配享孔庙正殿，而将其余弟子配享东西两廊。如以一善取之，决不止颜渊等 10 人，如以尽善取之，这 10 个人却没有一个人没过错的。所以只尊这 10 人为贤者是不公平的，一是孔子生前没有这样的看法，二是不符合实际情况。他的观点不与古人苟同，勇于打破传统的见解。另外他还写有《龚君宾论》《四豪论》《丙吉论》《贾生论》等论文。他认为武王伐纣是"有道天子诛一乱政之匹夫"，而伯夷、叔齐非议武王，以不食周粟表示抗议，是狭隘偏激。他对战国四公子重新评价。他认为忠君、利国、养民是贤臣的标准。信陵君忠孝，有智、有仁，进能设计击退强秦，保卫魏国，退能潜身，不致遭谗言之害，确有"高世之才"，当为四人之首。其余"平原次之，孟尝又次之，春申为其下矣"。春申君虽曾保全楚国太子，但他是一个"乱其国嗣，躁败王家"的罪人。他依仗权势，穷奢极欲，听信奸邪之言，造成祸乱，不过十几年，就把楚国给毁了，自己也身败名裂。孟尝君不顾国家法度，结私党"以窃国相之位"，为了自己的利益，不为国家、百姓着想。平原君因为贪利而导致战争，几乎使赵国灭亡，幸好，他还能听信忠言，忠心君事。司马光还对丙吉、贾谊等一些历史人物进行了评论。从这些评论中，可以看到他的中心思想是重"道"，就是必须恪守"周孔之夷涂"，而不能"揽申商之险术"（《传家集·贾生论》），施政要以"仁义"为根本，以"礼"为标准。他的政治活动，就是以这样的思想作指导的。

庆历四年（1044 年），司马光守丧期满，出任武成军（治所今河南滑县）东浮宫之职。武成军即滑州,是个节度州,武成军即节度之名。第二年,司马光又改宣德郎将作监主簿，权知韦城县事。韦城县仍属滑州。

司马光再次入京做官，初任判吏部南曹，迁开封府推官，赐五品服。可他一直想调为外任，曾两次上书，要求到离家乡较近的虢州或维州、乾州任职，理由是自己无办事才干，身体又不好，多年未回故乡等，但均未被批准。不久又新任度支员外郎判勾院之职。度支勾院是三司所属三勾院之一，主管各地申报钱粮、百物出纳账簿的审核。三司是当时最高财政机构，主管长官三司使仅次于宰相，号称计相，其下属职务也很重要。可司马光又第三次上疏再申前意，仍然未被允准。不久擢修起居注，并且与王安石在一起。这样，在前三年中，官职频繁变更。

嘉祐六年（1061 年），司马光擢起居舍人、同知谏院，从此任谏官直到宋英宗治平二年（1065 年），任期 5 年之久。

司马光自幼读书，最喜欢读的是史书。他说："独于前史粗尝尽心，自幼至老，嗜之不厌。"年轻时他曾读过一本唐人高峻撰的《高氏小史》，给他留下了较深刻的印象。进入仕途后，有机会接触国家藏书，学到了更多的历史知识，并写了许多史学论文，在史学研究的领域中，造诣已经很深了。

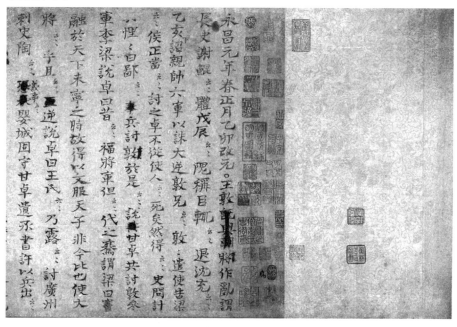

司马光《资治通鉴》残稿

经过艰苦卓绝的劳动，到元丰七年（1084年），一部编年体通史《资治通鉴》终于完成了。全书共294卷，记事上起周威烈王二十三年（公元前403年），下迄后周显德六年（959年），共是1362年的史实。同时把考证的资料，编成《通鉴考异》30卷；把正文中每年的重大事件标目列举，编成《通鉴目录》30卷。三部分共354卷，于十一月进呈宋神宗。这部书如果从嘉祐年间编《历年图》算起，花费20余年，从书局起立算也有19年，所以范祖禹在诗中写道："网罗遗佚三千载，采撷精华十九春。"（《和张芸叟左司被赐〈资治通鉴〉》）元祐元年（1086年），全书在杭州雕版印成，遍赐宰执。

司马光修史的宏愿终于完成了，书成之后他已经累得筋疲力尽。他在《进〈资治通鉴〉表》中讲自己已是"骸骨癯瘁，目视昏近，齿牙无几，神识衰耗，目前所为，旋踵遗忘，臣之精力，尽于此书"，确是实情。

后来司马光升任宰相，在任宰相的一年多的时间里，尽管身体病弱不堪，但在繁忙的政务之外，还笔耕不辍，《稽古录》就是在这个时间完成的。除此，他还负责《资治通鉴》的校对工作。元丰八年（1085年）九月，朝廷降旨，要将《资治通鉴》的副本重行校订一遍，以便送国子监雕版印刷。这一工作主要由范祖禹和司马康具体去做。此时司马康已官秘书省正字，转奉礼郎。第二年，范祖禹由右正言改任著作佐郎修《神宗实录》检讨，就不能参与《通鉴》的校订工作。司马光又推荐秘书省校书郎黄庭坚参加校订工作。另外还有张舜民、张耒、晁补之等多人参与，速度进行得很快。十月间，在杭州开始镂板，一直到元祐七年（1092年）才印刷完成。只可惜，半生精力，尽于此书的司马光来不及看到这历史巨著的印成，而于元祐元年（1086年）与世长辞了。

司马光身后，"床箦萧然"，病榻边只有《役书》一卷。吕公著在挽词中写道："漏残余一榻，曾不为黄金。"（顾栋高：《司马温公年谱》卷8）这位位极人臣的伟大史学家，始终保持廉洁简朴的生活作风，给后人留下了宝贵的精神文化财富。涑水马河写道："儒者之泽，大行于民，伊、周以来，惟公一人。"（《司马文正公赞》）

司马光死后，高太后与宋哲宗亲临吊丧，并为之辍朝三日，举行隆重的葬礼，赐以"文正"的美谥。举国上下也沉浸于悲痛之中。

十一、万古忠魂依海角，当年枯竹到雷阳

寇准（961—1023 年），字平仲，华州下邽（今陕西渭南县东北）人。北宋政治家、诗人。

寇准的父亲寇相，学问很好，文章写得也不错，在五代后晋时中了进士，应召担任了魏王府的记室参军，可不久就因病辞世了。这时候寇准出生才几个月，抚养孩子的重任就落在他母亲的肩上。寇准小时候家境非常清苦，父亲虽做过几年小官，但根本没有留下什么贵重的家产。据说，有一次母亲想给小寇准做一套衣服，却连买一块绢的钱都凑不齐。

寇准的母亲是一位了不起的女性，她本是一个能诗会画的大家闺秀，丈夫的早逝让她备受生活的艰辛，可是，她对小寇准的教育从来没有放松过。在母亲的教诲下，寇准在少年时代就显露出很高的悟性和非凡的才华。十几岁时，他就能把《左传》《公羊传》《穀梁传》这三部深奥难懂的史书背得滚瓜烂熟，并且能细致透彻地分析每部书的异同，令一些饱学的儒士惊叹不已。

母亲见儿子敏而好学，非常高兴。为了激励儿子有更远大的志向，她精心绘制了一幅《寒窗课子图》，送给寇准。在寇准将要进京赶考时，她又作诗相送。

勤俭家风慈母训，他年富贵莫忘贫。对于母亲十几年来的辛勤教诲，寇准时刻铭记在心中，并以此作为自己努力进取的动力。989 年，寇准赴京考试，一举中了进士，这一年他才 19 岁。寇准少年得志，不但在当时，而且在我国整个的封建社会里，也不多见。中进士的第二年，寇准被派到归州巴东（今四川奉节县东）做知县。

后来，寇准又在其他地方做了几任地方官，所到之处，都留下了很好的口碑。由于政绩显著，不几年，寇准就被提拔到中央朝廷任职。他先后担任过三司度支推官、盐铁判官、同知枢密院事、参知政事等重要官职。同知枢密院事是一个相当于副宰相的军职，担任此职时寇准年仅31 岁。

寇准廉洁正直、不畏权势，很得皇帝的信任，同时也引起一帮人的嫉妒。知枢密院事张逊多次在朝中与寇准争论政事，二人关系非常紧张，张逊一

寇准西安石刻像

直想寻个时机惩治一下寇准，以泄私愤。一次，寇准出行时，一个疯子迎着他的坐骑直呼万岁，张逊听说后，立刻以谋反罪弹劾寇准。寇准气愤至极，在朝中极力为自己辩护，二人唇枪舌剑，后来居然互相指责对方的缺点，进行人身攻击。宋太宗大怒，怒斥了心胸狭小的张逊，寇准也被罢为青州知州。

宋太宗非常熟悉寇准的性格，寇准的仗义直言是其他一些巧言令色的大臣永远做不到的。所以，寇准离京赴任后，宋太宗非常想念他，经常向人打听他的情况，第二年，他又把寇准调到自己的身边，拜为参知政事。1004年6月，宋真宗任命寇准为宰相。

不久，辽军包围了瀛州，直逼贝州、魏州，朝廷内外震惊恐惧。参知政事王钦若主张逃跑，他暗劝宋真宗放弃汴梁，迁都金陵；又有人劝宋真宗逃往成都。宋真宗犹豫不决，便召寇准商议。寇准力主抗辽，对主张逃跑之人恨之入骨，他心知是王钦若等人的主张，却佯装不知说："谁为陛下出的这种计策，罪该处死。如今陛下神明英武，将帅团结一致，如果御驾亲征，敌军自然会逃走，为什么要抛弃宗庙社稷，远逃楚、蜀之地呢？如果那样，大宋必然人心崩溃，军心涣散，敌军会乘势进攻，长驱直入，大宋的江山还能保住吗？"一席话，说得那些主张逃跑的人羞愧难当。宋真宗受到震动，决定御驾亲征。

宋真宗和文武大臣率军从京师出发，向北进发。当大军到达韦城（今河南滑县东南）时，听说辽军已攻到澶州（今河南濮阳南）北城，宋真宗惊恐万分，信心全无，又打算南逃。寇准坚定地说："目前敌人已经临近，人心恐惧，陛下只可前进一尺，不可后退一寸！北城的守军日夜盼望着陛下的车驾，一旦后退，万众皆溃。"在寇准的坚持下，宋真宗率众臣勉强到达了澶州南城。

此时,隔河相望的北城战事正酣,宋真宗和众臣不敢亲临前线,不愿渡河,寇准坚决请求宋真宗过河,他说:"陛下如果不渡过黄河,那么人心就会更加危急;敌军的士气没有受到震慑,他们会更加嚣张。只有陛下亲临北城,才是退敌的唯一办法。更何况我军救援部队已经对澶州形成了包围之势,陛下的安全已经有了保障,还有什么顾忌不敢过河呢?"他见仍说服不了宋真宗,就把殿前都指挥使高琼叫到跟前,要他力劝宋真宗。高琼对战事相当了解,他对宋真宗说:"寇大人方才所言极是,将士们都愿拼死一战,只要陛下过河亲临阵前,士气必然大振,定能击退敌军。"宋真宗无奈,只得答应过河。

到了北城,宋真宗登上城楼观战。正在城下浴血奋战的宋军将士,看到城楼之上的黄龙御盖,欢呼震天,声闻数十里,军威大振。他们呐喊着冲向敌阵,辽军被宋军士气所慑,锐气顿消,溃不成军。

此战胜利后,宋真宗回到行宫,留寇准在城楼之上继续指挥作战。寇准治军有方,命令果断,纪律严明,很受士兵拥护。在他的指挥下,辽军几次攻城都被杀得大败而还,主帅萧挞凛也被射死。宋真宗在行宫之中对前线战事不太放心,多次派人前来打探战况,探子每次都见到寇准和副帅杨亿在一起饮酒说笑,就回去禀报宋真宗。宋真宗高兴地说:"寇准这样,我还有什么不放心的呢?"

当时,辽军虽号称20万,却是孤军深入,粮草不继,随时有被切断归路的危险。萧挞凛一死,辽军人心惶惶,更无斗志,于是便派人送来书信,请求讲和。条件是,只要宋朝每年给辽国大量绢银,辽军就退兵,并且永不再犯中原。寇准想乘胜收复幽云16州,所以坚决不答应议和。宋真宗对战争早就厌倦,在求和派的劝诱下对两国结盟议和表现出了极大的兴趣。无奈主帅寇准的反对使议和出现了很大的阻力,于是一帮贪生怕死的官员就在背后放出谣言,说寇准利用打仗以自重,野心很大。迫于谣言的压力,寇准只得同意两国议和,缔结盟约。

宋真宗派大臣曹利用作为使节到辽军帐营中签订结盟条约,并商讨"岁币"之事。临行之前,宋真宗对他说:"只要辽兵速退,'岁币'数目在百万之内都可以答应。"寇准却又把曹利用召到帐内,对他说:"虽然有皇帝的敕令,但你在与辽使签约时,答应的数目不得超过30万,否则,提头回来见我。"

这年十二月，宋辽双方终于在澶州达成协议：辽军撤出宋境，辽皇帝向宋皇帝称兄，两国互不侵犯，和平共处；宋每年拨给辽"岁币"，银 10 万两，绢 20 万匹。这就是历史上著名的"澶渊之盟"。

澶渊之盟后，河北战事平息，北疆人民安居乐业，寇准功劳很大，声望更高了。

人们对寇准的赞誉之声，参知政事王钦若听起来尤感刺耳。由于积怨和嫉妒，他一直想方设法诋毁、挤垮寇准。有一天会朝，寇准先退，宋真宗目送他离去，王钦若趁机进奏道："陛下敬重寇准，是因为他对国家有功吗？"宋真宗点头称是。王钦若冷笑道："澶州之战，陛下不以为耻辱，反而认为寇准有社稷之功，想不到陛下会这样想。"宋真宗十分吃惊，忙问原因。王钦若进一步说道："敌军兵临城下而被迫订立盟约，《春秋》认为这是耻辱；澶渊之举，就是城下之盟啊！以陛下至高无上的尊贵而签订城下之盟，还有什么耻辱能与之相比呢？"宋真宗脸色大变，很不高兴。王钦若又说："陛下听说过赌博吗？赌博的人钱快输光了，于是把自己的所有财物都拿出来，称为孤注。陛下成了寇准赌博的孤注，这也太危险了！"

不光王钦若，朝廷中的一些庸碌之辈也对寇准多方诋毁。寇准为相，用人不论资历，而以才干大小为标准。有一次选授官职，同僚让堂吏持着官位条例而进，寇准说："宰相的职责在于选用贤能之人，罢黜不肖之徒，假如按照官位次序的条例，只不过是堂吏的职能罢了。"他喜欢选用那些出身贫寒而敢于讲真话的人。那些想靠资历来升官的同僚们对寇准的做法深为不满，他们多次在宋真宗面前搬弄是非，说寇准目无国法，刚愎自用。多方的逸言终于让宋真宗对寇准的礼遇越来越少。第二年，罢寇准为刑部尚书、陕州知州，任命王旦为宰相。

寇准被罢相以后，经常被召回京师跟随皇帝左右，渐渐又被升为户部尚书、兵部尚书、枢密使，同平章事等职。有一次，他又因阻挠三司使林特向河北地区征收绢帛而激怒了宋真宗，宋真宗很不高兴地对王旦说："寇准刚强愤激的性格一点都没改变。"王旦附和道："寇准喜欢别人记住他的好处，又想让别人害怕他，这些都是大臣应当回避的，而寇准却专门这样做，这是他最大的缺点。"不久，寇准又被降职为武胜军节度使，接着又移任永兴军节度使。

天禧三年（1019 年），寇准升任为尚书右仆射、集贤殿大学士，在被罢相十几年后，第二次担任宰相之职。这时，宋真宗因疾病在身，很少过问政事，朝中专权弄事的是参知政事丁谓。丁谓原是得到寇准的举荐才逐渐当上副相的。他资浅望低，专持权柄后，朝中大臣非常不满，弄得朝政紊乱。于是，他主动向宋真宗进言，仍起用寇准为相，自己甘为副职。丁谓这样做，是想借寇准的声望来巩固自己的地位，所以在寇准入相后，他极力巴结，处处讨好。

据说，有一次寇准与丁谓在政事堂共同进餐，菜汤玷污了寇准的胡须，丁谓马上起身，慢慢为寇准拂拭干净。寇准对这种阿谀讨好的行为非常反感，他讥讽地笑道："参知政事是国家重臣，怎么能替长官拂起胡子来了呢！"丁谓羞愧难当，从此怀恨在心，预谋陷害寇准。

宋真宗患病期间，刘太后在宫内参与大政。寇准对此十分忧虑，他秘密奏请皇上道："皇太子是人心所向，希望陛下以宗庙社稷为重，把皇位传给太子，选择正派的大臣辅佐他。丁谓等人都是巧言谄媚之徒，不能让他们辅佐太子。"宋真宗认为很对。寇准暗中命令翰林学士杨亿起草奏章，请求皇太子监国，并且想和杨亿共同辅政。没想到这件事被刘太后和丁谓等人知晓。丁谓上报朝廷，诬告寇准是当时震动京师的宦官周怀正谋反案的同伙。寇准再次被罢去宰相之位，贬为相州知州，后移任安州知州，不久，再次被贬为道州司马。这一切，病榻之上的宋真宗全然不知，有一次他询问左右大臣："我好久没有看到寇准，这是怎么回事？"左右大臣都不敢如实回答，胡乱编个谎言搪塞过去。可怜的宋真宗直到弥留之际仍然在惦念着他的爱臣寇准，他对后继者说：只有寇准和李迪可以托付大事，他们对大宋江山丹心可见；其他人都是巧言

寇准

昏碌之辈,切不可轻信。只可惜此时的宋真宗对寇准的命运已经无能为力了。

宋仁宗乾兴元年（1022年），年逾花甲、两鬓染霜的寇准，再次被贬到远离中原故土的雷州（今广东海康县），担任小小的司户参军。40多年起起落落的官宦生涯，到头来落得个这样的结局。

到雷州的第二年，寇准疾病缠身，自觉离去不远，于是命人到洛阳家中取来了通天犀腰带。这条腰带是当年宋太宗赐给他的，世间只有两条，宋太宗本人留下一条。寇准一直把这条通天犀腰带视若生命，珍藏在家中。几天之后，寇准沐浴全身，穿上官服，系好腰带，向北方跪拜两次，喊左右仆人搬好床具，躺在床上安然而逝。这一年，寇准年仅63岁。

十二、千秋共颂赤忠胆，百姓皆呼包青天

封建社会有"清官"，并为人民做了一些好事，这是历史事实。统治阶级内部不是铁板一块的。在统治集团中，并不是每个人都具有同样的脸谱。清官和贪官，这是相比较而存在的。由于封建社会的动荡变乱，个人的政治生涯和生活经历都不同，各人的思想文化修养又有不同，以及其他各种因素，也会产生接近和同情人民的廉洁守法的官吏。在封建统治阶级中，就有这样一种人，他们从维护地主阶级的根本利益出发，执法不阿，铁面无私。包拯就是这种人物。包拯做官以断狱英明刚直而著称于世，后人称为"包公"。包拯办理的几件大案要案，在当时就誉满京城，后世人称"包青天"。

包拯

包拯（999—1062年），字希仁，庐州合肥（安徽合肥）人。他在好多地方做过知县，接触到社会下层的实际情况。他一生的立身行事，有许多特点是当时官吏所难以办到的。最突出的就是"执法不阿，铁面无私"，并能"为民请命"。他的从舅（就是堂舅）的儿子犯法，照样杀头。这种"大义灭亲"的精神，为人民伸张了

正义，对于皇亲国戚，他也敢于提出申斥。张尧佐是宋仁宗宠妃张贵妃的伯父，包拯提出弹劾，说他是"白昼之魑魅"。为了挽救"孤贫下户"，缓解人民的疾苦，在减轻百姓的赋税负担方面，包拯是做了一番努力的。有一年，陈州（河南淮阳）市场上的小麦，每斗实价 50 文，而夏税小麦每斗要折纳麦钱 140 文。包拯说：这分明是"于灾伤年分二倍诛剥贫民"。这种"非常暴敛，小民重困"，必须改革。他主张按照市价来折算。

由于契丹贵族的骚扰，宋朝派包拯往河北一带调度军粮。他看到漳河流域土地肥沃，但没有很好利用。邢州（河北邢台）、越州（河北赵县）等地方有 15000 多顷的民田荒废，影响了北方的粮食的供应。经过包拯的交涉，都重新开垦起来。1042 年（庆历二年）宋、辽再次达成和议之后，包拯始终主张要加强战备。他根据历史经验，认为："以古揆今，未有恃盟好、舍武备而不为后患者。"他对当时"卒骄将惰，粮匮器朽"，而且"训练有名无实"等现象，深感忧虑。

包拯对于贪官污吏，力说严办。他认为"贪猥之徒"一经揭发，必须依法惩办，原荐举的人也应当"重坐"。针对刑狱冤滥，刑官草菅人命的种种罪恶，他大声疾呼，主张"慎刑"。他深感当时"天下刑法，冤枉者多"，"而死者不可复生"，必须慎重其事。1056 年（嘉祐元年），包拯出任开封府知府，前后大约一年半时间。由于他刚直清正，不向权贵低头，清理了一些冤狱，使含冤受屈者得以昭雪。三司使张方平，霸占了大量民田，经过包拯的揭发而被罢了官。

包拯曾任天章阁待制、龙图阁直学士。晚年官至枢密副使。天章阁和龙图阁是宋朝为优待文学之士而设的。宋代的文官，于本职之外往往加给殿阁学士、直学士或待制等头衔，表示他们有很高的名望。因此后来人们又称包拯为"包龙图"或"包待制"。他的地位虽高，但平日生活十分俭朴，"衣服、器用、饮食如布衣时"。

包拯平生整治吏治、注重生产、巩固国防、举贤任能、为民请命，颇有政绩，是中国历史上的名臣，杰出的清官代表。包拯之名，成为清廉的象征。

包拯性情严峻刚正，憎恶办事小吏苟杂刻薄，务求忠诚厚道，虽然非常憎恨厌恶，但从来没有不施行忠恕之道的。他跟人交往不随意附和，不

以巧言令色取悦人，平常没有私人信件，连朋友、亲戚都断绝来往。虽然地位高贵，穿的衣服、用的器物、吃的饮食跟当百姓时一样。曾著家训："后世子孙仕宦有犯赃滥者，不得放归本家；亡殁之后，不得葬于大茔之中。不从吾志，非吾子孙。仰珙刊石，竖于堂屋东壁，以诏后世。"时人也称其"有凛然不可夺之节"，"有所关白，喜面折辱人"，据此可见，包拯的为人已清正刚直得近乎执拗，甚至还有些不近人情，然而，这也正是他与一些庸吏的根本不同。

包拯在朝廷为人刚强坚毅，贵戚宦官因此而大为收敛，听说的人都很害怕他。人们把包拯笑比作黄河水清一样极难发生的事情。小孩和妇女，也知道他的名声，叫他"包待制"。京城里的人因此说："暗中行贿疏不通关系的人，有阎罗王和包老头。"按旧规矩，凡是诉讼都不能直接到官署递交状子。包拯打开官署正门，使告状的人能够到跟前陈述是非，办事小吏因此不敢欺瞒。朝中官员和势家望族私筑园林楼榭，侵占了惠民河，因而使河道堵塞不通，正逢京城发大水，包拯于是将那些园林楼榭全部毁掉。有人拿着地券虚报自己的田地数，包拯都严格地加以检验，上奏弹劾弄虚作假的人。

包拯以其政绩和品行为人爱戴，因而包拯去世的噩耗传出时，朝野震惊，全城尽悼，"京师吏民，莫不感伤；叹息之声，闻于衢路"。

与包拯同时代的著名学者司马光，他在《涑水纪闻》这部著作中，就记录了当时京师人民关于包拯的歌谣："关节（贿赂的意思）不到，有阎罗包老"，对包拯为官正直，铁面无私，加以赞扬。

到了南宋，朱熹把有关包拯的言行，都收录在《五朝名臣言行录》里，广为流传。

早在南宋时期，包拯断狱的故事就在民间艺人的演唱里流传。到了元朝，包拯的形象被搬上了舞台。元代戏曲文学中，包公杂剧数量很多。《包待制智斩鲁斋郎》是著名的元剧名作家关汉卿的作品。那个"随朝数载"的鲁斋郎，蒙受皇帝恩宠，却没有能逃脱包公为民除害的精心布局，终于自取灭亡。《包待制三勘蝴蝶梦》也是关汉卿的名作。剧本中的皇亲葛彪，打死百姓王老。按照封建王法，葛彪无须抵命。但当王老的三个儿子替父报仇，愤怒打死葛彪之后，包拯同情人民，他用"智"把一个犯死罪的偷马贼顶替了王老儿子的命。

十三、文章节行高一世，道德经济为己任

王安石（1021—1086年），字介甫，号半山，江西临川（今江西抚州）人，世称临川先生。北宋著名思想家、政治家、文学家、改革家。

王安石生于宋真宗天禧五年（1021年），父亲王益，做过几任地方官，王安石便自小跟随父亲奔波于南北各地，到过江宁、扬州、韶州、开封等，生活虽然不很安定，但也增长了很多知识，开阔了眼界。景祐四年（1037年）王安石随父亲到江宁。从此，便在江宁定居下来，江宁成为他的第二故乡。但是，在江宁不到二年，王安石的父亲就去世了，那年他19岁。由于父亲的去世，家境逐渐困难起来，他和母亲过着十分清贫的生活。

庆历二年（1042年）春，22岁的王安石参加科举考试，一举及第，名列上等，从此步入仕途，被任命为签书淮南节度判官厅公事，给扬州地方长官韩琦当幕僚。任职三年后，按宋制可以有资格献文求试，以取得馆阁的职位。然而自幼就体察到民生疾苦的王安石，却非常想为百姓做点事，他愿继续在地方做官，因而在庆历七年（1047年）出任鄞县知县。

希望能有一番作为的王安石来到任地，他看到鄞县地区跨江负海，有丰富的水资源，但由于水利失修，不能充分利用，使水白白流入大海。遇到不雨之年，即出现严重旱情，这是老百姓最害怕的事。因此王安石在到鄞县的第一年，便决定永远地解除患祸，他号召百姓利用冬闲之时，挖渠修河疏通水道。并且他还亲自到各地督促检查，由于这件事深得民心，百姓无不效力。在二三年里建造堤堰，修整陂塘，为当地水利建设做出不少成绩。

王安石在鄞县任满后，皇祐三年（1051年）又转任舒州通判、群牧司通判、群牧司判官等职。这时的王安石已展现出他卓越的政治才能，每任一方就造福一方；同时，他又以学问和文章知名于世，欧阳修推举他在朝廷任职，但他依然没有接受，仍要求外任，于嘉祐二年（1057年）被派到常州任知州。

嘉祐三年（1058年）春，王安石调任江南东路提典刑狱，到任后，王安石发现现行的榷茶法存在严重弊端，官卖的茶叶，不仅质量低劣，而且

价钱昂贵。因而他上疏宋仁宗，请求取消榷茶法，要求将茶叶市场放开，交由商人经销、官府只要从中抽税就可以了，这样可使民间得到好茶和贱茶。经实施，成绩不错，不仅国家通过行政税收增加了国库收入，而且老百姓还可以买到价格低廉的好茶，真可谓利国利民。

同年十月，宋仁宗召王安石进京，任三司度支判官。王安石无法再推辞，只得去上任。经过十几年地方官生活，使王安石对民间疾苦，社会人生有了更深刻的感受和认识。

嘉祐四年（1059 年）夏，他写成了《上仁宗皇帝言事书》，洋洋万言，陈述了自己力图改变北宋王朝自开国以来便形成的内忧外患、积贫积弱局面的愿望。

王安石的万言上书，没有得到宋仁宗的重视，因此也就没能得到采纳。但《言事》书无疑是王安石变法思想的集中体现。

嘉祐六年（1061 年），王安石被任命为知制诰，两年后宋仁宗去世，赵曙即位，是为宋英宗。这时王安石也因母亲去世，回到江宁守丧。

宋英宗即位后，无所作为，在位 4 年就因病去世。治平四年（1067 年）赵顼即位，是为宋神宗。起用王安石知江宁府，熙宁元年（1068 年）四月，王安石到开封，受命为翰林学士兼侍讲。

年轻的宋神宗，不同于宋仁宗和宋英宗，是一位颇有作为的年轻君主，他渴望能像唐太宗那样，征服四海，天下一统，也想寻求一个像魏徵那样的宰相，辅佐他建功立业。因而他对改革给予了厚望，希望能够借此实现他的政治理想。

神宗于熙宁二年（1069 年）二月，任命王安石为右谏议大夫、参知政事。王安石在神宗的支持下，建立"设置三司条例司"，作为主持变法的专门机构，由王安石亲自负责。王安石又推荐吕惠卿作为自己的主要助手。一场变法革新的运动开始了。

王安石的变法，在当时称之为新法。为了将新法切实地推行下去，王安石特地选了 40 多名提举官，来向大家推广、宣传新法。熙宁二年（1069 年）七月，王安石的改革方案陆续出台，内容包括理财、整顿治安和军备、改革科举与学校制度诸多方面。其中，理财是其核心内容。王安石主张"以天下力以生天下之财，以天下之财以供天下之费"。

王安石的变法在一定程度上抑制甚至是损伤了大地主、大贵族、大商人的利益，由于对某些特权阶级的抑制，使得新法遭到了守旧势力的猛烈反扑及围攻。并随着变法高潮的到来，双方斗争的形势也愈加激烈和复杂。反对派们虽被逐出朝廷，却不肯善罢甘休。他们抓住变法过程中出现的一些偏差，对改革派发动了一次又一次的猛烈攻击。

王安石

1072 年，就连华山崩裂也成了他们反对变法的理由，枢密使文彦博乘机对宋神宗说："市易司不当差官自卖果实，至华山山崩！"偏偏旱灾又接踵而至，反对派们以所谓天怒人怨为依据，反对新法。他们的反对之词使得宋神宗有些动摇，宋神宗还真以为是触犯了天神。王安石对这些目光短浅、荒诞可笑的议论，视之为流俗，认为不足顾惜。他反复开导宋神宗，说天崩地裂、河水泛滥等这些都是非常正常的自然现象，与人事毫不相干，虽然有时碰到一起，也只是偶然，正确的态度应当是更修人事，以应付天灾。然而，宋神宗疑惧难消，而反对派的攻势却愈益猛烈。

除了文彦博之外，参知政事冯京又上言，对新法予以全面否定。更严重的是皇宫后院也加入了反对派的队伍，因为市易法实行"免役钱"直接触犯了皇族、后族和宦官们的利益。原来宫廷用品是由市易司供给，在购置用品的过程中，宦官们经常借着皇帝近侍的特殊身份对商人进行勒索、诈取。实行免役钱后，各行户按收利多少向宫廷交钱不再交物，宫廷所需物品，要按市易司规定的市场价格，出钱购买。这样，皇帝的亲属近侍便无利可图，他们便将一切的罪责都推到王安石的身上，皇太后和太皇太后泪流满面地向宋神宗诉说"王安石变法乱天下"，要宋神宗把王安石赶出朝廷。

在这关键时刻，支持改革的宋神宗变卦了。从 1073 年起，各地发生

灾荒，河北的灾民四处流亡，纷纷流入京城，有人借此绘了一幅《流民图》，上书宋神宗，说这些灾荒是王安石变法的结果，最后说："去安石，天乃雨！"处在反对派包围之下的王安石，很难继续执政，便在1074年四月上书要求辞去宰相之职。不知所措的宋神宗竟然下诏，命王安石出知江宁府（古时又称金陵），安心休息。

接任王安石为相的是韩绛，吕惠卿为参知政事，这两个人都是中坚的变法力量。但对一些具体问题，两人意见经常不一致，往往使许多法令不能及时地实施。且吕惠卿为人又颇跋扈，韩绛为了牵制他，便密请宋神宗复用王安石。作为宋神宗本人，他也不想变法中途失败，所以在熙宁八年（1075年）二月，他又派使臣到江宁召回王安石。王安石见诏后，十分激动，便立即上路，昼夜兼程，仅用7天时间就回到京城开封，再度为相。

王安石复相后，虽然还想继续推行变法，但变法派内部却出现了分裂，且分裂越闹越大。而导致分裂的重要原因却是变法派内部的核心人物吕惠卿。吕惠卿是个出类拔萃的才子，对几项重要新法的制定和推行是有功劳

王安石

的。但他个人野心太大，权势欲极强。对于王安石的再度为相，他深感不安与不满，处处给王安石出难题。吕惠卿又公行不法。熙宁八年十月，终于因罪被解除副相职务。变法派的另一主将章惇，因与吕惠卿"协力为奸"，也被罢出朝廷。变法派的分裂，大大削弱了变法派的战斗力，也使王安石的改革锐气受到极大挫伤。而新老反对派的攻击依然火力不减，在这种情况下，本来就摇摆不定的宋神宗更加动摇了，根本不像以前那样对王安石言听计从了。

正值王安石日益消沉的时候，王安石的儿子又因病去世。丧子之痛，又给他病弱的身心沉重的一击。内忧外困，使已届古稀的王安石再难拥有当初的雄心壮志，一连四五次上疏，坚决请求解除宰相之职。1076年十月，宋神宗

终于同意了他的请求，给他"判江宁府"的官衔，王安石于是又回到了他熟悉的金陵。

元丰八年（1085年）三月，宋哲宗即位，太皇太后高氏听政，保守势力控制了政权。不久，司马光出任宰相，尽废新法。元祐元年（1086年）三月，"罢免役法"。此事对王安石打击很大，并因此一病不起。四月，王安石去世，时年66岁。

王安石潜心研究经学，著书立说，创"荆公新学"，促进宋代疑经变古学风的形成。在哲学上，他用"五行说"阐述宇宙生成，丰富和发展了中国古代朴素唯物主义思想；其哲学命题"新故相除"，把中国古代辩证法推到一个新的高度。

在文学上，王安石具有突出成就。其散文简洁峻切，短小精悍，论点鲜明，逻辑严密，有很强的说服力，充分发挥了古文的实际功用，名列"唐宋八大家"；其诗"学杜得其瘦硬"，擅长说理与修辞，晚年诗风含蓄深沉、深婉不迫，以丰神远韵的风格在北宋诗坛自成一家，世称"王荆公体"；其词写物咏怀吊古，意境空阔苍茫，形象淡远纯朴，营造出一个士大夫文人特有的情致世界。有《王临川集》《临川集拾遗》等存世。

十四、自为布衣至宰相，廉俭如一性宽简

范纯仁（1027—1101年），字尧夫，谥忠宣。参知政事范仲淹次子。北宋大臣，人称"布衣宰相"。

范纯仁天资警悟，8岁就能讲解所学的书。成年后因其父范仲淹而被任命为太常寺太祝。

中皇祐元年（1049年）进士，调任武进县知县，但以远离双亲而不赴任。又改派为长葛县知县，仍然不前往。范仲淹对他说："你以前以远离双亲为理由不去赴任，现在长葛县离家不远，还有什么可说的哩？"范纯仁说："我怎能以禄食为重，而轻易离开父母！长葛县虽离家近，但亦不能完全实现我的孝心。"范仲淹门下多贤士，像胡瑗、孙复、石介、李觏之类，范纯仁都与他们有良好关系。他自己也不分白天黑夜，努力学习；有时因学习到深夜，油灯的烟雾把帐顶都熏成了像墨水一样的颜色。

范纯仁在范仲淹去世后才出来做官。先后出任许州观察判官、襄邑知

县。县里有一处牧场，卫士在那里牧马，马践踏了百姓的庄稼，范纯仁抓捕了一个卫士处以杖刑。这牧场本来不隶属于县里，管理牧场的官员发怒说："这是陛下的宫廷值宿护卫，你一个县令怎么敢如此？"就把这事向宋神宗禀报，要立即予以审理治罪。范纯仁说："供养军队的钱物是由田税所出，如果听任他们糟蹋百姓的农田而不许追究，那么税钱从哪里来呢？"宋神宗下诏释放了他，并且允许把牧场交由县里管理。凡是牧场都由县里管理，从范纯仁开始。

范纯仁后来被任命为同知谏院。他上奏说："王安石改变了祖宗法度，搜刮钱财，使民心不得安宁。《尚书》说：'怨恨哪里在明处呢，要注意那些看不见的地方啊。'希望皇上能注意那些看不见的怨恨。"宋神宗说："什么是你说的看不见的怨恨呢？"范纯仁回答说："就是杜牧所说的'天下之人。不敢言而敢怒'啊。"宋神宗赞许他，采纳了他的意见，说："你善于分析政事，应该为我逐条分析上奏自古至今可以作为借鉴的天下安定和动乱的史实。"于是就写了一篇《尚书解》献给宋神宗。富弼任宰相，称病在家闲居，不理政务。范纯仁说："富弼蒙受三朝君主的恩顾和倚重，应当自己主动担当国家的重任，可他却为自己之事的忧虑超过了为众人之事的忧虑，为自己疾病的忧虑超过了为国家的忧虑，在报效君主和立身处世两个方面都有过失。富弼与我父亲，平素要好，我现在知谏院，不考虑私情来进忠告，愿将这本书给他看，让他自我检省。"

范纯仁又出任庆州知州。当时秦中一带正遭饥荒，他自行决定打开常平仓放粮赈济灾民。下属官员请求先上奏朝廷并且等待批复，范纯仁说："等到有批复时就来不及了，我会独自承担这个责任。"有人指责他保全救活的灾民数字不符合实际，宋神宗下诏派使臣来查办。正遇上秋季大丰收，百姓高兴地说："您确实是救活了我们，我们怎么忍心连累您呢？"昼夜不停地争着送粮归还他。等到使臣到来时，常平仓的粮食已经没有亏欠了。调任齐州知州，齐州的民俗凶暴强悍，百姓任意偷盗劫掠。有人认为："这种情况严厉处置还不能止息，您一概宽以待之，恐怕那里需要整治的违法乱纪事情不能穷尽了。"范纯仁说："宽容出于人性，如果极力地严惩，就不能持久；严惩而不能持久，以此来管理凶暴的百姓，这是造成刁顽的方法啊。"有一处掌管刑狱的衙门常常关满了囚犯，都是犯了盗窃罪行的屠夫商贩之类的人，关押在这儿督促他们赔偿的。

范纯仁说："这些人为什么不让他们保释后缴纳呢？"通判说："这些人（如果）被释放，（就）又会作乱，官府往往会等他们因疾病死在狱中，这是为民除害啊。"范纯仁说："依照法律，他们所犯的罪不至于死罪，却因这样的意愿而杀死他们，这难道是依法处理吗？"将他们全部叫到官府庭前，训诫让他们改正错误，重新做人，就把他们都释放了。等到满了一年，盗窃案件比往年减少了大半。被授官尚书右仆射兼中书侍郎。

范纯仁

　　范纯仁凡是举荐人才，一定凭天下公众的议论，那些人并不知道自己是范纯仁所推荐的。有人说："担任宰相，怎么能不罗致天下的人才，使他们知道出自自己的门庭之下呢？"范纯仁说："只要朝廷用人不遗漏正直的人，为什么一定要让他知道是我所推荐的呢？"

　　范纯仁的性格平易宽厚，不以疾言厉色对待别人，但认为是符合道义之处却挺拔特立，一点也不屈从。从布衣到宰相，廉洁勤俭始终如一。曾经说过："我平生所学，得益忠恕二字一生受用不尽。以至于在朝廷侍奉君王，交接同僚朋友，和睦宗族等，不曾有一刻离了这两个字。"常常告诫子侄辈说："即使是愚笨到了极点的人，要求别人时却是明察的；即使是聪明人，宽恕自己时也是糊涂的。如果能用要求别人的心思要求自己，用宽恕自己的心思宽恕别人，不用担心自己不会达到圣贤的境界。"他的弟弟范纯粹在关陕一带做官，范纯仁担心他有与西夏作战立功的心思。就给他书信说："大车与柴车争逐，明珠与瓦砾相撞，君子和小人斗力，中原大国与外来小邦较胜负，不但不可胜，也不足去胜，不但不足胜，即使胜了也无所谓。"亲族中有向他请教的。范纯仁说："只有勤俭可以帮助廉洁，只有宽恕可以成就美德。"那个人将这句话写在座位旁边。

　　后以目疾乞归，建中靖国元年（1101 年），范纯仁于熟睡中逝世，终年 75 岁。朝廷下诏赐予白金 30 两，下令许、洛两地官员给予安葬，赠开

府仪同三司，谥忠宣，御书碑额：世济忠直之碑。

十五、舞权弄术灭善类，正士禁锢三十年

蔡京（1047—1126年），字元长，兴化仙游（今福建仙游）人。宋神宗熙宁三年（1070年）进士及第，极善投机钻营，先追随王安石，再迎合司马光和"新党"章惇等，仕途一帆风顺，从县尉起步，历任中书舍人、龙图阁待制、知开封府、龙图阁直学士、权户部尚书、翰林学士兼侍读等职。

元符三年（1100年），宋徽宗登基，许多大臣指斥蔡京奸诈，心如蛇蝎，蔡京因此被贬为地方官，历知太原府、江宁和杭州。蔡京不甘远离权力中心，针对宋徽宗喜好书画的特点，倾心巴结宦官童贯，搜刮大量书画和奇珍异玩，进献给皇帝。蔡京本人写得一手好字，书法水平为北宋"四大家"（米芾、黄庭坚、苏轼、蔡京）之一。鉴于此，宋徽宗很欣赏蔡京，调为知定州（今河北定县），改任大名府。

崇宁元年（1102年），宋徽宗将蔡京召回，任翰林学士承旨，次年即任命为宰相。宋徽宗单独召见蔡京，说："昔日神宗皇帝创法立制，未尽施行。先帝（指宋哲宗）即位，国是未定。朕欲上述父兄之志，历观在朝诸臣，无可与为治者。今朕相卿，卿将何以教朕？"蔡京本无多大才学，只是磕头说："臣愿尽死力以报陛下。"宋徽宗发现蔡京机巧玲珑，因而视他为第一知己忠臣。

蔡京为相，有仇必报，凡过去弹劾过他的大臣，没有一人能逃脱被贬官或被放逐的厄运。相反，凡依附他的小人，不管德才怎样，一律加以擢用。真是顺者昌，逆者亡，就连他的弟弟蔡卞也不例外。蔡卞先于蔡京显贵，官拜右丞，改知枢密院事。蔡卞妻子王氏，乃王安石之女，号称七夫人，知书能诗。蔡卞

蔡京

入朝议事，必先受教闺中，以致有人嘲谑说："大人奉行各事，想是床笫余谈了。"一次宴会上，伶人甚至说："右丞今日大拜，都是夫人裙带。"蔡卞回府，曾称蔡京功德。七夫人冷笑说："汝兄比汝晚达，今位在汝之上，汝还吹捧他，难道不感到羞耻吗？"蔡卞一想也是，遂与蔡京存了芥蒂，时有龃龉。蔡京拟用童贯统兵，图谋西夏。众人莫敢异议。独蔡卞说："若用宦官统兵，必误大事。"蔡京由此怀恨弟弟，鼓动宋徽宗，贬其出知河南府。

蔡京为官诀窍，就是说话办事，一切以皇帝的意志为意志，满足皇帝各方面的需要。宋徽宗追求享乐，有着多方面的爱好，一天手持玉盏、玉卮，遍示群臣说："朕制此器已久，唯恐人言过奢，故未尝用。"蔡京忙说："事苟当于理，人言不足畏也。陛下当享天下之奉，区区玉器，何足计哉！"宋徽宗需要这样的谀臣，加封蔡京官爵，进位司空、嘉国公，再进位开府仪同三司、魏国公。蔡京迎合皇帝心理，提出"丰亨豫大"（丰盛、亨通、安乐、阔气）之说，建议不惜人力物力财力，建造皇家宫殿和园林。宋徽宗求之不得，于是便有了延福殿、"花石纲"等劳民伤财之举，"视官爵、财物如粪土，累朝所储扫地矣"。

宋徽宗信用蔡京，而正直的朝臣反对蔡京，一天也没有停止过。大观三年（1109 年），谏官交论其恶，从 14 个方面概括蔡京的罪行。蔡京因此被罢相，贬为太子少保，出居杭州。政和二年（1112 年），蔡京又风风光光地回到京城，照样任宰相。这时的蔡京，老到圆滑，要办某件事情，必先以皇帝口气拟成诏书，再让宋徽宗亲抄一遍，称之为"御笔手诏"。这样，大臣们必须遵行，违者以抗旨论处。按照惯例，凡属军国大事，皆由三省、枢密院议定，再面奏皇帝定夺。任用和处置官吏，先由宰相提出意见，皇帝认可，才由中书省发文，尚书省执行，门下省把关。自从蔡京发明"御笔手诏"以后，三省官员形同虚设，只是在文件上签字画押而已。凭着这一窍道，蔡京呼风得风，唤雨得雨，没有他不敢做的事情，没有他做不成的事情，权势达于顶点。

统治阶级骄奢淫逸，劳动人民备受荼毒。他们切齿痛恨奸臣贪官，编出民谣唱道："打破筒（指童贯），泼了菜（指蔡京），便是人间好世界。"宣和二年（1120 年），江浙地区爆发了方腊领导的农民起义，迅速攻占 6

州60多个县。山东一带也爆发了宋江领导的起义，劫富济贫，"替天行道"。宋徽宗惊恐万状，一面让蔡京致仕，一面派童贯率领大军，残酷镇压。

宣和六年（1124年），78岁的蔡京第四次担任宰相。他年迈目眊，不能视事，朝中大事悉取决于小儿子蔡绦，凡蔡京决定的事情，都由蔡绦代为处理，并代表蔡京入奏宋徽宗。蔡京不独自身荣显，而且推恩及其儿孙，再及其袍泽故旧，盘根错节，牢不可破。从朝内到朝外，从京城到州郡，执政、将帅、地方官吏等，多是其门人亲戚。他有三个儿子和一个孙子同为大学士，位同执政；另有一个儿子娶宋徽宗之女为妻，封驸马都尉。

蔡京攫取了政权，还想控制兵权，建澶、郑、曹、拱四州为京城"四辅"，各屯兵2万，郡守皆为蔡京姻亲。整个宋徽宗朝，王公卿相，几乎都出自蔡京门下。所以，不管风云怎样变幻，权力总在蔡京手中，形成一门生死，另一门生上，一故吏被逐，另一故吏补缺的局面。宋徽宗尽管有时也怀疑过蔡京，但总体上是离不开蔡京的。蔡京第四次为相时，宋徽宗专门下诏褒美，竟称他是"忠贯金石，志安社稷"。

宣和七年（1125年），金太宗完颜晟攻灭辽国后，十一月又兵发两路，大举南侵，直捣汴京。关键时刻，宋徽宗不想如何抵抗，只想自保性命，情急之下，慌忙把皇位传给太了赵桓，自称太上皇，然后带着蔡京、童贯一伙奸贼，以"烧香"为名，逃往亳州蒙城（今安徽蒙城）避难，美其名曰"南巡"。

赵桓即位，是为宋钦宗，次年改元靖康。太学生领袖陈东等上书，揭露蔡京为"六贼"之首，请求诛之，以谢天下。李纲组织军民，展开了轰轰烈烈的京城保卫战。宋钦宗却派人去金营求和，答应给金军黄金500万两、白银5000万两、锦缎百万匹、牛马1万头，割让太原、中山（今河北定县）、河间（今河北河间）三镇土地，而且答应尊金太宗为伯父皇帝。金军暂且撤退。

靖康元年（1126年）四月，宋徽宗又大模大样地回到汴京。蔡京已不再是宰相，谏官们揭露他的罪行，无所畏忌。其中，以右正言崔晏的奏书说得透彻："贼臣蔡京，奸邪之术，大类王莽，收天下奸邪之士，以为腹心，遂致盗贼蜂起，夷狄动华，宗庙神灵，为之震惊。"宋钦宗需要显示姿态，分别处治"六贼"。其中，蔡京连续被贬为秘书监、崇信军节度副使，放逐儋州（今海南儋县）、潭州（今湖南长沙）。儿子蔡攸、蔡涤等赐死，余子及诸孙皆分徙远方，遇赦不赦。

蔡京被贬官流放后，还写了一首词："八十一年往事，三千里外无家，孤身骨肉各天涯，遥望神州泪下。金殿五曾拜相，玉堂十度宣麻，追思往日谩繁华，到此翻成梦话。"对

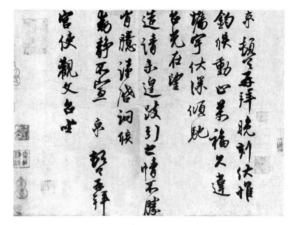

蔡京书法

一生的荣华富贵进行了回忆，充满了感伤之情。蔡京作恶太多，途中购买饮食，店家和小贩知是蔡京，没有人肯售，并高声诟骂奸臣。蔡京苦笑着叹息说："（蔡）京失人心，一至于此！"七月，蔡京抵达潭州，百病缠身，一命呜呼。当时的潭州知府是蔡京的仇人，听任其尸暴露，不予殓葬，数日后方裹以布条，草草一埋了事。蔡京死后 5 个月，年底，金军攻破汴京。宋徽宗、宋钦宗被俘，北宋灭亡。

蔡京天资凶狠狡诈，舞弄权术，以智慧控制别人，在皇帝面前，专门窥伺人主之意以求固位专宠，始终对皇帝说，不必拘泥流俗，应该竭尽四海九州的财力来满足自己享乐。宋徽宗也知道他奸诈，故屡罢屡起，并选与蔡京不合的人为执政来牵制他。蔡京每当要被免职时，就去向皇帝哀求，跪地磕头，毫无廉耻。宋收复燕山时，蔡京送诗给蔡攸，表明此事行不通，希望此事不成以自我解脱。见利忘义，以至于兄弟不合睦，如参、商二星；父子不相关，如秦、越二国。晚年以家为官府，谋求升官的人，聚集在他的门下，只要输钱纳货，就是仆隶也可当上美官，丢弃国家纲纪法度，使它们如同虚设。处处患得患失，培植个人势力，盘根错节，牢不可破。最终导致国家祸乱，虽贬死在道路上，天下人仍以没处死他为恨。

十六、握兵权倾二十年，靖康之祸童贯始

童贯（1054—1126 年），字道夫（一作道辅），开封人。北宋权宦，"六贼"之一。

童贯的经历充满了传奇般的悲喜剧色彩。他的一生中，开创了几项中国历史之"最"，已经成为中华民族历史上迄今无人能够打破的纪录，并且可能会永远保持下去。这几项纪录是：中国历史上握兵权时间最长的宦官；中国历史上掌控军权最大的宦官；中国历史上第一位代表国家出使外国的宦官。

简单地理解宦官，就是被阉割后而在朝廷办公的官员。而所谓朝廷，就是天子生活、工作、起居三位一体的地方。王公大臣和宰相办公的地方与生活起居的地方，是朝廷专门在宫外划出的地方，不在皇宫里，所以他们每天都要上早朝向天子汇报昨天都干了什么和今天打算去干什么。但是天子一个人在宫中办公，其实什么事也干不成，因此需要一些能干的人才待在宫里以便随传随到，即问即答。这人一旦有才华，各方面条件都不错，如谈吐、仪表、心智等，不免引起在宫里走动玩耍的嫔妃们的注意。为了保证宫里不发生不雅的事，大约从战国时就兴起将入驻宫中办公的人阉割了，使其失去性能力。当然，能入宫办公的人不是一般的小官吏，而是宦官，级别相当高，跟皇帝一天多见两回面的宦官，连外面办公的宰相也要让他们三分。

童贯就是这样一个宦官。

史书记载，童贯身材高大魁伟，皮骨强劲如铁，双目炯炯有神，面色黢黑，颌下生着胡须，一眼望去，阳刚之气十足，不像是阉割后的宦官。这是因为他年近20岁才净身，青少年时代身子骨发育完全了。

据说，童贯为人出手慷慨大方，只是，他仗义疏财的对象具有极强的选择性，后宫妃嫔、宦官、宫女，能够接近皇室的道士、天子近臣等，时不时可以从他那儿得到不少好处。因此，皇帝耳边经常可以听到关于童贯的好话。更重要的是，这样一个阳刚外形的人，却性情乖巧，心细如发，对皇帝的心理具有极强的洞察力，每每能够事先预知皇帝的意趣意图，于是说话做事很少荒腔走板，从而大得皇帝的欢心。

童贯净身入宫时，是拜在宦官李宪门下做徒弟。李宪是宋神宗朝的著名宦官，在西北边境上担任监军多年，颇有些战功。童贯读过四年私塾，有些经文根底；跟随李宪出入前线，又打下了军事上的根基，很有点能文能武的架势。加上他曾经10次深入西北，对当地的山川形势相当了解。

这使他在宦官中很不寻常。不过，李宪对他并没有什么特别的提拔照顾，致使童贯进宫 20 余年，始终没有出人头地。

宋徽宗上台时，童贯已经 48 岁了。这个年龄，正是人生经验、阅历、精力臻于巅峰之际。宋徽宗派他到杭州搜罗文玩字画，第一次为他打开了上升的通道。童贯可谓老谋深算，并没有把这次机会当成捞取好处的时机，而是大力钻研古玩知识，亲自下访民间集市，不惜自掏腰包花重金搜罗奇珍异宝献给宋徽宗，令宋徽宗惊喜过望。

宋徽宗知童贯早年跟随李宪征战，立过战功，就找机会派童贯做监军西击夏国，好让他在当朝立军功，以名正言顺地提拔受封。

童贯统军 10 万西取青唐。大军行至湟川，驿马传来飞报，汴京宫中起火，皇帝下旨召童贯班师回京。童贯灵机一动，以眼前战机已成熟为由，断然决定不奉诏，继续西进，果然大获全胜，连续收复四州失地。

此举深得徽宗赏识，他不但未追究童贯抗命之罪，反而借机破例提拔童贯，让其继续率兵征战。童贯每收一地，官加一级，到了 1111 年，童贯就升到了太尉，统领枢密院。从此，童贯位列三公，手握重兵转战于西北边陲，与夏、辽、金周旋了 10 多年。

1120 年，宋徽宗将童贯从西北战场调回，让其率兵 15 万，往东南去镇压方腊起义军。童贯率军与方腊部作战 450 余日，杀起义军 7 万多人，因功被封为太师。

1125 年，童贯统率大军重镇边疆，驻扎太原。其时，金兵已灭了辽国，然后掉头大举南侵。童贯见金兵来势太猛，守太原的宋军实无能力抵抗，就丢下部队，自己潜回汴梁，向宋徽宗报告了北方边疆的严峻态势。宋徽宗一听，顿觉江山即失，心火攻肝，昏死过去。童贯一见情况不妙，只好待在一边静观其变。

宋徽宗昏迷一阵后醒来，知道自己在江山将覆之时无力做主，忙传位给儿子赵桓，自己带上童贯想往江南那边跑，名为巡视，实为躲避朝中责任。赵桓早就盼着当皇帝，上台之后还没顾得上高兴，一看自己的父皇收拾东西要跑，才发觉父皇传位下来，不是相信自己的能力，而是把烂摊子留给了自己，就忙下诏，命童贯统禁军一部守备汴京。而童贯早已与宋徽宗合计好了，假装没来得及接诏，与宋徽宗悄悄溜出汴京，往南边一路就奔了下去。

宋钦宗一看父皇与童贯跑掉了，本身就来气，想拿童贯出气，正好赶上大学士陈东等人上书弹劾蔡京、童贯等六人为误国六贼，童贯的主要罪名是"结怨辽金，创开边隙"。其实宋朝与辽金之怨跟童贯关系不大。童贯握兵20年，在与夏、辽、金的战斗中有胜有负，但还算尽力，并无投敌误国。童贯为众矢之的的主要原因就是他出身宦官，朝廷里的官员多看不起他，加上童贯多年依傍宋徽宗，与他人结怨不少。

1126年，宋钦宗借参见父皇的名义，亲自逮住躲在宋徽宗身后的童贯，一把他连贬三级，发配到吉阳（海南崖县）军中，随后又下诏宣童贯10大罪状，命监察御史张澄赶赴吉阳追斩童贯。

虽然童贯被贬谪，但朝中人仍是谈童贯而色变，知道他一生诡诈，也畏惧他凭一己之勇而卷土重来。所以，张澄奉诏追斩童贯，不敢声张，也不敢轻易下手。

张澄一路追到南雄州，先派人上门"拜谒"童贯，假称有圣旨赐给茶叶、药物，要童贯回京担任河北宣抚使，明天中使即可到来传旨。童贯信以为真，拈须而笑："朝中还是少不了我！"

第二天上午，张澄来了，童贯欣然出迎，跪接圣旨。张澄当即宣诏，历数童贯10大罪状。等童贯省悟过来为时已晚，被张澄派来的人一刀砍下头颅。

十七、外愚内奸性慧黠，无恶不作称"隐相"

梁师成（？—1126年），字守道。籍贯不详。北宋末宦官，为"六贼"之一。

梁师成外表愚讷谦卑，看上去老实厚道，不像是能说会道的人，实际上却内藏奸诈，善察言观色，处事老到，深得宋徽宗的宠信。

梁师成原本在贾祥的书艺局当役，因为本性慧黠，加之在书艺局耳濡目染，也略习文法、诗书。贾祥死后，他便领睿思殿文字外库，主管出外传导御旨。这可是个肥缺，所有御书号令都经他手传出来，颁命天下。天长日久，他也看出些门道，找来几个擅长书法的小吏模仿宋徽宗的笔迹按照他自己的意愿拟圣旨下传，外廷人不知底细，也不辨真伪。

梁师成虽多少懂些诗书，但根本谈不上是什么大手笔，他却喜欢附庸风雅，自我标榜吹嘘，说自己出自于苏轼之门，还四处宣称以翰墨为己任，常常对门下的四方俊秀名士指点批评。他还在府宅的外舍放置各种字画、卷轴，邀请宾客观赏、评论、题识。如果题识令他满意的他便加以荐引。所以朝廷的大臣谁也不敢低估他，背地里都称他为"隐相"。

当时被称为"六贼"之一的王黼，对梁师成更是如子敬父，称之为"恩府先生"。两人府第仅一墙之隔，又在墙上设一小门。日夜往来交通。王黼仗着有梁师成撑腰，强占左邻门下侍郎许将的房宅，光天化日之下，将许将一家从内眷到仆隶一起扫地出门，路人见状无不愤惋叹惜但却无可奈何。

大太监李彦，在宣和三年（1121 年），继杨戬提举西城所，置局汝州，搜刮民田为公田。焚民故券，使输田租，凡有投诉上报的人，一旦被他知道，使严加拷打，一时死者千万。他还征发财物要求供奉，酷胜朱勔，糜费巨万，劳民妨农。他对各地地方官也极不尊重，所到之处，便倨坐在大堂上，监司、都守都不敢与之抗礼，一时结怨于西北。有人告到宋徽宗面前，宋徽宗尚未发言，一旁的梁师成却恐有伤同类，厉声说："皇上身边的人官职虽微，也列诸侯之上，李彦那样做，怎么算是过分呢？"言者惧怕梁师成专权狠毒，当即不敢发怨辞。就连气焰熏天的蔡京父子也丝毫不敢怠慢梁师成。

梁师成利用宋徽宗的宠幸，将自己名字窜入进士籍中。这样一个太监出身的家伙摇身变成了进士出身，于是迁升为晋州观察使、兴德军留后。后来都监建明堂，明堂建成后，又拜节度使，加中太霄宫，神宫宫使，历护国、镇东、河杀三节度使，至检校太傅，再拜太尉，开封府仪同三司，换节淮南。

宣和年间，赵良嗣献计联金攻辽，朝臣多不同意。唯童贯、王黼等人意愿坚决。最初梁师成也不同意此计，后经王黼的游说，他才赞同并推荐谭棋作宣抚使。后来王黼等人大肆搜刮，计口出钱，得钱 6000 余万缗，买空城五六座、假称大捷。梁师成也因"献策"之功晋升为少保。

梁师成不仅独断专行，恃权弄柄，还通纳贿赂。有个人向他贿赂了数百万钱，他便以此人献颂扬皇上之书有功为名，令其参加廷试。唱第之日，他侍从于帝前，盛气凌人。

宋徽宗宣和末年，郓王赵楷恃宠企图动摇东宫太子赵桓之位，梁师成

竭力保护。后来，赵桓即位,因念旧"恩",让宋徽宗的宠宦都从宋徽宗东下,独留梁师成在身边。

但是，梁师成的奸佞却引起朝臣和百姓的强烈反感，太学陈东和布衣张炳上疏力诋其罪。说梁师成情定策有功，身怀异志，表里相应，变恐不测，应正之典型，以谢天下。宋钦宗虽迫于公议，但还不想下手。梁师成生怕离了宋钦宗会被人处置，所以寝食都不离宋钦宗一步。就连宋钦宗皇帝上厕所，他都恭侍厕外，以防不测。他提心吊胆地过了一段日子，见没有什么动静，心下稍安。

就在这时，郑望之出使重营回来。钦宗命梁师成与郑望之持宣和殿珠玉器玩再次前往，并让郑望之先行一步到中书晓谕宰相，如果梁师成去，就扣押定罪。梁师成不知原因，以为警报早除，威风如旧地来到中书，结果被早已守候的兵将擒住，宋钦宗下诏将其贬为彰化军节度副使，由开封府支"保护"到任所，行次到八角镇时，府吏缢杀了梁师成，上表说其"暴死"。

第三编

社会文化

　　北宋是个非常奇特和发展不平衡的时代。一方面，北宋虽然拥有庞大的军队，但军事实力不强，与辽国和西夏对抗时长期处于劣势。经济上虽然十分繁荣，但北宋政府经常国库空虚，入不敷出。由于北宋在军事上"积弱"，在经济上"积贫"，被历史学家视为"中国历史上最贫弱的一个朝代"。

　　然而，在另一方面，北宋是中国历史上科技最发达、文化最昌盛、艺术最繁荣的朝代之一。中国历史上很多重大发明都出现在北宋。在 11、12 世纪内，中国大城市里的生活程度可以与世界上任何其他城市比较而无逊色。北宋在文学艺术方面，更是名人辈出，登峰造极。北宋是中国历史上文化最繁荣昌盛的朝代之一。正如陈寅恪先生所言："华夏民族的文化，历数千载之演进，而造极于赵宋之世。"

第一章 社会制度

一、加强中央集权制，消除腹心之大患

在消灭各封建割据政权的同时，宋太祖、太宗还逐步加强了专制主义中央集权制的统治。安史之乱以来，藩镇之所以能够与中央皇室对抗，主要在他们"既有其土地，又有其人民；既有其甲兵，又有其财赋"，掌握和控制了地方的各种权力。为改变这种情况，宋太祖采取如下措施：

（1）稍夺其权。为削弱节度使的行政权力，把节度使驻地以外的州郡——"支郡"直属京师。同时派遣中央政府的文臣出任知州、知县，"列郡各得自达于京师，以京官权知"。这一制度逐步推行后，到宋太宗初年，西北边境州郡也都换上了文官。宋代虽然保留了节度使的名义，但在北宋初年，事实上已降为某一州郡的长官，后来更徒具空名，而不到节度使驻地赴任。即使如此，宋太祖仍恐州郡长官专权，一面采取三年一易的办法，使州郡长官频频调动，一面又设置通判，以分知州之权，利用通判与知州之间的相互制约，使一州之政不致为知州把持，防止偏离中央政府的统治轨道。

（2）制其钱谷。宋初于各路设置转运使，将一路所属州县财赋，除"诸州度支经费"外，全部运输至宋统治中心开封。前此藩镇以"留州""留使"等名目而截留的财物，一律收归中央。

（3）收其精兵。宋太祖继承了后周世宗的许多做法，派遣使臣到各地，选拔藩镇辖属的军队，"凡其才力伎艺有过人者，皆收补禁兵，聚之京师，以备宿卫"。藩镇的兵权也逐步被剥夺净尽。与此同时，在次第削平南方诸国后，下令拆毁江南、荆湖、川峡诸地的城郭，于是可能被藩镇用来抗

拒中央的城防也被撤除了。

在上述变革之下，全国各地的"兵也收了，财也收了，赏罚刑政一切收了"，从而极大地加强了中央政府的统治力量。就宋代行政体制看，"收乡长、镇将之权悉归于县，收县之权悉归于州，收州之权悉归于监司，收监司之权悉归于朝廷"，"以大系小，丝牵绳连，总合于上"，把中央集权制强化到空前未有的程度。此前那些藩镇割据势力被完全铲除，在宋朝统治的300余年中造成一个"无腹心之患"的统一的政治局面。

宋太祖

军队和官僚机构是维护和运转中央集权制的两个重要工具，宋太祖、太宗采取种种防微杜渐的政策和措施，极力使这两个工具适应专制主义的需要，从而实现了皇帝权力的空前加强。

对官僚制度和官僚机构，像对待军队一样，宋代的最高统治者们也极尽防制之能事。历代宰相居中央政府首位，具有"事无不统"的大权。宋太祖唯恐宰相权柄过大，不利于皇帝专制，因而采用分化事权的办法削弱相权。军政大权归枢密院掌握，而财政大权则由三司使掌握，宰相所掌仅限于民政了。在军、财、民三权分立中，枢密使与宰相"对掌大政"，"号为二府"，皇帝利用这两者间的异同，发号施令，独断专行。宋初不仅以三权分立的办法削弱相权，而且还设置参知政事、枢密副使和三司副使，作为宰相、枢密使和三司使的"副贰"，与各部门长官发生制约作用，以削弱各部门长官的权力。与此同时，宋又提高了御史台、谏院等台谏官的权力和地位，许其风闻言事，纠举、弹劾各级官员特别是宰执大臣等高级官员，作为皇帝的耳目，以利皇帝的专制统治。台谏气焰日盛，宋仁宗赵祯时，宰执大臣的任用去留往往取决于台谏，因而不少做宰相的不得不屈从于台谏的意向行事，宰相权势更加削弱、下降了。

此外，在设官分职、科举考试制度等方面，也都具有它的时代特点，体现了专制主义中央集权的加强。

宋太祖、太宗建立的一些制度，大大加强了宋朝的专制主义中央集权，造成了统一的政治局面，为经济、文化的高度发展创造了良好条件。但是由于"以防弊之政，作立国之法"，一些强化专制主义中央集权制的政策和措施，转化成为它的对立面，"冗兵""冗官"和"冗费"与日俱增，使宋封建国家陷于积贫积弱的局势中。

二、兵将分离收军权，守内虚外惹边患

范浚在《五代论》中指出："兵权所在，则随以兴；兵权所去，则随以亡。"这些话揭示了唐末五代以来，在政治局面变换中，兵权所起的决定性作用。从小军官到殿前都点检，又从殿前都点检跃上皇帝宝座的赵匡胤，十分懂得军事力量的重要作用。因此，宋太祖、宋太宗所制定的军事政策便具有了极其鲜明的时代特点。

在宋太祖赵匡胤建立宋朝之初，为了避免中晚唐藩镇割据和宦官专权的乱象，他制定了一系列的政策方针。首先在军事方面，建隆二年（961年），他以"杯酒释兵权"的方法，解除了石守信、王审琦等一批手握重兵的节度使将对军队的控制，并设立中央禁军，将各地精兵收归京城禁军管辖，同时规定，禁军不再设置最高统帅，罢殿前都点检、副都点检及侍卫马步军正副都指挥使的职位，而且把禁军两司（殿前司和侍卫马步军司）分为"三衙"，即殿前司与侍卫马军司、侍卫步军司，鼎足而立。

三衙的将领则用一些资历较浅容易驾驭的人来担任，且时常加以调动。这些将领虽统率军队，而军队的调遣和移防等事则须听命于枢密院；同时，还实行"更戍法"，禁军的驻屯地点，每隔几年更调一次，而将领却不随之更动，使得"兵无常帅，帅无常师"，防止军队为将领所私有。从此结束了武人专横跋扈的局面，使宋朝对军队有了完全的掌握权。

为了加强中央集权，防止将领夺权。建隆二年三月，宋太祖削去了都点检这个重要的禁军职位。同年七月，宋太祖通过杯酒释兵权解除了武官的军权，禁军的领导机构改为殿前司和侍卫司，分别由殿前都指挥使、步军都指挥使和马军都指挥使统领。但是，三帅无发兵之权。宋朝在中央设立枢密院来负责军务。枢密院直接对皇帝负责，其他任何官员都不得过问。而枢密院虽能发兵，却不能直接统军，这样就导致了统兵权与调兵权的分

离。同时，宋朝经常更换统兵将领，以防止军队中出现个人势力。宋朝的兵力部署可谓"强干弱枝""守内虚外"。

有关"杯酒释兵权"的记载虽富有戏剧性，未必全都属实，但与赵匡胤一道起家，并作为赵匡胤的义社兄弟的石守信、王审琦等禁军大将不再掌握军权，则是极为明确的事实。以后又废除殿前都点检和侍卫亲军马步军都指挥司，禁军分别由殿前都指挥司、侍卫马军都指挥司和侍卫步军都指挥司，即所谓三衙统领。禁军领兵权之拆而为三，以名位较低的将领掌握三衙。宋初制军的这些措施都意味

北宋文臣石像

着皇权对军队控制的加强。与此同时，宋初还建立了不同于前朝的枢密院，设枢密使，主管调动全国军队，分掌军政大权。枢密使与三帅各有所司："天下之兵，本于枢密，有发兵之权，而无握兵之重；京师之兵，总于三帅，有握兵之重，而无发兵之权。"调动权与领兵权拆而为二，各自独立，相互制约，有利于皇权的控制。

宋太祖总结了历代的统治经验，认为"可以为百代之利者，唯养兵也"，因而确定了募兵养兵制度。宋政府每年招募大量兵士，特别是荒年募兵更成为一项定制，其后的嗣君们谨守不变。被迫离开土地的农民以及流浪汉，所谓"失职犷悍之徒"，还有在死亡线上挣扎的饥民，这些本来足以危害宋专制统治的各种社会力量，通过募兵养兵制度，转化为维护宋专制统治的军事力量。

历代统治者都依赖军队以加强其专制统治，赵宋王朝对军队依赖的程度更超过前代。宋东京开封是无险可守的四战之地，实现其"强干弱枝""由中制外"的政策，就只能把重兵屯聚在京畿。于是"举天下之兵宿于京师""屯兵于内，连营畿甸""以兵为险"，便成为宋王朝的基本方针。赵匡胤之所以重视募兵养兵制度，这是重要原因。宋初统治者虽然从根本上认为养兵

"为百代利"，但又害怕军队也可能因这样那样的事故而发生变乱，因而又制定了许多政策和措施，加以预防，其中主要的有：

（1）兵将分离政策。利用更戍法，将屯驻在开封的禁军轮番到各地戍守，或移屯就粮，定期更换。名义上使士兵们"习山川劳苦，远妻孥怀土之恋"，实际上是借着士兵们的经常换防，造成兵不识将，将不识兵，兵无常帅，帅无常师，以避免对皇权造成威胁。

（2）内外相维政策。宋太祖把全部军队分为两半，一半屯驻京畿，一半戍守各地。宋神宗赵顼对这种做法加以解释说："艺祖养兵止二十二万，京师十万余，诸道十万余。使京师之兵足以制诸道，则无外乱，合诸道之兵足以当京师，则无内变。内外相制，无偏重之患。"实际上，这种"内外相制"的政策，不仅体现于京师与诸道之间，而且也体现于皇城内外、开封与府畿各县之间兵力的平衡。在这种政策的作用下，军事能力无形中削弱了不少。

（3）"守内虚外"政策。宋初统治者目睹五代以来内部多变的景象，使他们产生了这样一种想法，"内患"比"外忧"更为可怕。宋太宗曾说："国家若无外忧，必有内患。外忧不过边事，皆可预防。唯奸邪无状，若为内患，深可惧也！"因此，他们总是把假想敌放在国内，没有把注意力放在边境。宋朝面对辽朝强大的军事压力，并未采取认真、有效的对策。

宋朝的军队分为四种，即禁军、厢军、乡兵、藩兵。禁军是中央军，也是宋朝军队的主力。厢军是各州的镇兵，由地方长官控制。乡兵则是按机关抽调的壮丁。藩兵是防守在边境的非汉民族军队。

北宋统治者按照"守内虚外"的政策进行军事部署。禁军有一半驻防在京师及其附近，其余分戍全国各要冲地区，主要是为了镇压人民，边境上只屯驻较少量的禁军，对辽、西夏逐渐采取被动防守的方针。

三、文人治国殿选官，天子门生忠顺臣

1. 文人治国

北宋通过改革，采取了以文立国的国策，实行文人统治。宋太祖把科举制度作为人才选拔的基本制度，无论寒门士子，还是农桑人家，学而优者，均可以出入庙堂。文官出任中央及各地最高行政长官，地位居于武官之上。军队是军无常帅，帅无常军。

由于宋代皇帝都能较好地执行太祖训，大臣和文官也敢于发表意见，使皇权得到一定的束缚，大臣参与决策与执行政策的权力比前朝都大。庙堂之上，君臣争论不已；江湖之中，书生指点江山。这种开明的政治气氛，造成知识分子政治上有理想、文化上有创新、道德上有追求、生活上有保障。这种比较开明的政治为他朝罕有，也为宋朝的迅速发展提供了有力的保证。

2. 天子门生

在科举方面，宋太祖打破常例，以殿试的方式对考生进行最终的考核。这样一来，北宋王朝的官僚阶级队伍得到了壮大，从中出现了一大批优秀的政治家，巩固了政权。

北宋建国后，就逐渐采取许多措施，严格考试程序，增加录取名额，提高被录取人的待遇，广泛地吸收地主阶级的知识分子参加政权。从宋太祖后期起，举人经礼部试之后，必须再通过皇帝亲自主持的"殿试"才算合格。这样，被录取的人便成为"天子门生"。

宋太宗在位 21 年，通过科举而得官的将近 1 万人。宋仁宗在位 41 年，单由进士一科而得官的就有 4517 人。这么数量庞大的地主阶级知识分子成为封建国家的忠顺臣仆，便巩固了宋朝的统治基础。

四、司法权统归中央，两级体制四机关

宋朝高度的中央集权统治也表现在司法制度方面。五代时期谈不到有司法制度，藩镇跋扈，任意杀伐滥刑，视人命如草芥，刑部形同虚设。宋朝司法权统归中央，皇帝直接控制司法，诉讼审判制度进一步发展，使宋朝的司法制度具有显著特色。

1. 中央司法体制

宋朝沿袭唐制，中央仍以大理寺、刑部、御史台为三大司法机关，各机构职责相沿未改。宋太宗淳化二年（991 年），为加强对司法审判权的控制，朝廷于宫禁中增设审刑院，置知院事一人、详议官六人。全国上奏案件，须先经审刑院备案，再发交大理寺审理和刑部复核，然后由审刑院详议，并奏请皇帝裁决。这实际是在刑部之上又增加了一级复审机构，剥夺了大理寺和刑部的部分权力，使审判和复核程序复杂化。神宗元丰三年（1080 年）改革官制，裁撤审刑院，将其职权归还刑部。此后，凡奉皇帝诏命所立案件，

由朝官临时组成制勘院审断；由中书省下令所立案件，由诸路监司及州军等派官临时组成推勘院审断，从而保证了皇帝对重大案件的直接控制。

此外，枢密院有权参与军政案件的审判监督，三司及户部有权参与财政赋税案件的司法审判。

2.地方司法体制

宋朝地方实行州（府）、县两级制，仍由行政长官兼理司法。各县有权审判杖刑以下案件，徒刑以上案件须将审理意见报送州府判决。各州有权审判徒刑以上案件，但死刑案件须上报提刑司复核，重大疑难案件要上报刑部，由大理寺审议，或经皇帝裁决。在京畿地区，由开封府和临安府负责司法审判活动。

宋太宗淳化二年（991年），在州县之上增设路一级提点刑狱司，作为中央派出机构，主要监督本路司法审判活动，复核州县重大案件，监察劾奏州县长官违法行为，以加强中央对地方司法审判权的控制。

此外，宋朝的中央司法机构中，还设有御史台。以御史中丞一人为台长，往往由其他官员兼任；以知杂待御史一人为副，主持台务。下设殿中侍御史、监察御史、检法、主簿等官，办理对违法失职官吏的侦讯，参与重大刑事案件的审理，行使监察职务。与大理寺不同的是，御使台有拘禁犯人的监所，称为台狱，监禁它所主办的案犯。

总之，审刑院、大理寺、刑部和御史台，为宋朝的司法机关，分工制约统统对皇帝负责；其司法制度也体现着这一高度中央集权的精神。

五、主户客户商"齐民"，夏秋两税按亩征

1.社会阶级结构

宋朝将全国居民分为主户和客户两大类。乡村主、客户的差别，主要是以土地资产的有无来划分。主户是土地和资产占有者。依照占有数额的差别，分为五等。第一等户大致是占有土地三四顷到几十顷、上百顷的大地主，第二、三等户是土地较少的中、小地主，三等户中也有自耕农。上三等户习惯上称为上户，大致上属地主阶级。上户中还包括官户和形势户。官户可以免除差役和杂税等。第四、五等户，习惯上称为"下户"。第四等户仅有少量田产，第五等户田地更少，很多是半自耕农，第四、五等户

占主户的大多数。乡村客户主要是佃农，他们全无田地，主要依靠租种地主的田地为生。宋朝的客户一般不是地主的"私属"也被编入户籍，成为国家的正式编户，交纳身丁钱和负担夫役，部分客户直接负担二税。宋廷逐步明确规定了客户的迁移手续和社会地位。客户在户口统计中，约占总户数的 35% 左右。

北宋铁秤砣

地主占有土地、剥削客户的主要手段是收取地租。租佃关系已经成为宋朝主要的剥削形态。地主和佃客之间订有口头或书面租佃契约。宋初比较通行的剥削方法是分成租制，地租一般都占收获的五成以上。少数客户自有耕牛，耕种所得一般与地主对分。相当多的客户没有耕牛或农具，向地主租赁，一般要把收获物的六成以上交给地主。另一种剥削方法是定额租制，由地主规定地租定额。在租佃制下，佃客对生产有较多的支配权，但地主可以随意增租。

工匠是手工业中的直接生产者。宋朝官营手工业大都采用一种介于征调和雇募之间的"差雇"制，轮流征调工匠服役，给予雇值和食钱，民营手工业则普遍采用和雇制，雇主和工匠之间一般出于双方情愿。官营手工业也有采用和雇制的。有些经济发达的地区还出现众多的机户，如梓州（今四川三台）有几千家，但机户常被官府或官吏强迫织造匹帛，而且少给或拖欠工钱，以致破产失业。

州县城郭内还居住着许多富裕的商人。汴京资产达百万的富商很多，超过 10 万者"比比皆是"。如著名的"大桶张氏"，"以财雄长京师"，许多士大夫也利用一切机会贩运货物，牟取暴利，"日取富足"。社会上逐步改变了贱视商人的传统观念，商人成为封建国家的"四民"（士农工商）之一，取得了"齐民"的资格。国家允许商人中的"奇才异行者"参加科举，也允许其子弟参加科举。商人还可通过接受朝廷的招募为封建国家管

理税收，向官府进纳钱粟，充当出使随员，跟宗室或官员联姻，交结权贵等途径获得一官半职。商人一般都要购置土地，把部分商业资本转化为田产，使自己变成单纯的地主或商人兼地主。

替地主、富豪家庭服役的奴婢，部分来自雇佣，部分来自买卖或抵债，被雇佣的奴婢在法律上被称为"人力"和"女使"。人力和女使跟雇主一般订有雇佣契约，写明期限、工钱或身子钱等项。法律规定，主人不得随意打死奴婢，不得私刺其面。奴婢的身份地位比前代提高较多，标志着宋代社会中奴隶制残余的进一步削弱。

2. 赋役制度

北宋田赋主要是征收夏秋两税，大致按照每亩征收一斗的定额课取，如江南个别地区仍沿袭十国旧制，亩税三斗。各地历史情况和生产水平不同，因而税额也有一些差别。夏税征收钱币或绸、绢、绵、布、麦等实物。在实际征收二税时，还常常采用支移、折变办法，使纳税户的负担更繁重不堪。此外，还有身丁税（身丁钱）、杂变（沿纳）、和籴和预买、科配等税目。宋时赋税苛重，故南宋朱熹也说："古者刻剥之法，本朝皆备。"

服役方面，分为职役和夫役。宋初职役，实行差法，由乡村主户担任，如衙前主管运送官物、看管府库等，按照规定，由第一等户轮流充当。里正、户长、乡书手负责督催官府赋税，里正由第一等户轮差，户长由第二等户轮差，乡书手由第三等或第四等户轮差。耆长、弓手、壮丁负责社会治安，由第一等或第二等户轮差耆长，第三等户轮差弓手，第四等或第五等户轮差壮丁。第三、四、五等户还轮差斗子、掏子、栏头、秤子、拣子、库子等役。上等户常因职役过于繁重，千方百计逃避，将负担转嫁给下等户乃至客户。夫役是自耕农、佃农负担的无偿劳役，如修浚河道、营建土木、运输官物等。夫役一般按人丁户口科差，但官户享有免役特权，实际负担夫役的是下户。客户作为国家的编户，也要按丁口负担夫役。

嘉祐元宝

有些上户采用诡名寄产或诡名挟佃的办法，把全部或大部田产诡称献纳于僧寺、道院，或者假立契书，诡称典卖给官户、形势户。还有一些上户以及官户则诡立许多户名，把产业、人丁化整为零，想方设法，将本户列入贫下单丁的户籍；借以避免纳税和服役。因此，繁重的赋税和夫役，往往落到中、下户以及客户身上。他们为了避免重负，有的去为商贾、僧道，有的逃亡佣作。

第二章 / 经济发展

一、农业生产大发展，兴修水利抗海潮

1.生产技术的进步

北宋时期，南方农民普遍使用龙骨翻车来灌溉，比龙骨翻车运转力更大的筒车，也用来引水上山，灌溉山田。范仲淹的《水车赋》有"器以象制，水以轮济"之句，就反映了这种有轮轴、利用水力或牛力推动的筒车。北宋政府两次在耕牛缺乏的地区推广"踏犁"。"踏犁"是一种较好的人力翻土工具，四五个劳动力的功效相当牛耕的一半。这对畜力不足地区解决耕田的困难起过一定的作用。

在北宋的墓葬中，往往发现成组的铁制农具，如犁、耧、耙、锄、镰等，其中耙、锄等中耕农具较多，表明了农民对精耕细作的重视和耕作程序的增多。北宋农民还很注意积肥和施肥。他们在长期生产实践中认识到，土壤的性质不同，应施用不同的粪肥。所谓"用粪如用药"。当时对作物栽种的深浅疏密与产量高低的关系，也有所认识。禾谱、农器谱、农书、蚕书等农业生产知识的专著，纷纷出现，反映了农业生产技术的提高。

2.因地制宜

北宋农民克服了自然条件的限

龙骨翻车

制，因地制宜地在山地、江畔、海边开垦出大片良田。圩田在南方有了进一步发展，规模有所扩大，如著名的芜湖县（今属安徽）万春圩即有田12.7万亩。此外，农民们还造出许多新型的田地，如山田、淤田、沙田、架田等。宋太宗时，全国耕地为312.52万余顷。宋真宗时，增至524.75万余顷。以后也不断增加。

3. 农作物的推广和交流

随着北宋的统一，南北各地的农作物品种得到了交流。北宋初年，政府曾劝谕江南以至福建、广东等地种植原北方主要粮食品种粟、麦、黍、豆等。水稻的优良品种也在各地推广，其中最著名的品种"占城稻"从越南引进福建。后又推广到江淮和北方。甘蔗、棉花、茶叶、桑麻等经济作物的种植范围也较前扩大。

4. 水利

宋太宗时，在河北地区修作陂塘，并修筑长600里的堤堰，设置斗门，引淀泊水灌溉，种植水稻，获得丰收。

南方地区水利兴修的成绩更为显著，其中规模较大的有江北捍海堰、浙江捍海石塘、钱塘江堤、西湖等处。如钱塘江堤前后修筑多次，以宋真宗时所修最有成效。这次修筑，吸收五代时的经验，把石块装在竹笼里，堆砌成堤，堤外再打上木桩，

木兰陂

增强了阻挡海潮冲刷的能力。西湖原灌溉良田千余顷，年久堙废。

宋哲宗时，苏轼任杭州知府，主持了西湖的疏浚工程，使附近农田均获其利。此外，福建莆田县的木兰陂，也是当时著名的工程。木兰陂有宽80米，高10余米，长160余米的大坝，可拦洪、蓄水、排灌，使万顷农田旱涝保收。木兰陂至今仍十分坚固，充分显示了劳动人民的智慧和创造能力。

二、手工业分工细密，瓷与绣独领风骚

北宋时期，手工业生产有很大进步，汴绣、宋绣尤为著名。当时，各种手工业作坊的规模和内部分工的细密程度，都超越前代。生产技术发展显著，产品的种类、数量、质量大为增加和改进。最杰出的要算是北宋时期的各种瓷器了。

1. 瓷器

北宋的瓷器，不论在产量还是制作技术上，比前代都有很大提高。当时，烧造瓷器的窑户，遍布全国各地，所造瓷器各具特色。官窑、钧窑、汝窑、定窑和哥窑，是北宋五大名窑。官窑的产品，土脉细润，体薄色青，略带粉红，浓淡不一；钧窑土脉细，釉具五色，有兔丝纹；汝窑则胭脂、朱砂兼备，色釉莹澈；定窑以白瓷著称，并能制红瓷，其产品十分精美；章生一的哥窑及其弟章生二的弟窑盛产青瓷，产品被誉为"千峰翠色"。宋真宗景德年间，在江西新平设官窑，所造进贡瓷器的器底书"景德年制"四字，这就是后来驰名中外的景德镇瓷器。

北宋青釉盘口瓶

在瓷器上雕画花纹是北宋时的新创，划花用刀刻，绣花用针刺，印花用板印，还有锥花用锥尖凿成花纹，堆花用笔蘸粉堆成凸形，再施白釉。宋瓷不仅是生活日用品，而且是精美的工艺美术品。北宋瓷器大量运销国外，在亚非各地都有大量出土，证明瓷器是当时的重要输出品。宋瓷已成为中国古代著名的艺术品，而享誉海内外。

2. 采矿冶炼

北宋时，金、银、铜、铁、铅、煤的开采冶炼规模都相当大。重要冶铁中心徐州东北的利国监，有36冶，矿工约4000人。江西信州及其附近盛产铜、铅，"常募集十余万人，昼夜采凿，得铜、铅数千万斤"。安徽繁昌冶铁遗址中，有高约2米，面积达750平方米的废铁堆，反映了当时冶炼的规模。在开采冶炼规模扩大的基础上，产品的数量大有增加。以铜和银为例，宋神宗时岁课铜 1400 多万斤，银 20 多万两，照官府征收 2/10 税率计算，可推知年产铜 7000 多万斤，银 100 多万两，产量都超过唐朝数倍。另外，采矿冶炼技术也有很大进步。

3. 丝质产业

北宋的纺织业主要有丝、麻、毛等部门，其中丝织业仍占主要地位，并以两浙和四川地区最发达。从河北东路到江南东路的整个沿海地区，丝织业也有相当规模。丝织品种类繁多，如绫有二十几种，锦有四五十种。南北各地均有不少珍品，如蜀锦历久不衰，畅销全国；定州缂丝，用各色丝线织出艳丽逼真的花草鸟兽，宛如雕刻而成，堪称一绝；单州（今河南单县）的薄缣，每匹才重四两，望之若雾，等等。在丝织业发达的某些地区已出现了一批独立经营的机户，以家庭手工业作坊的形式，为出卖商品而生产，反映了丝织业生产发展的新的情况。

4. 漕运造船

北宋定都开封，东南漕运十分重要，船只是不可缺少的运输工具，加之海外贸易兴盛，便促进了造船业的进步。官营作坊以造漕船为主，同时造座船、战船、运兵船等，民营作坊则制造商船及游船。以漕船为例，宋真宗时，年产量达 2900 多艘。北宋船只的体积和载重量相当大，徽宗时造的出使高丽的大海船，称为"神舟"，据估计可装载 20000 石以上货物，载重量约为1100 吨。海船都是"上平如衡，下侧如刃"的尖底船，具有吃水深、抗风浪强的优势。海船上主桅杆高 10 丈，头桅高 8 丈，共装帆 110 幅。全船分作 3 舱，中舱又分 4 堂。这种隔舱防水设备是中国造船工人的首创。

北宋官府设有很多造船场所，分布在今江西、浙江、湖南、陕西等地，其中虔州（今江西赣州）、吉州（今吉安）、温州（今属浙江）、明州（今宁波）是著名的造船基地。宋太宗时，全国每年造船已达 3300 余艘，远远超过唐代。北宋的造船业在当时世界上居于领先地位。在对外贸易中，中外商人乘坐使用的大多是中国制造的船只。

5. 工匠地位的变化

北宋时期，在官私手工业作坊中，工匠的身份、地位有了变化。

私营作坊使用雇佣工匠，他们领取钱米作为雇值，雇值多少因不同时

期、不同部门而异。官营作坊役使的工匠，有从军队调来仍隶名军籍的军匠，也有从民间雇募来的和雇匠。此外还有一种当行差充的工匠，称"当行"或"鳞差"，这种当行工匠在北宋只作为辅助之用，他们和唐朝的番匠已有不同，不是无偿服役，而是付给一定的"雇值"。有的生产部门如铸钱作坊，还出现了类似计件给雇值的方式。这些情况都表明北宋工匠所受的封建人身束缚已经有所松弛。

三、纸币初现称"交子"，商业发展贸易兴

1. 白银和交子

世界上最早的纸币出现于北宋前期四川地区。北宋的纸币有交子、钱引和小钞三种。

随着北宋商品交换的发达，货币流通量也明显增加。唐玄宗天宝年间每年铸币 32 万贯，北宋从宋太宗时起每年就达到 80 万贯。以后逐渐增加，到宋神宗熙宁六年（1073 年），达 600 余万贯。除铜、铁钱外，金银也作为半流通性货币使用。租税的征收、官俸的发给和对外贸易都使用银两。大城市有金银铺和兑房，专门买卖金银和兑换货币。国家税收中白银所占的比重逐渐增加，天禧五年（1021 年）为 883900 多两，到宣和二年（1120 年）为 1860 万两。黄金虽在流通，但不占重要地位。

交子

北宋时期还产生了中国也是世界上最早的纸币——"交子"。北宋建立后，四川地区长期使用铁钱，因铁钱重，携带不方便，10 世纪末叶，成都市场上遂出现所谓"交子铺"，发行纸币"交子"，代替铁钱流通。宋仁宗天圣元年（1023 年）冬，政府看到发行交子有利可图，即借口商人争讼不息，正式创立"交子务"，改交子为官办，以 36 万贯铁钱为准备金，定期发行，流通区域仍限于四川。宋徽宗时，改交子为"钱引"，扩大流通区域。但钱引不备本钱，大量印发，于是成为人民的一大祸害。

2. 商税专卖

由于商业发达，北宋政府对商税特别重视。在全国各地设置场、务等机构，专门征税。宋朝商税分为两种：过税，每关值百抽二，是对行商抽的；住税，值百抽三，是对坐贾抽的。正税之外，还有杂税。随着商业的繁荣，商税日益成为政府重要财源之一。宋真宗景德年间，商税只有 450 万贯，到宋仁宗时，即增加到 2200 万贯。

北宋政府为了搜刮更多钱财，对盐、茶、酒、矾等实行专卖，即由官府控制这些物品的生产并垄断销售。北宋专卖制度的实行，使得封建政府大获其利，但影响了私营工商业的正常发展。

3. 城市经济

唐代开始出现的在大城市周围的定期集市——草市和墟市，到宋代已经普遍存在于各大、中、小城市周围，北方叫"集"，南方叫"墟"。农村中也出现定期举行的小市。

北宋 10 万户以上的城市从唐代的 10 多个增加到 40 多个。其中开封、洛阳、杭州、扬州、大名、应天（今河南商丘）、苏州、荆州、广州、成都、福州、潭州（长沙）、泉州等都是著名的繁华都市。开封作为全国的政治、经济中心，最为典型。全市人口不下百万，城中店铺林立，计有 6400 余家，街上熙熙攘攘，车水马龙。市场上的商品从日常用品到奇珍异宝，无所不有。北宋以前的城市，一般是"坊"（居民区）、"市"（商业区）分区，交易只能在市里进行，而且只能在白天进行，入夜即止。北宋时，开始打破了"坊""市"和昼夜的界限。开封市内，商店可以随处开设，而且有了夜市和晓市。当时开封市内还出现了"瓦子"（或叫"瓦舍""瓦肆"），里面有"勾栏"（歌舞场所）、酒肆、茶楼和说书、唱戏的，热闹非常。

4. 广告竞争

宋朝经济的繁荣促进了市场竞争，各个行业都有着自己独特的经营方式，多数商家利用"广告"进行角逐。宋代商人拥有较强的广告意识，其根本原因在于追求经济利益，客观原因在于他们处于激烈的市场竞争以及当时社会思想文化的影响，商人们在广告上大做文章，宋代出现了诸如"声响广告、商品展示类广告、悬挂式广告、媒介广告、节日广告"等一系列的广告形式。

5. 城乡集镇

中国古代城市的发展，到北宋出现了新的转折。北宋以前的城市，一般是坊、市分区，即住宅区与商业区严格分开。北宋时，随着商品经济的发展和城市人口的增加，彻底打破了"坊""市"的界线，商店可以随处开设，不再采取集中的方式。

四、外交软弱格局变，水陆贸易海运强

1. 宋朝的外交格局的变化

由于国家所采取的崇文抑武的基本国策，宋朝在外交上的软弱，加之宋朝周边所面临的是强大的辽、夏，包括后来的金、蒙古等，天朝礼治外交体系被逐渐颠覆、瓦解甚至被打破，从而形成了宋代外交的特有局面，宋朝极力维护所谓的天朝礼治外交体系面临前所未有的挑战，从而使传统的天朝礼治外交思想被不断打破、逐渐瓦解。

宋朝自立国至灭亡，建立外交关系（朝贡、进币等）的国家很多：如高丽、渤海、日本，天竺、于阗、回鹘、大食、高昌、龟兹等，这些国家有的常年朝贡，有的只是入贡一两次，不常至。还有与宋朝建立的是兄弟关系的平等国家政体，也有宋朝对之朝贡的国家。

宋代越窑青瓷粮仓

在宋代，继承汉唐外交的衣钵，延续中华王道睦邻外交的大国遗风，建立汉唐以来的"天朝礼治外交体系"，是宋朝统治者，尤其是具有严格的正统思想又非常希望利用三纲五常及礼乐制度来约束社会活动的宋朝统治者十分渴望、梦寐以求的。这从宋太宗在太平兴国八年（983年）和雍熙二年（985年）两次发给高丽国王的《册封诏书》中可以看得很清楚。宋朝的最高统治者也希望在外交上能"信义著于睦邻，忠孝彰于事大"，希望自己"居域中之大，以大下为家、万国来庭"，希望高丽等国"慕声教于华风"。但是，"天

朝礼治外交体系"能否建立，不是靠嘴上说说，发布个诏令就行的，尤其在国家与国家之间，空洞的诏书、苍白无力的说教起不了任何的作用，恐吓、威胁更是不能建立真诚的外交关系。要想建立起自己所追求的外交模式，完成自己设计的外交格局，它首先要有独特而完备的外交思想、外交理念、外交思维；其次，关键要靠国家所具有的军事和经济实力、开放的政治环境以及繁荣的文化和超凡的大国魅力；再者，大国的表率作用，这往往也是这些自愿来到大国"朝贡"的国家、朝廷所希望的。欲正人先正己，大国如果不能很好地表现出垂范的作用，那也是不行的。因为，外交中那些专门来华"朝贡"的小国如果觉得无利可图，也就不会有什么积极性与主动性。

宋朝在这几个方面都没有做好。首先，宋朝的最高统治者没有能够像汉武帝那样横扫大漠，解除北方多年的威胁；也没有能够像唐太宗那样与颉利逐鹿草原，让10万人迁往中原。宋太宗对契丹的三次亲征北伐，最终都以失利告终；而对金人的挥鞭南下，宋徽宗、宋钦宗也只有不断"求再造""求哀""求降"。面对西夏的屡次骚扰，宋朝尽管也想讨伐，但常常是力不从心。面对与自己不断较劲的辽、金、西夏乃至后来的蒙古，宋朝也只有先求得自己安稳，先求得朝廷的喘息，先求得自家内部的太平，已经无暇再去顾及所谓的"天朝礼治外交体系"了。宋朝相对薄弱的军事和经济实力，使它没有力量支撑"天朝礼治外交体系"。宋朝一方面想极力继承传统大国外交的"万邦来朝"的衣钵，思想上、政治上、军事上、外交上也在努力恢复这种"天朝礼治外交体系"，但实力和处境又使得它不得不放下架子，更多地去面对错综复杂的外交纷争，甚至常常以捐钱纳币来求得相对的和平，维护边境相对的太平。这种即使在文字上表述出的"大国"模样，其背后是牺牲了太多的国内利益，落下了花钱买面子的嫌疑。其次，宋朝自身的表率作用也没有做好。雍熙三年（986年），当宋太宗要求高丽人共同出兵讨伐契丹时，又是训谕又是诏令，其理由是：国家照临所及；（高丽人）"久慕华风，素怀明略，效忠纯之节，抚礼仪之邦"。高丽人当然也出了兵。可是，北宋大中祥符八年（1015年），面对强大而来势汹汹的契丹人，当高丽国王向宋朝求救兵，于"倾危之际，预垂救急之恩"时，宋朝却坐视不管，理由竟然是：契丹与高丽同是宋朝的"邻封""盟好"，

谁也不好帮助。当然，这种只要求别人帮助自己，自己却不肯帮助别人的行为，与大国所应有的负责任的行为是自相矛盾的，结果只有将高丽"推向"契丹。于是高丽既对契丹朝贡，也时不时地来宋朝"朝贡"一下。高丽的这种"双轨外交"，也被其他国家所效仿。西夏在这方面是学得最实际的，将双轨外交用得淋漓尽致。稍有太平，西夏就时不时对宋朝边境骚扰一下，总是让宋朝不得安宁，而一旦宋朝出兵剿灭，西夏马上会上表称臣，装出一副可怜相，并割地、纳贡等，当然西夏自己也会从宋朝那儿获得更多的绢币和货物等的补偿。宋朝的这种做法，彻底改变了长期以来形成的恩威并施的外交模式。

"天朝礼治外交体系"的被颠覆与破坏，这是与宋朝的国策、政治制度、人事制度、外交理念密切相关的。

2. 宋与高丽、日本的关系

（1）高丽。

10世纪30年代，高丽先后逼降新罗，征服百济。朝鲜半岛遂全部纳入高丽国的统治之下。高丽国在数百年中基本上独立地行使着国家主权。不过，其历朝国王，往往还在名义上接受中国皇帝的册封。

刻有散曲《极相思》的宋代瓷枕

从王建到王治五朝高丽王，先后受唐、后晋、后周以及北宋政权的册封，被授以"玄菟州都督、大义军使（宋太宗时改大顺军使），封高丽国王"的名号。宋与高丽间通使，多以登州为出入海口。自992年起，辽朝开始出兵入侵高丽。高丽欲与宋朝联军抵拒契丹。但这时宋廷已决意放弃收复幽云16州的计划，因此以"北鄙甫宁，不可轻动干戈，为国生事"为辞，仅"赐诏慰抚"，不肯出兵。此后高丽被迫与辽朝时战时和，周旋达20余年。在此期间，宋对高丽的宗主权很快丧失，997年，王治死，弟王诵即位为高丽国王，即已受辽朝册立。不过宋与高丽的通使关系仍未完全断绝。1020年，高丽抵抗辽朝的斗争完全失败。高丽国王以降表进奉辽廷。次年，高丽即遣使至宋，告以与辽朝修好之事。1031年初，高丽王派遣的一个

293 人的庞大使团入朝宋廷。此后，高丽约有 40 余年与北宋不通使节。

宋神宗时，福建沿海官员密奉旨令通过高丽商人与高丽王朝联络。高丽王遂重新遣使通宋。为了避开辽朝耳目，宋廷应高丽之请，将高丽使臣入海口岸由登州改为明州（今宁波）。不久又在明州造两艘大船，号称"神舟"，专用于出使高丽。自此迄于北宋末，高丽虽奉辽朝正朔，但仍与宋通使不绝。宋徽宗宣和五年（1123 年）出使高丽的徐兢，曾受高丽政府的隆重接待，归国后，写有《宣和奉使高丽图经》一书，它是研究中朝关系的重要文献。

南宋初叶，高丽曾对宋廷有通好之意。由于高丽与金朝接壤，南宋朝廷深恐与高丽交往会被金朝利用而不利于国防，所以婉言相拒。自是南宋与高丽遂不复保持邦交关系。不过两国之间的民间交往并没有因而中断。

（2）日本。

自 9 世纪 40 至 50 年代，日本逐渐改变通过遣唐使等方式对中国开展大规模邦交活动的做法，从 80 年代起更全面推行锁国政策。此后，日本有很长时期不再遣使来华，只是间或有僧人访问中国。《文献通考》说，日本在"大中（847—860 年）、光启（885—888 年）、龙德（921—923 年）、后周广顺中（952 年）皆尝遣僧至中国。"这种情况一直延续到宋代。

984 年，日本僧人奝然与徒弟五人浮海至宋献《日本年代纪》等书。宋太祖召见了奝然。奝然归国时，携御赐《大藏经》等物，并复遣弟子奉表来谢。11 世纪上半叶，明州官府上奏朝廷，有日本国太宰府遣入贡方物而不持本国表，被宋廷拒绝。11 世纪下半叶，又有日本泛海客商持太宰府牒来宋通贡，由手不合乎贡礼程式，明州官府经朝廷同意后，以本州名义，自行移牒，并将贡品的物价付给这个客商，遣之东归。此后宋与日本一直没有建立正式的邦交关系。

3. 宋与东南亚诸国的交往

（1）安南。

安南一名虽始于唐代后期改交州总管府为安南总管府之时。但是历五代至宋初，该地区一般仍以交趾或交州名之。宋太祖立国的时候，交趾之地的土豪们互相争夺，丁部领征服 12 使君，据有交趾。他先自称"万胜王"，

后称帝，国号大瞿越。其子丁琏在位时，闻宋拓境至岭南，平南汉，遂遣使上表内附，受宋制封为交趾郡王。

丁琏死后，弟弟即位，大将黎桓专断国政，竟至于将丁部领举族禁锢。宋太宗闻之大怒，遣水陆两路兵侵交趾。宋军为黎桓设计击败，被迫退兵。宋太宗杀领兵诸将，但是也只好接受黎桓的朝贡献纳，封黎桓为交趾郡王。黎氏政权传3世，共30年，因苛虐枉法，不得人心，被权臣李公蕴推翻。李公蕴遣使至宋入贡。宋真宗说："黎桓不义而得，公蕴尤而效之，甚可恶也。"但最终仍"用桓故事"，以交趾郡王封之。李氏政权期间，改国号大瞿越为大越。南宋孝宗淳熙元年（1174年），进封交趾郡王李天祚为安南国王。以安南为国名即自此时始。

黎、李二氏统治期间，安南虽与宋通使不绝，但是仍经常侵扰宋朝边地。宋神宗时，王安石以交趾新败于占城，准备进军南征。安南风闻此事，分兵三道先寇宋境。宋军出击，追至富良江边，因安南请和退师。这一战仅调用民夫就达87万人，可见规模之大。

李氏传8世。13世纪20年代，因为没有男嗣，政权为其女婿陈氏所据有。在宋灭亡前，两国间仍始终保持着通使关系。

（2）占城。

宋朝建国第一年，占城即遣使通贡，所上表章书予贝多叶。至10世纪之末，因受交趾黎氏侵扰，将国都南移到佛逝（今越南平定省归仁）。占城希图依靠宋朝调停，抑制安南侵寇其地。但宋朝为西北边患牵制，无力南顾，所以仅只宣谕二国"保国睦邻""令各守境"而已，并没有采取具体的行动。宋神宗元丰年间，宋廷因"占城与交趾为仇国"，下令共起居及宴享时听其使臣互相回避。

自12世纪上半叶起，占城与真腊之间发生长期战争，双方都使用象阵交战，胜负不决。至70年代，有宋人因浮海失风信漂泊到占城，建议占城军乘马骑射作战。占城航

北宋钱币

海到宋，买战马数十匹，战大捷。次年再至宋朝买马，宋朝实行马禁，占城所遣人求马不得，大掠宋朝边境而归。在这以后，占城与真腊之战日益激烈，13世纪前期，它完全被真腊政权统治近20年。所以，直至宋亡，占城与宋的通使交往也就很少了。

占城属国宾童龙（今越南南部平顺省藩朗），10世纪末也曾遣使至宋通好。

（3）真腊与罗斛。

10至13世纪之初，是真腊历史上一个极其繁盛的时期，都吴哥。在吴哥大寺的建造者、吴哥时期最强大的国王苏利耶跋摩第二时代，真腊与宋互通邦交。南宋绍兴年间，真腊曾向宋廷进驯象。13世纪初，真腊属国真里富（在曼谷湾以东尖竹汶一带）也曾向宋朝贡象。

绍兴年间与真腊一同入贡的，还有罗斛使臣。罗斛位于湄南河流域，故地为今泰国华富里一带，是孟族人建立的国家，大约建于10到11世纪。据《宋会要》载："政和五年（1115年）八月八日，礼部言……已差人前至罗斛、占城国说谕招纳。"是两国间首次交往。后其国于绍兴二十五年（1155年）来贡驯象。

（4）三佛齐。

9世纪下半叶，爪哇山帝王室成员夺得三佛齐的统治权，继七八世纪的室利佛逝之后，在这里第二次建立起一个南海大国。三佛齐国都，先在苏门答腊岛土的巴邻旁（令巨港），大约在11世纪后期迁往末罗瑜（即苏岛）中部詹卑河畔的詹卑城。在11世纪前叶，苏门答腊全岛，马来半岛南部诸小国，甚至印度半岛南端的细兰（锡兰今名斯里兰卡）、注辇都成为三佛齐的属国。据宋代史料，其国王自称"霞迟苏勿吒蒲迷"，译言苏门答腊地之王。

宋朝建国第一年，就有三佛齐使臣前来通贡。从此，两国之间一直保持着十分密切的交往。宋代三佛齐仍是东南亚佛教基地之一。11世纪初，三佛齐新建佛寺祝宋天子寿，宋廷赐"承天万寿"的匾额，并铸钟以赐。不少三佛齐使臣被赐予宋朝的官号。南宋淳熙五年（1178年），三佛齐又遣使贡方物。此后，两国的邦交活动，文献缺载。

（5）阇婆。

阇婆今译爪哇。宋朝建立前不久，爪哇政权统治的中心地区已从东爪

哇迁至中爪哇。《诸蕃志》"阇婆国"条说它又名"莆家龙"，即今中爪哇北岸之北加浪岸，说明中爪哇这座对外贸易中心城市具有重要地位。宋代阇婆国，以北加浪岸为中心，并包括了爪哇岛西部及其东部的部分地区，其势力范围与13世纪初兴起的杜马班朝相仿佛。

周口项城宋代砖室墓

淳化三年（992年），阇婆首次遣使通宋。使臣是以往来于宋与南海之间的中国大舶商毛旭为向导来到中国的。南宋初，又封阇婆王为"琳州刺史兼御史大夫，上柱国，阇婆国王"。

阇婆有邻国名婆罗门。这个婆罗门国，应在爪哇岛东端苏腊巴亚海峡沿岸、马都拉岛及其邻近地区。此指婆罗门教信徒众多的国家，非指印度。13世纪末兴起的爪哇麻喏巴歇王朝，即以此为其统治中心地区；麻喏巴歇朝正以婆罗门教为国教。1109年，婆罗门国亦遣使通宋。宋廷诏接待礼仪同于交趾。

4. 宋与南亚和西亚国家的关系

（1）注辇。

注辇国在印度半岛东岸即科罗曼德耳海岸地区，兴起于9世纪。1015年，首次遣52人的使团携重礼至宋。据使者说，注辇国王"既闻商船，且曰：'十年来海无风涛。古老传云，如此则中国有圣人'"。所以遣使通好。使团很可能是在舶商导引下来华的。在这前后，注辇不仅据有整个南印度，其势力北面到达孟加拉地区。1025年，注辇出动海军进攻三佛齐，获三佛齐王，并且攻略了马来半岛的若干城邦小国，在此之后相当一段时间，注辇的势力超过三佛齐而称霸南海。北宋一朝，注辇数次遣使通宋。1077年，注辇使臣入宋，"请用夷礼以申问慕之心。乃奉银盘于殿，跪撒珠于御榻下而退"。

（2）天竺。

宋代亦称印度。北宋之初，后汉时入印度的僧人道圆回到中原，宋太祖即召问所历风俗、山川、道里等。982年，益州僧光远从天竺回国，带来某天竺王表章一通,说"近闻支那国内有大明王,至圣至明,威力自在……蒙赐金刚吉祥无畏座释迦圣像袈裟一事,已披挂供养。……今以释迦舍利附光远上进",表文说明光远西游,是同时带有宋廷的外交使命的。993 年,有东印度王子至宋通贡。

天竺之法,国王死,太子袭位,其余诸子都出家为僧,而且不准留居于本国。宋太祖时,有天竺王子随中国僧东来,馆于汴京相国寺,宋人争相施财。后因遭妒嫉,离开相国寺他去,不知所往。在宋朝,不时有僧至中国献梵经、佛骨等。

(3)大食。

这时指阿拉伯帝国的阿拔斯哈里发(宋代译为诃黎佛)朝,不过,奉哈里发为教主的诸多穆斯林地方王朝,也往往被冠以大食之名。968 年,哈里发朝首次遣使通宋,"自是供奉、商船往来不已"。除政府的使臣外,到宋廷贡献方物还有诸多穆斯林地区的商人。1008 年,大食舶商向宋廷献玉圭,长一尺二寸,据说已传五世,"长者传云,谨守此,俟中国圣君行封禅礼而驰贡之"。这一类贡献自然是直接地出自商业目的。

(4)层檀。

1071 年,大食层檀国使臣至宋。据宋代史料记其四至之地,它应当是波斯塞尔柱突厥算端王朝。当时塞尔柱算端已被哈里发授予"众异密之异密"(宋代译作亚美罗亚眉兰)。层檀即算端一名之异译。

(5)拂菻。

据宋代史籍,1081 年,拂菻遣使由陆路东行通宋。十年后(1091 年),拂菻使臣又两至中国。马端临已注意到,宋代的拂菻与隋唐时代的拂菻所指可能不一。它们似乎不是指拜占庭朝的东罗马帝国,而应当是指据有其东部疆域即小亚地区的塞尔柱突厥王朝,罗姆算端国。

5.北宋陆上贸易的发展

(1)北宋与西方的陆路贸易。

对位于北宋西方的各国来说,其与北宋之间的陆路贸易的形式之一是以"朝贡"换取"回赐"。从大食和拂菻的使臣都曾道陆路通宋的记载看来,波斯、阿拉伯及其以西地区的民间商团,或许也有从陆路到达北宋进行贸易活动的,在 11 世纪前叶以前尤其如此。不过当时东西方之间在这条线上的商业交往，主要仍通过喀喇汗王朝商队的中介而得以实现。自11世纪后半期起，喀喇汗朝统治下于阗地区的商队"远不逾一、二岁，近则岁再至"。其中一些商人冒充"入贡"使臣，但"有所持，无表章""来辄群负，私与宋朝商贾牟利，不售，则归诸外府，待善价"。

从西方输入宋朝的商品大致有三类：织造品，如五色杂花番锦、西锦、胡锦、花蕊布等；香药，如乳香、白龙脑、腽肭脐、牛香、眼药；珠宝玩好，如珊瑚、翡翠、象牙、琥珀、犀角、珍禽异兽。从宋朝输出的商品包括金银器物、茶、丝绸、铜钱等。由于铜钱大量外流，宋廷在1088年"诏河、岷、兰州沿边，今后蕃客人汉贩卖回日，许所经城寨搜检，不得带钱入蕃。若在汉界，从其便"。不过此种禁令仍无法阻止巨款帛币的不断外溢。

（2）喀喇汗朝与邻国的贸易往来。

关于喀喇汗王朝同周边诸国的贸易往来，史籍记载甚少。《治国策》提到哥疾宁王朝的一个女间谍，为了打入喀喇汗王朝的宫廷，扮成一个富商的遗孀，先到喀什噶尔购买了一批"契丹"和"秦"（辽朝和宋朝）出产的商品，"如精雅的器物、丝绸、年轻的女奴、贵重衣料等，同商人们一起前往撒马尔罕"。喀喇汗王朝时代写成的长诗《福乐智慧》中说到，有一些从事国际贸易的大商人，"为谋生，他们周游世界。……他们从东到西经商，给你运来你需要的物品。世界上无数珠宝和珍品，都可以在他们那里找到"。诗歌的作者劝国王"好好款待他们，你的名声也会传四方"。从考古资料，特别是古钱资料来看，当时国际贸易相当发展。在喀喇汗王朝境内，不仅发现了大量宋朝的钱币，而且也发现了大量的哥疾宁王朝、塞尔柱王朝和花拉子模沙的钱币。黄金作为交换手段大量投入市场，

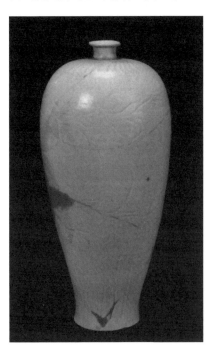

北宋定窑白釉刻花荷莲纹梅瓶

也反映了国际市场上大宗商品交易的出现。

6. 北宋的海路贸易

（1）北宋政府对海路贸易的重视。

由于宋代地方割据政权和元西北叛王的阻梗，陆路交通已远不如昔日之盛，海上贸易的重要性就显得越来越突出。中国的桑蚕丝绸技术经历了几个世纪的不断西传，中亚、西亚及西欧都已种桑养蚕，丝织技术也发展起来，胡锦还作为贡品向中国输出。因此，在中国丝绸继续作为大宗出口商品的同时，瓷器的外销量也急剧增长。瓷器体重质脆，靠驮畜长途贩运，不仅载量有限，而且易于损碎，远不及海船载运方便和安全。这一点也促进了海路贸易的发达。

对进行海路贸易的商舶征收的赋税，在唐代后期和五代十国时的东南沿海国家，已经成为一宗很可观的财源。宋朝政府对于外贸收入更为重视。宋初曾采取"榷货"政策（政府专买专卖政策），以期垄断对外贸易（后来禁榷货物的范围逐渐缩小）。987年，宋廷遣内侍八人，携带金帛教书，分四路到南海各地"博买"香药异物，招徕各国。以政府名义到外国购买货物，在这之前尚属少见，它必然对吸引番舶来华经商起到了促进的作用。宋政府还对长住东南沿海城市的番商示以"宠绥"，通过他们"招谕"更多的外商前来贸易。

（2）管理机构。

宋代管理市舶事务即海外贸易的机构是提举市舶司或市舶提举司，简称市舶司。宋代中叶以前，市舶使多由地方官或转运使兼任。自北宋后期起始置专官。市舶司的主要职责，是办理中国舶商的出海许可书，检查中、外商船的进出口货物，防止违禁商品的出入，征收关税，购买政府需要的部分商品，称为官市或博买（这主要是在宋代），负责外国船舶和商人的管理。关税形式主要是按定额抽成的实物税，称为抽分或抽解。抽分比率按"粗色"货物（即一般货物）和"细色"货物（即贵重商品）两类而高低不同。细色货物的抽分率较高。元代除抽分之外，又另征舶税，以船货的 1/30 为率。

唐代仅在广州一地设市舶司，负责外贸事务。北宋除广州外，又在杭州、明州、泉州、密州（今山东诸城）、秀州（今浙江嘉兴）五地设市舶司，

使外贸规模成倍扩大。北宋中期，每年的市舶收入达63万贯，成为政府的一项重要财政收入。北宋出口的商品主要是丝织品、瓷器、金属等，进口的商品主要是香料、药材、象牙、珠宝等。

宋代海外贸易最为发达的城市仍为广州。清《粤海关志》引北宋毕仲衍《中书备对》关于1077年对外贸易的统计数，三司所收乳香共35.4449万斤，其中由明州收进者4739斤，杭州所收637斤，其余全部由广州所收。《粤海关志》说"是虽三处置司，实只广州最盛也"。

（3）海上商业交往的范围。

北宋时期先后与中国发生海上贸易的南部及西南部国家，包括南中国海、印度洋的孟加拉湾和阿拉伯湾，非洲东岸的沿海及海岛诸国。

宋赵汝适记南海"蕃国"及其物产，范围远及东非。他记载的有些国家和地区，未见与中国有通使关系，但是却通过商人往来其间，发生直接的民间贸易关系，如印度半岛西南端的马拉八儿之地和麻逸国都属于这种情况。也有一些被赵汝适载录的地区或国家，可能在宋代没有与中国发生直接贸易关系，其商品和有关消息，通过中介贸易商人而抵达中国。当时南海中的三佛齐，是一个著名的国际商品中转地。"其国据诸番来往之要津，遂截断诸国之物，聚于其国，以俟蕃舶贸易耳""大食边海等处"则经常垄断与东非沿岸的贸易，转贩东运。交趾商人也时常经营"贩卖外国物"的中介贸易。所以，赵汝适所载录的那些国家，不一定都在宋代与中国发展了直接贸易关系。尤其是关于宋代中国与非洲的直接经济交往，目前尚无史料可加以确认。

宋代远洋航行的海舶，无论是船体构造还是经营规模，抑或成员人数都很庞大。船内作业的劳动编成，也截然分化。宋元时期中国造船业异军突起，所造船舶规模大，数量多。根据吴自牧《梦粱录》卷一二《江海船舰》的记载，大型中国海舶载重达1万—1.2万石（500—600吨），同时还可搭载500—600人。中型海舶载重2000—4000石（100—200吨），搭载200—300人。

从中国出口的商品，主要有丝绸纺织品、瓷器、陶器、金属及金属制品、日用杂品和茶、酒、粮食、盐等农副产品；从各国输入的，主要是珍宝异物、布匹、香料、药物等等。

与陆上贸易的情况一样，海道"朝贡"对"入贡"一方来说，实际上也是一种贸易形式。包括伊利汗国的"朝贡"也带有贸易性质，有时一年中它的朝贡使臣竟多达五次。对宋元政府来说，为维持"上朝"的体面，往往要向入贡国家颁赐超过贡品价值的"回赐"，这成为一种沉重的经济负担。

五、梁园歌舞足风流，美酒如刀解断愁

宋代大兴水利，大面积开荒，大幅度增加了耕地面积，农具的改良和多种粮食品种广泛种植，使农作物产量出现惊人的增速。丝、麻、毛纺织业也发达起来。纸张的大量生产与活字印刷术为印刷业的繁荣提供了基础。由于西夏阻隔了西北的丝绸之路，加上经济中心的南移，海外贸易发达起来，造船技术也随之提高，其水平是当时世界之冠。

宋代的科学文化发展也达到了高潮，沈括等科学家的成就达到了当时世界最领先的水准。而当时甚至已经出现了工厂、生产等资本主义萌芽。

北宋初期，人们沿城市大街开店摆摊、经营买卖，街巷四通八达，居民区与市场混一的城市制度逐渐形成。北宋初期，朝廷对东京夜市还规定三更以前必须结束，中期以后，夜市的时间随着商业的发展而延长，有的夜市直至三更，五更又开张；有些繁荣的商业区完全取消了时间限制，24小时营业，通宵不绝。

夜市商品种类繁多，肉食、水果、饮料等各色小吃最多。东京最热闹的马行街夜市，街长数十里，遍布铺席商店，还夹杂着官员宅舍，一到晚上，灯火明亮，数十里如同白昼，车马拥挤，人头攒动。

宋朝的夜生活非常发达,其主题就是享乐。一般的酒楼常有吹箫、弹阮、歌唱、散耍的人助兴，规模较大的酒楼则是达官显贵、富商巨贾的娱乐场所。这些酒楼为了吸引顾客、笼络客人，常安排一些雅俗共赏的文化娱乐活动,，作用就是使酒楼的气氛更加活跃。酒楼用这种方式使楼内充满欢笑之声，以娱乐的方式吸引顾客的到来，甚至碰到刮风下雨、严寒酷暑的天气，来往的客人也不会减少。

市井的欢歌笑声传入深宫，宋仁宗就必然要受到影响。宋仁宗时的

北宋酒楼

朝中，已显出深宫的冷清与市井的繁华，到了轻佻的宋徽宗当皇帝时，他实在抵挡不住市井夜生活的诱惑，竟然置六宫粉黛于不顾，和心腹太监翻墙跑到宫外去嫖妓，成为出宫过夜生活的中国首位出格皇帝。

宋代商业发达，商业税首次超过农业税，成为政府财政收入的主要组成部分。商业分工越来越细，东京的工商行业达300多个，临安有过之而无不及。新兴的行业越来越多，连不起眼的小生意都能成为一个行业。

文化产品也是一个行业，诗歌、酸文等都可以专门出售。东京的夜市就有秀才卖诗，市民出题目买诗，有时还会指定韵脚，一般30文左右一首。临安夜市有李济卖酸文，张人卖扇子。酸文难度比诗还大，根据随时发生的事情，顷刻成文，并要求诙谐调侃；卖扇子一般按顾客要求画一些山水画。

各行各业中数量最多、规模最大、利润最高的行业当数酒楼。酒楼一般有大小两种，大的叫正店，小的叫脚店或角店。北宋末，东京有正店72家，脚店有上万家，好似雨后春笋，分布密集，仅九桥门街市一段，酒楼林立，绣旗招展，掩蔽了天日。南宋临安的酒楼业极为发达，汴京的72家正店都是私营，临安则出现了官营酒楼。

北宋皇城东华门外的樊楼是东京72正店之首，共有5座楼，每楼3层，高可下视皇宫，气势非凡。内部装饰得雍容华贵，可容纳酒客千余人，也可供客人居住，是顶尖的"星级酒店"。

酒楼卖酒，也经营各种食品，是城市饮食业的龙头老大，规模大的正店更集饮食、住宿、玩乐于一体，是综合性的消费场所，消费群体遍及贩夫走卒到达官贵人各个阶层。酒楼成为城市繁华的一个象征。

商业发达已深入骨髓，最恐怖的是，和尚都卖起了猪肉。

据资料记载，东京最大的相国寺，是有名的集贸市场，其庭院广场就可容纳上万人同时做生意。相国寺位于开封的中心地带，又在汴河边上，其前门就是汴河的一个码头，寺内场地空阔，游人众多，是进行商品交易的极佳场所。珍禽奇兽、日用杂物、笔墨文具、衣帽头面、书籍古董、土产香药以及全国各种最好的商品都可以在这里买到。在这里交易的人，除了一般商人、手工业者外，还有罢任的官员，就连其他寺院的尼姑也拿了自己的刺绣来卖，占满了两廊。耳濡目染，寺内的和尚不觉间受了商品经济的熏陶，动了凡心再也无法稳坐禅床。其中有一个法号叫惠明的和尚，就曾办了一家专门经营猪肉生意的"烧猪院"，一时成为名闻京城、专门烹调肉类菜肴的大厨师。

瓦舍（也叫瓦子、瓦肆、瓦市）是重要的庶民游乐场所，内有勾栏，专供大众娱乐。瓦舍的演出内容呈现商业化、专业化、通俗化、大众化的新趋势。演出的内容主要包括说唱、戏剧、杂技和武术等。其形式多样，深受大众的好评。城市娱乐业的兴旺，标志着普通市民阶层的壮大与城市生活、城市经济的活跃。

在农村，透过理学熏陶，商人阶级出资办理社会救助。救助内容除了办书院、订乡约以激励品德外，还普遍办理义庄，以救贫恤孤，资助教育；办社仓，以备荒歉；办保甲，以补地方之武装而保民。在宋代之前，这种由士人自发的救助工作、官方的社会救助活动多属临时性质。宋代开始，各州县普遍设立各种社会救助的永久性机构。族长通过订立乡约乡规来保持社会的秩序。地方绅士通过办学、救济事业、修桥铺路等手段造福乡里。

到了宋代，科举考试制度真正得到了广泛应用，对社会真正产生了重大影响。科举制度使大量贫寒的读书人一跃成为士大夫阶级，使政府与社会有了紧密的联系，也打开了平民入仕为官的通道。通过科举入仕的知识阶级在宋朝时已在政治、经济、法律、文化各方面占据全面优势地位，在法律上也拥有许多特权，因而社会大众以中举任官作为读书的首要目标，社会也就衍

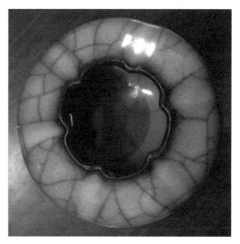

北宋官窑瓷器

生出"万般皆下品,唯有读书高"的风尚。儒家的忠孝节义观念,透过社会、乡约、族规、家礼等各种方式深入民间,推广于全社会。而基层知识分子,构成基层乡绅,并成为村镇百姓与官府的桥梁。他们指导公共工程、支援学校与书院、编纂地方地志、参加地方祭典、纠集赈灾工作、招募地方自卫武力、提供村镇行为规范。

宋及以后各时期,通过科举孕育而成的士大夫阶级,是一个同时拥有政治权力、经济优势、学术文化素养的新兴族群。因此,总体而言,到了宋朝,经济上除了一些皇亲国戚、富商大贾外,社会已无明显的阶级之分。

"酒垆博塞杂歌呼,夜夜长如正月半。"

"梁园歌舞足风流,美酒如刀解断愁。忆得少年多乐事,夜深灯火上樊楼。"

"山外青山楼外楼,西湖歌舞几时休?暖风熏得游人醉,直把杭州作汴州。"

游人不止是皇亲国戚、达官贵人等少数的宋人,也有城里的广大市民、大多数的宋人。宋人生活得如此富足幸福,没有"路有冻死骨"的贫穷与"国破山河在,城春草木深"的悲观绝望,只有"西湖歌舞几时休"的醉生梦死的乐观与繁华。

第三章 建筑科技

一、北宋东京开封府，三重城墙十二门

后周显德七年（960年），赵匡胤在陈桥驿（河南封丘）发动兵变，建立了宋王朝。宋王朝定都开封，称东京，下辖开封府。以后，赵匡胤兄弟又用20多年，相继兼并了各地的割据政权。统一全国后，赵氏兄弟便在宋朝的疆域内建立了4个都城，这就是南京应天府（河南商丘）、西京河南府（河南洛阳）、北京大名府（河北大名）和东京开封府（河南开封）。在这4个都城中，开封是全国政治、经济、文化的中心。

为何北宋要将全国政治、经济、文化的中心定在开封呢？究其原因，不外以下几点：其一，五代以来，中原的经济中心开始由西北向东南移动，定都开封只是反映了这种移动；其二，五代的4个王朝都曾定都开封，特别是后周世宗对京师东京增筑了外城，整顿了街道，疏通了水陆交通，从而为北宋定都开封，以及开封成为全国大都市奠定了一定的物质基础；其三，这里是赵匡胤发动兵变的地方，是他的政治根据地，他在这里有一班人马。

北宋的开封城，是在唐、五代时期的汴州城的基础上发展而来的。内城的基础在唐德宗时已经有了，外城的基础在后周世宗时期也有了。北宋是在这个基础上进行了修建和扩建。北宋的开封城分为三重：外城、内城和宫城。

外城又称新城或罗城，是在后周世宗扩拓的基础上形成的。宋徽宗时扩展了南面的城垣。外城周长约30千米。其中西城垣长7500米，东城垣长8000米，南、北两城垣各长7000米。城墙坚固雄伟，还设有马面、战棚

开封府

和女头等防御设施，城垣厚度不一。一般在 15—20 米。外城外侧有护城壕沟，称护龙沟，宽约 40 米，深 11 米。

据记载，外城垣共有 12 座城门。南面 3 座城门，由东向西为陈州门、南薰门、戴楼门；东面 2 座城门，南为新宋门，北为新曹门；西面 3 座城门，由南而北为新郑门、万胜门、固子门；北面 4 门，由东向西为陈桥门、新封丘门、新酸枣门、卫州门。南薰门为外城的正门。

北宋开封城的诸城门有以下特点：除了南薰、新郑、新宋、新封丘 4 座正门开成两重门外，其余 8 座城门都修筑有屈曲开门的瓮城，当时的人戏称其为"卧牛城"；12 座城门都是根据它所通往的方向而命名的，如新郑门通往郑州，酸枣门通往延津（当时名叫酸枣县），陈州门通往陈州（河南淮阳），等等。

除了上面的 12 座城门外，由于诸河从城中通过，所以此城又有水门。北宋开封城的外城城垣共有 6 座水门：汴河上水门、汴河下水门、蔡河东水门、蔡河西水门、金水河水门、五丈河水门。

对于北宋的开封城，近年来考古工作者做了很多勘探工作，目前已经探明了 10 座城门，包括著名的开封城正门南薰门。在这 10 座城门中，共有 5 座有瓮城。有的瓮城面积很大，几乎达到了 1.3 万平方米，这是历代都城所没有的。

内城又称阙城、里城，是在唐代汴州城的基础上重新扩建而成的。据记载，内城共有 10 座城门：南面 3 门，由东向西为保康门、朱雀门、崇明门（新门）；东面 2 门，南为取景门（即旧宋门），北为望春门（即旧唐门）；西面 2 门，南为宜秋门（旧郑门），北为阊阖门（即梁门）；北面 3 门，由东向西为安远门（即旧封丘门）、景龙门（即旧酸枣门）、天波门（即金水门）。正门为朱雀门。据勘探，内城周长 9 千米，城墙宽 8—15 米，南墙位于现存明清城墙北约 300 米处，北墙位于今大龙亭大殿北约 500 米处。正门朱雀门直通外城南薰门的大道为御街，为南北中轴线，向北与皇城相连，与今中山路基本重合。

宫城又称大内、紫禁城。北宋的宫城是在五代时期皇宫的基础上建筑起来的。北宋的宫城位于内城的中央略偏西北，周长约25000米。内城外围是外城。这种平面布局为三重城布局，对日后的明清城的平面布局产生了一定的影响。

据文献记载，宫城共有6座城门：南面3座城门，由东向西为左掖门、宣德门、右掖门；其余3面城垣各设1门，东为东华门，西为西华门，北为拱宸门。宫城南面的正门为宣德门，又称宣德楼，庄严肃穆，金碧辉煌，为北宋帝王活动的主要场所。

宫城南部是外朝。最重要的建筑是大庆殿，其位于全城的中轴线上，殿前还有一片广场，气势十分宏伟。这座大殿的基础还在，其基址东西面阔约80米，南北进深60多米，台基残高6米，各面有门。除了大庆殿之外，宫城南区还有文德殿、紫宸殿等，基本上是左右对称的。宫城的北区为寝宫区，福宁殿为皇帝居住的地方，另外还有各种宫殿。

东京城里的街道，纵横交错。主要街道有4条，分别通往城南、城西、城北和城东，街道宽大整齐，被称为御街。在这4条大街中，由宫城宣德门经内城朱雀门往外城南薰门的大街最为宽阔，恰好就在全城的中轴线上。除了上面的4条御街之外，其他街道成为这4条御道的分支，纵横四通到各个城门。街道都作直交，将街区割成方格状，十分整齐。

北宋初年，开封城基本上保留了里坊制度，但有变化。据文献记载，北宋时，都城里出现了"厢"这一级市政管理机构。至道元年（995年）的史料称，开封城共分为8厢，厢设厢吏，下辖120坊，统归开封府管辖。市民都居住在里坊里。需要指出的是：宋代开封城的里坊与唐代以及以前的里坊截然不同，北宋的开封城的里坊，打破了以前城市里坊封闭的格局，所有里坊都没有设置坊墙和坊门，而是临街开门。

北宋的开封城，有四通八达的水利交通网。从开封城内穿过的有汴河、蔡河（惠民河）、五丈河和金水河。汴河横穿城中部，是当时最重要的一条河流。蔡河是经过开封城南部的一条河，由陈州、蔡州而来，经过开封入于沙河。五丈河位于开封城东北，是开封东北一带的漕粮通道。金水河发源于

今荥阳县境，流经开封西南，由西北水门流入京城，它主要是为了解决皇宫用水。开封能成为都城，和境内的丰沛水源、发达的水运有很大关系。

北宋时期，一方面，我国封建社会已经开始由兴盛走向衰败；另一方面，由于客观原因（开封地处平衍之地），境内卑湿而少山，开封城内宏伟的宫苑建筑不再出现了，代之而起的则是园林式建筑。据文献记载，开封的园林建筑很多，见于文献的园林有寿圣殿、龙德宫、延福宫、景灵宫、玉津园、芒林园、下松园、药朵园、奉灵园等。

开封府人烟稠密，经济繁荣，商业很发达。据文献记载，仅在政府登记的商贩就有6400户，此外还有许多走街串巷的零销商人。繁华的商业区分布在城东南和南部。最繁荣的商业街为宫城南部宣德门东的潘楼街、土市子、州桥东南角门，以及扬州门一带。潘楼街一带为金融中心，专营金银、彩帛的商店，门面宽广，其交易额是很惊人的。城内还有定期集中的交易市场，相国寺是其中最大的交易市场之一。据记载，相国寺每月开放5次，每次参与交易的商人可以达到万人以上，这里主要出售与生活有关的商品，如杂物、书籍、笔墨、字画、碑帖、药品、土产等。

城内还有一些通宵营业的地方，或为夜市，或为晓市。如州桥有夜市，深夜还不打烊收摊；朱雀门一带有晓市，他们天不亮就开张营业，人称"鬼市子"。许多饮食店、酒店等多是通宵营业。

开封的手工业很发达，主要有官营和私营两种。官办手工业有衣服、绫锦、瓷器、印刷、酿酒等行业，私人手工业有金银铺、药铺等。在狭窄的街道两旁，店铺密布，商号毗邻，有的张灯结彩，有的扎建彩楼。所有这些，在名画《清明上河图》上有细致生动的描绘。

开封城不仅是全国政治经济的中心，也是文化中心。太学是全国最高的学府，崇宁年间最盛时学生达到了3800人。太学之外还有国子监、四门学、武学、律学、算学、画学、医学等专科学校。

开封城墙

二、博物洽闻沈存中，梦溪三谈囊百科

沈括（1031—1095年），字存中，号梦溪丈人。北宋钱塘（今浙江杭州）人。

沈括出身于仕宦之家，幼年随父宦游各地。嘉祐八年（1063年），进士及第，授扬州司理参军。宋神宗时参与熙宁变法，受王安石器重，历任太子中允、检正中书刑房、提举司天监、史馆检讨、三司使等职。元丰三年（1080年），出知延州，兼任鄜延路经略安抚使，驻守边境，抵御西夏，后因永乐城之战牵连被贬。晚年移居润州（今江苏镇江），隐居梦溪园。绍圣二年（1095年），因病辞世，享年65岁。

沈括

沈括博学善文，于天文、方志、律历、音乐、医药、卜算，无所不通，是中国历史上一位伟大的科学家，一生著述颇丰，其中以记平日与宾客之言者的《梦溪笔谈》最为著名。

现存《梦溪笔谈》26卷，《补笔谈》3卷，《续笔谈》11篇。《补笔谈》和《续笔谈》较为后出。最早著录《补笔谈》的是《文渊阁书目》，而不著录《续笔谈》；最早著录《续笔谈》的是《遂初堂书目》，而不著录《补笔谈》。明马元调按《梦溪笔谈》的分类，将《补笔谈》归为11目，分3卷，连同《梦溪笔谈》《续笔谈》全书刊行，成为现存较完善的《梦溪笔谈》的祖本。

《梦溪笔谈》记述了沈括多年来观察实践所积累的研究成果，其中包括文学、艺术、历史、政治、科学、技术诸方面的内容，而最可宝贵的是他在学术领域内广泛的见解和见闻，很多有创造性的见解，至今仍为世人所称道。据不完全统计，《梦溪笔谈》中属于科学技术的条文约255条，约占全书的2/5强，分属数学、物理、化学、天文、地学、生理医学、工程技术诸科，所涉学科广泛。美国李约瑟说沈括是"中国整部科学史中最卓越的人物"，《梦溪笔谈》是"中国科学史上的里程碑"。

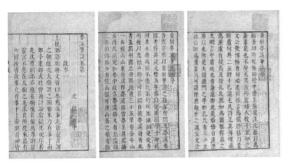

《梦溪笔谈》书影

沈括在太行山崖间，看到石壁上密嵌着螺蚌壳和鸟卵式的石子，考虑到这里是太古时代的海滨，这种现象是由海滨的介壳和淤泥堆积而成。他指出河流的侵蚀和沉积作用，推断出太行山地区的海陆变迁。沈括的这一推断较欧洲的达文西提出化石是生物遗迹的看法早400年。他在地质学、古生物学方面的贡献无疑是伟大的。在延州，河岸崩圮，地下数十尺处，有类似竹笋林的化石，即推测"旷古以前，地卑气湿而宜竹"，这在植物地理学和古生物学方面都是重要的创见。在数学方面，他发展了《九章算术》，创造了新的高等级数——隙积术，解决了累层堆积的瓮、缸、瓦盆类物件的总和的求法。天文方面，发展了张衡的学说，明确指出月亮本身不发光，其光源于日光。医药方面，沈括精于医术，对药用植物很有研究，《梦溪笔谈》有一卷为《药议》，订正了许多生药的性状和名称，对以后的药学家颇有启发。沈括在书中首次指出了地磁场存在磁偏角；最早记载了一种简便的人工磁化法，即"以磁石磨针锋"造指南针；详细论述了指南针的4种装置方法；首创了分层堰法测量地形；最早提出"石油"这个科学的命名，沿用至今；提出了完全按节气来定一年的日历安排的方案等。

《梦溪笔谈》还注意记录当时劳动人民和科学家的杰出发明，充分体现沈括具有一个伟大科学家的坦荡心胸，以及实事求是的严谨学风。布衣（平民）毕昇发明了活字印刷术，沈括对其创造过程以及设备的使用，做了详细有条理的记述，成为有关这一发明的唯一资料。《梦溪笔谈》记录孙思恭经认真观察和思考，提出彩虹是大气中的折射现象的见解，使这一重要创见得以保存。另外，沈括也重视客观地记述自然现象和生产技术情况，如对陨石和陆龙盖的描写；摘录"匠师"喻皓的《木经》，记录河北锻钢工人所掌握的"团钢"和"灌钢"的制作技巧，从这类记载中不难看出那个时期人民对自然的认识以及生产技术所达到的水平。

沈括作为一个政治活动家，在《梦溪笔谈》中当然要记述人民斗争与民族斗争的情况，由于他又是一个科学家，世俗偏见较少，记载较为客观。对于王小波、李顺所领导的农民起义，他有这样的叙述，"录用才能，存抚良善，号令严明，所至一无所犯"。又如咸平间（998—1003年）契丹犯边，由于张皓出使，将契丹之谋告之守将，大败契丹。而宋真宗仍与契丹签订了澶渊之盟。正史及多数史籍皆不载张皓事。只有《梦溪笔谈》尊重事实，它的记载揭露了统治者为维护其皇位而向外族屈辱求和的用心。

沈括兴趣广泛，学识精博，对出土文物亦留心搜集，而且把这些文物当作研究历史的资料。在音乐、美术、文学等方面，沈括亦有较高的造诣。

三、毕昇活字印刷术，四大发明占其一

毕昇（约970—1051年），又作毕升。北宋蕲帅州蕲水县直河乡（湖北英山县草盘地镇五桂墩村）人，也有说是浙江杭州人。发明家，中国古代四大发明之一活字版印刷术的发明者。他初为印刷铺工人，专事手工印刷。毕昇发明的胶泥活字印刷术，被认为是世界上最早的活字印刷技术。

自从汉朝发明纸以后，书写材料比起过去用的甲骨、简牍、金石和缣帛要轻便、经济得多，但是抄写书籍还是非常费工的，远远不能适应社会的需要。至迟到东汉末年（172—178年），出现了摹印和拓印石碑的方法。大约在600年前后的隋朝，人们从刻印章中得到启发，在人类历史上最早发明了雕版印刷术。

雕版印刷是在一定厚度的平滑的木板上，粘贴上抄写工整的书稿，薄而近乎透明的稿纸正面和木板相贴，字就成了反体，笔画清晰可辨。雕刻工人用刻刀把版面没有字迹的部分削去，就成了字体凸出的阳文，和字体凹入的碑石阴文截然不同。印刷的时候，在凸起的字体上涂上墨汁，然后把纸覆在字体上面，轻轻拂拭纸背，字迹就留在纸上了。

毕昇雕像

到了宋朝，雕版印刷事业发展到全盛时期。雕版印刷对文化的传播起了重大的推动作用，但是也存在明显缺点：一是刻版费时费工费料；二是大批书版存放不便；三是有错字不容易更正。

由于毕昇在长期的雕版工作中，发现了雕版的最大缺点就是每印一本书就要重新雕一次版，不但要用较长时间，而且加大了印刷的成本。如果改用活字版，只需雕制一幅活字，则可排印任何书籍，活字可以反复使用。虽然制作活字的工程大一些，但以后排印书籍则十分方便。正是在这种启示下，毕昇才发明了活字版。

毕昇的胶泥活字首先传到朝鲜，称为"陶活字"。后来又由朝鲜传到日本、越南、菲律宾。15世纪，活字印刷传到欧洲。

毕昇毫无保留地把自己的发明介绍给师弟们。他用胶泥做成一个个规格一致的毛坯，在一端刻上反体单字，字画凸起的高度像铜钱边缘的厚度一样，用火烧硬，成为单个的胶泥活字。为了适应排版的需要，一般常用字都备有几个甚至几十个，以备同一版内重复的时候使用。遇到不常用的冷僻字，如果事前没有准备，可以随制随用。为便于拣字，把胶泥活字按韵分类放在木格子里，贴上纸条标明。排字的时候，用一块带框的铁板做底托，上面敷一层用松脂、蜡和纸灰混合制成的药剂，然后把需要的胶泥活字拣出来一个个排进框内。排满一框就成为一版，再用火烘烤，等药剂稍微熔化，用一块平板把字面压平，药剂冷却凝固后，就成为版型。印刷的时候，只要在版型上刷上墨，覆上纸，加一定的压力就行了。为了可以连续印刷，可以使用两块铁板，一板加刷，另一板排字，两板交替使用。印完以后，用火把药剂烤化，用手轻轻一抖，活字就能从铁板上脱落下来，再按韵放回原来木格里，以备下次使用。毕昇还试验过木活字印刷，由于木料纹理疏密不匀，刻制困难，木活字沾水后变形，以及和药剂黏在一起不容易分开等，所以毕昇没有采用。

毕昇的胶泥活字版印书方法，如果只印两三本，不算省事，如果印成百上千本，工作效率就极其可观了，不仅能够节约大量的人力和物力，而且可以大大提高印刷的速度和质量，比雕版印刷要优越得多。

现代的凸版铅印，虽然在设备和技术条件上是宋朝毕昇的活字印刷术所无法比拟的，但是基本原理和方法是完全相同的。

因为现代活字合金含有铅等对人体有害的金属、使用麻烦以及工艺上的不足，在电脑排版流行以后，逐渐销声匿迹。

毕昇是我国古代四大发明之一的活字印刷术的发明者，然而，有关毕昇的所有记载，仅在沈括的《梦溪笔谈》里出现过，其他文献没有任何涉及，原因只有一个——他是布衣。无论他对人类做出多么大的贡献，只要他没有当官，他便不能入史书被记载。所以，史书不是人类历史的记载，只是跟政权有关的人的历史笔记。

四、本草象仪诚首创，探根究源治学精

苏颂（1020—1101 年），字子容，原籍福建泉州府同安县（今属厦门市同安区），后徙居润州丹阳。北宋中期宰相，杰出的天文学家、天文机械制造家、药物学家、文学家。

苏颂出身闽南望族，于宋仁宗庆历二年（1042 年）登进士第，长年在馆阁任职，遍历地方长官，并两次出使辽国。累官至刑部尚书、吏部尚书。宋哲宗时拜相。他执政时，务使百官守法遵职，量能授任。宋徽宗即位后进拜太子太保，封赵郡公。建中靖国元年（1101 年）逝世，终年 82 岁，获赠司空。后追封魏国公。宋理宗时追谥"正简"。

苏颂步入仕途，从地方到中央，担任了一系列重要的官职，最后位及宰相，为官 50 多年，政绩颇丰。实际上，在他处理宋朝政府事务时，已经显示出作为一个科学家严谨治学的行事风格。任江苏江宁知县时，他清查了富户漏税行为，核实丁产，编成户籍，按册课税，既增加了国库收入，又减轻了穷人的负担；任颍州知州时，正值朝廷为宋仁宗修筑皇陵，许多州县官趁机从工程中中饱私囊，苏颂一直保持清廉的作风；担任南京留守时，亦深得长官欧阳修的器重，欧阳修赞许他"处事精审"。

苏颂为相时，严格执行典章制度，要求百官守法，忠于职守；量才用人，杜绝不正之路；防止边将邀功生事；虽位极权贵，而奉养如寒士。一生好学，天文、地理、历算、音乐、医药无所不通，尤精于典故，朝廷每有新的典礼制作，必请苏颂审查。

苏颂好学，于经史九流、百家之说，至于算法、地志、山经、本草、训诂、律吕等学无所不通。作为历史上的杰出人物，其主要贡献是对科学技术方

苏颂铜像

面，特别是医药学和天文学方面的突出贡献。他领导制造世界上最古老的天文钟"水运仪象台"，它是集观测天象的浑仪、演示天象的浑象、计量时间的漏刻和报告时刻的机械装置于一体的综合性观测仪器，开启近代钟表擒纵器的先河。李约瑟称其为"中国古代和中世纪最伟大的博物学家和科学家之一"。

苏颂在天文仪器、本草医药、机械图纸、星图绘制方面，都能站在时代的前列，这有诸多原因。例如他善于集中群众的智慧，组织集体攻关；善于发现人才，并大胆地提拔任用人才；勤于实验，设计多种方案，反复进行实验；勇于实践，大胆地进行全国性药物普查；尊重科学，实事求是，一时研究不通的问题，宁可存疑，决不附会。而最重要的一条莫过于他在科学上的开拓进取和创新精神。

苏颂对研制工作是慎之又慎的。他认为，有了书，做了模型还不一定可靠，还必须做实际的天文观测，"差官实验，如候天有准"，才能进一步向前推进，以免浪费国家资财。经过多次实验证明韩公廉的设计"候天有准"，于是在元祐三年五月造成小木样呈进皇帝，并赴都堂呈验。宋哲宗指派翰林学士许将等进行试验和鉴定。元祐四年（1089年）三月许将向朝廷报告："详定元祐浑天仪象所先被旨制造水浑木样，如实验候天不差，即别造铜器。今臣等昼夜校验，与天道已参合不差。"这时苏颂才开始正式用铜制造新仪。经过三年零四个月的工作，终于制成了有世界性贡献的水运仪象台。

苏颂领导科技工作的一大特点是能深入钻研业务，力求精通他主管的工作。嘉祐初年领导编写医书时，他研读了从《内经》到《外台秘要》的历代医药著作，并亲自校订了《神农本草经》等多种典籍，使自己通晓了本草医药知识。他领导研制水运仪象台期间，对两汉、南北朝、唐、宋各代的天文著作和仪器也作了研读与考察。他还勤于向自己的下属学习，如向韩公廉请教历算，与局生亲量圭尺，和学生躬察漏仪。由此，他从一个对天文仪器、机械设计、本草医药知之不多的外行，变成了名副其实的专家。

苏颂著述颇丰，著有《鲁卫信录》《苏颂集》《图经本草》《略集》《新仪象法要》《苏魏公文集》《魏公题跋》《苏侍郎集》《魏公谈训》等。其《图经本草》是当时最新最全的药物志和药物图谱，李时珍推崇它"考证详明，颇有发挥"。他在文献学、诗歌、散文、史学等领域都是行家里手。

五、幼科鼻祖钱仲阳，妙手仁心回生功

宋代是中国古代儿科发展的鼎盛时期，不仅出现了被誉为"儿科圣手"的儿科专家钱乙，而且对天花、麻疹、惊风、疳积，已有较明确的认识和有效的治疗方法。唐代以前称战伤为"金创折疡"，并无明确的外科、伤科之分。到了宋代，外伤科的名称才明确起来，也有了"专门接骨"的医生。

钱乙（1032—1117年），字仲阳。他本来和吴越王钱俶有宗属关系，祖籍浙江钱塘，后祖父北迁，遂为东平郓州（今山东东平县）人。

钱乙的父亲钱颖精于医道，但特别爱喝酒，又喜欢外出旅游。有一天他东游海上，便没有再回来。那时钱乙才3岁，他的母亲在那以前已经去世了。

钱乙的姑妈出嫁到姓吕的医生家里，因为可怜他是孤儿，就把他收为义子，并且长期教他学习医术，又将他父母亲的事情告诉了他。他哭了一场，请求出门去寻找他的父亲，前后一共往返了八九次，总共花了几年的时间，终于把父亲接回家来，但那离父亲出走已经30年了。乡亲们对此感慨万千，写诗赞颂此事。他对待吕医生就像对待亲生父亲一样。吕医生没有儿子，死后钱乙为他装殓埋葬，并穿孝服为他守丧。

钱乙原来就有羸弱的老毛病，他经常按自己的意念来治疗。后来病情加剧，他叹息着说："这种病就是'周痹'啊，如果侵入内脏，就会死人的。我大概是要死了吧。"不久他又说："我可以把病转移到手、脚上去。"于是自己制作药剂，日夜饮用。他的左手和左脚便突然间蜷曲不能伸展了。他高兴地说："可以了！"他的亲朋好友到东山去采到了比斗还大的茯苓，他就按医方上的方法服用，直到把它吃完。这样他虽然半边手足偏废不能用，但却骨节坚强和健康人一样。后来他以有病为理由，辞官回家，再也没有出过门。

钱乙是北宋一位杰出的医学家，专业儿科40年，积有丰富的临床经

《小儿药证直诀》书影

验。其一生著作颇多，有《伤寒论发微》五卷，《婴孺论》百篇，《钱氏小儿方》八卷，《小儿药证直诀》三卷。现仅存《小儿药证直诀》，其他书均已遗佚。

1114 年，他的学生阎季忠将他的理论、医案和验方加以整理，编成了《小儿药证直诀》，这是我国现存最早的一部儿科专著。它第一次系统地总结了对小儿的辨证施治法，使儿科自此发展成为独立的一门学科。后人视《小儿药证直诀》为儿科的经典著作，把钱乙尊称为"儿科之圣"。《四库全书目录提要》称钱乙的书为"幼科之鼻祖，后人得其绪论，往往有回生之功"。

钱乙学习时，"不名一师"，善于化裁古方，创制新方。如他的六味地黄丸。由熟地黄、山药、山茱萸、茯苓、泽泻、丹皮组成，原是张仲景《金匮要略》所载的崔氏八味丸，即八味肾气丸（干地黄、山茱萸、薯蓣、泽泻、丹皮、茯苓、桂枝、附子）的加减化裁，作六味地黄丸，用来当作幼科补剂。这对后世倡导养阴者起了一定的启发作用。如金元四大家之一李东垣的益阴肾气丸，朱丹溪的大补阴丸（《丹溪心法》方）由黄柏、知母、熟地黄、龟板、独脊髓组成，都是由此方脱化而来。因此，有人认为钱乙是开辟滋阴派的先驱。

此外，钱乙还创制了许多有效的方剂，如痘疹初起的升麻葛根汤，治小儿心热的导赤散，由生地黄、甘草、木通组成，治小儿肺盛气急喘嗽的泻白散，即泻肺散，由桑白皮、地骨皮、生甘草组成，治肝肾阴虚、目鸣、囟门不合的地黄丸，治脾胃虚寒、消化不良的异功散，治肺寒咳嗽的百部丸，直到治疗寄生虫病的安虫散、使君子丸等，迄今还是临床常用的名方。

钱乙在儿科方面的成就为后人称许，而且对中医辨证学、方剂学均有较大影响。他奠定了中医史上儿科的专业地位。妙手仁心，一生旨在使"幼者无横夭之苦，老者无哭子之悲"，阐释了中医医道的博大与慈爱。他精通中医的至高境界——望诊，在中医历史上有里程碑式的地位。

第四章 思想文化

一、倡佛教南宗广传，崇道教地位空前

1. 北宋佛教

有宋一代，佛教在宗教界可以说一直唱着主角。宋建立后，宋太祖赵匡胤、宋太宗赵光义都信奉佛教，北宋一建立，就大力提倡佛教，960年，赵匡胤刚登位，即令各地保护寺院，971年，派人前往成都雕刻藏经，按照《开元释教录》所载的藏经，顺次刊行。983年，刊刻13万版，近5000卷。此后继续进行这一工作。宋太宗时期建寺院，在东京设译经院。佛教势力开始兴盛。

河南府进士李蔼作《灭邪集》反佛，赵匡胤斥他"诽毁佛教，诳惑百姓"，把他流配沙门岛。宋太宗赵光义时，对佛教的倡导可以说到了一个高峰。在五台山、峨眉山、天台山等处修建寺庙，在开封设译经院翻译佛经。

宋太祖赵匡胤开宝年间，开始在益州雕印大藏经，宋太宗时雕版完成。这是第一部印行的佛经总集。宋朝建国时，各地僧徒不过68000余人，宋太宗时增加到24万人。宋真宗赵恒更加大力提倡佛教，撰写《崇儒术论》的同时，又作《崇释论》，说佛

北宋楠木经箱

与孔孟"迹异而道同"。赵恒继续建寺译经，并亲自作佛经注释。全国僧徒增加到近40万，尼姑6万多人，所成佛经多至410余卷。宋真宗统治时期，成为赵宋一朝僧徒最多、佛学最盛的时期。

宋儒虽排斥佛教，但宋儒理学所受佛教思想之影响颇多，士大夫中亦喜闻禅学，至于庶民百姓，尤其是死丧殡葬之时的礼节，亦受佛教的影响。

宋朝佛教有各种宗派，其中以禅宗南宗流传最广泛。南宗中又有各种宗派。在禅宗之外，天台宗等宗派也相当盛行。

2. 北宋道教

北宋提倡道教，特别是在宋太宗、宋真宗、宋徽宗时期，崇道教成了一股思潮。道教的几个代表人物在社会上有很大的影响，他们对学术思想的发展起了重要的作用。陈抟是五代后期的著名道家。宋太宗时，被召到京城，宋太宗赐号"希夷先生"。宋代的几个重要理学家如周敦颐、邵雍的学术都和他有紧密的关系。据说，周敦颐的《太极图》是陈抟传下来的；邵雍的学术思想渊源也来自陈抟，另外一个重要人物是张伯端，但他主张儒、释、道"教虽分三，道乃归一的"。这里体现出儒、释、道合流的趋向，但道教在北宋最兴盛时期是宋徽宗时期。宋徽宗大肆宣扬道教，为提高道教的地位，政和三年（1113年）十二月，下诏示道教仙经于天下；政和四年（1114年）正月，下令置道阶26级、道官26等；政和六年（1116年），下令立道学，修《道史》；政和七年（1117年）四月，他还自称是神霄帝君下凡，令道箓院册封他为"教主道君皇帝"，集天神、教主、人君三位于一体。重和元年（1118年）八月，颁发《御注道德经》，九月，诏太学置道教各经博士，等等。从此，道教愈发兴盛起来，道教的地位被抬到空前的高度。

二、北宋"理学三先生"，承前启后揭序幕

北宋在哲学领域远超唐代，出现了一批理学家。理学是儒家哲学的特殊形式，因理学家着重探讨义理、性命之学，故称为理学，又称为道学。

理学或称道学，亦称义理之学，是宋元明时期儒家思想学说的通称。理学，以宋儒论学多言天地万物之理而名。道学，以当时流行称谓，且《宋史》有《道学传》而名。又因其始兴于宋代，又称宋学，与汉学相对。理学分两大流派：一称程朱理学，以"二程"（程颢、程颐兄弟）、朱熹为代表，

强调理高于一切；一称陆王心学，以陆九渊、王阳明为代表，强调心是宇宙万物的主宰。今人又有三派之说：气本论一派，以张载为代表；理本论一派，以程、朱为代表；心本论一派，以陆、王为代表。理学各派宗旨各异，对"本体论""自然哲学""心性伦理"和"政教方案"等方面的研究也各有侧重。理学，则概括了宋、元、明儒学之共总特点。

胡瑗

北宋初期，石介、胡瑗、孙复被称为"理学三先生"，是宋朝理学承范仲淹、开张载两宋理学的过渡人物。他们的思想揭开了理学的序幕。

胡瑗（993—1059年），字翼之，泰州如皋（今江苏如皋）人。中国北宋学者。理学先驱、思想家和教育家。因世居陕西路安定堡，世称安定先生。庆历二年（1042年）至嘉祐元年（1056年）历任太子中舍、光禄寺丞、天章阁侍讲等。胡瑗提倡"明体达用"，主张把儒家经典作为治理国家的根据。孙复作《春秋尊王发微》，为统一的封建国家作论证。

孙复（992—1057年），字明复，晋州平阳（今临汾）人。学于泰山，研《春秋》，任教太学，攘斥佛老，倡尊王（即鼓吹宋为正统，辽为蛮夷），世称泰山先生。孙复作《春秋尊王发微》，为统一的封建国家作论证。

石介（1005—1045年），宋代散文家。字守道。兖州奉符（今山东泰安）人。曾居徂徕山（泰安城东南）下，时人尊称徂徕先生。26岁时，举进士，历任郓州观察推官、南京留守推官等职，后为国子监直讲、太子中允、直集贤院。石介倡言"尧、舜、禹、汤、文、武、周、孔之道，万世常行不可易之道也"。

《宋元学案》在《泰山学案》中把胡瑗称为"泰山学侣"，并在《安定学案》中说："胡瑗家贫，无以自给。往泰山，与孙明复、石守道同学。攻苦食淡，终夜不寝，一坐10年不归。得家书，见上有'平安'二字，即投之涧中，不复展，恐扰心也。"现在泰山仍旧有投书涧。但是，如果把孙复、石介在泰山办学的时间与胡瑗在这段时间内的活动互相对照起来，就可以看出，

胡瑗"读书泰山""十年不归"之说，是有明显漏洞的。宋仁宗景祐二年（1035年）石介在南京（今河南商丘）任留守推官，对"流落京哉"的孙复甚为推崇。当时孙复已年逾40，尚未娶妻，生活难以自给。在石介的帮助下，孙复往泰山脚下聚徒授经。同一年，时任苏州知事的范仲淹，奏请设立州学，聘胡瑗为苏州州学教授。这时他们三人，一个在商丘，一个在苏州，一个在泰山。景祐三年（1036年），孙复在泰山聚徒授经，胡瑗奉诏进京，参与校订律吕的工作，得授校书郎。宝元元年（1038年），石介南京秩满，代父远任嘉州军事判官。九月抵嘉州。月余，因继母去世，归祖徕奔丧。次年三月，父石丙卒。从此丁忧在家，躬耕祖徕山下，并开馆授徒。庆历二年（1042年），石介服除，任国子监直讲。

这年十一月，由于范仲淹、富弼等的推荐，宋仁宗皇帝诏授"泰山处士孙复为国子监直讲"。时任湖州知州的滕子京，聘胡瑗为湖州州学教授，胡瑗又在湖州实践他的苏湖教学法。以上事实说明，从宋仁宗景祐二年（1035年）到庆历二年（1042年）的前后八年间，孙复在泰山书院执教，石介除在南京商丘等地为官外，只在祖徕居丧三年，而胡瑗却是在苏、胡两地任教职，并且参与过校订律吕的工作。他们三人不可能在泰山"同学"，胡瑗"读书泰山十年不归"之说是难以成立的。

但是这并不阻碍三先生间学术和情谊的交流。石介曾经赞许孙复曰："先生之道无少于说而过于公孙城，他日圣君聘而用之，吾君轶高宗而登尧舜矣。先生舟楫于巨川而霖雨于旱岁矣。噫，先生岂真隐者哉！"当他延请孙复来泰山教学时，石介已经是"知名于山东"的大儒，而他却亲执弟子之礼，以向世人晓示尊师重道之重要性。后来三先生皆入教太学，很多宋代的学者都受他们影响。

三、理学实际开创者，"北宋五子"留高名

北宋理学实际的开创者为"北宋五子"，即周敦颐、邵雍、张载、程颢、程颐。他们对北宋哲学思想的发展起了重要作用。周敦颐为宋代理学的开山祖，其学混合了道家无为思想和儒家中庸思想，其《太极图说》为理学初期的代表作。邵雍为北宋先天象数学的创立者，思想渊源于道教，把宇宙发生的过程归结为神秘的"象"和"数"的演化过程。张载发展

了"气一元论"的思想,为中国古代辩证法"两一"学说的集大成者。二程(颢、颐)为北宋理学的奠基者,建立了系统的以精神性的"理"为核心的学说体系。

1. 理学开山祖周敦颐

周敦颐(1017—1072 年),字茂叔,号濂溪,世称濂溪先生,公认他为宋代理学的开山祖师。他的主要哲学著作有《太极图说》一卷,《通书》40 篇。其思想以《易传》和《中庸》为核心,又接受道教和佛教的影响而构成自己的体系。《太极图说》主要谈天道,《通书》主要谈人事。

《太极图说》里,他系统地论述了宇宙的本源、万物的演化以及人性善恶等问题。认为宇宙的本原是太极,太极的动和静产生出阴阳,阴阳二气交互作用生成水、火、木、金、土 5 种物质元素(即五行或五气),他明确

周敦颐

地指出:"自无极而为太极,太极动而生阳,动极而静,静而成阴,静极复动",产生出天地万物和人。阴阳五行是万物生成的必然环节,"无极之真,二五之精(二,阴阳;五,五行),妙合而凝。乾道成男,坤道成女。二气交感,化生万物。万物生生,而变化无穷焉"。天地万物均可经由五行、阴阳的环节,归本于太极。"五行一阴阳也,阴阳一太极也,太极本无极也。"周敦颐的"太极—无极"说规划出一个先于天地万物的宇宙本原,在认识上冲破了传统的"天地父子生成图式",为后学者开辟了一个新型的思维天地。

周敦颐在《通书》中对《中庸》的"诚"作了进一步的发挥,把"诚"解释为人的至善的本性,是仁、义、礼、智、信这些所谓"主常"的根本。为了达到"诚"的最高境界,他提出了"主静"的修养方法。"主静"就是"无欲"。

2. 皇极经世邵康节

邵雍(1011—1077 年),北宋哲学家。字尧夫,谥号康节。他生于河

北范阳，后随父移居共城，晚年隐居在洛阳。邵雍，虽然不像三国的诸葛孔明那样家喻户晓，但是，无论从才干和品德来讲，他都不亚于诸葛亮。只不过，因为长期隐居，名字不被后人知道而已。宋朝理学鼻祖之一的程颢曾在与邵雍切磋之后赞叹道："尧夫，内圣外王之学也！"人称"邵夫子""家先生"。墓葬地称为安乐佳城，位于洛阳市伊川县平等乡西村西卧龙沟之阳。邵雍墓 1964 年被公布为河南省重点文物保护单位。平等有邵夫子社恢复安乐书院，在邵雍千年诞辰，举办大型庆典活动。现安乐佳城前开辟广场，硬化道路，广植树木，引入泉水，立有邵雍塑像，竹柏长青。

邵雍少年时就胸怀大志，发愤刻苦读书，于书无所不读。据《宋史·邵雍传》记载：邵雍"始为学，即坚苦自励，寒不炉，暑不扇，夜不就席者数年"。后来，为了增长见识，他还游学四方，越黄河、过汾河，涉淮水、渡汉水，到过齐、鲁、宋、郑等各地，回来后，说道："道在是矣。"于是就不再云游。当时有高人李挺之，见其好学不倦，就传授了他《河图》《洛书》《伏羲八卦》等易学秘奥。以邵雍的聪颖才智，他融会贯通、妙悟自得，终于成为一代易学大师，风靡遐迩的鸿儒。他形成了自己一套完整独特的宇宙观，对于天地运化、阴阳消长的规律了如指掌。《宋史》记载道：他对于"远而古今世变，微而走飞草木之性情"都能"深造曲畅"，通达不惑，而且"智虑绝人，遇事能前知"。北宋理学的另一位始祖程颐说他："其心虚明，自能知之。"于是，他著书立说，撰写了《皇极经世》《观物内外篇》《伊川击壤集》等著作共十余万言。他认为历史是按照定数演化的。他以他的先天易数，用元、会、运、世等概念来推算天地的演化和历史的循环。相传对后世易学影响很大的《铁板神数》和《梅花心易》都是出于邵雍。后人也尊称他为"邵子"。邵雍 30 岁时与父亲邵古由辉县百泉迁居伊川神荫原，创办安乐书院，讲学于家，著书教学。50 岁时迁居洛阳。嘉祐七年（1062 年），西京留守王拱辰就洛阳天宫寺西天津桥南五代节度使安审琦宅故基建屋 30 间，送为他作园宅，题名为"安乐窝"，邵雍也自号为"安乐先生"。当时的名流学士，如富弼、司马光、吕公著等人都很敬重他，恒相从游。他不仅学贯古今、奇才盖世，而且品德浑厚，待人至诚。这使他远近驰名，所到之处士大夫们争先请他留宿，有人还把邵雍留宿过的地方，称为他的"行窝"。他在人们心中的威望可见一斑。

今天，熟悉邵雍及其作品的人已经不多了。但在民间仍然流行着他所说过的一些警句。比如，人们常说的："一年之计在于春，一天之计在于晨，一生之计在于勤"就是出自邵雍。邵雍，这位遇事先知的奇才，对于后世的历史发展做出了惊人准确的预言，写下了他的传世之作——《梅花诗》，预言了他身后在中国发生的重大历史演变。当然，和所有预言一样，他采用了很隐晦的语言。并非很容易理解。有的部分，如果不是懂得道学佛理的修炼人，是不易弄懂的。

邵雍

宋仁宗嘉祐及宋神宗熙宁初，曾两度被荐举，均称疾不赴。熙宁十年（1077年），67岁卒于洛阳，嘱葬于伊川先茔。宋哲宗元祐中赐谥康节。

著有《皇极经世书》12卷，包括《观物内篇》《观物外篇》《渔樵问对》和《无名公传》。《内篇》为邵雍之作，《外篇》是其弟子之记述，类似语录。另有诗集《伊川击壤集》20卷。

3. 张载的完整宇宙论

张载（1020—1077年），字子厚，凤翔郿县（今陕西省宝鸡市眉县横渠镇）人。北宋思想家、教育家、理学创始人之一。他从另一角度探求世界的本原，提出"太虚"本原说，建立了以气为本体的宇宙论，奠定了宋时理学的基础。

他认为"太虚者，气之体也"，气是太虚的具体形态，太虚是气的原初形式，所以说："太虚不能无气，气不能不聚而为万物，万物不能不散而为太虚。"世间万物都是某种存在，既是存在，就有具体形态或形状，而具体的形态（状）都是由气凝聚而成，这就叫"凡可状者皆有也，凡有皆象也，凡象皆气也"。"气"与"太虚"的关系有如水与冰："气之聚散于太虚，犹冰凝释于水。""太虚即气"遂成为天地万物的本原。

张载指出："盈天地之间者，皆物也""理不在人皆在物"。这是说，世

张载

界是物质的，"理"——规律是存在于"物"，而不取决于人的。张载根据"太虚即气"的唯物主义，对"一切唯心"和"有生于无"等佛老唯心主义哲学，给以深刻批判，发展了朴素的唯物主义。

张载的辩证法思想，是建立在"太虚即气"的唯物主义自然观的基础之上的。他的"一物两体"的矛盾学说和"动必有机"的内因发展观，丰富和发展了古代辩证法。

张载是有宋以来第一个从理论高度全面辟佛、道的儒家学者，他的思想体系是宋明理学发展的雏形，对程朱理学的建立有很大影响。

"为天地立心，为生民立命，为往圣继绝学，为万世开太平"，这句名言，这出自张载的"横渠四句教"。

4. 理学的奠基者"二程"

"二程"指程颢与程颐兄弟二人。

程颢（1032—1085年），宋代理学家、教育家。字伯淳，人称明道先生，河南府（今河南洛阳）人。程颐（1033—1107年），字正叔，人称伊川先生，北宋洛阳人，教育家，为程颢之胞弟。他们两人是亲兄弟，都是周敦颐的学生。由于哲学思想的一致，人们称他们为"二程"。周敦颐兴理学之始，但程颢、程颐对理学发展却起了突出作用，是理学的奠基人。

二程哲学体系的核心是"理"或"天理"。他们的"理"或"天理"是对周敦颐"太极"说的继承和发展。这个"理"不以人们的意志为转移，不受时间、空间的限制，是天下万物都要遵循的普遍原则，是永恒存在的。理不仅是自然界的，也是社会的最高原则。理是先于气（事物）而存在的，人和物"都自这里出"，理是第一性的，气是从属于理的。每一物都由理产生，每一物也就体现了完全的理，理能产生万物，又能统辖万物。程颢说："天者理也"，认为天就是最高的实体。这个"理"凌驾于万物之上，先于万物而存在，永远不生不灭，不增不减。他又说："父子君臣，天下之定理。"他所讲的永恒的理，就是君臣、父子的封建等级关系，封建伦理道德，这是唯一的理。所以程颐就说："天下只有一个理。"二程主张"明天理"，对劳动人民来说，就是不能违反封建伦理道德。

在天人关系上，二程坚持"天人相与"的观点，建立了一种更为精致的"天人合一"说。在认识论方面，二程鼓吹"唯心论"的"先验论"。他们认为，一切知识"皆出于天"，真正的知识、才能并不是在实践中获得的，而是人头脑里固有的。人们只要修身养性，求之于内心，就可以悟出"天理"，认识一切。

二程的学说中，也承认万物变化无穷。程颐说过，"有生便有死，有始便有终"。但是他们特别强调变中有不变的东西，认为不变才是根本的。这个不变的东西就是道，也就是理。万物的变化，都要受道或理的支配。

二程兄弟的思想虽基本一致，但仍表现出不同倾向。程颢重视人的主观精神的作用，提出"心即理"，表现出心学的思想倾向，启发了陆王心学；程颐则表现出理学的思想倾向，他提出"理一分殊"说。这些思想都被朱熹继承和发展，成为朱子学的思想材料。二程思想的不同倾向，导致了后来"洛学"的分化，也为南宋"理学"和"心学"两个独立学派的形成提供了思想因素。

二程所宣扬的理学思想，是同他们的政治保守态度和复古的历史观相联系的。他们都反对王安石变法。王安石提出"新学"，作为实行变法的理论根据。二程对王安石的新学全盘否定。理学家们根据封建的等级制度、法律、伦理道德等，指责王安石变法是"用贱凌贵，以邪妨正"，完全颠倒了是非。王安石为了推行新政，不得不摆脱保守势力，起用一批新人。二程等一班理学家就退居洛阳，洛阳成为理学的根据地。二程的理学被称为洛学学派。

程颢

第五章 文学艺术

一、杨刘风采动天下，文道合一求革新

北宋初年，以杨亿为领袖，以刘筠、钱惟演、李示谔、陈越、李维、刘隲、西谓、刁衎、张泳、钱惟济、任随、舒雅、晁迥、崔遵度、薛映、刘秉等16人为羽翼，形成了一个文人小团体。他们标榜学习李商隐，实际上则丢弃了李商隐诗歌的内容和精神，专取其艳丽、雕镂、骈俪的技巧，大家唱和，互相仿效，遂成风气。宋景德年间（1004—1007年），杨亿等人在修书和写作制诰的余暇，以作诗为消遣，积累了一定数量的诗。后来这些诗由杨亿编集并序曰："因以历览遗编，研味前作；挹其芳润，发于希慕，更迭唱和，互相切劘；而予以固陋之姿，参酬继之末；入兰游雾，虽获益以居多；观海学山，叹知量而中止。……其属而和者又十有五人，析为二卷，取玉山策府之名，命之曰《西昆酬唱集》云尔。"

杨亿等人，天才都不甚高，只知摭拾字句，以粉泽华艳为能事，引起许多人反感。陈从易深恨杨亿等人的应酬游戏之作，认为它们破坏了古代诗歌的传统，便向皇帝上书说"或下里如会粹，或丛脞如急就"，深中其弊。一次，皇帝宴请百官吃酒，一个优伶打扮成李商隐的模样，故意穿着破破烂烂的衣服，苦着脸向众人说："我是李商隐，被修书写制诰的诸公把我拉扯成这个样子。"满场百官笑声大作。优伶的这种讽刺一针见血地指出了他们窃取李商隐的特点。尽管如此，但由于西昆诗人政治地位高，且同入馆阁，各人俱有文名，再加上社会比较安定，也需要点缀升平之作，他们仍然主盟文坛，被称为"杨刘风采，耸动天下"。

浮艳文辞可供粉饰和享乐之用，但不能作为加强封建统治的工具。随着社会矛盾的加剧，反对他的人愈来愈多。宋大中祥符二年（1009年），宋真宗下诏指责说："近代以来，属词多弊，侈靡滋甚，浮艳相高。"并告诫各级官僚"今后属文之士，有辞涉浮华，玷于名教者，必加朝典，遮复古风"。宋仁宗时，范仲淹于天圣三年（1025年）提出改革时弊的政纲中，也要求"敦谕词臣，兴复古道，……以救斯文之薄而厚其风化"。此后，宋仁宗于天圣七年（1029年）和明道二年（1033年）连续下诏申戒浮华，提倡古文。在这20余年间，朝廷的表态和有见识的文

《西昆酬唱集》书影

人对西昆体的不满互相呼应，主张改革文风的人士接踵而至，显示出北宋诗文革新运动前期的活跃局面。

与此差不多同时，河北大名人柳开第一个提出了复古写作韩柳式的散文。他在《应责》中，提倡一种"古其理，高其意，随言短长，应变作制，同古人之行事"的古文，宣扬文道合一："吾之道，孔子、孟轲、扬雄、韩愈之道；吾之文，孔子、孟轲、扬雄、韩愈之文也。"但他的总倾向是以道为本以文为末："女恶容之厚于德，不恶德之厚于容也；文恶辞之华于理，不恶理之华于辞也。"他的古文创作未能实践他的理论，因而影响不大，但他首先提出重道、致用、崇散、尊韩、反浮靡等观点，对人们很有启示。与柳开同时倡导古文而创作也有成就的是王禹偁。他"遇中敢言，喜臧否人物，以直躬行道为己任"，因此"八年三黜"。他主张写"传道明心"的古文和杜甫式的对现实有独特认识的诗歌。他以自己的作品《待漏院记》《唐河唐妪传》等语言平易的古文和《感流亡》《畲田词》《对雪》《十月二十日作》等单行素笔，直抒胸臆的诗歌，初步宋初诗坛文坛。稍后，时称徂徕先生的山东人石介开始对西昆派正式进行了严厉的攻击和批判。他在《怪说》中力诋杨亿，不遗余力："昔杨翰林欲以文章为宗于天下，忧天下未尽信己

之道，于是盲天下人目，聋天下人耳；使天下人目盲，不见有周公、孔子、孟轲、扬雄、文中子、韩吏部之道；使天下人耳聋，不闻有周公、孔子、孟轲、扬雄、文中子、韩吏部之道。俟周公、孔子、孟轲、扬雄、文中子、韩吏部之道灭，乃发其盲，开其聋，使天下唯见己之道，唯闻己之道，巨知其他。今天有杨亿之道四十年矣。……杨亿穷妍极态，缀风月，弄花草，淫巧侈丽，浮华纂组，刓镂圣人之经，破碎圣人之言，离析圣人之意，蠹伤圣人之道。使天下不为《书》之典，谟、禹贡、洪范，《诗》之雅、颂、《春秋》之经，《易》之繇、爻、十翼，而为杨亿之穷妍极态，……其为怪大矣。"而穆修则在西昆体风靡之际，不顾流俗的诋毁和耻笑，勇敢地校对、刻印韩愈、柳宗元文集数百部，亲自在京师出售，声称"践立言之域，舍二先生而不由，虽曰能之，非余所敢知也"。

此后不久，欧阳修开始登上文坛，从而将这场诗文革新运动引向了最后的胜利。欧阳修小时家贫，靠母亲郑氏盛沙练字，学问猛增。少年时代，人人以杨亿、刘筠等西昆之作相标榜，他偏不取。17岁那年参加州考时，被考官所黜。他仍不回头，又拿出韩愈之文细加研读。七年后的天圣八年（1030年）才中进士，任馆阁校勘。在政治上他支持范仲淹，在文学上他推崇韩愈。他曾在西昆名家钱惟演幕府中做事，但丝毫不受其影响，而与尹师鲁（即尹洙）等人共同作古文。他继承穆修之事，继续校定、编印韩愈文集。在《记旧本韩文后》说："因出所藏《昌黎集》而补缀之，求人家所有旧本而校定之。其后天下学者亦渐趋于古，而韩文遂行于世。"接着，又从理论上提出"道胜者文不难而自至"，并根据实验经验有所取舍：就道而言，趋向平实，就文而言，趋向平易。他反对"舍近求远，务高言而鲜事实"的文章，也反对"弃百事而不关于心"的态度，主张为现实、为时事而创作；使古文从高谈道统的理论文变为实用的散文。而且，他还以自己丰富的诗文创作来实践自己的理论，写出许多为时为事的作品。散文有《与高司谏书》《五代史伶官传序》《泷冈阡表》《醉翁亭记》等名篇，诗歌有《食糟民》《答杨子敬两长句》《明妃曲》等卓然不群之作。宋嘉祐二年（1057年），欧阳修始任知贡举，于是，便借助行政职权严格禁止考试用华而不实的骈文，而提倡平实朴素的文风，并通过此来选拔诗文革新的后起之秀。苏洵、苏轼、苏辙父子，梅尧臣、王安石、曾巩等人，都是在他的直接或间接的培养和鼓励下成长起来的。在欧阳修的热情努力下，北宋诗文革新运动终于取得了重大胜利。在欧阳修的弟子中，为诗文革新运动立下大功的是苏轼。苏轼诗文创作的特点是重视"文"。他论道论文，远异于柳开、石介诸人，亦不同于欧阳修、王安石等。他讲道，不局限于孔孟儒家之道，而是指天地间每一事物背后的"内在物理"。他讲文，是"求物之妙"，"了然于心"和"了然于口与手"的辞达之文。一扫浮艳、用典和艰涩，使诗文革新运动步入新阶段，将西昆体扫入历史的垃圾堆。苏轼在创作上极为辛勤，在提拔青年人上也不遗余力，被称为苏门四学士的黄庭坚、秦观、张耒、晁无咎和陈师道、李廌等，后来也都成为文坛著名人物。

如果说欧阳修奠定了北宋诗文革新运动胜利的基础，那么，苏轼则是最后完成它的人。

二、崇尚意趣"宋四家"，诗情画意两交融

1. 北宋书法

宋初书法承唐五代之余绪，无显著建树。除由五代入宋之郭忠恕、王著等人外，较有成就者首推李建中，他的书风，承袭唐人的余韵，为学者所推崇。此外欧阳修、苏舜元、苏舜钦等人，都是一时书坛的佼佼者。

真正建立宋代书法独特面貌而最能体现高度成就的是北宋中后期出现的"宋四家"，即苏、黄、米、蔡。苏即苏轼，黄即黄庭坚，米即米芾，蔡一说指蔡京，一说即蔡襄。因蔡京祸国殃民，世所唾弃，故后世斥之去而以蔡襄代之。

苏轼，是"宋四家"领袖，这不仅因为他在北宋文坛成就最高、影响最大，更主要原因在于他是北宋书坛"个性化"浪潮的思想引导者和实践者。其书法，远绍"二王"，近接颜真卿、柳公权、李邕、杨凝式诸家，结体笃实，笔墨润朗。黄庭坚是北宋文坛仅次于苏轼的最有影响的诗人、书法家。其书法博采众长，结体中宫紧凑而外围宽博，用笔左右纵横，如摇双橹。米芾在"宋四家"中传统功力最好。他的书法得"二王"精髓，结体欹侧多姿，用笔"八面出锋"，变化多端，才情毕露。蔡襄书法得力于"二王"、颜、柳，写得端庄遒丽。苏轼、米芾、蔡襄的行书，黄庭坚的草书都气格清峻，具有鲜明的个性，表现出宋人崇尚意趣的特点，使人耳目一新，掀

米芾书法

起了中国书法艺术发展的又一个高潮。

值得注意的是宋代帝王提倡文治，不少皇帝都爱好书法，且着意提倡。如宋太宗、宋真宗、宋仁宗、宋神宗、徽宗对书法皆有不同程度的爱好，对书法艺术的发展也起到一定的作用。其中堪称别具一格者，当属因沉迷书画而丢了江山的风流皇帝宋徽宗赵佶。赵佶在艺术上很有天赋，虽没当好皇帝，但他的花鸟画在美术史上有很高地位，书法也有成就。他首创一种新书体——瘦金体，劲挺飘逸，别具一格。在当时书坛几乎完全为苏、黄、米、蔡尤其是黄、米的书风所笼罩的情况下，赵佶的瘦金体包括他的草书，可以说是唯一游离于这一风气之外的新颖创格，其独立不倚的精神尤属难能可贵。

两宋在书法史上的另一贡献是丛帖的刊刻。五代时期南唐后主李煜曾将内府所藏的古今法帖入石，名曰《升元帖》，惜未流传下来。至北宋太宗赵光义继承大统，命侍书王著将宫内所藏历代以来帝王名臣墨迹，摹刻于枣木板上，拓赐大臣，以广书学，即《淳化阁帖》，简称《阁帖》，历来推为"法帖之祖"，在中国书法史上正式揭开了"帖学"的篇章。从《阁帖》后，公私汇刻丛帖之风大盛，终宋之世，至少有30余种。这些刻帖对保留、传播晋唐时期的墨迹起了很好的作用。但是由于刻者求全、求古，其中混进了不少伪作赝品，这给书法史的研究，制造了不少混乱，产生了不少负面影响，致使后人尤其是清代的碑学书家对《阁帖》和整个帖学书法持全盘否定的态度。

宋代书法尚意，是对唐人书法尚法的一个创作理念上的更新。尚意的宋书与尚韵的晋书、尚法的唐书相映争辉，各有千秋，是众所公认的三座高峰。

2.北宋绘画

宋朝，成为中国古代绘画的鼎盛时期。文人学士把书画视为高雅的精神活动和文化素养，并对绘画提出鲜明的审美标准，在创作和理论上都开始形成独特体系。社会、宫廷、文人士大夫之间的绘画创作各具特色而又互相影响，使宋代绘画在内容、形式、技巧诸方面都出现异彩纷呈、多方发展的局面。

宋朝初年开始建立的"翰林图画院"，是绘画艺术继续繁荣的体现。重要的绘画活动都是围绕画院进行的。参加画院的画家来自西蜀和南唐的画家很多。

院体花鸟画以黄家富贵体为规范，道释画中以吴家样影响最大，山水画以院外画家成就最高。此外，李成善画寒林平远，范宽善画崇山峻岭，许道宁善画平远、野水、林木，他们皆先后在不同方面，发展和丰富了荆浩、关仝的北方画派。以董源、巨然为代表的江南画派在此时期则影响不大。当时画院内外以山水画知名的还有燕文贵、翟院深、高克明、李宗成、屈鼎等，擅长宗教壁画的有王霭、高文进、武宗元等，花鸟画则有赵昌、易元吉、王友等。这些画家的创作实践，酝酿着北宋绘画风貌的新变化。

熙宁和元丰（1068—1085 年）时期出现了以李公麟为代表的鞍马人物画，以郭熙为代表的山水画，以崔白为代表的花鸟画。他们在内容及艺术上都展示出崭新的风貌，都具有精湛的技巧和深厚的修养。李公麟以单纯朴素的白描形式，精确地表现了不同阶层、民族、地域人物的特征，特别是在刻画士大夫生活形象和情趣上，获得了极大成功。崔白和郭熙都可以不经起稿而放手作画。崔白描绘季节气候变化中禽鸟的情态，善于表现败荷凫雁的荒情野趣，突破了宋初以来画院内黄氏体制的规范，取得了更为自然生动的效果。郭熙通过景色季节及气候的描绘，表现了山水林泉的幽情美趣，把李成以来的北方山水画派推向更高水平。以苏轼、文同为代表的文人士大夫绘画潮流，也于此时形成。郭若虚《图画见闻志》、郭熙父子《林泉高致》及苏轼等人的论画诗文显示了此时期绘画理论的新成就。

宋徽宗赵佶、宋高宗赵构统治（1101—1162 年）时期，是宋代宫廷画院最为繁荣的时期。宋徽宗时画院制度已相当完备，社会上民间画家艺术水平的提高，为画院输送了不少优秀画家。此时画院高手云集，善画百马、百雁的马贲，开南宋山水画新风的李唐，善画风俗界画的张择端，富有才

华的青年山水画家王希孟，善画花鸟翎毛的韩若拙、孟应之、薛志，以画婴儿货郎著称的苏汉臣，为宋徽宗代笔供御画的刘益、富燮等人，都以画艺精湛、笔墨不凡而著称。靖康之变，大批画家纷纷逃到江南，又成为南宋高宗画院中的骨干力量，促进了江南地区绘画的发展。

山水、花鸟画在宋代有了飞跃的提高。花鸟画家极注重对动植物形象情状的观察研究，并为此而养花养鸟。赵昌清晨绕栏谛玩，对花调色写生；易元吉深入荆湖深山，观察猿猴野生情状；韩若拙画翎毛，每作一禽，从喙到尾、足都有名目，达到熟悉解剖结构的程度。宋代花鸟画家画花果草木，有四时景候、阴阳向背、笋条老嫩、苞萼后先，务求生动逼真。因而评画者视画中猫之瞳孔为竖线而指出《牡丹狸猫图》系画正午景候，农民指出名画《斗牛图》中之牛尾应下垂而不应上扬的错误，以及赵佶对孔雀升墩必先举左足的论述都是要求形象真实合理。宋代花鸟画既有精工富丽，表现宫中珍禽异木的黄氏体；也有笔墨简拔、淡彩着色，描绘败荷凫雁，富有江湖意趣的崔白、吴元瑜体；也有直接抒发士大夫情趣，专写墨竹、墨梅等的文人墨戏体。

苏轼画墨竹，诗人的声誉抬高了他在绘画史上的地位。但是，他的画

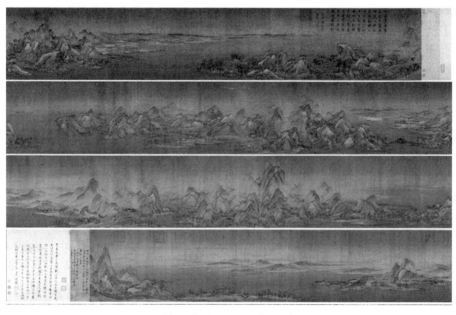

王希孟《千里江山图》（局部）

作轻视反映生活，轻视技术锻炼，而崇尚主观的意趣，崇尚笔墨、形式的趣味，等等。苏轼着重指出画理的重要，但他把客观事物的"形"和"理"对立起来，认为"工人"能做到"形"，而达到"理"就只有"高人逸士"办得到。他画竹子不分节，不重视竹竿的特点。米芾问他，他回答道："竹子就不是一节一节长出来的。"这些言论后来被利用片面夸张"理"的重要，否定"形"的必要性，成为形式主义绘画理论的主要根据之一。他自我吹嘘道："我近日画寒林的景物，已达到神品的境界。"他认为"画工"的画没有意思，看一尺多长的内容就觉得没意思了。然而，众所周知，和他同时代的画工正是崔白、郭熙、张择端、王希孟等人。所以，从他的反对言论中，可以看出当时文人学士画和现实主义艺术主流之间的距离。

三、新体诗歌长短句，宋代文学最高峰

宋词是一种相对于古体诗的新体诗歌之一，标志宋代文学的最高成就。宋词句子有长有短，便于歌唱。因是合乐的歌词，故又称曲子词、乐府、乐章、长短句、诗余、琴趣等。

它始于南朝梁代，形成于唐代而极盛于宋代。据《旧唐书》上记载："自开元（唐玄宗年号）以来，歌者杂用胡夷里巷之曲。"宋词是中国古代文学皇冠上光辉夺目的明珠，在古代中国文学的阆苑里，它是一座芬芳绚丽的园圃。它以姹紫嫣红、千姿百态的神韵，与唐诗争奇，与元曲斗艳，历来与唐诗并称双绝，都代表一代文学之盛。

宋词基本分为婉约派（包括花间派）、豪放派两大类。

1.婉约派

婉约派的特点，主要是内容侧重儿女风情。结构深细缜密，重视音律谐婉，语言圆润，清新绮丽，具有一种柔婉之美。内容比较窄狭。由于长期以来词多趋于婉转柔美，人们便形成了以婉约为正宗的观念。就以李后主、柳永、周邦彦等词家为"词之正宗"，正代表了这种看法。婉约词风长期支配词坛，直到南宋姜夔、吴文英、张炎等大批词家，无不从不同的方面承受其影响。

北宋婉约派代表人物有柳永、晏殊、晏几道、周邦彦、秦观、李煜、欧阳修等。

（1）李煜（937—978年），号莲峰居士，南唐最后一位国君。精书法、工绘画、通音律，诗文均有一定造诣，尤以词的成就最高。李煜的词，继承了晚唐以来温庭筠、韦庄等花间派词人的传统，又受李璟、冯延巳等的影响，语言明快、形象生动、用情真挚，风格鲜明，其亡国后词作更是题材广阔，含意深沉，在晚唐五代词中别树一帜，对后世词坛影响深远，被称为千古词帝。有《文集》30卷、《杂说》百篇。

晏殊书法

（2）柳永（约984—约1053年），北宋著名词人，是第一位对宋词进行全面革新的词人，也是两宋词坛上创用词调最多的词人。柳永大力创作慢词，将敷陈其事的赋法移植于词，同时充分运用俚词俗语，以适俗的意象、淋漓尽致的铺叙、平淡无华的白描等独特的艺术个性，对宋词的发展产生了深远影响。

（3）张先（990—1078年），字子野，乌程（今浙江湖州）人。宋仁宗朝进士。官至都官郎中。晚年往来于杭州、吴兴间，过着优游的生活。词作与柳永齐名，号称"张三影"。今传《安陆词》，又名《张子野词》。

（4）晏殊（991—1055年），字同叔，抚州临川（今江西）人。北宋景德中以神童入试，赐同进士出身。庆历中官至集贤殿大学士，同中书门下平章事兼枢密使。其词擅长小令，多表现诗酒生活和悠闲情致，语言婉丽，颇受南唐冯延巳的影响。原有集，已散失，仅存《珠玉词》及清人所辑《晏元献遗文》。又编类书《类要》，今存残本。后人称之为"词人宰相"。

（5）宋祁（998—1061年）字子京，安州安陆（今湖北安陆）人，后徙居开封雍丘（今河南杞县）。北宋文学家。天圣二年（1024年）进士，官翰林学士、史馆修撰。与欧阳修等合修《新唐书》，书成，进工部尚书，拜翰林学士承旨。卒谥景文，与兄宋庠并有文名，时称"二宋"。诗词语言工丽，因《玉楼春》词中有"红杏枝头春意闹"句，世称"红杏尚书"。

（6）欧阳修（1007—1072年），字永叔，号醉翁、六一居士，吉州吉水（今江西）人。天圣进士。北宋文学家、史学家。累官知制诰、翰林学士、枢密副使、参知政事。是北宋古文运动的领袖。散文说理畅达，抒情委婉，为"唐宋八大家"之一，诗风与其散文近似，语言流畅自然，其词深婉清丽。有《欧阳文忠集》，词集有《六一词》《近体乐府》及《醉翁琴趣外编》。

（7）黄庭坚（1045—1105年），字鲁直，号山谷道人，又号涪翁。洪州分宁人。宋英宗治平四年（1067年）进士，绍圣初以校书郎坐修《神宗实录》失实被贬职，后来新党执政，屡遭贬，死于宜州贬所。黄庭坚是"苏门四学士"之一，诗与苏轼齐名，人称"苏黄"，诗风奇崛瘦硬，力摒轻俗之习。开一代风气，为江西诗派的开山鼻祖。书法精妙，与苏、米、蔡并称"宋四家"。词与秦观齐名，艺术成就不如秦观。晚年近苏轼，词风疏宕，深于感慨，豪放秀逸，时有高妙。有《山谷词》。

（8）秦观（1049—1100年），字少游、一字太虚，号淮海居士，扬州高邮（今江苏）人。北宋词人。历官太学博士、秘密省正字，兼国史馆编修等职。坐元祐党籍。绍圣后累遭贬谪。文辞为苏轼所赏识，是"苏门四学士"之一。工词诗，词多写男女情爱，伤感身世之作，是婉约词人中一大家。诗风与词相近。有《淮海集》《淮海·士长短句》。

秦观

（9）晏几道（约1038—1110年），字叔原，号小山，临川（今江西抚州）人。晏殊第七子。北宋词人。历任颖昌府许田镇监、乾宁军通判、开封府判官等。性孤傲，晚年家境中落。词风哀感缠绵、清壮顿挫。有《小山词》。

（10）周邦彦（1056—1121年），字美成，号清真居士，钱塘（今浙江杭州）人。北宋词人。历官太学正、庐州教授、知溧水县等。宋徽宗时为徽猷阁待制，提兴大晟府。精通音律，曾创作不少新词调。作品多写闺情、羁旅，也有咏物之作。格律谨严，语言曲丽精雅。长调尤善铺叙。为后来格律派

词人所宗。旧时词论称他为"词家之冠"。有《清真居士集》，后人改名为《片玉集》。

2. 豪放派

豪放派的特点，大体是创作视野较为广阔，气象恢宏雄放，喜用诗文的手法、句法和字法写词，语词宏博，用事较多，不拘守音律，北宋黄庭坚、晁补之、贺铸等人都有这类风格的作品。南渡以后，由于时代巨变，悲壮慷慨的高亢之调，应运发展，蔚然成风，辛弃疾更成为创作豪放词的一代巨擘。豪放词派不但屹然别立一宗，震烁宋代词坛，而且广泛地沾溉词林后学，从宋、金直到清代，历来都有标举豪放旗帜，大力学习苏、辛的词人。

北宋豪放派代表人物有苏轼、范仲淹、王安石等。

（1）范仲淹（989—1052年），字希文，苏州人，谥号文正，有《范文正公集》，《全宋词》存其词五首。范仲淹为官政绩斐然，但因喜欢给上司"挑刺"，仕途几起几落。范仲淹虽然只做了一年多的"副宰相"，但《宋史》还是将其列入"良相"之列，这正是他"先天下之忧而忧，后天下之乐而乐"的精神嘉奖。范仲淹用一首《渔家傲》，一扫花间派柔媚无骨的词风，气势悲壮苍凉，意境雄健刚烈，可谓大宋第一首边塞诗，是苏辛豪放词的先声，开启了北宋豪放词一路。代表佳作：《渔家傲·秋思》《苏幕遮·怀旧》等。

（2）王安石（1021—1086年），字介甫，北宋伟大的政治家、文学家，唐宋八大家之一，抚州临川人，封荆国公，世称王荆公，晚年自号半山老人，谥号文，著有《临川先生集》，《全宋词》收录29首词。王安石一生的志向是政治改革，成为能够强国富民的政治家，同时他也是位著名文学家。王安石把国家兴亡题材带进词类题材的创作领域，并以骨肃风清的格调独树一帜，该词风深沉雄健，豪纵厚郁。王安石的词作虽然量少，但不乏上乘之作。代表佳作：《桂枝香·金陵怀古》《南乡子·自古帝王州》《渔家傲·灯火已收正月半》等。

（3）苏轼（1037—1101年），北宋大文学家，苏轼对词进行了大刀阔斧的开拓和变革，有着不可磨灭的贡献。无论是内容的拓展，还是形式的新化；无论是风格的突破，还是人生的超越，苏轼都以其极大的热情、卓越的才能进行了不懈的追求和努力。从而极大地提高了词的艺术品位，提高了词的文学地位，强化词的文学性，弱化词的音乐性，使词从音乐的附属品转变为一种与诗具有同等地位的独立的抒情文体。把词引入文学殿堂，从根本上改变了词史的发展方向，树立了词史上的里程碑，大大促进了宋词的发展，使宋词进入鼎盛时期。这就是苏轼对词所作出的最杰出的贡献，至今仍影响着一代又一代炎黄子孙。

3. 歌舞宋词

唐诗与宋词的最不同之处不在于格律这种外部的东西，而是内涵。唐诗天高地纵，无所不为，而宋词显见温柔与委婉得多。大致可将唐诗与宋词按阳阴之分。

其实，唐诗的写作本来也是供艺伎唱歌用的。

唐时的燕乐十分发达，后来唐玄宗专门在宫中成立了梨园。

仔细想一想，诗人写出来的诗作，以什么方式让人熟知？只有燕乐这样一条大道。其余都没多大意思。朋友喝酒高呼几首，顶多酒馆伙计和旁桌的人能听见，还不一定感兴趣到外面说去。互赠书画在上面题诗，也只拜访友人可一见。唐朝诗集的出版量不会大，后世没见过什么专门的报道。

唐诗跟燕乐结合，成就了诗人的名气。也因为燕乐多在宫中表演，所以，唐代诗人均与长安有染。

到了宋朝，词已经蔚然，而词作与歌舞的结合就更紧密了，双方相得益彰，各有所依。

所以，了解宋词，先别把词人与歌舞坊间的娼优们择开，否则，就不能了解宋词何以如此强大，这绝对不是坐在屋子里奋笔疾书就能创立的伟大事业。

娼优起源于宋朝，指从事歌舞的艺人，后多指伎女。再后来，人们把"伎"字改成"妓"，用以表达对这类女人的距离，

《宋人骑马图》

借此显示自己的道德水准。

娼优属于台面上的风光人物，而且要想成为娼优还不是一般人能做到的。首先，身材、相貌要在中等之上。其次，要受过才艺训练，吹拉弹唱甚至诗词书画都略懂一二。在封建社会没有机会享受义务教育机制的绝大多数老百姓中，娼优的文化水平相对来说高出很多。再次，娼优有很多机会可以接触到受过高等教育的官宦以及知识分子等人，再学习提高的可能性很大。最后，娼优有很多机会被赎身，虽然赎身之后往往是被当作二房、三房，但是也有不少因为正房失宠或去世得以扶正的。扶了正就是淑女。据说宋朝大将军韩世忠的老婆梁红玉就是娼优出身扶为正室的。

宋时，歌场舞榭遍布京华及大城，形成了庞大的消费群体。那时汴梁人口百万以上，歌伎就有几万，除了为皇室服务的宫妓、为官僚机构服务的官妓、为军人服务的营妓、官僚士大夫家养的私妓，还有为商人平民服务的妓院。这么大的群体结构，在宋朝以前未曾有过。这是宋词大流行的源头、发源地。

宋朝乐妓业的最大艺术成就便是歌曲的普及。当时出了一位歌曲大王——柳永。传说只要有井水的地方就有柳词。《全宋词》里边，相当部分词作都是当时的歌曲。也就是说，宋朝乐妓业的艺术成就及美学价值尽在宋词中。即使是现在，歌曲已然是娱乐业的主流艺术。它的最大长处就是易于普及。从歌曲的普及这一点来说，中国的宋朝便有了现代社会娱乐业的性质。

宋朝歌曲的曲谱存世寥寥，无从反映当时歌曲的面貌。但存世歌词数量却还算可观，质量也是上乘。就其艺术水准而言，与当前歌曲比较，有过之而无不及，甚至不在一个级别上。现在一般人可能认为那是"阳春白雪"，而在当时却是"下里巴人"。

名词人柳永，年轻时进京科考，由于留恋勾栏，为歌女舞伎填词作曲，误了功名，一连几年都没考上。但是他的名声却早已在外了。就是因为他填的词在京城广为流传，曾有人向皇帝举荐他，皇帝说："是那个填词的柳三变吗？还是去填他的词吧。"其时，柳永的词已传进宫内，宴会歌舞大多是柳永的词，宋仁宗皇帝也爱听。因为有皇帝的话，柳永也就往自己脸上贴金，到处吹牛说："我就是奉旨填词的柳三变。"很快，柳永就成了歌舞界的权威。歌女一经演唱柳永的新词，立马大红大紫。

传说柳永死时是歌伎们攒钱将其埋葬的。出殡那天，"满城伎家无一人不到，哀声震天"。每至清明节，柳永的墓地都有歌伎上坟，并于墓地野餐歌舞。从而，形成了"吊柳七""上风流冢"的风俗。一直延续几十年，直到北宋灭亡，汴京毁灭，"高宗南渡之后，此风方止"。

民众对柳永的推崇，影响了宋朝的许多文人学士。官僚士大夫的代表苏东坡，才子名士的代表秦少游最受柳永影响。皇帝宋徽宗逛青楼也是效仿柳永。

柳永的职业模式，影响了后世众多文人学士。宋、元、明、清众多文人甘愿不走仕途，专心歌舞戏剧，成就一批职业艺术家。大戏剧家白朴、关汉卿、李渔，大小说家蒲松龄、曹雪芹皆布衣终生。

宋朝的美人，远远多于汉、唐。因为宋朝全国活跃着大批歌伎。当时的宫廷、官邸、军营、酒楼、勾栏、街巷，处处都有歌伎。真是百年歌舞升平，老死不见刀枪。

由于歌伎赚钱容易，生活随便自由，民间曾有重女轻男之风，许多家庭生了女儿都送到艺人家中学艺，逐渐形成了众多的民间艺人班子。宋朝，田间地头、车船码头、街巷勾栏到处都有摆摊的说唱艺人。这些艺人，不乏美人。但都不见经传，只能在野史传说中捕捉些影子罢了。

宋朝如此众多歌伎，已形成一个阶层，自然会留下成就。可以说，现存《全宋词》有很大一部分是宋朝歌伎们唱出来的。在《全宋词》及宋人笔记、词评中处处都可见宋朝歌伎的影子。换句话说，宋朝歌伎的风格就在宋词中。

李师师，作为中国十大美女之一，自有她不同凡响之处。李师师是名冠宋朝的一代名伎，她与许多名人有过交往。同时，她又被皇帝宋徽宗宠幸，招进宫封为夫人。她还为宋江招安出过力。

宋朝鼓励官僚士大夫随遇享乐，缩小他们与宫廷的差距，使之追求享乐而不思进取。当时，几乎所有官僚士大夫家庭都有数量不等的家伎，即私伎。著名的宋朝宰相寇准家伎便有 300 人，大学士苏东坡私伎也有百人，拥有家伎几十人的就不在少数了。

宋朝家伎的普及，形成了一种新的文化，那就是闺房乐伎文化，也可

叫家庭乐伎文化，是一种全社会普及的新文化。官僚士大夫家家有私伎，家家私伎都歌舞，个个官僚士大夫都为她们写歌谱舞。如此，便形成了宋词的规模，以及宋词的俗艳风格。

从宋词内容看，很大部分宋词描写的是庭院与居室中的乐伎的私生活。也就是说，在宋朝，中国形成了真正意义上的"温柔乡"文化。其艺术及美学特色便是闲慵娇懒与柔弱俗艳。

四、奉旨填词柳三变，井水饮处皆能歌

柳永（约987—约1053年），原名三变，字景庄，后改名永，字耆卿，排行第七，又称柳七。崇安（今福建武夷山）人。北宋著名词人，婉约派创始人物。宋仁宗朝进士，官至屯田员外郎，故世称柳屯田。他自称"奉旨填词柳三变"，以毕生精力作词，并以"白衣卿相"自诩。其词多描绘城市风光和歌伎生活，尤长于抒写羁旅行役之情，创作慢词独多。铺叙刻画，情景交融，语言通俗，音律谐婉，在当时流传极其广泛，人称"凡有井水饮处，皆能歌柳词"，婉约派最具代表性的人物之一，对宋词的发展有重大影响。代表作《雨霖铃》《八声甘州》等。

柳永出身官宦世家，少时学习诗词，有功名用世之志。咸平五年（1002年），柳永离开家乡，流寓杭州、苏州，沉醉于听歌买笑的浪漫生活之中。大中祥符元年（1008年），柳永进京参加科举，屡试不中，遂一心填词。景祐元年（1034年），柳永暮年及第，历任睦州团练推官、余杭县令、晓峰盐碱、泗州判官等职，以屯田员外郎致仕，故世称柳屯田。

柳永是第一位对宋词进行全面革新的词人，也是两宋词坛上创用词调最多的词人。柳永大力创作慢词，将敷陈其事的赋法移植于词，同时充分运用俚词俗语，

北宋杭州意象图

以适俗的意象、淋漓尽致的铺叙、平淡无华的白描等独特的艺术个性，对宋词的发展产生了深远影响。

史载，柳永作新乐府，为时人传诵；宋仁宗洞晓音律，早年亦颇好其词。但柳永好作艳词，宋仁宗即位后留意儒雅，对此颇为不满。及进士放榜时，宋仁宗就引用柳永词"忍把浮名，换了浅斟低唱"（《鹤冲天·黄金榜上》）说："既然想要'浅斟低唱'，何必在意虚名"，遂刻意划去柳永之名。

宋人严有翼亦载有此事，说有人向宋仁宗推荐柳永，宋仁宗回复"且去填词"，并说自此后柳永不得志，遂出入娼馆酒楼，自号"奉圣旨填词柳三变"。

柳永词大量描写市民阶层男女之间的感情，词中的女主人公，多数是沦入青楼的不幸女子。柳永的这类词，不仅表现了世俗女性大胆而泼辣的爱情意识，还写出了被遗弃的或失恋的平民女子的痛苦心声。在词史上，柳永第一次笔端伸向平民妇女的内心世界，为她们诉说心中的苦闷幽怨。正是基于这样的原因，柳永的词才走向平民化、大众化，使词获得了新的发展趋势。

柳永词多方面展现了北宋繁华富裕的都市生活和丰富多彩的市井风情。柳永长期生活在都市里，对都市生活有着丰富的体验，他用彩笔一一描绘过当时汴京、洛阳、益州、扬州、会稽、金陵、杭州等城市的繁荣景象和市民的游乐情景。这些都市风情画，前所未有地展现出当时社会的太平气象。

柳永多次科举失利后，为了生计，不得不到处宦游干谒，以期能谋取一官半职。柳永工于羁旅行役词，正是基于他一生宦游沉浮、浪迹江湖的切身感受。《乐章集》中60多首羁旅行役词，比较全面地展现出柳永一生中的追求、挫折、矛盾、苦闷、辛酸、失意等复杂心态。在这类词中，柳永写其行踪所至，自抒漂泊生活中的离别相思之情，背景远比五代以及宋初词人所写思乡念远词阔大，意境也更苍凉，特别真切感人。

柳永还写过不少歌颂帝王、达官贵人的词，也写过一些自叙怀抱、自叹平生遭际的词，例如其《戚氏》一篇，是《乐章集》中最长的一首词，他在词中对自己的生平作了回顾，字里行间颇多感触，唱出了天涯沦落的不遇之士的悲音，被誉为《离骚》的遗风。

柳永生在一个典型的奉儒守官之家，自小深受儒家思想的系统训练，

养成功名用世之志，然而，他一旦出入"秦楼楚馆"，接触到"竞赌新声"，浪漫而放荡不羁的性格便显露出来，因此，青楼成了他常去之处。科举落第后，柳永沉溺烟花巷陌，都市的繁华、歌伎的多情，使柳永仿佛找到了真正的自由生活。

在宋代，歌伎以歌舞表演为生，其表演效果的好坏，直接关系到她们的生活处境。演出效果取决于演技和所演唱的词，演技靠个人的勤奋练习，而词则靠词人填写。歌伎为了使自己的演唱吸引观众，往往主动向词人乞词，希望不断获得词人的新词作，使自己成为新作的演唱者，以给听众留下全新的印象，同时也希望通过词人在词中对自己的赞赏来提升名气。柳永落第后，频繁地与歌伎交往，教坊乐工和歌伎填词，供她们在酒肆歌楼里演唱，常常会得到她们的经济资助，柳永也因此可以流连于坊曲，不至于有太多的衣食之虞。

歌伎是柳永词的演唱者和主要歌咏对象，存世柳词中涉及歌伎情感方面的约150首，歌伎激发了柳永的创作热情，满足了他的情感追求，促成了他的创作风格，也奠定了他的文学地位。

柳永年轻时应试科举，屡屡落第；即暮年及第，又转官落魄，终官不过屯田员外郎。由于仕途坎坷、生活潦倒，柳永由追求功名转而厌倦官场，沉溺于旖旎繁华的都市生活，以毕生精力作词，并在词中以"白衣卿相"自诩。表面上看，柳永对功名利禄不无鄙视，但骨子里还是忘不了功名，希望走上一条通达于仕途的道路。柳永是矛盾的，他想做一个文人雅士，却永远摆脱不掉对俗世生活和情爱的眷恋和依赖；而醉里眠花柳的时候，他却又在时时挂念自己的功名。然而，仕途上的不幸，反倒使他的艺术天赋在词的创作领域得到充分的发挥。

据传，柳永晚年穷愁潦倒，死时一贫如洗，无亲人祭奠。歌伎念他的才学和痴情，凑钱替其安葬。每年清明节，又相约赴其坟地祭扫，并相沿成习，称之"吊柳七"或"吊柳会"，这种风俗一直持续到宋室南渡。

作为第一位对宋词进行全面革新的大词人，对后来词人影响甚大。南北宋之交的王灼即说"今少年""十有八九不学柳耆卿，则学曹元宠"；又说沈唐、李甲、孔夷、孔榘、晁端礼、万俟咏等六人"皆在佳句"，"源流从柳氏来"。即使是苏轼、黄庭坚、秦观、周邦彦等著名词人，也无不受惠于柳永。

柳词在词调的创用、章法的铺叙、景物的描写、意象的组合和题材的开拓上都给苏轼以启示，故苏轼作词，一方面力求在"柳七郎风味"之外自成一家；另一方面，又充分吸取了柳词的表现方法和革新精神，从而开创出词的一代新风。黄庭坚和秦观的俗词与柳词更是一脉相承，秦观的雅词长调，其铺叙点染之法，也是从柳词变化而出；周邦彦慢词的章法结构，同样是从柳词脱胎。

五、四瑚八琏欧阳修，千古文章文忠公

欧阳修（1007—1072 年），字永叔，号醉翁，晚号"六一居士"。吉州永丰（今江西省永丰县）人，因吉州原属庐陵郡，以"庐陵欧阳修"自居。谥号文忠，世称欧阳文忠公。北宋政治家、文学家、史学家。与韩愈、柳宗元、王安石、苏洵、苏轼、苏辙、曾巩合称"唐宋八大家"；后人又将其与韩愈、柳宗元和苏轼合称"千古文章四大家"。欧阳修一生著述繁富，成绩斐然。他曾参与合修《新唐书》，并独撰《新五代史》，又编《集古录》，有《欧阳文忠集》传世。

欧阳修在其父欧阳观任绵州推官时出生于四川绵州（今四川绵阳），4 岁丧父，随叔父欧阳晔在湖北随州长大。幼年家贫无资，母亲郑氏用芦苇在沙地上写字、画画，还教他识字。

欧阳修自幼喜爱读书，常从城南李家借书抄读，他天资聪颖，又刻苦勤奋，往往书不待抄完，已能成诵；少年习作赋文章，文笔老练，有如成人。其叔由此看到了家族振兴的希望，曾对欧阳修的母亲说："嫂无以家贫子幼为念，此奇儿也！不惟起家以大吾门，他日必名重当世。"10 岁时，欧阳修从李家得唐《昌黎先生文集》六卷，

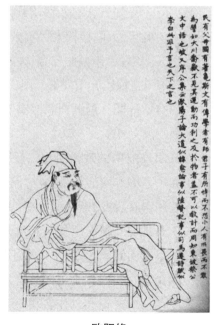

欧阳修

甚爱其文，手不释卷，这为日后北宋诗文革新运动播下了种子。

宋仁宗天圣八年（1030年），中进士。次年任西京（今洛阳）留守推官，与梅尧臣、尹洙结为至交，互相切磋诗文。景祐元年（1034年），召试学士院，授任宣德郎，充馆阁校勘。景祐三年（1036年），范仲淹因上章批评时政，被贬饶州，欧阳修为他辩护，被贬为夷陵（今湖北宜昌）县令。康定元年（1040年），欧阳修被召回京，复任馆阁校勘，后知谏院。庆历三年（1043年），范仲淹、韩琦、富弼等人推行"庆历新政"，欧阳修参与革新，提出了改革吏治、军事、贡举法等主张。庆历五年（1045年），范仲淹、韩琦、富弼等相继被贬，欧阳修也被贬为滁州（今安徽滁州）太守。以后，又知扬州、颍州（今安徽阜阳）、应天府（今河南商丘）。至和元年（1054年）八月，奉诏入京，与宋祁同修《新唐书》，又自修《五代史记》（即《新五代史》）。嘉祐二年（1057年）二月，欧阳修以翰林学士身份主持进士考试，提倡平实的文风，录取了苏轼、苏辙、曾巩等人。这对北宋文风的转变很有影响。嘉祐五年（1060年），欧阳修拜枢密副使。次年任参知政事。以后，又相继任刑部尚书、兵部尚书等职。宋英宗治平二年（1065年），上表请求外任，不准。此后两三年间，因被蒋之奇等诬谤，多次辞职，都未允准。宋神宗熙宁二年（1069年），王安石实行新法。欧阳修对青苗法曾表异议，且未执行。熙宁三年（1070年），除检校太保宣徽南院使等职，坚持不受，改知蔡州（今河南汝南县）。这一年，他改号"六一居士"。熙宁四年（1071年）六月，行兵部尚书、上柱国、乐安郡开国公、食邑4300户、食实封1200户，以太子少师的身份辞职，居颍州。熙宁五年（1072年）闰七月二十三日，欧阳修卒于家，谥文忠。

欧阳修前期的政治思想，反映了中小地主阶级的利益，对当时经济、政治和军事等方面的严重危机，保持了较清醒的认识。主张除积弊、行宽简、务农节用，与范仲淹等共谋革新。晚年随着社会地位的提高，思想渐趋保守，对王安石部分新法有所抵制和讥评；但比较实事求是，和司马光等人的态度是不尽相同的。

欧阳修在我国文学史上有着重要的地位。作为宋代诗文革新运动的领袖人物，他的文论和创作实绩，对当时以及后代都有很大影响。宋初，在暂时承平的社会环境里，贵族文人集团提倡的西昆体诗赋充斥文坛，浮华纂组，并无社会意义，却曾风靡一时。为了矫正西昆体的流弊，欧阳修大力提倡古文。他自幼爱读韩愈文集，出仕后亲自校订韩文，刊行天下。他在文学观点上师承韩愈，主张明道致用。他强调道对文的决定作用，以"道"为内容，为本质，以"文"为形式，为工具。但他又假正了韩愈的某些偏颇。在对"道"的解释上，他把现实中的"事"，看作是"道"的具体内容，反对"弃百事不关于心"，反对"务高言而鲜事实"。在对待"道"与"文"的关系上，主张既要重"道"，又要重"文"，认为"文"固然要服从于"道"，但并非"有德者必有言"。列举了许多例子说明"自诗、书史记所传，其人岂必能言之士哉"。指出："言以载事，而文以饰言。事信言文，乃能表见于世。"所谓"事信言文"，就是内容要真实，语言要有文采，做到内容和形式的统一。后来，知贡举（主管考试进士）时，又鼓励考生写作质朴晓畅的古文，凡内容空洞，华而不实，或以奇诡取胜之作，概在摒黜之列。与此同时，他又提拔、培养了王安石、曾巩、苏轼、苏辙等一代新进作家。

苏轼评其文时说："论大道似韩愈，论本似陆贽，纪事似司马迁，诗赋似李白。"但欧阳修虽素慕韩文的深厚雄博，汪洋恣肆，但并不亦步亦趋。

欧阳修一生写了500余篇散文，有政论文、史论文、记事文、抒情文和笔记文等，各体兼备。他的散文大都内容充实，气势旺盛，具有平易自然、流畅婉转的艺术风格。叙事既得委婉之妙，又简括有法；议论纡徐有致，却富有内在的逻辑力量。章法结构既能曲折变化而又十分严密。《朋党论》《新五代史·伶官传序》《与高司谏书》《醉翁亭记》《丰乐亭记》《泷冈阡表》等，都是历代传诵的佳作。欧阳修还开了宋代笔记文创作的先声，其《归田录》《笔说》《试笔》等都很有名。欧阳修的赋也很有特色，著名的《秋声赋》运用各种比喻，把无形的秋声描摹得非常生动形象，使人仿佛可闻。这篇赋变唐代以来的"律体"为"散体"，对于赋的发展具有开拓意义。欧阳修的诗歌创作成就不及散文，但也很有特色，其中不少诗反映了人民疾苦，揭露了社会的黑暗；他还在诗中议论时事，抨击了腐败政治。但他写得更多，也更成功的是那些抒写个人情怀和山水景物的诗。他的诗在艺术上主要受韩愈影响。总的来看，风格是多样的。欧阳修还善于论诗，在《梅圣俞诗集序》中提出诗"穷者而后工"的论点，发展了杜甫、白居易的诗歌理论，对当时和后世的诗歌创作产生过很大影响。他的《六一

诗话》是中国文学史上第一部诗话，以随便亲切的漫谈方式评叙诗歌，成为一种论诗的新形式。欧阳修也擅长写词，主要内容仍是恋情相思、酣饮醉歌、惜春、赏花之类，尤善以清新疏淡的笔触写景抒情。还有一些艳词，虽写男女约会，也朴实生动。欧阳修在中国文学史上有重要的地位，他大力倡导诗文革新运动，改革了唐末到宋初的形式主义文风和诗风，取得了显著成绩。由于他在政治上的地位和散文创作上的巨大成就，使他在宋代的地位有似于唐代的韩愈。

欧阳修对有真才实学的后生极尽赞美，竭力推荐，使一大批当时还默默无闻的青年才俊脱颖而出，名垂后世，堪称千古伯乐。不但包括苏轼、苏辙、曾巩等文坛巨匠，还包括张载、程颢、吕大钧等旷世大儒的出名与欧阳修的学识、眼光和胸怀密不可分。他一生桃李满天下，包拯、韩琦、文彦博、司马光，都得到过他的激赏与推荐。"唐宋八大家"，宋代五人均出自他的门下，而且都是以布衣之身被他相中、提携而名扬天下。他的平易文风，还一直影响到元、明、清各代。

欧阳修是杰出的应用文章家，不仅应用文写作颇有建树，而且对应用文理论贡献也很大。欧阳修创立应用文概念，构筑了应用文理论的大体框架。他认为应用文的特点有三。一是真实，二是简洁质朴，三是得体。欧阳修主张应用文应合大体、文体、语体，其理论已相当精深。欧阳修对公文的贡献很大。他写有公文1102篇，公文理论也很系统。公文内容"必须合于物议，下悦民情"；形式"取便于宣读"，采用"四六"的语言形式（《内制集序》），开苏轼改革骈文之先河。他自责其公文有"无以发明""意思零落""非工之作""拘牵常格"的毛病，主张内容要完整出新，有条有理；形式既要规范，又要创新。

欧阳修一生著述繁富，成绩斐然。除文学外，经学研究《春秋》，能不拘守前人之说，有独到见解；金石学为开辟之功，编辑和整理了周代至隋、唐的金石器物、铭文碑刻上千，并撰写成《集古录跋尾》10卷400多篇，简称《集古录》，是今存最早的金石学著作；史学成就尤伟，除了参加修订《新唐书》250卷外，又自撰《五代史记》（《新五代史》），总结五代的历史经验，意在引为鉴戒。欧阳修书法亦著称于世，其书法受颜真卿影响较深。朱熹说："欧阳公作字如其为人，外若优游，中实刚劲。"

与晏殊词相比，欧阳修虽然也主要是走五代词人的老路，但新变的成分要多些。尽管他作词是以余力而作，固守着词传统的创作观念，但作为开创风气的一代文宗，他对词作也有所革新。这主要体现在两个方面：一是扩大了词的抒情功能，沿着李煜词所开辟的方向，进一步用词抒发自我的人生感受；二是改变了词的审美趣味，朝着通俗化的方向开拓，而与柳永词相互呼应。

欧阳修在变革文风的同时，也对诗风进行了革新。他重视韩愈诗歌的特点，并提出了"诗穷而后工"的诗歌理论。相对于西昆诗人的主张，欧阳修的诗论无疑含有重视生活内容的精神。欧阳修诗歌创作正是以扭转西昆体脱离现实的不良倾向为指导思想的，这体现了宋代诗人对矫正晚唐五代诗风的最初自觉。

欧阳修不仅在文学上是古文运动的领袖，在宋代史学领域也做出了杰出的贡献，他是《新五代史》《集古录》的作者，新《唐书》的编者。

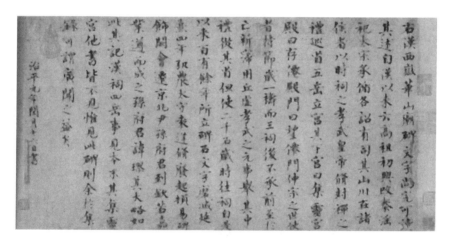

欧阳修书法

欧阳修最先开始撰辑的是《五代史记》。欧阳修的撰辑《五代史记》工作，当初是和尹洙（师鲁）分工合作的，欧阳修负责梁、汉、周三代，尹洙负责唐、晋两代。但庆历七年（1047 年）尹洙去世以后，这一工作便不得不由欧阳修一人来完成了，直到皇祐五年（1053 年），他才全部完成了这一工作，前后共用去了 18 个春秋。后人为了区别于薛居正的《五代史》，遂称薛史为《旧五代史》，欧史为《新五代史》。《新五代史》凡 74 卷，其

中本纪12卷，列传45卷，考3卷，世家及年谱11卷，四夷附录3卷，记载了从后梁开平元年（907年）至后周显德七年（960年）共54年的历史。

从至和元年（1054年）到嘉祐五年（1060年），欧阳修又以6年多的时间，主持完成了《新唐书》

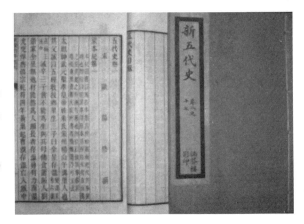

《新五代史》书影

的修撰。由于宋人不满后晋刘昫所奏进的《唐书》，宋仁宗庆历四年（1044年），枢密使贾昌朝始奏重修《唐书》，第二年，宋仁宗正式下诏设局修史，以贾昌朝为提举，以王尧臣、宋祁、赵槩、杨察为判馆，以张方子、余靖为修撰，以曾公亮、赵师民、何中立、范镇、邵必、宋敏求为编修。其中不少人任职不久即离开了史馆，始终参与修《唐书》的只有三人，即宋祁、范镇和宋敏求。工作进展缓慢，设局已有10年，而"纪志俱未有草卷"。为加快撰修《唐书》的进度，至和元年（1054年）八月，命欧阳修"刊修《唐书》"，负责本纪、志、表的编撰。在范镇、宋敏求、刘羲叟、梅尧臣等人的协助下，嘉祐五年（1060年），《唐书》全部修成。后人为区别于刘昫的《唐书》，称刘昫的《唐书》为《旧唐书》，欧阳修等所修的为《新唐书》。《新唐书》共225卷，其中本纪10卷，志50卷，表22卷，列传143卷。虽卷数比《旧唐书》多，但字数却比《旧唐书》少了许多，真正做到了曾公亮在《进新唐书表》中所说的："其事则增于前，其文则省于旧。"

欧阳修所修的两部史书，有下列共同特点：一是在体例上有所创新，如《新唐书》即增加了旧史所没有的《仪卫志》《选举志》和《兵志》，《新五代史》则改志为考，即《司天考》和《职方考》，其他典制则从略。欧阳修在两史中还编制了新的谱表，如《新唐书》有《宰相表》《方镇表》《宗室世系表》《宰相世系表》，《新五代史》中有《十国世家谱》等。这虽不是创新，却继承了司马迁开创的，又几乎被史家摒而不用的史表传统。二是大力开拓史料来源，吸收丰富的史料。他曾奏请派人专门查阅当时尚存的"唐朝至五代已来奏牍案簿",不仅系统整理了唐代科举制和兵制的演变资料,写成了《选举志》和《兵志》,而且还整理了唐代不少经济史料,致使《新唐书》之《食货志》比旧志增加了一倍多的篇幅。特别是《天文志》,更作了大幅度的补充。值得一提的是《新五代史·司天考》,《旧五代史·历志》载有王朴《钦天历经》,凡4篇,其中一篇亡佚,另3篇也不太完整,欧阳修则访求到了王朴原书,完整地吸收到了《司天考》中,其意义之大是不言自明的。三是欧阳修修史特别注意文辞简赅,力求做到刘知几所说的"文约而事丰",事实上,欧阳修所修的两史都达到了这一要求。清人赵翼说:"不阅《旧唐书》,不知《新唐书》之综核也;不阅薛《史》,不知欧《史》之简严也。"实在是中肯的评价。

欧阳修的史学成就还有一个重要方面,就是非常注重对古代文物的收集、著录和考辨,他在嘉祐七年(1062年)编成了《集古录》1000卷,就是这一成就的体现。

农学方面,1034年,欧阳修亲睹"洛阳之俗,大抵好花,春时,城中无贵贱皆插花,虽负担者亦然。花开时,士庶竞为游遨",于是遍访民间,将洛阳牡丹的栽培历史、种植技术、品种、花期以及赏花习俗等作了详尽的考察和总结,撰写了《洛阳牡丹记》一书,包括《花品序》《花释名》《风俗记》三篇。书中列举牡丹品种24种,是历史上第一部具有重要学术价值的牡丹专著。

谱学方面,欧阳修开创了民间家谱学之先河,著有《欧阳氏谱图序》,该文中详细说明了欧阳修先世的迁移图,即其先大禹到越国王族的脉络,也描写了八王之乱后,欧阳氏再度南迁江南,在南方各地族衍发展的历程。欧阳修一生不仅喜欢弹琴、听琴、藏琴,而且喜欢写琴文,以记琴声与琴事、以论琴意与琴理,深得琴中趣。从欧阳修现存的诗文中,我们不仅可以看到一个作为琴人的欧阳修,而且可以看到一个作为琴论家的欧阳修。

欧阳修任滁州太守时,写下了他的名篇《醉翁亭记》。欧阳修喜好酒,他的诗文中亦有不少关于酒的描写。一首《渔家傲》中采莲姑娘用荷叶当杯,划船饮酒,写尽了酒给人们生活带来的美好。欧阳修任扬州太守时,每年夏天,都携客到平山堂中,派人采来荷花,插到盆中,叫歌伎取荷花相传,传到谁,谁就摘掉一片花瓣,摘到最后一片时,就饮酒一杯。晚年的欧阳

修，自称有藏书一万卷，琴一张，棋一盘，酒一壶，陶醉其间，怡然自乐，可见欧阳修与酒须臾不离。

六、大江东去苏子啸，文星旷世耀寰中

苏轼（1037—1101年），字子瞻，又字和仲，号铁冠道人、东坡居士，世称苏东坡、苏仙。眉州眉山（今属四川省眉山市）人，祖籍河北栾城。北宋文学家、书法家、画家。

苏轼是北宋中期的文坛领袖，在诗、词、散文、书、画等方面取得了很高的成就。其文纵横恣肆；其诗题材广阔，清新豪健，善用夸张比喻，独具风格，与黄庭坚并称"苏黄"；其词开豪放一派，与辛弃疾同是豪放派代表，并称"苏辛"；其散文著述宏富，豪放自如，与欧阳修并称"欧苏"，为"唐宋八大家"之一，与父苏洵、弟苏辙合称"三苏"。苏轼亦善书，为"宋四家"之一；工于画，尤擅墨竹、怪石、枯木等。有《东坡七集》《东坡易传》《东坡乐府》等传世。

苏轼生于北宋中期，母亲程氏是大理寺丞（相当于最高法院院长）程文应的女儿，书香门第出身，因从小耳濡目染，故品德、学识都非常好，苏轼有这样的母亲是幸运的，因此他能够受到良好的家教。三年后其弟苏辙也来到人世了。

苏轼的父亲苏洵志在科举，然而他开始做学问的时间太晚了，大约是在苏轼出生后的时期，他已经过了而立之年，结果是屡试不中，只能感叹自己怀才不遇，因此他对苏轼、苏辙两个儿子的期望很高。苏轼出生后不久，苏洵便到京都去游学，所以苏轼一直到八岁都没有受到过父亲的言传身教。他最早由母亲启蒙，后来因其母程氏深信道教，便命他拜天庆观道士张易简为老师，与镇上的百余名幼童一起学习。苏轼和后来成为当地小

苏轼

吏的陈太初经常受到私塾先生的褒奖。当时中国官宦人家的子弟通常是聘请家庭教师在家传授学业，苏轼与镇上的孩童并坐读书的道观私塾则是非常平凡的庶民教育场所。在私塾里就读的孩童都是商人和农民子弟，苏轼在私塾里度过了童年，这培养了他的庶民性格，对他日后的为官做人有很大的益处。

苏轼在天庆观的私塾里读了3年，10岁时母亲教他念《后汉书》，读到《范滂传》时，他感慨很深。不自觉地就叹息起来，并对母亲说："做儿子的如果也像范滂，母亲高兴不高兴？"程氏说："你如果真能像范滂一样，我难道不能像范滂的母亲一样感到光荣吗？"由于苏轼从小天资聪颖，因此他在母亲的教导下进步得非常快。

苏轼在20岁前一直在故乡眉山专心学习。仁宗嘉祐元年（1056年），他同其弟苏辙在父亲的陪伴下初次离开眉山，并赶赴京城参加科举考试。这一年顺利考上预备考试的两兄弟，又一起参加了第二年春季的科举，苏轼一举进士及第。此次科举考试的知贡举（监考官）是当时著名的文坛领袖欧阳修及梅尧臣，欧阳修一心倡导古文，以挽救当时文坛浮华不实的流弊，当他读到苏轼的《刑赏忠厚之至论》时，十分吃惊，以为是自己的学生曾巩的作品，本来想取第一名的，考虑了很久，为了避偏袒之嫌，最终考取了第二名（后来原先应是第二名的曾巩，反倒成了第一名），苏轼的春秋对义则考了第一。殿试（皇帝亲自口试）时，他献上25篇进策，甚得宋仁宗皇帝的欣赏，于是将苏轼评为翰林学士。欧阳修当时对人说："吾当避此人，出一头地。"意即"我要避开他，好让他出人头地"，可见欧阳修当时拔擢后进的爱心。后来，苏轼及苏辙均拜欧阳修为师。

苏东坡在赴京考试以前，已经在家乡完了婚事。苏轼母亲程氏，在嘉祐二年（1057年）四月生病去世，至嘉祐四年（1059年），丧期已满，父子三人再度搭船渡岷江、长江水路赴京都。嘉祐六年，苏轼、苏辙二人在恩师欧阳修推荐下参加制科考试，这一年举行的是贤良方正能直言极谏科的考试。苏轼、苏辙分别以三、四等的成绩分别考中入选。制科的成绩分为五等考核，在宋朝年间尚无以一、二等的成绩考中之例，通常都是以三等为最高分。相传当时宋仁宗曾喜悦地向皇后曹氏说道："朕为子孙得两宰

相。"宋仁宗所说的两人就是指苏轼和苏辙。

嘉祐六年（1061年）十一月十九日，苏轼出任签书凤翔府判官事，也就是知府的助理官，相当于副知府。去上任时，苏辙一路送到京都外城通往西边的郑新门才依依不舍地与兄长分手道别。后来苏轼把当时所作的一首《留别诗》收集在自编《东坡集》40卷的卷首，表示这首诗是自己的处女作。

他在凤翔府判官任内的第二年春天，由于长时间不下雨，严重的旱灾使百姓们生活极度困难。后来奉上级命令到太白山上求雨。后来果然下雨了，于是就在官舍的北边筑了一个亭子，名叫"喜雨亭"，他因此有感而发地为这件事作了《喜雨亭记》，并以轻盈的笔调抒发了久旱逢甘霖的喜悦心情。

宋英宗继位以后，韩琦做了山陵使，他表面上爱护苏轼，其实有点妒忌他的才华，所以苏轼办事分外小心。为了应付山陵使的需要，他编了不少木筏、竹筏，想顺渭水东下，可是水太浅，木筏便停滞住了，他非常着急，花了整整五个月的时间才设法运出。后来又碰上西夏入侵，边境的老百姓非常恐慌，他日夜奔波，供应军民粮食，十分辛苦。

除了疲于工作，苏轼还不得不应付官场上的种种关系。由于之前所学的圣贤教诲与政治现实相差甚远，作为一位初任官职的热血青年，他感到无比的忧虑。宋英宗治平二年（1065年）冬，凤翔的任期届满后，苏轼迫不及待地回了父亲及弟弟居住的都城开封。不料翌年他深爱的妻子王弗死了，不到一年时间，父亲也跟着去世了。苏轼带着非常沉重的心情，乘船运送父亲及妻子的灵柩回到了故乡眉山。

熙宁元年（1068年），宋神宗即位，服满了丧期的苏轼离开故乡。第二年，出任监官诰院（掌管官吏辞令书的官）。此时，政治上已有了新的变化，神宗为挽救面临困境的国家财政，任用王安石为相，并推行其新法。苏轼的政治思想较为保守，他虽不满当时的社会现状，但也不完全支持王安石的改革思想，他认为问题的关键不在于法制，而在于吏治，他希望能以较缓和的方式进行改革，若要变法，也应逐步进行，并不是像王安石的变法那样急于求利。所以他不断上书神宗，呈奏《议学校与贡举札子》《谏买浙灯状》，后又上《上皇帝书》及《万言书》，但都未被宋神宗接受。苏轼因而成为当时反对王安石等新法派中的旧法派的一员，在政治上受到了排挤。甚至还有人诬告苏轼贩卖私盐。

熙宁四年（1071年），36岁的苏轼见变法大局已定，反对也无济于事，并且他也不愿意陷入宗派斗争的旋涡之中，便请调杭州（今浙江省杭州市），但心中不免有些难过和挫败感。

杭州是个风景秀丽之地，苏轼在闲暇之时，便四处游玩，以解烦忧。他在此地不但结识了许多知交，而且作了不少的诗歌，如著名的《饮湖上初晴后雨》《六月二十七日于望湖楼醉书》等。政治上的挫折反而使苏轼以诗人的身份体验了更丰富的人生，从此开拓了一片更为广阔的文学领域。

熙宁七年（1074年），苏轼自愿调任密州（今山东省诸城县），那儿离苏辙任职的济南很近。他在密州也作了许多脍炙人口的文学名作，如《超然台记》《水调歌头·中秋怀子由》《江城子·密州出猎》等。

苏轼

苏轼后来被调任到徐州（今江苏省铜山县）、湖州（今浙江省吴兴县）。宋神宗元丰二年（1079年），在他调任湖州的第三个月，有一天，突然闯进一位朝廷钦差，不容分说便把他捉拿进京，原来是一帮和苏轼有嫌隙的御史，为了讨好王安石，便称他在诗文中歪曲事实，中伤朝廷，并请皇上下令司法官员判他的罪。不久，苏轼就被送入狱中，这就是著名的"乌台诗案"。苏轼在杭州做通判时的确作了不少诗词讽刺新法，譬如《山村五绝》的第四首："杖藜裹饭去匆匆，过眼青钱转手空。赢得儿童语音好，一年强半在城中。"这首诗就是讽刺青苗法的执行不力，官吏强迫农民借贷，然后又在当地开设赌场、妓院等，把钱捞回来的丑恶行径。但这毕竟是诗，不应该构成罪状，但是围绕新法所进行的严肃的政治斗争已演变成争权夺利的宗派斗争，苏轼的诗得罪了那些青云直上的新法人物，就难免获罪。

对苏轼的审讯进行了100多天，苏轼的政敌李定等人，千方百计罗织

罪名，妄图把苏轼置于死地，他们的卑鄙行为引起了当时很多人的不满。除湖州、杭州等地的老百姓请和尚念经为苏轼祈福外，前太子少师（太子的老师）张方平、前吏部侍郎（相当铨叙部次长）范镇也替他上疏求情，于是情势缓和下来。再加上宋神宗本来就喜爱他的诗词，又有生病的曹太后（宋神宗祖母）为他说情，最后只定了苏轼"讥讽政事"之罪。是年十二月二十八日，宋神宗判他流放黄州（今湖北省黄冈县），苏轼终于免于一死。

元丰三年（1080年），苏轼被贬为黄州团练副使。刚到黄州，生活困难、没有薪俸，连住的地方都成问题。后来，只好暂居定惠院里，天天和僧人一起吃饭，一家大小靠仅剩的钱节俭过活。老友马正卿实在看不过去，替他请得可城东营防废地数十亩，让他耕种、造屋。他汗流浃背地在东坡上辛勤耕作，妻子王氏则在一旁打下手，夫妻二人同甘共苦。

由于苏轼亲自在东坡开荒种地，所以便对这个曾经长满荒草的地方产生了深厚的感情，他赞扬这东坡如同山石般坎坷坚硬的道路，要求自己也必须不避艰险、乐观地在人生坎坷的道路上前行。他把东坡看作是自己个性的象征。辛勤劳作了一年后，苏轼在东坡旁建了一间书斋，命名为"东坡雪堂"，从此自号"东坡居士"。

苏轼在经过了此次的文字狱冲击后，胸中郁积着无数要说的话，他虽然一直压抑着自己的激情，不想再写诗惹祸，但创作的激情岂是能压抑住的？他一面在诗中倾诉自己的冤屈与不平，一面又在日常的茶饭活中寻找淡泊自得的喜悦，以保持心理的宁静。一有空，他就到处寻幽访胜，悠闲度日。这段时期对苏轼而言，是他文学创作的一个高峰。

在这些年中，他刻苦读书，因此在知识方面有了新的拓展。由于"乌台诗案"给他打击很大，从而他深深地体会到自己在做人方面有些欠缺，因而写了不少与修养有关的文章，如《前赤壁赋》，即在探讨人生的变与不变的道理。除《前赤壁赋》外，他还作了如《念奴娇·赤壁怀古》《后赤壁赋》等作品，来阐述自己旷达的人生态度。此时的苏轼，不仅在文学艺术的造诣上达到了顶峰，而且在做人的原则上也达到了极高的境界。苏轼的文章汪洋恣肆，明白畅达，其诗清新豪健，善于运用夸张比喻，在艺术表现方面独具风格。词开豪放一派，对后代文学很有影响。擅长行书、楷书，取法李邕、徐浩、颜真卿、杨凝式而能自创新意，用笔丰腴跌宕，有天真烂漫之趣。

元丰七年（1084年），宋神宗下令苏轼离开黄州，改授汝州（今河南省汝南县）团练副使。路过金陵（今南京市）时，遇到当年政敌王安石，两人谈得相当投机，这时的东坡对王安石仍不客气，亲切地责备王安石不该连年在西方用兵，又在东南造成大刑狱，而违背了祖宗仁厚的作风。这时的王安石已经历尽沧桑，胸襟也开阔多了，不但不见怪，反而对别人说："真不知道再过几百年，才能出现像东坡这样的人物！"

同年，宋神宗为他恢复了名誉，并任他为登州（今山东省蓬莱县）知事；仅十余天，又受朝廷之召出任礼部郎中。这年腊月调回京都开封，任起居舍人。元丰八年（1085年）三月，大力推行新法的宋神宗在位19年后崩逝，年仅十岁的宋哲宗即位，高太后垂帘，极力提拔旧派人物，东坡奉召还朝，太后命坐赐茶，又撤御前金莲烛台送他回院。由于太后废除新法，政局的形势开始逆转，原为政权中枢的新法派众臣被排斥。司马光等昔日的重臣们又得以重新执政。后世史家称之为"元祐更化"，旧法派继续当权执政。

元祐元年（1086年），苏轼晋升为中书舍人、翰林学士、知制诰，同时兼任侍读。苏轼进京后不到一年的时间，就连升了三次官，但此时的苏轼已对做官没有兴趣了。入京以后，苏轼发现实施了十几年的新制度，有一部分已经有相当的成果，司马光上台后，却不分青红皂白地完全废止，他有点不以为然。东坡本来也是反对新政的大臣之一，但是他的言行和主张，是对事不对人的，现在他和王安石又有了进一步的交情，对新政也有了一定的了解，他的态度自然有所改变。他认为新政中的"免役法"尤为

苏轼《黄州寒食诗帖》

出色，功在当代，利在千秋，力劝司马光采用，但司马光坚决不肯。这样一来，保守派的人便说他是王安石的人了。可是新法派的人也并不把他当作自己人，所以东坡便成为中间人物，两面都不讨好。

这年九月，旧法派的领袖司马光去世，使得旧法派四分五裂，陷入了丑陋的派系之争。集宋朝理学之大成的程颐领导的洛党和苏轼等人的蜀党势不两立，朔党夹杂其间，也纠缠不清，派系之争愈演愈烈，甚至涉及到对私事的诽谤。

元祐四年（1089年），苏轼想离开这个是非之地，便请调任杭州知事，上任时，杭州人焚香列队欢迎，不料苏轼刚到任就遇到严重的天灾和病害。后来，他在此修建了我国第一所公立医院。苏轼在知事任内修筑了与白居易的白堤齐名的西湖苏堤。元祐六年又奉召出任翰林学士承旨，并兼任侍读，但是遭到作风激进的朔党的排斥，不到几个月又被调任颍州（今安徽省阜阳市）知事而离开京都，次年又转任扬州（江苏省扬州市）知事。元祐七年（1092年）九月，苏轼又被召回朝廷，出任兵部尚书，十一月晋升为礼部尚书，这是苏轼从政以来的最高职位。

苏轼的职位越升越高，而对立的党派对他的政治攻击也愈演愈烈，甚至有人对其以前的文字狱（即乌台诗案）大做文章。郁郁寡欢的苏轼请奏调任江南之地，但未获批准。元祐八年九月，苏轼出任定州（今河北省定县）知事。同月，高太后崩逝，"元祐更化"也随之结束了。

元祐八年（1093年）九月，18岁的宋哲宗开始亲政，重新推行其父宋神宗所主张的新法。政权又转移到了吕惠卿等新法派人士的手里，于是又对旧法派展开了严酷的弹劾。绍圣元年（1094年）四月，59岁的苏轼又被指称诽谤朝廷，贬为岭外英州（广东省英德县）知事，六月，在转任英州的途中又受命流放惠州（今广东省惠州市）。在惠州的两年中，苏轼生活窘困，有时连酿酒的米也没有，吃菜也得自己种。可是苏轼这一辈子对磨难早就习惯了，他对这一切安之若素。他有两句诗写道："为报先生春睡美，道人轻打五更钟。"即使身处遭人唾弃的岭外之地，也不因此而丧志，仍旧悠然地过着。不料京城朝廷的奸人仍不肯就此罢休，再度以莫须有的罪名加害于他。这次苏轼竟被流放到有天涯海角之称的儋州。儋州在海南岛，是一个人迹罕至，瘴疠丛生之地。而苏辙当时则被贬至雷州，两地隔着海峡，两人要分手时，苏轼还打趣说："莫嫌琼雷隔云海，圣恩尚许遥相望。"

到了儋州，苏轼一贫如洗，为了糊口，他连酒器都卖掉了。可是他没忘读书，这段时间他最爱读柳宗元和陶渊明的诗。他还常常带上个大酒瓢，在田野里边唱边走，作诗自娱。他还结交了不少平民朋友，闲了就去串门，跟野老饮酒聊天，还常常给乡邻看病开方。苏轼晚年流放海外的岁月虽然很艰苦，但他仍超然洒脱，并自得其乐。

元符三年（1100 年）正月，宋哲宗崩逝，宋徽宗即位，大赦天下，皇太后向氏摄政，试图促成新旧两派的和解。五月，苏轼被赦免了流放海外之罪，并被提举为成都玉局观。在自惠州后七年的流放生活中，苏轼一家先后死了九口人，虽然生活对他如此残酷，垂暮之年的他依然乐观开朗、富有朝气。苏轼六月渡过琼州海峡返北，月夜在浔江边时，他吟诵道："我心本如此，月满江不湍。"

百姓并没有忘记这位大诗人。苏轼北归，经过润州、前往常州时，运河两岸拥满了成千上万的百姓，他们随船前行，争着要看看这位久经磨难的大诗人的风采。然而，此时的苏轼因旅途劳顿早已染病在身。建中靖国元年（1101 年）六月，苏轼卧病常州，七月二十八日，苏轼逝世，一代文豪就此陨落，死时 66 岁。

苏轼在词的创作上取得了非凡的成就，就一种文体自身的发展而言，苏词的历史性贡献又超过了苏文和苏诗。苏轼继柳永之后，对词体进行了全面的改革，最终突破了词为"艳科"的传统格局，提高了词的文学地位，使词从音乐的附属品转变为一种独立的抒情诗体，从根本上改变了词史的发展方向。在两宋词风转变过程中，苏轼是关键人物。王灼《碧鸡漫志》说："东坡先生非心醉于音律者，偶尔作歌，指出向上一路，新天下耳目，弄笔者始知自振。"强化词的文学性，弱化词对音乐的依附性，是苏轼为后代词人所指出的"向上一路"。后来的南渡词人和辛派词人就是沿着此路而进一步开拓发展的。

苏轼对社会的看法和对人生的思考都毫无掩饰地表现在其文学作品中，其中又以诗歌最为淋漓酣畅。在 2700 多首苏诗中，干预社会现实和思考人生的题材十分突出。苏轼对社会现实中种种不合理的现象抱着"一肚皮不入时宜"的态度，始终把批判现实作为诗歌的重要主题。更可贵的是，

苏轼书法

苏轼对社会的批判并未局限于新政，也未局限于眼前，他对封建社会中由来已久的弊政、陋习进行抨击，体现出更深沉的批判意识。苏轼学博才高，对诗歌艺术技巧的掌握达到了得心应手的纯熟境界，并以翻新出奇的精神对待艺术规范，纵意所如，触手成春。而且苏诗的表现能力是惊人的，在苏轼笔下几乎没有不能入诗的题材。

苏轼的散文呈现出多姿多彩的艺术风貌。他广泛地从前代的作品中汲取艺术营养，其中最重要的渊源是孟子和战国纵横家的雄放气势、庄子的丰富联想和自然恣肆的行文风格。苏轼确实具有极高的表现力，在他笔下几乎没有不能表现的客观事物或内心情思。苏文的风格则随着表现对象的不同而变化自如，像行云流水一样的自然、畅达。韩愈的古文依靠雄辩和布局、蓄势等手段来取得气势的雄放，而苏文却依靠挥洒如意、思绪泉涌的方式达到了同样的目的。苏文气势雄放，语言却平易自然，这正是宋文异于唐文的特征之一。苏轼的散文在宋代与欧阳修、王安石齐名，但如果单从文学的角度来看，则苏文无疑是宋文中成就最高的一家。

苏轼还擅长写行书、楷书，与黄庭坚、米芾、蔡襄并称为"宋四家"。他曾经遍学晋、唐、五代的各位名家之长，再将王僧虔、徐浩、李邕、颜真卿、杨凝式等名家的创作风格融会贯通后自成一家。他曾自称："我书造意本无法""自出新意，不践古人"。黄庭坚称他："早年用笔精到，不及老大渐近自然。"这说明苏轼一生屡经坎坷，致使他的书法风格跌宕。存世作品有《赤壁赋》《黄州寒食诗》和《祭黄几道文》等帖。

此外，苏轼还擅长画墨竹，且绘画重视神似，主张画外有情，画要有寄托，反对形似，反对程序的束缚，提倡"诗画本一律，天工与清新"，而且明确地提出了"士人画"的概念，对以后"文人画"的发展奠定了一定的理论基础。其作品有《古木怪石图卷》《潇湘竹石图卷》等。

在宋代士人中，苏轼堪称思想最为通达，向往精神自由，气度极为潇洒的文学家；他那随缘自适的生活态度和才情高逸的艺术人格，常为人们所称道。但他在许多文学作品中透露出来的人生空漠、无所寄托之感却又是那么强烈，旷达中隐含着悲凉。虽可在寄情山水的审美创作中寻求解脱，也毕竟只是如梦般的幻美，并不足以完全化解其超然出世之心对社会政治的厌倦，对封建伦理道德行为规范的怀疑。

正是由于看到了苏轼的人生态度及其创作思想中所潜藏的这种离经叛道的危险，目光敏锐严正的朱熹才会对苏轼的为人和为学表示出极大的不满。可他所精心构造的理学大厦，那种大公无私的道心，那种对被称为天理的社会道德律令的内心敬畏，又能在解决现实人生问题中发挥多大作用呢？何以也会有一种说到无言处时的惆怅？

苏轼一生，给我们留下了2700多首诗，200首词，还有大量的散文作品，在宋代文人中属高产作家。他说："某平生无快意事，惟作文章，意之所到，则笔力曲折，无不尽意，自谓世间乐事无逾此矣。"(《春渚纪闻》)之所以如此，在于他那强烈的个性意识和生命情调，难以在现实社会政治生活中舒展开来，只有在自由的精神创造活动中才能得到完满的体现，尽情地表现自我、超越自我，在无差别的审美境界中求得心灵的慰藉和愉悦。

圆满的生活从来没有创造过真正的艺术，作家经历过死的考验，才懂得生的可爱，体验到了痛苦，才知道什么是幸福。苏轼文学创作的两次高峰都是在他仕途失意、生活环境极为艰难的情况下形成的。他现存的词作里，有约1/4写于贬谪黄州期间，故感情的表达有一种遍被华林的悲怆。如《西江月》："世事一场大梦，人生几度秋凉，夜来风叶已鸣廊，看取眉头鬓上。"《采桑子》："多情多感仍多病，多景楼中，樽酒相逢，乐事回头一笑空。"尽管人生多不如人意，生活也充满了艰辛，但只要具有审美情趣，就能体验到生活的乐趣。如苏轼被贬逐到惠州时有首诗云："为报先生春睡美，道人轻打五更钟。"据说诗传到京城后，他的政敌没料到他还如此快活，于是"遂再贬儋耳"(《艇斋诗话》)，将苏轼流放到更远的瘴疠之乡。但这

又能怎么样呢？苏轼在《独觉》诗中说：

> 瘴雾三年恬不怪，反畏北风生体疥。
>
> 朝来缩颈似寒鸦，焰火生薪聊一快。
>
> 红波翻屋春风起，先生默坐春风里。
>
> 浮空眼缬散云霞，无数心花发桃李。
>
> 悠然独觉午窗明，欲觉犹闻醉鼾声。
>
> 回首向来萧瑟处，也无风雨也无晴。

把谪居荒凉之地生火取暖的日常生活，写得如此富有诗意，如此生意盎然，意趣高远而超凡脱俗。充分说明人在孤独、寂寞和艰苦的环境中仍能保持美感，是其精神强大的标志。这样不仅能维护自己人格的独立、个性的完整，也能保持心灵的自由和适意，在生活中显得恬淡、从容和洒脱。由于审美，人的生活可以更多、更丰富。

这就是苏轼感受到作文之乐胜过世间其他乐事的主要原因。

在宋代时期的文人眼中，苏轼的那种独具风骚的旷达潇洒的气度与情怀，足以称得上是最具超越感的风流人物了。他是个非常看重感情的人，所以他的感情生活丰富多彩；同时，由于深受老庄思想和禅学的影响，他又是一个具有超越于生死、物我之上而洞悉宇宙人生底蕴的敏锐感觉能力的人。他对于生活，有一种超乎有限的具体事物之上的妙赏能力，具有"物我无别""物我为一"的感觉，这是苏轼看重情感的风流精神的精髓之所在。对于诗人而言，这种感觉显得尤为重要。如《江城子·乙卯正月二十日夜记梦》：

十年生死两茫茫，不思量，自难忘。千里孤坟，无处话凄凉。纵使相逢应不识，尘满面，鬓如霜。

夜来幽梦忽还乡，小轩窗，正梳妆。相顾无言，惟有泪千行。料得年年断肠处，明月夜，短松岗。

这是苏轼为悼念亡妻王弗而作，属于写男女恋情的作品。情可以使人死，也可以使人生，尽管妻子已去世10年了，苏轼犹能在梦中与她相会。时光的流逝使诗人感觉到自己的衰老，担心相逢时妻子会不认识自己，此乃情痴之语。如此一往情深，使诗人入于如梦如幻之境，其感觉已突破了生与死的界限，似乎在梦中还能与妻子相会，两人相对潜然泪下，无言诉说彼此的思念。写情至此，可谓至真至美至纯，道出了人间男女倾心相爱、至死不渝的真实感受和内心秘密，足以引发普遍的共鸣。可诗人把这种由个人恋情触发的感觉，置于生死两茫茫的人生空漠的叹喟之中，其超越的意味就更为深远，一直坠入宇宙人生变化迷离的无穷境地，令人体味不尽。

苏轼在文、诗、词三方面都达到了极高的造诣，堪称宋代文学最高成就的代表。而且苏轼的创造性活动不局限于文学，他在书法、绘画等领域内的成就都很突出，对医药、烹饪、水利等技艺也有所贡献。

七、奇崛放纵黄庭坚，自成一家始逼真

黄庭坚（1045—1105 年），字鲁直，号山谷道人，又号涪翁。洪州分宁人（江西省九江市修水县）人，北宋著名文学家、书法家、江西诗派开山之祖。

黄庭坚年幼时就很聪颖。宋神宗时中进士，做过一些地方官。宋哲宗时召为校书郎、宋神宗实录检讨官。一年后升为著作郎加集贤校理、迁起居舍人，后出知宣州改鄂州，又贬为涪州别驾，黔州安置。宋徽宗即位，他被起复，但皆辞不就，求得太平州。忽然又遭祸除名，羁管在宜州，不久即去世了。

1. 江西诗派开创者

江西诗派是北宋以来古文运动的重要成果之一，它的开创者便是黄庭坚。

黄庭坚的诗歌创作，是在面对着长江大河一般的唐诗和欧阳修、苏轼的宋诗的挑战下开始的。他想新创一条自己的道路。他说："文章最忌随人后"，又说："自成一家始逼真。"要想实现创新的雄心，他走的是与众不同之径。他的社会接触面比杜甫、韩愈小得多，比欧阳修、苏轼也小得多，长期的书斋生活使他无法在反映现实、评论时事、抒写真怀上与前辈诗人争一地之长，只好到书本知识和写作技巧上寻找超人之处。他虽然也说过学诗"要先以识为主"，但他所指的"识"不过是要"潜心"体味古人的诗作而已。黄庭坚之所以能自成宗派，并成为当时人和后人学习的典范，与他的作诗主张和作诗方法分不开，其中最突出的有下述几点：

（1）夺胎换骨法。黄庭坚说："诗意无穷，而人才有限，以有限之才，追无穷之意，虽渊明、少陵不得工也。不易其意而造其语，谓之换骨法；

窥其意而形容之，谓之夺胎法。"简言之，夺胎法即点窜古人诗句，借用前人诗意，改为自己的作品；换骨法即意同语异，用前人的诗意，而以自己的语言出之。王安石有诗云："祗向贫家促机杼，几家能有一钩丝。"黄庭坚改换了几字为："莫作秋虫促机杼，贫家能有几钩丝。"这就是换骨法。

（2）字字有来处。黄庭坚说："自作语最难。老杜作诗，退之作文，无一字无来处。盖后人读书少，故谓韩杜自作此语耳。古之能为文章者，真能陶冶万物，虽取古人之陈言入于翰墨，如灵丹一粒，点铁成金也。"字字有来处，就是要求搬弄典故，使用古语。他的《戏呈孔毅父》诗说："管城子无食肉相，孔方兄有绝交书。"在短短的两句诗中连用4个典故。

（3）拗律。杜甫的七律，已有拗体。韩愈也曾借拗句以推陈出新，胜过旁人。拗律是交换平仄，使诗的音调反常；拗句是句法的组织改变，使文气反常。但杜甫、韩愈，都是偶一为之。到了黄庭坚，这两种方法便被大量地用于诗歌创作之中，成为他的特格。后来又有单拗（将句中平仄二字交换）、双拗（两句中平仄二字对换）、吴体（每对句中的第五字以平声谐转）等名目，在诗坛广泛传播。

（4）去陈反俗，好奇尚硬。去陈反俗是黄庭坚作诗的最高信条；好奇尚硬是他作诗的法与格。他说："宁律不谐，而不使句弱；用字不工，不使语俗。"别人常用的字眼和鄙俗的调子，他一概洗除净尽，专搜求拗律、拗句、险韵、怪典。

黄庭坚有诗歌创作的大量作品，又有一套相对完整的理论和具体的作诗技巧指南，因而，在他周围逐渐形成一个诗歌团体。后人称之为"江西诗派"。

江西诗派因黄庭坚是江西人而得名，而诗派中的其他诗人也并不都是江西人。后来，北宋末、南宋初的吕本中撰写了《江西诗社宗派图》中提出了"江西诗派"的称呼，并把黄庭坚作为诗派的创始人，又列举了陈师道等24人为这一派的成员。然而，别人把他也归入

黄庭坚

了江西诗派之中。其实，在吕本中所列举的诗人中，其理论主张和创作实践并不完全一致，有的诗人还不承认自己是江西诗派。徐俯对于吕本中列他于宗派中很不满，说："我乃居行间耳。"韩驹是江西诗派中除黄庭坚、陈师道以外的大诗人，他也不甘于在江西诗派，《后村诗话》说："子苍蜀人，学山苏氏，与豫章不相通。吕公强之入派，子苍殊不乐。"虽然如此，但作为一个诗歌流派，江西诗派又确实有着黄庭坚影响之下的共同特征。江西诗派对北宋后期诗歌创作有很大的影响。

2. 书法成就

黄庭坚擅长行书、草书，楷书也自成一家。学书尤为推崇王羲之《兰亭序》。其有一首赞颂杨凝式的诗可以说明他对《兰亭序》习练体会之深："世人尽学兰亭面，欲换凡骨无金丹。谁知洛阳杨风子，下笔便到乌丝栏。"这其中不能没有其对王羲之书法学习的深悟。

黄庭坚的字奇崛放纵，个性很强，这一点和他的为人或许很有关系。他留下的许多大字行楷墨迹，多以险侧为势，纵逸为功。宋徽宗夸他的字说："如抱道足学之士，坐高车驷马之上，横钳高下，无不如意。"黄庭坚在上溯晋唐、学习前人经典书法时，对其影响最大的莫过于苏轼，可以说黄庭坚的手札小行书在很大程度上是学苏轼的。黄庭坚作为"苏门四学士"之一，不能不受苏轼书风的影响。

黄庭坚的草书是学时人周越的。苏轼以周越书为"险劣"，米芾则评周越书为"气势雄健而锋刃交加"。黄庭坚后来在一则论书语中道出了其

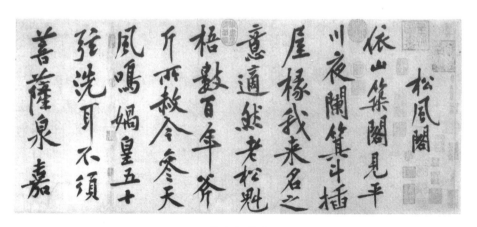

黄庭坚书法

书法及书学思想成熟后对周越书法的看法："王著临《兰亭》《乐毅论》，补永禅师、周散骑《千文》，皆妙绝，同时极善用笔。若使胸中有书数千卷，不随世碌碌，则书不病韵，自胜李西台、林和靖矣。盖美而病韵者，王著；劲而病韵者，周越——皆渠侬胸次之罪，非学者不力也。"黄庭坚所作《诸上座帖》等佛家经语诸草书帖，乃真得其妙理者。也正由此，黄庭坚开创出了中国草书的又一新境。

八、天姿辕轹未须夸，集古终能自立家

米芾（1051—1107 年），原作黻，字符章，号襄阳漫仕、海岳外史等。宋史说他是吴人，他自书襄阳人。北宋书法家、画家、书画理论家、收藏家。与蔡襄、苏轼、黄庭坚合称"宋四家"。能诗文，擅书画，精鉴别，书画自成一家，创立了"米点山水"。

米芾靠母亲侍奉过宣仁皇太后的旧恩做过一些小官。宣和年间召为书画博士、迁礼部员外郎。礼部亦称南宫，所以人们称他米南宫。他生性狂放，有"洁癖"，又被称为米颠。

1.书法

米芾平生书法用功最深，成就以行书为最大。南宋以来的著名汇帖中，多数刻其法书，流播之广泛，影响之深远，在"北宋四大书家"中，实可首屈一指。康有为曾说："唐言结构，宋尚意趣。"意为宋代书法家讲求意趣和个性，而米芾在这方面尤其突出。

米芾

米芾习书，自称"集古字"，虽有人以为笑柄，也有赞美说"天姿辕轹未须夸，集古终能自立家"（王文治）。这从一定程度上说明了米氏书法成功的来由。根据米芾自述，在听从苏东坡学习晋书以前，大致可以看出他受五位唐人的影响最深：颜真卿、欧阳询、褚遂良、沈传师、段季展。

元丰五年（1082 年）以后，他开始寻访晋人法帖，得到了王献之的《中秋帖》。这先入为主的大令帖，对他产生了巨大的影响。但生性不羁的米芾并不满足于王献之的字，早在绍圣年间就喊出了"老厌奴书不换鹅"，"一洗二王恶札"。

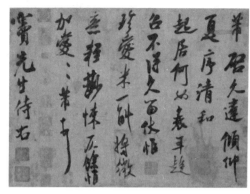

米芾书法

尽管如此，此时的米芾书法并没有定型，他在元祐三年（1088 年）书写的《苕溪帖》《殷令名头陀寺碑跋》《蜀素帖》，虽然写于一个半月之内，风格却有较大的差异，还没有完全走出集古字的门槛。元祐六年（1091 年）后，米芾卜居海岳庵时，又学过羊欣书法。直到"既老始自成家，人见之，不知何以为主"时才最后完成了自己风格的确立，大概在 50 岁以后。

在定型的书法作品，由于米芾过于不羁，一味好"势"，即使小楷如《向太后挽词》也是如此。这"势"固是优点，但同时又成了他的缺陷。"终随一偏之失"，黄庭坚之评价褒贬分明，应该是比较客观的、公道的。宋人黄长睿评其书法，"但能行书，正草殊不工"，当时所谓"正"，并无确指，不一定是如今的"正楷"，倘指篆隶，倒也恰当。米芾篆隶，的确不甚工，草书也写得平平。他后来对唐人的草书持否定态度，又囿于对晋草的见识，成绩平平自然在所难免。北京大学教授、引碑入草的李志敏评价："米芾谓'草书不入晋人格，徒成下品'，此乃割地为牢，自欺欺人。元章草书之所以未见新意，正在不能突破古人藩篱也。"

米芾以书法，若论体势骏迈，则当属第一。证之其书法，24 岁的临桂龙隐岩题铭摩崖，略存气势，全无自成一家的影子；30 岁时的《步辇图》题跋，亦使人深感天资实逊学力。30 岁时在长沙为官，曾见岳麓寺碑，次年又到庐山访东林寺碑，且都题了名。元祐二年（1087 年）还用张萱画六幅、徐浩书二帖与石夷庚换李邕的《多热要葛粉帖》。

米芾作书十分认真，不像某些人想象的那样，不假思索一挥而就。米芾自己说："余写《海岱诗》，三四次写，间有一两字好，信书亦一难事"（明

范明泰《米襄阳外记》)。一首诗，写了三四次，还只有一两字自己满意，其中的甘苦非个中行家里手不能道，也可见他创作态度的严谨。

米芾有很多特殊的笔法，如"门"字右角的圆转、竖钩的陡起以及蟹爪钩等，都集自颜之行书；外形竦削的体势，当来自欧字的模仿，并保持了相当长的一段时间；沈传师的行书面目或与褚遂良相似；米芾大字学段季展，"独有四面""刷字"也许来源于此；褚遂良的用笔最富变化，结体也最为生动，合米芾的脾胃，曾赞其字，"如熟驭阵马，举动随人，而别有一种骄色"。

米芾对书法的分布、结构、用笔，有着他独到的体会。要求"稳不俗、险不怪、老不枯、润不肥"，大概姜夔所记的"无垂不缩，无往不收"也是此意。即要求在变化中达到统一，把裹与藏、肥与瘦、疏与密、简与繁等对立因素融合起来，也就是"骨筋、皮肉、脂泽、风神俱全，犹如一佳士也"。章法上，重视整体气韵，兼顾细节的完美，成竹在胸，书写过程中随遇而变，独出机巧。

2. 绘画

米芾作为北宋著名的画家，处在一个文人画的成熟时代，其绘画题材十分广泛，人物、山水、松石、梅、兰、竹、菊无所不画；米芾在山水画上成就最大，但他不喜欢危峰高耸、层峦叠嶂的北方山水，更欣赏的是江南水乡瞬息万变的"烟云雾景""天真平淡""不装巧趣"的风貌；所以米芾在艺术风格里追求的是自然。他所创造的"米氏云山"都是信笔作来，烟云掩映。

米芾画迹不存在于世，米芾自著的《画史》记录了他收藏、品鉴古画以及自己对绘画的偏好、审美情趣、创作心得等。

3. 收藏

米芾的成功在于通过某种墨戏的态度和母题选择达到他认可的文人趣味，米芾意识到改变传统的绘画程式和技术标准来达到新的趣味的目的。究其原因：米芾首先是一个收藏宏富的收藏家、鉴定家，对历代绘画的优劣得失了然于胸，更多考虑的是绘画本体的内容。

米芾对中华古典赏石文化的最大贡献是他通过长期的赏石实践，以一个艺术家独到的审美体验，先后成就了一部《砚史》和言简意赅的"相石四法"。

米芾所作《砚史》虽逾千年，但对后人研究、认识文房古砚的材质、形制、纹饰乃至制砚工艺等方方面面都有着重要的参考价值。他的"相石四法"在中华赏石文化史上的理论地位也极其重要，这一理论不但引领了当时的赏石潮流，至今仍然是赏石界"回归古典，感恩本真"的经典。

米芾除书法达到极高的水准外，其书论也颇多。在书法理论上，尤其是对草书理论上极力反对唐朝书法尚法循规的法度，过分注重魏晋平淡天真，崇尚二王的法度。著有《书史》《海岳名言》《宝章待访录》《评字帖》等，显示了他卓越的胆识和精到的鉴赏力。

米芾一生官阶不高，这与他不善官场逢迎，又为人清高有关。米芾是一个有真才实学的人，不善官场逢迎。使他赢得了很多的时间和精力来玩石赏砚钻研书画艺术，对书画艺术的追求到了如痴如醉的境地，他在别人眼里与众不同，不入凡俗的个性和怪癖，也许正是他成功的基石。他曾自作诗一首："柴几延毛子，明窗馆墨卿。功名皆一戏，未觉负平生。"他就是这样一个把书画艺术看得高于一切的恃才傲物之人。

九、独步当世蔡端明，书学博士名毁书

1. 自成一体的蔡襄

蔡襄（1012—1067 年），字君谟。兴化军仙游县唐安乡依仁（安）里赤湖蕉溪（今福建省仙游县）人。北宋名臣，书法家、文学家、茶学家。

天圣八年（1030 年），蔡襄登进士第，先后任馆阁校勘、知谏院、直史馆、知制诰、龙图阁直学士、枢密院直学士、翰林学士、三司使、端明殿学士等职，出任福建路转运使，知泉州、福州、开封和杭州府事。治平四年（1067 年），蔡襄逝世。累赠少师，谥号"忠惠"。

蔡襄为官正直，所到之处

蔡襄书法

皆有政绩。在福州时，去民间蛊害；在泉州时，与卢锡共同主持建造万安桥（洛阳桥）；在建州时，倡植福州至漳州700里驿道松，主持制作北苑贡茶"小龙团"。所著《茶录》总结了古代制茶、品茶的经验，而《荔枝谱》则被称赞为"世界上第一部果树分类学著作"。其诗文清妙，书法浑厚端庄，淳淡婉美，自成一体，为"宋四家"之一。有《蔡忠惠公全集》传世。

在宋四家中，苏、黄、米都是以行草擅长，而蔡襄却能写得一手规规矩矩的楷书。其书法从褚遂良、颜真卿入手，兼取晋人法，写得端重沉着，雄伟遒丽。米芾、苏东坡、黄庭坚、欧阳修都对他的书法十分推崇。欧阳修说他"近年君谟独步当世"。苏轼说他"天资既高，积学深至，心手相应，变态无穷，遂为本朝第一"；又评他的行书第一，小楷第二，草书第三。

蔡襄为人忠厚正直，知识渊博，他的字"端劲高古，容德兼备"。《颜真卿自书告身跋》得鲁公笔法而修于鲁公书，可为楷则。沈括说他善于"以散笔作草书，谓之散草，或曰飞草，其法皆生于飞白，自成一家"。这说明蔡襄这位稍欠改革精神的书法家还不是泥古不化的，他也在追求古趣，力创新意。《蔡襄自书诗帖》是其行书代表作，整篇神气连贯，笔意温婉清隽，犹有《兰亭》遗风。

2. 书学博士蔡京

蔡京曾历宋神宗、宋哲宗、宋徽宗诸朝，五度为相，执政20余年，颇多建树。后因"北伐之由，靖康之祸"，在宋徽宗即位时，被劾为"六贼之首"，放逐岭南，于靖康元年七月死于潭州（今湖南长沙）东明寺。因《宋史》把蔡京列入奸臣列传，竭尽贬词，后来历史学家受此影响，言必唾其人，书必毁其名。定论既成，便很少有人愿去深入地探究他的功过本末了。

在蔡京的学书经历中，米芾与宋徽宗赵佶是两位非常有影响的人。蔡京与米芾之间的交往，在蔡京登进士第之前就开始了。米芾说："我识翰长（指蔡京）自布衣，论文写字不相非。"可见，他俩之间的翰墨之交是比较默契的。

自蔡京从杭州召回并且当上了宰相，蔡京与米芾之间的关系也开始从平等的翰墨之交，逐渐地变成了依附势利之交。吴迎《五总志》云："米元章尝谓蔡元长，后当为相，慎勿忘微时交。蔡既大拜，乃引舟入都。"米芾为了苟合取容，有时不得不作违心之论。据记载，米芾当面盛赞蔡京，但当着宋徽宗的面却是另一套语。米芾曾对宋徽宗说："蔡京不得笔，蔡卞得笔而乏逸韵，蔡襄勒字，黄庭坚描字，苏轼画字。"宋徽宗问："那您呢？"米芾回答：

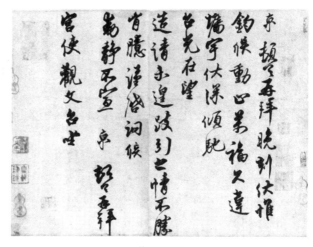

蔡京书法

"臣刷字。"可见，米芾并非真正地佩服蔡京的书法，只是出于"不得已"。相反，蔡京对米芾是相当欣赏的，他曾在宋徽宗面前说过："芾人品诚高，所谓不可无一，不可有二者也。"并颇费曲折提携米芾为书学博士。

蔡京的书法，对宋代书法的发展无疑是有贡献的。从他本人的学资与素养来看，已具备了成大家的条件。但因为他的书法受到帖学风气的影响，气局狭小而精致有余，而且没有改变北宋末期日渐妩媚柔弱的书风，缺少神韵的洒落，其作品仅是"案头小品"了。就其书法上的突破与创新而言，蔡京难以与苏轼、黄庭坚、米芾三人相提并论。

十、想见汴京全盛日，春游多少太平人

张择端（生卒年不详），字正道，东武（山东诸城）人。早年游学汴京，后习绘画，宋徽宗时期供职翰林图画院。他专工中国画中以界笔、直尺画线的技法，用以表现宫室、楼台、屋宇等题材，尤擅绘舟车、市肆、桥梁、街道、城郭。他的画自成一家，别具一格。存世作品有《清明上河图》《金明池争标图》等，皆为我国古代的艺术珍品。

《清明上河图》本是进献给宋徽宗的贡品，流传已有800多年的历史。其主题主要是描写北宋都城东京市民的生活状况和汴河上店铺林立、市民熙来攘往的热闹场面，描绘了运载东南粮米财货的漕船通过汴河桥涵紧张繁忙的景象。作品气势恢宏，宽24.8厘米，长528.7厘米，绢本设色，以

《清明上河图》（局部）

长卷形式，采用散点透视的构图法，将繁杂的景物纳入统一而富于变化的画卷中，画中主要分为两部分：一部分是农村，另一部分是市集。画中有814人，牲畜83匹，船只29艘，房屋楼宇30多栋，车13辆，轿14顶，桥17座，树木约180棵。人物往来衣着不同，神情各异，栩栩如生，其间还穿插各种活动，注重情节，构图疏密有致，富有节奏感和韵律的变化，笔墨章法都很巧妙，颇见功底。

作品采用了传统的手卷形状，从鸟瞰的角度，以不断推移视点的办法来摄取景物，段落节奏分明，结构严密紧凑。至于笔墨技巧，无论人物、车船、木房屋，都线条遒劲老辣，兼工带写，设色清淡典雅，不同于一般的界画。全图可分为三个段落，展开画卷，首先看到的是汴京郊外的景物。中段主要描绘的是上土桥及大汴河两岸的繁忙景象。后段则描绘了汴京市区的街景。人物大者不足3厘米，小者如豆粒，仔细品察，个个形神必备，毫纤俱现，极富情趣。

首段，描绘汴京郊野的春光。

在疏林薄雾中，掩映着几家茅舍、草桥、流水、老树、扁舟、两个脚夫赶着五匹驮炭的毛驴，向城市走来。一片柳林，枝头刚刚泛出嫩绿，使人感到虽是春寒料峭，却已大地回春。路上一顶轿子，内坐一位妇人。轿顶装饰着杨柳杂花，轿后跟随着骑马的、挑担的，从京郊踏青扫墓归来。环境和人物的描写，点出了清明时节的特定时间和风俗，为全画展开了序幕。

中段，描绘繁忙的汴河码头。

汴河是北宋国家漕运枢纽，商业交通要道，从画面上可以看到人口稠密，粮船云集，人们有在茶馆休息的，有在看相算命的，有在饭铺进餐的。还有"王家纸马店"，是卖扫墓祭品的。河里船只往来，首尾相接，或纤夫牵拉，或船夫摇橹，有的满载货物，逆流而上，有的靠岸停泊，正紧张地卸货。横跨汴河的是一座规模宏大的木质拱桥，它结构精巧，形式优美。宛如飞虹，故名虹桥。有一只大船正待过桥。船夫们有用竹竿撑的，有用长竿钩住桥梁的，有用麻绳挽住船的，还有几人忙着放下桅杆，以便船只通过。邻船的人也在指指点点，似乎在大声吆喝着什么。船里船外都在为此船过桥而忙碌着。桥上的人，也伸头探脑地在为过船的紧张情景捏了一把汗。这里是名闻遐迩的虹桥码头区，车水马龙，熙熙攘攘，是一个名副其实的水陆交通会合点。

后段，描绘热闹的市区街道。

以高大的城楼为中心，两边的屋宇鳞次栉比，有茶坊、酒肆、脚店、肉铺、庙宇、公廨等。商店中有绫罗绸缎、珠宝香料、香火纸马等的专门经营，此外，尚有医药门诊、大车修理、看相算命、修面整容，各行各业，应有尽有，大的商店门首还扎"彩楼欢门"，悬挂市招旗帜，招揽生意，街市行人，摩肩接踵，川流不息，有做生意的商贾，有看街景的士绅，有骑马的官吏，有叫卖的小贩，有乘坐轿子的大家眷属，有身负背篓的行脚僧人，有问路的外乡游客，有听说书的街巷小儿，有酒楼中狂饮的豪门子弟，有城边行乞的残疾老人，男女老幼，士农工商，三教九流，无所不备。交通运载工具：有轿子、骆驼、牛马车、人力车，有太平车、平头车，形形色色，样样俱全。栩栩如生地展现在人们的眼前。

《清明上河图》中有几个非常鲜明的艺术特色：

第一，内容丰富。《清明上河图》在表现手法上，以不断移动视点的方式，即"散点透视法"来摄取所需的景象。大到广阔的原野、浩瀚的河流、高耸的城郭，细到舟车上的钉铆、商铺里的小商品、市招上的文字，和谐地组织成统一整体，在画中有士、农、商、医、卜、僧、道、胥吏、妇女、儿童、篙师、缆夫等人物及驴、马、牛、骆驼等牲畜。有赶集、买卖、闲逛、饮酒、聚谈、推舟、拉车、乘轿、骑马等情节。画中大街小巷，店铺林立，

《金明池争标图》

酒店、茶馆、点心铺等百肆杂陈，还有城楼、河港、桥梁、货船，官府宅邸和茅棚村舍密集。如此丰富多彩的内容，为历代古画中所罕见。各色人物从事的各种活动，不惟衣着不同，神情气质也各异，而且穿插安排着各种活动，其间充满着戏剧性的情节冲突，令观者看罢，饶有无穷回味。

第二，结构严谨，繁而不乱，长而不冗，段落分明。可贵的是，如此丰富多彩的内容，主体突出，首尾呼应，全卷浑然一体。画中每个人物、景象、细节，都安排得合情合理，疏密、繁简、动静、聚散等画面关系，处理得恰到好处，达到繁而不杂，多而不乱。充分表现了画家对社会生活的深刻洞察力和高度的画面组织和控制能力。

第三，在技法上，大手笔与精细的手笔相结合，善于选择那些既具有形象性和富于诗情画意，又具有本质特征的事物、场面及情节加以表现。十分细致入微的生活观察、刻画每一个人物、道具。每个人各有身份，各有神态，各有情节。对于房屋、桥梁等建筑结构严密，描绘得一笔不苟。车马船只面面俱到，细致而不失全貌，不失其势。比如，船只上的物件、钉铆方式，甚至结绳系扣都交代得一清二楚，令人叹为观止。

张择端的另一名作《金明池争标图》，描绘的是皇帝带领近臣到金明池观水战、赛龙舟的热闹场面，图长 28.6 厘米、宽 28.5 厘米，略呈正方形。小小的画面，把周围 9 里多的池面及池岸边的景物悉数摹画下来。着重描写池中的大龙舟及周围的小船，用动静结合的手法，概括地绘出了金明池的全部景色和皇帝观看争标的场面，画面紧凑，结构严谨，主题突出。